El conocimiento compartido

Beihefte zur Zeitschrift für romanische Philologie

Herausgegeben von
Éva Buchi, Claudia Polzin-Haumann, Elton Prifti
und Wolfgang Schweickard

Band 452

El conocimiento compartido

Entre la pragmática y la gramática

Editado por
Susana Rodríguez Rosique y Jordi M. Antolí Martínez

DE GRUYTER

Este libro es resultado del proyecto *Gestión de la información y estructuración lingüística: Explicaciones y aplicaciones (GestInf)* (FFI2017-85441-R), financiado por el Ministerio de Economía y Competitividad del Gobierno de España, y del proyecto *Variación y cambio lingüístico en catalán. Una aproximación diacrónica según la Lingüística de Corpus* (MICINUN, Ref. PGC2018-099399-B-100371), inscrito dentro del Institut Superior d'Investigació Cooperativa IVITRA [ISIC-IVITRA] (Programa per a la Constitució i Acreditació d'Instituts Superiors d'Investigació Cooperativa d'Excel·lència de la Generalitat Valenciana, Ref. ISIC/012/042).

ISBN 978-3-11-099595-4
e-ISBN (PDF) 978-3-11-071117-2
e-ISBN (EPUB) 978-3-11-071123-3
ISSN 0084-5396

Library of Congress Control Number: 2020940695

Bibliographic information published by the Deutsche Nationalbibliothek
The Deutsche Nationalbibliothek lists this publication in the Deutsche Nationalbibliografie; detailed bibliographic data are available on the Internet at http://dnb.dnb.de.

© 2022 Walter de Gruyter GmbH, Berlin/Boston
This volume is text- and page-identical with the hardback published in 2020.
Typesetting: Integra Software Services Pvt. Ltd.
Printing and binding: CPI books GmbH, Leck

www.degruyter.com

Índice

Susana Rodríguez Rosique, Jordi M. Antolí Martínez
Introducción. El conocimiento compartido y su reflejo lingüístico: un viaje de ida y vuelta —— 1

José Luis Cifuentes Honrubia
Construcciones locales y temporales con *todo/a*: acomodación y negación —— 21

Victoria Escandell-Vidal
Tautologías nominales y conocimiento compartido —— 63

Josep Vicent Garcia Sebastià
Intersubjetividad e irrealidad en las fórmulas de inicio de los cuentos: *això era* y sus variantes en catalán contemporáneo —— 83

María Isabel Hernández Toribio
Publicidad, Twitter y conocimiento compartido: actos de habla expresivos —— 115

Antoni Vicent Martínez Pérez
***Pensar de* + infinitivo: una perífrasis narrativo-aspectual en catalán antiguo —— 141**

Adolf Piquer Vidal
Léxico, estilo y emotividad pragmática —— 169

José Portolés Lázaro
El marcador del discurso *claro*: evidencia, razonamiento e identidad discursiva —— 187

Susana Rodríguez Rosique
Futuro, interrogación y configuración informativa: el valor mirativo de *será posible* y de *(no) será verdad* —— 213

Vicent Salvador
La perspectiva pragmaestilística: aplicación a la concesividad en español y en catalán —— 245

Francisco Javier Vellón Lahoz
Factores sociolectales y discursivos del cambio lingüístico: diacronía de las cláusulas de relativo —— 261

Marisol Villarrubia
El conocimiento compartido y el lenguaje no verbal en las interacciones comunicativas en lengua extranjera —— 285

Lista de autores —— 301

Index —— 303

Susana Rodríguez Rosique, Jordi M. Antolí Martínez
Introducción. El conocimiento compartido y su reflejo lingüístico: un viaje de ida y vuelta

Cuando tomamos partido en una conversación traemos con nosotros una serie de conocimientos, creencias, asunciones, emociones e incluso sentimientos que, de alguna manera, condicionan la forma lingüística de nuestros enunciados. Eso provoca que, a la hora de configurar su intervención, el hablante se vea en la necesidad constante de aventurar hipótesis sobre lo que él cree que el destinatario asume (Gutiérrez Ordóñez 1998, 26). La existencia de esas especulaciones del hablante acerca de lo que existe en la mente de su interlocutor ha generado que en ocasiones se aluda a una *teoría mental* cuando se analiza la configuración informativa del discurso (Prince 1981; 1992; Lambrecht 1994; Escandell-Vidal 1996; Gutiérrez Ordóñez 1997; García Murga 1998; Portolés 2004). No obstante, estas hipótesis sobre lo que hay en la mente del interlocutor no tendrían relevancia si no se manifestaran formalmente; es decir, si no tuvieran repercusión lingüística (Prince 1981, 252–253; Lambrecht 1994, 3, 94). Y en la medida en que la configuración informativa afecta a la forma lingüística en distintos niveles, la gramática debe prestarle atención. En efecto, existen distintos aspectos gramaticales que se ven influidos por la estructura informativa, como la definitud —o alternancia entre el artículo definido e indefinido (Leonetti 1999)—; la aparición de los pronombres (Eguren 1999; Fernández Soriano 1999; Cifuentes 2018); la posibilidad y el funcionamiento de la elipsis (Brucart 1999); el orden de palabras (Padilla García 2005); la configuración y el comportamiento de las construcciones hendidas (Gutiérrez Ordóñez 1997; 2015); o el significado y la distribución de algunas partículas discursivas (Schwenter 1999b; 2001; 2003), por citar solo algunos ejemplos.

No obstante, cuando se piensa en la interacción entre el conocimiento de fondo y la estructuración lingüística, se presenta ante nosotros un camino de doble dirección, o un viaje de ida y vuelta.[1] Por un lado, se observa cómo la

---

[1] Algunos autores (Horn 1991 [¹1988], 148; Lambrecht 1994, 5) han intentado captar esta bidireccionalidad mediante la alusión a una pragmática funcional (que se encargaría fundamentalmente de la estructura informativa del discurso) y una pragmática inferencial (que se encargaría de analizar tanto las inferencias convencionales —desencadenadas por expresiones

Este trabajo se inscribe dentro del proyecto de investigación FFI2017-85441-R, financiado por el Ministerio de Economía y Competitividad del Gobierno de España.

información conocida condiciona la forma lingüística: esto es lo que explica que el hablante elija una de las opciones que aparecen en los ejemplos de (1) a (4).

(1) Un chico me ha preguntado por ti.

(2) Juan me ha preguntado por ti.

(3) Él me ha preguntado por ti.

(4) Me ha preguntado por ti.

Por otro, la forma lingüística impone un determinado escenario informativo; por ejemplo, cualquier expresión definida presupone la existencia de su referente, de manera que, ante un enunciado como (5), el destinario debe *acomodar* que Kepler existe, aunque nunca antes hubiese oído hablar de él.

(5) Kepler murió en la miseria.

Asimismo, el hablante puede explotar estos mecanismos con fines comunicativos, como la actitud cortés o la intención irónica, e introducir información nueva como si se tratase de información ya asumida por el destinatario. Esto es lo que sucede en (6), que constituiría un caso de *presuposición informativa* (von Fintel 2008) si lo enunciamos ante un estudiante que viene a vernos para conocer su nota del examen: la información nueva quedaría en segundo lugar como estrategia para destacar nuestro pesar docente por el suspenso. También se observa este mecanismo en el uso *terrorista* (Lakoff 1971; Berrendonner 1983) del conector que aparece en (7), donde se introduce como tópico o *garante* (Anscombre/Ducrot 1994 [¹1983]) del contraste que legitima el uso de *pero* una información que no necesariamente ha de ser ni común ni compartida por una comunidad, sino que puede ser una opinión personal del hablante (que la gente que vota a Vox —un partido ultraderechista de reciente creación en España— no tiene escrúpulos).

(6) Lamento que hayas suspendido.

(7) Vota a Vox, pero tiene buen corazón.

---

o construcciones lingüísticas— como las conversacionales —desencadenadas por la actuación de los principios conversacionales (Grice 1975 [1989])). Si la pragmática funcional se caracteriza por seguir un modelo inductivo, la inferencial se basaría en uno deductivo. No obstante, ambas perspectivas se van a cruzar en el tratamiento del conocimiento compartido, como representa el análisis del fenómeno de la presuposición, que se ha hecho desde los dos puntos de vista.

Las primeras reflexiones sobre la conexión entre el conocimiento compartido y la forma lingüística vienen como herramienta lógica de la mano de la filosofía. En efecto, es Frege (1848-1925) el primero que propone que cualquier expresión definida presupone la existencia del referente, de forma que (5), repetida de nuevo en (8), presupone la información que aparece en (9).

(8) Kepler murió en la miseria.

(9) Kepler existe (Frege 1952, 69).

Como herramienta lógica, la presuposición es un tipo de inferencia que contribuye a las condiciones de verdad —para que (8) pueda ser verdadera o falsa, (9) ha de ser verdadera— y que sobrevive a la negación —(9) es válida tanto para (8) como para su contrapartida negativa (*Kepler no murió en la miseria*). Dentro de la filosofía, el tema va a ser revitalizado por Strawson (1998 [[1]1950]), quien acaba aliándose con Frege y contra Rusell (1905): en su opinión, la presuposición es una inferencia lógica ligada a las expresiones definidas, que presupone la existencia del referente y sobrevive a la negación.[2]

Una vez instaurada en la lingüística, la tradición ha empleado el concepto de presuposición desde dos ópticas diferentes: la presuposición pragmática y la presuposición semántica (Potts 2015). La presuposición pragmática se considera una acción puramente del hablante, e incluye desde las precondiciones para la interacción lingüística —como la asunción de que hablamos una misma lengua— hasta las normas de toma de turno en la conversación o incluso información más específica sobre los planes y metas conversacionales. En concreto, Stalnaker la define de la siguiente manera:

«A proposition *P* is a pragmatic presupposition of a speaker in a given context just in case the speaker assumes or believes that *P*, assumes or believes that his addressee assumes or believes that *P*, and assumes or believes that his addressee recognizes that he is making these assumptions, or has these beliefs» (Stalnaker 1998 [[1]1974], 18).

---

[2] Russell (1905) había insistido en los casos de fallo presuposicional, como aquellos en los que se produce un vacío referencial, según se observa en *El rey de Francia es calvo*, y que generan la duda sobre si al enunciado se le puede otorgar un valor de verdad (¿estos enunciados son falsos o son indeterminados?). Asimismo, ante la definición lógica habría que tener en cuenta que el alcance metalingüístico de la negación puede cancelar la presuposición y evitar que sobreviva (Horn 1986; 2001 [[1]1989]): *El rey de Francia no es calvo porque el rey de Francia no existe*. Este tipo de fenómenos comienzan a sembrar la sospecha sobre si realmente la presuposición es una herramienta lógica que contribuye a las condiciones de verdad del enunciado o si se trata de una herramienta pragmática que contribuye a sus condiciones de adecuación (Abbott 2006). Para una lectura crítica de diversos acercamientos al fenómeno de la presuposición, véase el repertorio elaborado por Amaral (2006).

Esta concepción lleva a plantearse qué sucede con aquellas presuposiciones que no representan información previamente conocida por el destinatario, como ocurre con el célebre ejemplo de Grice que aparece en (10), donde no es necesario que sepamos previamente que el hablante tiene una tía y, mucho menos, que esta tiene una prima.

> (10) My aunt's cousin went to that concert (Grice 1989 [^{1}1970, ^{2}1977], 274).

Por eso la definición pragmática de presuposición que plantea Stalnaker va indisociablemente unida a la acomodación (Lewis 1979), o a una estrategia de reparación mediante la que, si el hablante da por conocida una determinada información que no forma parte del conocimiento compartido, el interlocutor, por el buen funcionamiento de la comunicación y siempre dentro de unos límites,[3] se verá en la necesidad de asumirla.

> «If at time *t* something is said that requires presupposition *P* to be acceptable, and if *P* is not presupposed just before *t*, then —ceteris paribus and within certain limits— presupposition *P* comes into existence at *t*» (Lewis 1979, 340).

La acomodación emerge, así, como una estrategia que los hablantes emplean debido a una gran variedad de razones comunicativas: para aumentar la velocidad del intercambio de información, para indicar que determinada información debería adoptarse como no controvertida, para ser discretos o educados en una negociación, etc. (Thomason 1990; Potts 2015).[4]

Por su parte, la presuposición semántica se considera parte del significado codificado por palabras o construcciones específicas, llamadas por ello 'desencadenantes de presuposición' [*triggers*]. Esta concepción hereda en esencia la propuesta de Frege, pero, además de las expresiones definidas, se incluyen otros muchos casos.[5] En concreto, Potts (2015) propone uno de los inventarios más recientes de desencadenantes de presuposición, entre los que se encontrarían: pre-

---

3 Y uno de los límites que se suele imponer es que se trate de información no controvertida (Atlas/Levinson 1981; Atlas 2004).
4 Para otros autores (Atlas/Levinson 1981; Levinson 2000 [2004]), la acomodación demuestra que la presuposición es un tipo de implicatura conversacional; en concreto, una implicatura conversacional generalizada que se debe al Principio de Informatividad, o principio de refuerzo, que lleva al destinatario a completar lo enunciado por el hablante hasta encontrar la interpretación específica. Esta es la propuesta de la Pragmática Radical.
5 En realidad, el puente entre todos ellos se explica fácilmente si se asume la naturaleza anafórica de la presuposición: cualquier presuposición se comporta como un pronombre, pero con un contenido descriptivo más específico. En este sentido, insta al destinatario a recuperar información previa, o a crear un antecedente —por acomodación— en el caso de que el discurso no lo proporcione (van der Sandt 1992).

dicados aspectuales (*continue, stop*); predicados actitudinales (*know, realize, regret*); demostrativos y determinantes definidos; determinantes indefinidos; pronombres; nombres propios; cuantificadores de dominio; restricciones de tipo; partículas aditivas (*too, also, either*); adjuntos encabezados por *before, after*; aposiciones; construcciones escindidas o perífrasis de relativo; partículas discursivas, como *even, only*; verbos implicativos (*manage, fail*); patrones entonativos, como tópicos o acentos de foco, y *verum focus*; evidenciales; o adverbios de manera, como *quickly*.[6] En este sentido, por ejemplo, el enunciado *María ha dejado de ir al gimnasio* presupone que María iba al gimnasio; y, de la misma manera, *También María va al gimnasio* lleva a asumir que alguien más, aparte de María, acude a este lugar.

No obstante, tal como propone Potts (2015), aunque la etiqueta *semántica* sugiera una separación de la pragmática, incluso las presuposiciones semánti-

---

6 Para Potts (2015), no todos los elementos de esta lista gozan del mismo estatuto: se puede, de hecho, plantear una diferencia en función de la mayor o menor dependencia que exista entre el contenido presupuesto y el contenido asertado. En este sentido, los elementos que se incluyen en el inventario de la presuposición se parecen bastante a los que se incluyen en el de la implicatura convencional —es decir, una inferencia debida a las propiedades convencionales de una unidad o construcción, y que no contribuye a las condiciones de verdad del enunciado (Grice 1989 [¹1975])—; de hecho, a veces las mismas unidades o construcciones lingüísticas pueden aparecer en uno u otro bando. Así, entre los elementos susceptibles de desencadenar implicaturas convencionales, Potts incluye: adverbios (*almost, already, barely, even, only, still, yet*); partículas aditivas (*too, also, either*); epítetos anafóricos (*the jerk*); conectivos (*but, nevertheless, so, therefore*); diminutivos; partículas discursivas; exclamativas; honoríficos y antihonoríficos; verbos implicativos (*bother, condescend, continue, manage, stop*); patrones entonativos; parentéticos (oraciones de relativo explicativas, aposiciones nominales); epítetos raciales; conjunciones subordinantes (*although, despite, even though*); modales como *would, must*; dativos en inglés; etc. La presuposición se define por ser contenido desenfocado (o *brackgrounded*, precisamente por su carácter incontrovertido); por no permitir objeciones directas por parte del destinatario —salvo mediante reinvocaciones del tipo *Espera un momento...*—; y por favorecer la acomodación. Por su parte, la implicatura convencional se considera exclusivamente semántica (siempre está desencadenada por elementos o construcciones específicas); es independiente con respecto al contenido asertado (no afecta a sus condiciones de verdad); es extremadamente proyectiva —puede sobrevivir y colarse no solo por los agujeros de Karttunen y Peters (1979), sino también por los interruptores y filtros—; es un contenido secundario, en el sentido de que funciona como contenido de apoyo que permite contextualizar el contenido asertado; y se duda sobre su condición desenfocada, *backgrounded* o incontrovertida. A partir de las características que definen ambas especies de significado, se observa que la línea que las separa es bastante tenue, por lo que algunos autores, como Potts (2015), plantean la necesidad de investigar en rasgos como el carácter convencional, el estatuto desenfocado, *backgrounded* o incontrovertido, y la naturaleza proyectiva de ambos tipos de inferencias no para empeñarse en trazar fronteras, sino para conocer más sobre cómo funciona esta clase de significado.

cas son pragmáticas, en el sentido de que deben ser evaluadas en el conocimiento compartido de los participantes en el discurso.

La presuposición se convierte, así, en un movimiento que, junto a la aserción, permite que el discurso avance: es gracias al equilibrio entre estos dos movimientos como la comunicación prospera. Y así se desprende de las definiciones que proporciona Lambrecht (1994, 52) de presuposición y aserción pragmáticas, respectivamente:[7]

> «Pragmatic Presupposition: The set of propositions lexicogrammatically evoked in a sentence which the speaker assumes the hearer already knows or is ready to take for granted at the time the sentence is uttered.
>
> Pragmatic Assertion: The proposition expressed by a sentence which the hearer is expected to know or take for granted as a result of hearing the sentence uttered».

En definitiva, tanto si la entendemos en términos de intención del hablante como si la atribuimos a la instrucción de determinadas unidades o construcciones lingüísticas, la presuposición está estrechamente ligada al conocimiento compartido. Podríamos definir el conocimiento compartido como una serie de creencias, asunciones o cualquier otro tipo de información que cae bajo el paraguas de lo que Stalnaker (1978) denominó 'contexto común' [*Common Ground*]. En este sentido, coincide con el *contexto del hablar* ya perfilado por Coseriu:

> «toda la realidad que rodea [a] un signo, un acto verbal o un discurso, como presencia física, como saber de los interlocutores y como actividad» (Coseriu 1969, 313).

---

[7] Esta visión, en cierto modo asumida y difundida por la Teoría Dinámica del Discurso (Stalnaker 1974; Lewis 1979; Heim 1982), se ha considerado incompleta o simplista por parte de algunas propuestas. Así, por ejemplo, Ginzburg (2015 [¹2012]) considera que, en un entorno situacional en el que es viernes y hace sol, y alguien enuncia *La reunión se ha cancelado*, debe haber algo que explique la mayor prominencia del enunciado sobre el resto de información a la hora de calcular el incremento contextual. Ginzburg propone completar esta perspectiva añadiendo dos conceptos: la pregunta sometida a discusión (QUD [*Question under discussion*]) y el último movimiento (*LatestMove*). La pregunta sometida a discusión (Roberts 1996) refleja un asunto vivo o candente en el discurso, y funciona por apilamiento de información; sería equivalente a la representación formal del tópico discursivo, entendido como asunto que permite establecer secuencias temáticas en un discurso. El último movimiento, por su parte, apela a la última aportación relevante para el desarrollo discursivo, y ocupa un lugar privilegiado. En segundo lugar, Ginzburg advierte que el último movimiento —por el que A aserta *p*— puede desencadenar dos reacciones: que el destinatario acepte la proposición, y esta se añada al conocimiento compartido; o que el destinatario la cuestione y pretenda discutirla. Para Ginzburg, la Dinámica del Discurso no tiene en cuenta esta segunda opción, y solo contempla la primera.

Coseriu (1969) identifica tres tipos de contexto que, a su vez, forman parte de ese contexto del hablar: el contexto idiomático, que constituiría la misma lengua como fondo; el contexto verbal, que permite concebir el discurso como entorno; y el contexto extraverbal, que estaría determinado por las circunstancias no lingüísticas que o bien se perciben directamente, o bien son conocidas por los interlocutores. Dentro de este contexto extraverbal, Coseriu delimita seis posibles fuentes de información: el contexto físico, constituido por lo que está a la vista de los participantes en el intercambio comunicativo; el contexto empírico, que se refiere al estado de cosas objetivo que se da en el momento en el que se lleva a cabo la comunicación (por ejemplo, el hecho de que se conozca que hay una calle tras la puerta del edificio en el que se está desarrollando una conversación); el contexto natural, que incluiría todos los contextos empíricos posibles; el contexto práctico u ocasional, que vendría determinado por la situación particular en la que se desarrolla el discurso, y que incluiría aspectos como el hablar de un niño o un anciano, el dar una orden o pedir un favor, etc.; y el contexto cultural, que estaría relacionado con la tradición cultural de una comunidad.

En un sentido semejante, Clark (1996, 93) define el conocimiento compartido de dos personas como la suma de sus suposiciones o creencias (Clark 1996, 93). Asimismo, clasifica las fuentes que alimentan este saber común en dos tipos: las comunitarias y las personales. El conocimiento compartido comunitario se basa en la existencia de comunidades culturales (Clark 1996, 101-112), o grupos de gente con experiencias compartidas de las que otras comunidades carecen: no se trata únicamente de un conjunto de personas, sino de un conjunto de personas que poseen un conocimiento compartido —entre las que existe un consenso sobre lo que constituye una expectativa mutua. Entre la información que forma parte de ese conocimiento compartido se encuentra aquella que tenemos por el mero hecho de ser seres humanos: todos experimentamos las mismas sensaciones. A partir de aquí, cada comunidad cultural puede desarrollar un léxico especializado, lo que permite aislar terminologías, argots, jergas o nomenclaturas. También se encontraría entre esta información el conocimiento de determinados hechos culturales, normas de comportamiento, convenciones propias de cada comunidad; habilidades o procedimientos; y creencias, asunciones o incluso experiencias inefables. Las comunidades culturales se relacionan mediante anidamientos, por lo que cada uno de nosotros pertenece, de forma simultánea, a varias de ellas —por ejemplo, la determinada por la nacionalidad, la determinada por la ideología, la determinada por la formación académica, la determinada por la profesión, etc.

El conocimiento compartido personal, por su parte, se basa en experiencias personales conjuntas, entre las que se pueden diferenciar dos tipos: experiencias perceptivas conjuntas y acciones conjuntas. Si el conocimiento compartido comunitario define comunidades culturales, el conocimiento compartido personal se articula en torno al parámetro de lo familiar: alguien nos resultará más o menos cercano en función de nuestro historial de experiencias personales conjuntas (Clark 1996, 112-116).

A pesar del conocimiento de fondo que gobierna la interacción, desde una perspectiva cognitiva se asume que la mente de un individuo solo puede centrarse en un pequeño segmento de todo lo que sabe. Chafe (1994, 28-30) determina una serie de propiedades que explicitan el funcionamiento de la conciencia. En primer lugar, el autor considera que la conciencia es de naturaleza focal: la existencia de este foco es lo que provoca que el experimentador active solo una pequeña parte del modelo que tiene sobre el mundo que le rodea —específicamente, aquella que es comunicativamente relevante—, y no el modelo en su totalidad. No obstante, este foco se inserta en un área circundante de información periférica —o semiactiva—, que proporciona el contexto para la información que está enfocada en cada momento. En segundo lugar, la conciencia es dinámica, pues el foco no descansa, sino que se mueve constantemente de una porción de información a otra, lo que desencadena una sensación de fluidez. En tercer lugar, la conciencia impone un punto de vista, pues el modelo que cada hablante tiene sobre el mundo está centrado en uno mismo. Finalmente, la conciencia necesita una orientación: hay que localizarla; por eso la conciencia periférica ha de incluir información sobre el espacio, el tiempo, los participantes, y la actividad que se está desarrollando en cada momento.

Además de estas propiedades constantes, Chafe (1994, 30-35) señala también un conjunto de propiedades variables, que permiten diferenciar distintos tipos de experiencias conscientes. En primer lugar, el autor propone que las experiencias conscientes pueden proceder de distintas fuentes: pueden venir de nuestras percepciones o de nuestras acciones; pueden constituir evaluaciones —es decir, emociones, opiniones, actitudes, deseos y decisiones que desencadenan las percepciones y las acciones, o de donde estas surgen—; y pueden emerger de la introspección —o de la metaconciencia que tenemos sobre lo que la conciencia está haciendo. En segundo lugar, la experiencia consciente puede ser inmediata o puede ser desplazada; en este sentido, Chafe destaca el recuerdo y la imaginación como los dos tipos de fuentes que alimentan la experiencia consciente desplazada: por ejemplo, a partir de la experiencia inmediata de ver caer la lluvia, puedo desplazar mi conciencia hacia el recuerdo del parte meteorológico que leí ayer en *Yahoo Weather*, o hacia los planes que tendré que cancelar debido al imprevisto. En tercer lugar, se plantea la diferencia entre la experiencia consciente factual y la experiencia consciente ficticia. Asimismo, la experiencia consciente también varía en el grado de interés; a este respecto, el autor plantea un equilibrio entre lo que forma parte de nuestras expectativas y lo que nos resulta sorprendente. Finalmente, Chafe diferencia entre las experiencias conscientes verbales y las no verbales, lo que demuestra que la conciencia no se articula necesariamente mediante manifestaciones lingüísticas.

De acuerdo con Chafe, muchas oposiciones lingüísticas que a menudo se han vinculado con el conocimiento compartido están en realidad conectadas con la activación. En efecto, si bien la diferencia entre (1) y (2) —repetidos ahora como (11) y (12), respectivamente— se asocia al carácter conocido o nuevo del referente, la distinción entre (3) y (4) —repetidas ahora en (13) y (14)—, por un lado, y (11) y (12), por otro, se basa en su grado de saliencia en la conciencia del destinatario.

(11) Un chico me ha preguntado por ti.

(12) Juan me ha preguntado por ti.

(13) Él me ha preguntado por ti.

(14) Me ha preguntado por ti.

Esta es la razón por la que Prince (1981) propone conectar el concepto de información conocida con dos tipos de parámetros: el 'conocimiento compartido' (o *shared knowledge*) y la 'activación' (o *salience*).

«a) *Givenness*$_{sk}$: The speaker assumes that the hearer knows, assumes or can infer a particular thing (but is not necessarily thinking about it)» (Prince 1981, 230);

«b) *Givenness*$_s$: The speaker assumes that the hearer has or could appropriately have some particular thing/entity... in his/her consciousness at the time of hearing the utterance» (Prince 1981, 228).

La articulación ortogonal de estos dos parámetros emerge también como esencial en opinión de Dryer (1996), para quien mientras que la presuposición parece seguir ligada al concepto de verdad —y, por ello, estaría vinculada con la concepción de información conocida como conocimiento compartido—, la activación apela a relaciones cognitivas entre individuos y proposiciones, independientemente de si los individuos creen en esas proposiciones o no —solo sería necesario, por tanto, la saliencia cognitiva.

Si, desde el punto de vista de la estructura informativa, la relación del conocimiento de fondo con la configuración lingüística ha generado preguntas como cuántos tipos de presuposición existen, qué relación hay entre la presuposición y la implicatura convencional, por un lado, y la conversacional, por otro, cómo se capta la diferencia entre el conocimiento ya asumido por el destinatario y la información meramente activada pero no incluida en el archivo cultural de los participantes en un acto comunicativo, etc., con la llegada de nuevas categorías ha aumentado el número de cuestiones polémicas por resolver.

Entendida en sentido clásico y restringido, la evidencialidad se concibe como la categoría que analiza la fuente de información y el modo de acceso a la misma, y que está presente en la gramática de algunas lenguas (Jakobson 1971 [^{1}1957]; Aikhenvald 2004). En términos cognitivo-funcionales, sin embargo, se considera que la evidencialidad abarcaría cualquier estrategia o mecanismo de los que dispone una lengua para expresar fuente de información o forma de acceso a ella (cf. Marín Arrese 2004; Boye/Harder 2009; Diewald/Smirnova 2010; Albelda 2015; González Ruiz/Izquierdo Alegría/Loureda Lamas 2016). Precisamente desde esta óptica, algunos autores han reivindicado un espacio para el conocimiento compartido dentro de esta categoría. Es el caso de Bermúdez (2005, 16–17), quien propone completar la descripción del espectro evidencial —especialmente, la difundida mediante el esquema de Willet (1988)[8]— con un nuevo parámetro: un continuo que discurra entre el acceso privado a la información —o restringido al hablante— y el acceso irrestricto o universal; en el punto medio de este continuo se situaría la información que se encuentra accesible solo para el hablante y destinatario. En opinión del autor, la evidencialidad debería atender, pues, a tres flancos: el modo de acceso a la información —que iría desde lo cognitivo a lo sensorial—, la fuente de acceso a la información —que oscilaría entre la personal y la ajena—, y el acceso a la información —que se extendería entre lo universal y lo privado. El escenario planteado por Bermúdez permite trazar un puente entre la evidencialidad y la estructura informativa; no obstante, genera una serie de interrogantes. Por un lado, cabe preguntarse qué relación existe entre los tres parámetros que conforman el espectro evidencial; o, dicho de otra manera, si los tres gozan del mismo estatuto dentro de la categoría. Por otro, habría que plantear cómo se integra en esta propuesta la distinción entre la información conocida frente a la información nueva, por un lado, y la información activada frente a la no activada, por otro; es decir, si es posible captar la diferencia entre información que se acepta y se archiva en el conocimiento compartido, e información que surge en la interacción para discutir o negociar su posible inclusión en el conocimiento compartido.

---

8 Recuérdese que Willet (1988) distingue dos tipos de evidencialidad en función de cómo se acceda a la información: la directa —suministrada por la percepción sensorial (visual, auditiva, etc.)— y la indirecta, que, a su vez, se puede diferenciar entre referida o reportada (si se accede a la información a través de otra fuente), por un lado, e inferencial (cuando se accede a la información mediante el razonamiento o por un proceso deductivo del propio hablante), por otro.

La teoría de Nuyts (2001a; 2001b; 2012) sobre la (inter)subjetividad podría constituir una respuesta a la primera pregunta. Su propuesta surge como una revisión crítica a la teoría de Lyons (1977, 797-800), quien diferencia entre una modalidad epistémica subjetiva (aquella que implica una hipótesis puramente intuitiva del hablante) y una modalidad epistémica objetiva (aquella que expresa una probabilidad objetivamente calculable). Así, un enunciado como *Alfred may be unmarried* (Lyons 1977, 797) puede denotar tanto modalidad epistémica subjetiva —si obedece a una intuición del hablante—, como modalidad epistémica objetiva —si constituye el resultado de un cálculo razonado. Nuyts (2001a, 33-38; 2001b) plantea desplazar la diferencia con respecto a la calidad de la evidencia —y a la evaluación epistémica surgida de ella— a la perspectiva de los participantes en la interacción: a lo largo de un continuo, uno de los polos indicaría que solo el hablante tiene acceso a la evidencia, y, por tanto, saca sus propias conclusiones de ello (subjetividad); el polo opuesto indicaría que la evidencia es conocida —o accesible— por un grupo más amplio de gente (intersubjetividad). A partir de aquí, cuando el hablante presenta una información como subjetiva, asume una responsabilidad personal en su evaluación epistémica; cuando una información se presenta como intersubjetiva, la responsabilidad es compartida. En esta primera formulación, por tanto, el autor concibe la (inter)subjetividad como un nuevo parámetro de la evidencialidad, aunque con un alcance distinto al de la evidencialidad que especifica la fuente de información.

En un trabajo posterior, sin embargo, Nuyts (2012, 62-64) propone que la (inter)subjetividad no ha de ser contemplada como un parámetro de la evidencialidad, sino que se trata de una categoría semántica independiente, que está directamente relacionada con el papel del evaluador —frente a otros— en el proceso de evaluación; es decir, que está más conectada con los individuos que hay detrás de las expresiones sobre los estados de cosas que con los estados de cosas en sí. Esta dimensión se utilizaría como una herramienta discursiva —un elemento de negociación de las respectivas posturas en la interacción conversacional—, y sería necesario determinar qué relación contrae con la categoría que se encarga de gestionar la información no asumida por el destinatario: la miratividad (DeLancey 1997). Para Nuyts (2012, 63), ambas compartirían la propiedad de marcar el estatuto de la información en función de la posición del evaluador en el mundo discursivo.

El concepto de (inter)subjetividad que propone Nuyts es interesante en la medida en que permite situar el componente de información conocida en el ámbito discursivo y ponerlo al servicio de la negociación interactiva. No obstante, cabría profundizar en el lugar que ocupa como categoría. Al abordar esta cuestión, sería necesario, por ejemplo, establecer qué vinculación contrae con otras categorías semántico-discursivas, como la argumentación, la contraargumentación, la misma mirativadad, e incluso otras de mayor alcance, como la atenuación —o la gestión de la imagen de los participantes en la interacción (Figueras Bates/Kotwica 2020). Asimismo, quedaría pendiente su relación con la estructura informativa, en el sentido de que esta también aborda la planificación que hace el hablante de su enunciado con vistas a conseguir sus objetivos comunicativos.

Si la ramificación discursiva de una categoría relativamente nueva —como la evidencialidad— propone un nuevo tablero en el que el conocimiento compartido se puede mover, la llegada a escena de la mirativadad (DeLancey 1997; 2001; 2012) pone el foco en su principal adversario: la relevancia comunicativa de la información nueva. En efecto, algunos estudios recientes han reivindicado la existencia de una categoría semántica universal que marca el estatus de una proposición con respecto a la estructura general de conocimiento del hablante, lo que permite establecer una diferencia entre información integrada en dicha estructura e información no integrada (DeLancey 1997, 47–49). La mirativadad, por tanto, emerge como etiqueta asociada a un componente evaluativo de sorpresa (Aikhenvald 2012; Peterson 2013) o de *mente de no preparada* (Aksu-Koç/Slobin 1986), pero también a un componente informativo, aunque la clasificación del estatuto de la proposición mirativa resulta ciertamente controvertida. En concreto, mientras que desde el análisis de la estructura informativa del discurso la información nueva siempre se evalúa desde el punto de vista del destinatario, la mirativadad se ha vinculado con información nueva para el hablante o nueva para el destinatario (Hengeveld/Olbertz 2012, 488); o incluso con información nueva para el hablante, nueva para el destinatario o la audiencia, o nueva para el personaje principal de una historia o relato (Aikhenvald 2012, 437).

En definitiva, el conocimiento de fondo que comparten los participantes en una interacción comunicativa se revela como una red tentacular que emerge a través de distintas categorías y que tiene un fuerte impacto lingüístico. Las contribuciones que reúne este monográfico abordan, desde distintos puntos de vista, algunas de las preguntas que han ido surgiendo en esta presentación. Más allá de estas cuestiones, la propuesta de Escandell-Vidal destaca el papel fundamental del conocimiento compartido a la hora de interpretar una estructura lingüística; las contribuciones de Cifuentes, de Martínez Pérez y de Salvador exploran la importancia de esta información en la creación de estructuras gramaticales o en procesos de gramaticalización; asimismo, la aportación de Vellón analiza la relevancia del conocimiento compartido como motor del cambio lingüístico; las colaboraciones de Garcia Sebastià, de Portolés y de Rodríguez Rosique, por su parte, indagan en la forma en la que los hablantes manejan el conocimiento de fondo en la interacción; y, finalmente, los trabajos de Hernández Toribio, de Piquer y de Villarrubia tratan el alcance del conocimiento compartido en discursos de segundo orden.

En este contexto, la primera contribución, «Construcciones locales y temporales con *todo/a*: acomodación y negación», analiza el valor negativo de algunas construcciones temporales formadas con *todo/toda* en posición preverbal y sin inductor negativo. Estas construcciones se contemplan como activadores negativos contextuales de la estructura en la que aparecen —esto es, como casos de negación «disfrazada»— y se vinculan con el fenómeno de la acomodación. Dentro de este grupo, no obstante, se aíslan aquellas que tienen como núcleo la unidad *vida*, que emergen como más gramaticalizadas, y constituyen, por tanto, auténticos elementos de negación.

El segundo trabajo, «Tautologías nominales y conocimiento compartido», analiza la relación del conocimiento compartido con la interpretación de las tautologías nominales. En concreto, se propone que, si bien estas estructuras pueden invocar tres tipos de conocimiento compartido (lingüístico, enciclopédico y referencial), este no constituye ni una condición suficiente —porque no se requiere una representación explícita y preexistente de un supuesto común, sino que basta con que la propiedad invocada pueda ser reconocida e identificada en función del contexto— ni necesaria —pues no basta con que el conocimiento sea compartido, sino que solo se pueden invocar propiedades clasificatorias (tipo ILP), y no episódicas (tipo SLP)— para la interpretación de la tautología. Asimismo, se subraya la capacidad de las tautologías para legitimar un punto de vista, pues se apela a la autoridad argumentativa que deriva de una estructura por sí misma irrefutable. Este trabajo aborda, igualmente, la correlación entre la forma de la estructura tautológica y su significado: los nombres escuetos dan lugar a interpretaciones definicionales e invocan un conocimiento compartido de naturaleza lingüística; los sintagmas nominales tanto definidos como indefinidos reciben una interpretación genérica e invocan un conocimiento de tipo enciclopédico; y los nombres propios subrayan lo diferencial del referente, su naturaleza única.

El capítulo «Intersubjetividad e irrealidad en las fórmulas de inicio de los cuentos: *això era* y sus variantes en catalán contemporáneo» analiza las fórmulas de inicio de los cuentos maravillosos en catalán, y, específicamente, el funcionamiento de [*això era* + SN indefinido]. En este trabajo se defiende la hipótesis de que estudiar las características semánticas, pragmáticas y discursivas de estas construcciones resulta pertinente por diversos motivos: estas fórmulas funcionan como marcadores de género textual (Biber 1995; Biber/Conrad 2009); expresan un valor asociado a la irrealidad; evocan el conocimiento compartido entre los interlocutores; y se construyen en imperfecto de indicativo, un tiempo verbal que, en el ámbito románico y también en otras lenguas, ha desplegado un abanico considerable de usos modales.

El texto «Publicidad, Twitter y conocimiento compartido: actos de habla expresivos» analiza los mecanismos de afiliación en la red social Twitter a través de actos de habla expresivos y determina de qué forma estos se convierten en un mecanismo poderoso al servicio de la persuasión publicitaria. En concreto, el trabajo estudia el papel que desempeñan las felicitaciones, los agradecimientos y los cumplidos que aparecen en los tuits publicitarios de determinadas marcas de cosmética. A partir de la noción de conocimiento compartido, se revisan los aspectos más relevantes que el publicista ha de tener en cuenta a la hora de formular los mensajes persuasivos: la naturaleza del discurso publicitario, el *target* al que estos enunciados van destinados, y el funcionamiento de una red de *microblogging* como la que constituye Twitter. Posteriormente, se pasa revista a las particularidades de los actos expresivos seleccionados incidiendo en su función social fática y en su potencial para manifestar y desencadenar emociones. Asimismo, se catalogan las fórmulas más representativas bajo las que se presentan dichos actos. Finalmente, se determina la manera en la que estas estructuras convergen para crear auténticos «artefactos» expresivos basados en la persuasión emocional.

El capítulo «*Pensar de* + infinitivo: una perífrasis narrativo-aspectual en catalán antiguo» se centra en la interesante historia del verbo *pensar* en catalán, y, en concreto, en una de las construcciones de las que llegó a formar parte en la lengua antigua (*pensar de* + infinitivo). Dicha construcción se documenta en textos historiográficos durante un periodo efímero del catalán antiguo y, al parecer, llegó a desplegar valores perifrásticos aspectuales ligados a la narración de acontecimientos. Este trabajo pretende lograr varios objetivos: describir cómo se comportó el verbo *pensar* de manera construccional; explicar el origen de la construcción *pensar de* + infinitivo; estudiar cómo llegó a desplegar un valor perifrástico; y exponer los motivos de su desaparición. En términos generales, se defienden dos hipótesis. La primera es que, formalmente, *pensar de* + infinitivo se origina gracias a una sucesión de cambios construccionales, de manera que pasa de ser una construcción poco esquemática y saturada a una construcción muy fijada, tanto por la tipología textual en que aparece como por los verbos que selecciona. La segunda es que, semánticamente, la construcción llegó a tomar un valor perifrástico narrativo-aspectual gracias a la acción de la metonimia y de las inferencias asociadas o invitadas vinculadas al contexto conversacional.

La contribución «Léxico, estilo y emotividad pragmática» adopta una postura neurorretórica para abordar la forma en la que la elección de determinados elementos léxicos se asocian con determinados campos semánticos almacenados en la mente del destinatario y desencadenan ciertos efectos perlocutivos. Este procedimiento se presenta altamente rentable en el seno de dos discursos esencialmente persuasivos: el discurso publicitario y el discurso político.

El trabajo «El marcador del discurso *claro*: evidencia, razonamiento e identidad discursiva» parte de la idea de que el marcador del discurso *claro* es el marcador de evidencia más utilizado en las conversaciones coloquiales. En el artículo se defiende que este uso frecuente se puede explicar por su significado de procesamiento. En concreto, se proponen dos instrucciones de procesamiento principales para *claro*: una argumentativa, y otra vinculada con la identidad discursiva. En primer lugar, quien utiliza *claro* marca como evidente aquello que comunica. Al hacerlo muestra a su interlocutor que, si este lo requiere (vigilancia epistémica), puede justificarlo con razones. En segundo lugar, el significado de *claro* prescribe que esta certeza no solo la aprecia el hablante, sino también, de un modo indeterminado, alguien más (identidad discursiva extendida). Habitualmente, el hablante acostumbra a marcar con *claro* aquello que comparte con certeza con su(s) interlocutor(es) y, de este modo, crea una identidad discursiva grupal. Así, el hablante y su interlocutor constituyen o forman parte de un grupo que comparte como evidente una conclusión marcada con *claro* y sus razones, explícitas o posibles. En términos más generales, se propone que este comportamiento discursivo favorece las buenas relaciones sociales.

La propuesta «Futuro, interrogación y configuración informativa: el valor mirativo de *será posible* y de *(no) será verdad*» analiza el valor mirativo que desencadenan las estructuras con futuro *será posible* y *(no) será verdad*. En concreto, el trabajo demuestra que, mientras que *será posible* se presenta como una estructura más fijada y con un significado mirativo mucho más versátil, *(no) será verdad* exhibe todavía cierta dependencia contextual y muestra un funcionamiento mirativo más restringido. En segundo lugar, estas estructuras se ponen en relación con la definición general del futuro en español, como instrucción deíctica de distancia hacia delante que puede operar en distintos niveles de significado. Asimismo, se determina la estrategia de gramaticalización que siguen *será posible* y *(no) será verdad*, tanto desde la perspectiva de la construccionalización como desde el punto de vista de la cooptación; y se identifica el contexto puente en el que surgen. Desde una perspectiva más general, este trabajo subraya el papel de la configuración informativa en el surgimiento del futuro mirativo en español.

El texto «La perspectiva pragmaestilística: aplicación a la concesividad en español y en catalán» propone precisar las aportaciones que la perspectiva pragmática hace respecto a los resultados previos de la estilística tradicional; en concreto, se destacan como contribuciones más relevantes el estudio de las restricciones que el estilo impone a la llamada variación libre de la lengua, y la potenciación de la dimensión pragmática del estilo. La pragmaestilística se inscribe así en el marco de una lingüística del uso que atiende a los factores contextuales. Desde esta perspectiva, se analiza el paso de las estrategias y las inferencias pragmático-discursivas a las estructuras lingüísticas y los mecanismos de los procesos de gramaticalización. Estas consideraciones teóricas se aplican al estudio de la concesividad en español y en catalán; específicamente, a dos locuciones (una en catalán y la otra en español) que se encuentran actualmente semigramaticalizadas como conectores concesivos: la expresión catalana *només que* y la española *a sabiendas de (que)*.

La contribución «Factores sociolectales y discursivos del cambio lingüístico: diacronía de las cláusulas de relativo» analiza la incidencia de los factores sociolectales y discursivos del cambio lingüístico; concretamente, en diversos fenómenos relacionados con las cláusulas oblicuas de relativo. El estudio se centra en la aparición y difusión de la variante con artículo *en/con el que* frente a la forma sin artículo *en/con que* entre los siglos XVIII y XX; en *al cual* frente a *a quien* en las relativas con antecedentes humanos en los Siglos de Oro; y en la variante *al que* ante *a quien* y *al cual* con antecedentes humanos en los siglos XIX y XX. La investigación sigue una metodología variacionista a partir de un corpus de inmediatez comunicativa. Los resultados muestran ejemplos del origen y difusión de los cambios gramaticales en el eje diacrónico a partir de las categorías aportadas por la sociolingüística. El artículo destaca la importancia de los sectores juveniles de la sociedad y, sobre todo, de los grupos menos favorecidos, como motores del cambio.

Finalmente, el trabajo «El conocimiento compartido y el lenguaje no verbal en las interacciones comunicativas en lengua extranjera» aborda la manera en la que el conocimiento compartido —y, específicamente, el que se transmite mediante el lenguaje no verbal— incide en la enseñanza de una lengua no nativa. En concreto, si se asume que el mejor entorno para aprender una lengua extranjera es un contexto real y de interacción, más allá de prestar atención a los distintos niveles lingüísticos que conviven en el aula, es necesario también atender a la diversidad cultural de los estudiantes a la hora de interpretar el mundo. En este contexto, se analiza el poder comunicativo de los gestos en la enseñanza/aprendizaje del español como lengua extranjera.

Este volumen reúne, así, una selección de los trabajos derivados del congreso internacional *El conocimiento compartido: entre la pragmática y la gramática/El coneixement compartit: entre la pragmàtica i la gramàtica*, que fue organizado por el Departamento de Filología Española, Lingüística General y Teoría de la Literatura y el Departament de Filologia Catalana de la Universidad de Alicante, y que se celebró en la Seu Universitària de la Nucia (Universidad de Alicante) el 29 y el 30 de mayo de 2019. Asimismo, se enmarca en el proyecto *Gestión de la información y estructuración lingüística: Explicaciones y aplicaciones (GestInf)* (FFI2017-85441-R), financiado por el Ministerio de Economía y Competitividad del Gobierno de España, y en el proyecto *Variación y cambio lingüístico en ca-*

talán. Una aproximación diacrónica según la Lingüística de Corpus (MICINUN, Ref. PGC2018-099399-B-100371), inscrito dentro del Institut Superior d'Investigació Cooperativa IVITRA [ISIC-IVITRA] (Programa per a la Constitució i Acreditació d'Instituts Superiors d'Investigació Cooperativa d'Excel·lència de la Generalitat Valenciana, Ref. ISIC/012/042).

En suma, los editores de este monográfico esperamos haber contribuido a la idea de que un tratamiento transversal del impacto del conocimiento compartido en la estructura lingüística permite contemplar algunos fenómenos con un alcance mayor.

Bibliografía

Abbott, Barbara, *Unaccommodating presuppositions. A neoGricean view*, in: *Workshop on Presupposition Accomodation*, The Ohio State University, 2006, <http://semantics.uchi cago.edu/kennedy/classes/f09/semprag1/unaccompresupps.pdf > (último acceso: 20. 05.2020).

Aikhenvald, Alexandra, *Evidentiality*, Oxford, Oxford University Press, 2004.

Aikhenvald, Alexandra, *The essence of mirativity*, Linguistic Typology 16 (2012), 435–485.

Aksu-Koç, Ayhan/Slobin, Dan I., *A psychological account of the development and use of evidentials in Turkish*, in: Chafe, Wallace/Nichols, Johanna (edd.), *Evidentiality. The linguistic coding of epistemology*, Norwood, Ablex, 1986, 159–167.

Albelda, Marta, *Evidentiality in non-evidential languages. Are there evidentials in Spanish?*, Journal of Pragmatics 85 (2015), 135–137.

Amaral, Patrícia M., *Annotated Bibliography on Accomodation*, 2006, <http://www.ling. ohio-state.edu/~stoia/March06/resources/Annotated-Bib-Accommodation.pdf> (último acceso: 08.10.2006).

Anscombre, Jean-Claude/Ducrot, Oswald, *La argumentación en la lengua*, Madrid, Gredos, 1994 (¹1983).

Atlas, Jay David, *Presupposition*, in: Horn, Laurence R./Ward, Gregory (edd.), *The Handbook of Pragmatics*, Oxford/Massachusetts, Blackwell, 2004, 29–52.

Atlas, Jay David/Levinson, Stephen C., *It-clefts, informativeness, and logical form. Radical pragmatics (revised standard version)*, in: Cole, Peter (ed.), *Radical Pragmatics*, New York, Academic Press, 1981, 1–61.

Bermúdez, Fernando Wachtmeister, *La evidencialidad. La codificación pragmática del punto de vista* (doctoral dissertation), Stockholms Universitet, Stockholm, 2005.

Berrendonner, Alain, *Connecteurs pragmatiques et anaphore*, Cahiers de Linguistique Française 5 (1983), 215–246.

Boye, Kasper/Harder, Peter, *Evidentiality. Linguistic categories and grammaticalization*, Functions of Language 16:1 (2009), 9–43.

Brucart, Josep M., *La elipsis*, in: Bosque, Ignacio/Demonte, Violeta (edd.), *Gramática descriptiva de la lengua española*, Madrid, Espasa-Calpe, 1999, 2787–2865.

Chafe, Wallace, *Discourse, consciousness and time. The flow and displacement of conscious experience in speaking and writing*, Chicago, The University of Chicago Press, 1994.

Cifuentes Honrubia, José Luis, *Construcciones con clítico femenino lexicalizado*, Madrid, Verbum, 2018.
Clark, Herbert, *Using language*, Cambridge, Cambridge University Press, 1996.
Coseriu, Eugen, *Determinación y entorno. Dos problemas de una lingüística del hablar*, in: *Teoría del lenguaje y lingüística general. Cinco estudios*, Madrid, Gredos, 1969, 282–323.
DeLancey, Scott, *Mirativity. The grammatical marking of unexpected information*, Linguistic Typology 1:1 (1997), 33–52.
DeLancey, Scott, *The mirative and evidentiality*, Journal of Pragmatics 33 (2001), 369–382.
DeLancey, Scott, *Still mirative after all these years*, Linguistic Typology 16 (2012), 529–564.
Diewald, Gabriele/Smirnova, Elena, *Introduction. Evidentiality in European languages. The lexical-grammatical distinction*, in: Diewald, Gabriele/Smirnova, Elena (edd.), *Linguistic realization of evidentiality in European languages*, Berlin/New York, Mouton de Gruyter, 2010, 1–14.
Dryer, Matthew S., *Forms, pragmatic presupposition, and activated propositions*, Journal of Pragmatics 26 (1996), 475–523.
Eguren, Luis, *Pronombres y adverbios demostrativos. Las relaciones deícticas*, in: Bosque, Ignacio/Demonte, Violeta (edd.), *Gramática descriptiva de la lengua española*, Madrid, Espasa-Calpe, 1999, 929–972.
Escandell-Vidal, María Victoria, *Introducción a la pragmática*, Barcelona, Ariel, 1996.
Fernández Soriano, Olga M., *El pronombre personal. Formas y distribuciones*, in: Bosque, Ignacio/Demonte, Violeta (edd.), *Gramática descriptiva de la lengua española*, Madrid, Espasa-Calpe, 1999, 1209–1274.
Figueras Bates, Carolina/Kotwica, Dorota, *Introduction. Evidentiality, epistemicity and mitigation in Spanish*, Corpus Pragmatics 4 (2020), 1–9.
Fintel, Kai von, *What is presupposition accommodation, again?*, Philosophical Perspectives 22:1 (2008), 137–170.
Frege, Gottlob, *On sense and reference*, in: Geach, Peter T./Black, Max (edd.), *Translations from the Philosophical Writings of Gottlob Frege*, Oxford, Blackwell, 1952, 56–78.
García Murga, Fernando, *Las presuposiciones lingüísticas*, Bilbao, Universidad del País Vasco, 1998.
Ginzburg, Jonathan, *The interactive stance. Meaning for conversation*, Oxford, Oxford University Press, 2015 (^{1}2012).
González Ruiz, Ramón/Izquierdo Alegría, Dámaso/Loureda Lamas, Óscar, *Un acercamiento a los fundamentos de la evidencialidad y a su recepción y tratamiento en la lingüística hispánica*, in: González Ruiz, Ramón/Izquierdo Alegría, Dámaso/Loureda Lamas, Óscar (edd.), *La evidencialidad en español. Teoría y descripción*, Madrid/Frankfurt, Iberoamericana/Vervuert, 2016, 9–45.
Grice, Paul, *Logic and Conversation*, in: *Studies in the way of words*, Cambridge/London, Harvard University Press, 1989 (^{1}1975), 22–40.
Grice, Paul, *Presupposition and Conversational Implicature*, in: *Studies in the way of words*, Cambridge/London, Harvard University Press, 1989 (^{1}1970, ^{2}1977), 269–282.
Gutiérrez Ordóñez, Salvador, *Temas, remas, focos, tópicos y comentarios*, Madrid, Arco Libros, 1997.
Gutiérrez Ordóñez, Salvador, *La familia de las ecuacionales*, Revista Internacional de Lingüística Iberoamericana 26:2 (2015), 15–37.
Heim, Irene, *The semantics of definite and indefinite noun phrases* (doctoral dissertation), Amherst, University of Massachusetts Amherst, 1982.

Hengeveld, Kees/Olbertz, Hella, *Didn't you know? Mirativity does exist!*, Linguistic Typology 16:3 (2012), 487–503.
Horn, Laurence, *Presupposition, Theme and Variations*, in: Farley, Anne M., et al. (edd.), *CLS 22*, vol. 2: *Papers from the Parasession on Pragmatics and Grammatical Theory*, Chicago, Chicago Linguistic Society, 1986, 168–192.
Horn, Laurence, *Teoría pragmática*, in: Newmeyer, Frederick J. (ed.), *Panorama de la lingüística moderna*, vol. 1: *Teoría Lingüística. Fundamentos*, Madrid, Visor, 1991 (^{1}1988), 147–181.
Horn, Laurence, *A Natural History of Negation*, Stanford, CSLI Publications, 1989 (2001).
Jakobson, Roman, *Shifters, verbal categories, and the Russian verb*, in: *Selected Writings*, vol. 2, The Hague, Mouton, 1971 (^{1}1957), 130–147.
Karttunen, Lauri/Peters, Stanley, *Conventional Implicature*, in: Oh, Choon-Kyu/Dineen, David (edd.), *Syntax and Semantics*, vol. 11: *Presupposition*, New York, Academic Press, 1979, 1–56.
Lakoff, Robin, *If's, and's and but's about conjunctions*, in: Fillmore, Charles J./Langendoen, Terence (edd.), *Studies in Linguistic Semantics*, New York, Holt, Rinehart and Winston, 1971, 114–149.
Lambrecht, Knud, *Information Structure and sentence form. Topic, focus and the mental representations of discourse referents*, Cambridge, Cambridge University Press, 1994.
Leonetti, Manuel, *El artículo*, in: Bosque, Ignacio/Demonte, Violeta (edd.), *Gramática descriptiva de la lengua española*, Madrid, Espasa-Calpe, 1999, 787–890.
Levinson, Stephen C., *Presumptive meaning. The theory of generalized conversational implicature*, Cambridge/London, The MIT Press, 2000.
Lewis, David, *Scorekeeping in a language game*, Journal of Philosophical Logic 8 (1979), 339–359.
Lyons, John, *Semantics*, Cambridge, Cambridge University Press, 1977.
Marín-Arrese, Juana (ed.), *Perspectives on evidentiality and modality*, Madrid, Editorial Complutense, 2004.
Nuyts, Jan, *Epistemic modality, language, and conceptualization*, Amsterdam/Philadelphia, John Benjamins, 2001 (= 2001a).
Nuyts, Jan, *Subjectivity as an evidential dimension in epistemic modal expressions*, Journal of Pragmatics 33 (2001), 383–400 (=2001b).
Nuyts, Jan, *Notions of (inter)subjectivity*, English Text Construction 5:1 (2012), 53–76.
Padilla García, Xose A., *Pragmática del orden de palabras*, Alicante, Universidad de Alicante, 2005.
Peterson, Tyler, *Rethinking mirativity. The expression and implication of surprise*, Toronto, University of Toronto, 2013, <http://semanticsarchive.net> (último acceso: 29.11.2019).
Portolés, José, *Pragmática para hispanistas*, Madrid, Síntesis, 2004.
Potts, Christopher, *Presupposition and implicature*, in: Lappin, Shalom/Fox, Chris (edd.), *The handbook of contemporary semantic theory*, Hoboken, Wiley Blackwell, 2015, 168–202.
Prince, Ellen, *Toward a new taxonomy of Given-New Information*, in: Cole, Paul (ed.), *Radical Pragmatics*, New York, Academic Press, 1981, 223–255.
Prince, Ellen, *The ZPG letter. Subjects, definiteness, and information status*, in: Mann, William C./Thompson, Sandra (edd.), *Discourse description. Discourse Analyses of a Fundraising Text*, Amsterdam/Philadelphia, John Benjamins, 1992, 295–325.
Roberts, Craige, *Information structure in discourse. Towards an integrated formal theory of pragmatics*, Semantics and pragmatics 5 (1996), 1–69.

Russell, Bertrand, *On denoting*, Minal 14 (1905), 479–493.
van der Sandt, Rob, *Presupposition projection as anaphora resolution*, Journal of Semantics 9:4 (1992), 333–377.
Schwenter, Scott, *Two types of Scalar Particles. Evidence from Spanish*, in: Gutiérrez Rexach, Javier/Martínez Gil, Fernando (edd.), *Advances in Hispanic Linguistics*, vol. 2, Somerville, Cascadilla Press, 1999, 546–561.
Schwenter, Scott, *Additive particles and the constructions of context*, Quaderns de Filologia. Estudis Linguistics 6 (2001), 245–262.
Schwenter, Scott, *«No» and «tampoco», a pragmatic distinction in Spanish negation*, Journal of Pragmatics 35:7 (2003), 999–1030.
Stalnaker, Robert C., *Pragmatic Presuppositions*, in: Kasher, Asa (ed.), *Pragmatics. Critical Concepts*, London/New York, Routledge, 1998 (^{1}1974), 16–31.
Strawson, Peter F., *Presupposition*, in: Kasher, Asa (ed.), *Pragmatics. Critical Concepts*, London/New York, Routledge, 1998 (^{1}1950), 5–7.
Thomason, Richmond H., *Accommodation, meaning, and implicature. Interdisciplinary foundations for pragmatics*, in: Cohen, Phillip R., et al. (edd.), *Intentions in Communication*, Cambridge, MIT Press, 1990, 325–363.
Willet, Thomas, *A cross-linguistic survey of the grammaticization of evidentiality*, Studies in Language 12 (1988), 51–97.

José Luis Cifuentes Honrubia
Construcciones locales y temporales con *todo/a*: acomodación y negación

Abstract: The aim of this paper is to investigate the negative local and temporal constructions formed with *todo/a* in a preverbal position; specifically, its behavior and origin. It is well known that some prepositional phrases with the quantifier *todo/a* and a nominal phrase of temporal or local meaning behave as terms of negative polarity in Spanish, but only when they are in a preverbal position and without a negative inductor (*en toda la noche cesó de derramar lágrimas*). This paper argues that the temporal or local prepositional phrase does not lose its meaning in these cases, but it rather activates the negative value of the structure in which it occurs. Thus, this construction does not function exactly as a negation marker, but as a contextual activator of the negation of the structure where it appears —that is, as an example of a disguised negation. Among these constructions with *todo/a*, however, the one formed with the noun *vida* as a core must be distinguished, since it is in fact grammaticalized as an authentic element of negation.

Keywords: subjectification, accommodation, negation, local and temporal constructions, quantifier *todo/a*

1 Introducción

La negación se considera un operador sintáctico en un sentido similar al de los cuantificadores (RAE 2009, 3631), pues condiciona o suspende la referencia de otras unidades que se hallan en su ámbito de influencia al expresar la falsedad de los estados de cosas, la inexistencia de las acciones, los procesos o las propiedades de que se habla. Uno de los criterios para clasificar los cuantificadores depende de que la cantidad denotada sea explícita o implícita: los cuantificadores *propios* expresan explícitamente una cantidad (*muchos, tres*, etc.), frente a los cuantificadores *focales* o *presuposicionales*, que no denotan cantidad, pero implican una lectura cuantificada de los elementos afectados (*también, sólo*, etc.) (Sánchez López 1999a, 1029). Los cuantificadores propios pueden a su vez subdividirse en

---

Este trabajo se inscribe dentro del proyecto de investigación FFI2017-85441-R, financiado por el Ministerio de Economía y Competitividad del Gobierno de España.

https://doi.org/10.1515/9783110711172-002

varias subclases según el tipo de cantidad que denoten. Así, la RAE distingue entre cuantificadores *fuertes, universales* o *definidos*, y cuantificadores *débiles* o *indefinidos*, según abarquen la totalidad de los elementos que componen algún conjunto (*todos*) o señalen una parte de algún conjunto (*muchos*). Los cuantificadores indefinidos se pueden dividir, a su vez, en varias subclases (RAE 2009, 1389–1391): (a) Los *existenciales* (*alguno, nadie*), que expresan la existencia o inexistencia de aquello que se habla, normalmente en relación con otros elementos de su misma naturaleza. (b) Los *numerales cardinales* (*dos, tres*), que expresan cómputos según la serie de los números naturales. (c) Los *evaluativos* (*mucho, bastante*) introducen una medida imprecisa entre la unidad y la totalidad, y ello en función de alguna norma. (d) Los *comparativos* (*menos, tantas*) establecen mediciones o estimaciones en función de las que corresponden a otros individuos o a otros procesos. (e) Los cuantificadores de *indistinción* o *elección libre* (*cualquiera*), que se refieren a una entidad elegida arbitrariamente entre otras. Evidentemente hay otras formas de clasificar los cuantificadores según este criterio.[1] Los cuantificadores existenciales se agrupan en dos series: los positivos (*alguien, algo, alguno*) y los negativos (*nadie, nada, ninguno*) (RAE 2009, 1457). A pesar de que los cuantificadores existenciales negativos se suelen incluir en el grupo de los cuantificadores existenciales, es motivo de debate si las palabras negativas son en realidad cuantificadores existenciales, situados en el ámbito de la negación, o han de interpretarse más bien como cuantificadores universales restringidos a las oraciones negativas (RAE 2009, 3634; Sánchez 1999b, 2570).

Se denominan *términos de polaridad negativa* aquellos elementos que ocupan posiciones sintácticas de argumento o adjunto en el grupo verbal en presencia de un inductor negativo preverbal, es decir, solo pueden aparecer en entornos negativos (RAE 2009, 3677; Sánchez 1999b, 2591). Sánchez los divide en tres clases según los motivos que desencadenan su naturaleza polar (Sánchez 1999b, 2591): a) aquellos en que la polaridad va acompañada de concordancia negativa: se trata de las palabras negativas *nada, nadie, ninguno, nunca* y *jamás* en posición postverbal. b) Unidades léxicas que han adquirido polaridad negativa como consecuencia de su uso de refuerzo de la negación. En este grupo se incluyen, por un lado, minimizadores, y, por otro, grupos nominales indefinidos interpretados como cuantificadores dentro del ámbito de la negación. c) Unidades léxicas cuya polaridad negativa está relacionada con la naturaleza aspectual del predicado: *hasta, todavía* y *ya*. No obstante, formalmente se suelen dividir en dos grupos (Sánchez 1999b, 2564): a) aquellos que no manifiestan concordancia negativa, es decir, que necesitan siempre de una marca de

---

[1] Por ejemplo, Sánchez López (1999a, 1030–1031).

negación preverbal; y b) todos aquellos elementos capaces de expresar negación por sí mismos cuando preceden al verbo. Son los denominados palabras negativas, es decir, todos aquellos capaces de convertir en negativa una oración con su sola presencia ante el verbo: cuando las palabras negativas ocupan la posición preverbal, no aparece el inductor negativo ante el verbo porque tienen incorporado su significado (*no quiero nada* vs. *nada quiero*).

Se suele denominar *alternancia negativa* la dada en construcciones en las que en el primer miembro del par aparece una palabra negativa en posición postverbal acompañada del inductor negativo *no* (*no vino nadie*), mientras que en el segundo miembro la palabra negativa precede al verbo y no necesita de inductor negativo (*nadie vino*) (RAE 2009, 3645). La RAE señala (2009, 3653-4) que hay varias locuciones adverbiales formadas con el sustantivo *vida* (*en mi vida, en su vida, en la vida*) sujetas a la alternancia negativa: *no lo he visto en mi vida/en mi vida lo he visto*. De igual forma, también aceptan ocasionalmente la alternancia negativa ciertos grupos preposicionales con el cuantificador *todo/a* y un grupo nominal de significado temporal o local, si bien, señala la RAE, con mayores restricciones: *en toda la vida, en toda la noche, en todo el día*, etc.

La RAE (2009, 3654) considera infrecuentes los casos de ambigüedad entre la interpretación negativa y la positiva, pues el contexto restringe y concreta la significación. Así, *en todo el día están parados* o *en todo el reino había escribano*, fuera de contexto, podrían tener dos interpretaciones (positiva y negativa). No obstante, en el registro oral, la RAE considera que pueden diferenciarse fonéticamente las dos construcciones, pues en la interpretación negativa hay una prominencia acentual silábica, y a veces también alargamiento, pero no pausa. Es decir, habría una focalización. Por el contrario, en la interpretación positiva, el grupo preposicional inicial constituye tema y tópico, además de un grupo entonativo tensivo pronunciado con semianticadencia.

Así pues, las construcciones anteriores formadas con grupos preposicionales y el cuantificador *todo/a* constituirían ejemplos de términos de polaridad negativa, pero solo en posición preverbal y sin inductor negativo, pues cuando se construyen con negación preverbal no se asimilan a los términos de polaridad negativa (*en todo el día no había hecho nada más que imaginar minuto a minuto cada una de las instancias de la boda de Fermina Daza*). Sánchez López (1999b, 2603-4) las incluye dentro de los términos de polaridad negativa de naturaleza aspectual, pues entiende que sus propiedades están relacionadas con el aspecto del grupo verbal al que modifican. Y señala tres propiedades definitorias al respecto: 1) se trata de un tipo de construcciones limitado a predicados que denotan aspecto puntual: **en toda la tarde estaba estudiando*. 2) La presencia de la preposición *en* es obligatoria: *durante toda la tarde *(no) fue capaz de* *decir nada coherente*. 3) El término de la preposición ha de estar cuantificado universalmente, es decir, hay una acotación temporal (o local) de carácter extremo, de forma que se deduce de su presencia la negación de la acción para el mayor número posible de momentos, por ello, una construcción como **en veintitrés minutos fue capaz de decir nada coherente* resultaría anómala y exigiría la presencia de *no* delante del verbo.

En este trabajo nos proponemos estudiar las construcciones locales y temporales negativas formadas con *todo/a* en posición preverbal: su funcionamiento y origen. Para ello, partiremos de los ejemplos que el *Corpus del Nuevo diccionario histórico* (CDH) de la Real Academia Española provee al respecto,[2] y estudiaremos todos los ejemplos permitidos para las combinaciones *en todo el* y *en toda la*. De ese conjunto de más de 22.600 ejemplos, poco más de 110 serán muestra del tipo de construcción preverbal con *todo/a* con interpretación negativa.

2 Las construcciones con *todo/a* y valor negativo

El análisis de los ejemplos considerados puede sintetizarse en las tablas que a continuación exponemos. Para ello hemos partido de todos los ejemplos que el CDH suministra para las entradas *en todo el* y *en toda la* (13.899 y 8.772 respectivamente). Tan solo pretendemos mostrar con ello una muestra representativa del uso de la construcción negativa, si bien es cierto que también son posibles algunos ejemplos sin artículo para la construcción negativa que la búsqueda precisada no señala.[3] Así, por ejemplo, los nombres propios de lugar. En nuestros ejemplos hemos encontrado algunos nombres propios de lugar con artículo, como *en toda la Gran Turquía* o *en toda la América*, pero queremos dejar constancia de la posibilidad de uso de la construcción negativa sin artículo combinada con nombres propios de lugar, tal y como atestigua Sánchez López (1999b, 2603): *En todo Madrid se puede encontrar hombre más feliz que Pepe*.

---

2 El corpus del CDH consta de 355.740.238 registros, que abarcan un conjunto de textos enmarcados entre el siglo XII y el año 2.000. Algunas dataciones de los ejemplos suministrados en el corpus pueden ser cuestionables. No obstante, he preferido mantener siempre las fechas presentadas en el corpus.

3 Debemos señalar, por otro lado, que, según la RAE (2009, 3635) en español medieval era admisible el cuantificador *todo* con el sentido del actual *ninguno* y sus variantes: *Que lo sepan sin toda dubda* (Fuero Juzgo).

Lo primero que nos llama la atención es que son muy pocos los ejemplos de construcciones negativas encontrados:

Tabla 1: Construcciones con *todo/a* y valor negativo en posición preverbal.

	XV	XVI	XVII	XVIII	XIX	XX	Total
En todo el	1	21	21	6	5	7	61
En toda la	2	12	17	4	10	8	53
Total	3	33	38	10	15	15	114

Debemos considerar la tabla anterior bajo el prisma de las construcciones *en todo/a el/la* con valor local o temporal e inductor negativo,[4] lo cual puede contribuir a dar mayor relevancia a la poca frecuencia de uso de la construcción anterior como elemento de negación. Hemos anotado igualmente la posición de la construcción local/temporal, bien preverbal o postverbal:

Tabla 2: Construcciones negativas con *en todo el*.

Siglo	Ejemplos totales	Con inductor negativo	Posición preverbal	Posición postverbal
XII	2	0	0	0
XIII	193	63 (32,64%)	26 (13,47%)	37 (19,17%)
XIV	205	46 (22,43%)	14 (6,82%)	32 (15,60%)
XV	874	170 (19,45%)	72 (8,23%)	98 (11,21%)
XVI	2.314	607 (26,23%)	245 (10,58%)	362 (15,64%)
XVII	1.530	451 (29,47%)	159 (10,39%)	292 (19,08%)
XVIII	963	264 (27,41%)	106 (11%)	158 (16,40%)
XIX	1.334	329 (24,66%)	91 (6,82%)	238 (17,84%)
XX	6.484	566 (8,72%)	131 (2,02%)	435 (6,70%)
Total	13.899	2.496 (17,95%)	844 (6,07%)	1.652 (11,88%)

---

4 No hemos considerado las construcciones marcadas con *apenas*, y, de igual forma, no hemos incluido las construcciones negativas marcadas léxicamente en el verbo, como *negar*, *faltar*, etc.

Tabla 3: Construcciones negativas con *en toda la*.

Siglo	Ejemplos totales	Con inductor negativo	Posición preverbal	Posición postverbal
XII	13	3 (23,07%)	0	3 (23,07%)
XIII	203	72 (35,46%)	17 (8,37%)	55 (27,09%)
XIV	149	39 (26,17%)	11 (7,38%)	28 (18,79%)
XV	458	93 (20,30%)	47 (10,26%)	46 (10,04%)
XVI	1.405	409 (29,11)	170 (12,09%)	239 (17,01%)
XVII	890	277 (31,12%)	80 (8,98%)	197 (22,13%)
XVIII	562	133 (23,66%)	47 (8,36%)	86 (15,30%)
XIX	1.380	293 (21,23%)	51 (3,69%)	242 (17,53%)
XX	3.712	612 (16,48%)	137 (3,69%)	475 (12,79%)
Total	8.772	1.931 (22,01%)	560 (6,38%)	1.371 (15,62%)

En la tabla siguiente juntamos las dos construcciones para tener una visión global de las mismas, y, de igual forma, corregimos la datación de algunos ejemplos medievales según la propia información suministrada por el CDH. Igualmente, dada la gran cantidad de ejemplos habilitados en el siglo XX, hemos optado por dividirlo en dos mitades para captar mejor la tendencia del mismo. Incluimos igualmente las construcciones negativas con *todo*:

Tabla 4: Construcciones con *todo/a* y negación.

Siglo	Ejemplos totales	Con inductor negativo	Construcción negativa con *todo/a* preverbal	Negativas totales
XIII	165+184=349	35+53=88 (25,21%)	0	88 (25,21%)
XIV	219+159=378	60+49=109 (28,83%)	0	109 (28,83%)
XV	888+470=1.358	184+103=287 (21,13%)	3 (0,22%)	290 (21,35%)

Tabla 4 (continuación)

Siglo	Ejemplos totales	Con inductor negativo	Construcción negativa con *todo/a* preverbal	Negativas totales
XVI	2.316+1.407=3723	609+411=1020 (27,39%)	33 (0,88%)	1.053 (28,28%)
XVII	1.530+890=2420	451+277=728 (30,08%)	38 (1,57%)	756 (31,65%)
XVIII	963+562=1525	264+133=397 (26,03%)	10 (0,65%)	407 (26,68%)
XIX	1.334+1.380=2714	329+293=622 (22,91%)	15 (0,55%)	637 (23,47%)
XXa	972+869=1841	182+196=378 (20,53%)	4 (0,21%)	382 (20,74%)
XXb	5.512+2.843=8355	384+416=800 (9,57%)	11 (0,13%)	811 (9,70%)
XX	6.484+3.712=10196	566+612=1.178 (11,55%)	15 (0,14%)	1.193 (11,70%)
Total	13.899+8.772=22.671	2.496+1931=4.427 (19,52%)	114 (0,50%)	4.541 (20,02%)

Independientemente de la relatividad de los números y los corpus, creemos que las cifras anteriores revelan algunos datos innegables: a) las construcciones negativas con *todo/a* en posición preverbal sin ningún otro inductor negativo son poco frecuentes dado el conjunto de ejemplos considerado. b) Es muy frecuente la presencia de las construcciones con *todo/a* en entornos negativos, si bien en esos casos no se asimilan a elementos de polaridad negativa; quedaría por determinar, no obstante, el papel de las mismas en dichos entornos negativos.

El segundo dato que nos aporta un análisis de los ejemplos de las construcciones negativas preverbales con *todo/a* sin inductor negativo es que resulta muy variado el conjunto de sustantivos implicados en las mismas, pues si bien *noche* y *día* son los más frecuentes, la posibilidad de aparición de sustantivos con valor local o temporal, sea de forma directa o indirecta, o mezcla de los mismos, es muy variada. Señalamos a continuación la relación de términos encontrada en el corpus analizado, queriendo mostrar especialmente con ello la libertad combinatoria con distintos sustantivos que puedan indicar, de forma directa o indirecta, algún tipo de valor local o temporal. Es decir, siempre que pueda combinarse el cuantificador *todo* en sintagma preposicional con un sustantivo de carácter local o temporal podría considerarse la posibilidad de su uso como elemento negativo en posición preverbal. Piénsese a este respecto, por ejemplo, en los casos ya señalados (y no recogidos en el corpus) de nombres de lugar sin artículo, como *en todo Madrid*, etc.:

Tabla 5: Sustantivos en construcción negativa con *todo*.

Día	23	Noche	23
Día de Dios	3	Vida	9
Santo día	2	Santa vida	1
Santísimo día	1	Mañana	2
Mundo	7	Santa mañana	2
Año	5	Casa	3
Tiempo	4	Sagrada escritura	1
Tiempo de su gobierno	1	Escritura	1
Camino	3	Comida	2
Camino del infierno	1	Gran Turquía	1
Discurso de su vida	2	Mar	1
Discurso de mi vida	1	Tierra	1
Reino	2	Semana	1
Viaje	1	Plaza	1
Cartapacio	1	Paganía	1
Mes de enero	1	Llanura	1
Lugar	1	Carga de este Patache	1
Verano	1	América	1
Universo	1		
Total	61		53

Así pues, vemos que el valor de *todo/a* como cuantificador es el elemento clave para señalar el valor negativo de las construcciones, pues su función consiste en marcar una acotación temporal (o local) de carácter extremo, de forma que se deduce de su presencia la negación de la acción para el mayor número posible de momentos (o situaciones). Así pues, la construcción supone una intensificación de la acción de carácter expresivo.

Tal y como recogimos más arriba, señalaba Sánchez López (1999b, 2603–4) dos propiedades más añadidas a la anterior como definitorias de las construcciones negativas consideradas: la limitación a predicados que denoten aspecto puntual y la obligatoriedad de la preposición *en*. Al igual que ocurre con las construcciones negativas formadas con el núcleo *vida* (Cifuentes 2019), si bien la obligatoriedad de la preposición *en* es indiscutible, la delimitación aspectual de la temporalidad verbal es discutible, pues, aunque hay unos tiempos más habituales, la combinatoria es muy variada, lo que pondría en cuestión la limitación señalada por Sánchez López:

Tabla 6: Distribución de tiempos verbales en las construcciones negativas con *todo*.

Tiempo	En toda la	En todo el	Total
Presente subjuntivo	1	1	2
Presente indicativo	8	8	16
Imperfecto indicativo	3	8	11
Pluscuamperfecto indicativo	8	4	12
Indefinido	21	19	40
Imperfecto subjuntivo	1	6	7
Condicional	1	1	2
Pluscuamperfecto subjuntivo	1	1	2
Pretérito perfecto indicativo	8	10	18
Futuro	1	3	4
Total	52	61	114

La presencia de los tiempos imperfectos no excluye la interpretación negativa de la construcción. Al igual que ocurría con las construcciones negativas con *vida* (Cifuentes 2019), hay una tendencia a los tiempos perfectos con el valor negativo de la construcción, pero los tiempos imperfectos también son posibles. Más curioso puede resultar el hecho de que en los primeros siglos (XV-XVIII) el tiempo predominante con diferencia es el indefinido, pero en los dos últimos siglos (XIX-XX) el pretérito perfecto parece ser dominante:

Tabla 7: Pretérito perfecto de indicativo.

	En toda la	En todo el	Total
XVI	0	1	1
XVIII	1	2	3
XIX	5	2	7
XX	2	5	7
Total	8	10	18

Tabla 8: Pretérito indefinido.

	En toda la	En todo el	Total
XV		1	1
XVI	6	3	9
XVII	9	7	16
XVIII	2	4	6
XIX	2	2	4
XX	2	2	4
Total	21	19	40

El valor negativo de la construcción es contextual. El contexto restringe de tal forma la interpretación de la construcción que posibilita que se pueda interpretar negativamente la construcción aun sin haber explícito un inductor negativo. No se trata, pues, de que constituyan palabras negativas las construcciones temporales y locales con *todo*. Lo que hace la construcción con *todo/a* en posición preverbal es favorecer una interpretación negativa del evento, pero estando léxicamente vigente el sintagma temporal o local que la induce. Por ejemplo: *en toda la santa mañana hemos parado* no debe entenderse como que *nunca hemos parado*, sino, en todo caso, como que *no hemos parado en toda la santa mañana*. El sustantivo local o temporal no pierde su valor léxico, sigue vigente, pero a través de la posición preverbal y del contexto actualiza el valor negativo. Otros ejemplos, como *en toda la comida quiso ser servido primero, en toda la noche cesó de derramar lágrimas, en todo el día se me ha ido la idea del pensamiento, en todo el verano he sabido una palabra de Catalina*, etc., supondrían exactamente la misma cuestión, pues no se trata de que el grupo preposicional funcione como un marcador de negación, sino de que activan la interpretación negativa del evento, estando vigentes dichos complementos temporales o locales como limitadores, extremos, de la acción: *en toda la comida no quiso ser servido primero, en toda la noche no cesó de derramar lágrimas, en todo el día no se me ha ido la idea del pensamiento, en todo el verano no he sabido una palabra de Catalina*, etc.

En español se ha reconocido la posibilidad de entender un tipo de negación denominada *encubierta* o *tácita* (RAE 2009, 3704ss.). Se trata de un tipo de negación *ausente* pero interpretable semánticamente ya que la oración carecería de sentido, es decir, semejante a los casos con construcciones locales y temporales con *todo/a* que venimos estudiando. Así, por ejemplo, comenta la RAE que a menudo se omite la negación en la expresión exclamativa *no faltaría más/no faltaba más*. Más interesante podría ser el caso del español americano de ciertas construcciones formadas con la preposición *hasta*: *hasta ese momento me di cuenta de lo mucho que la extraño*. El grupo preposicional suele ser preverbal, si bien también se documenta en posición postverbal. De igual forma, en los registros formales es más frecuente incluir la negación en posición preverbal (*no me di cuenta de lo mucho que la extraño hasta ese momento*), o sustituir la preposición *hasta* por *a* si se prefiere mantener el verbo en forma afirmativa (*cerramos hasta las nueve de la noche > cerramos a las nueve de la noche*). Este tipo de negación encubierta presupone bien un marco de conocimiento específico que permita al interlocutor reconstruir el supuesto del cual parte el emisor, bien la realización de determinadas inferencias para construir la interpretación más adecuada. Así pues, las construcciones locales y temporales con *todo/a* determinan las oraciones en las que aparecen como construcciones de polaridad negativa en las que se expresa la ausencia de resolución del evento.

2.1 Subjetivación

La dependencia contextual del significado negativo o positivo de la construcción con *todo/a* en situación preverbal, es decir, la negación encubierta de dichas construcciones, entendemos que es un caso claro de *subjetivación* (Cifuentes 2018): un mecanismo semántico-pragmático a través del cual los significados cambian desde la descripción objetiva de la situación externa a la expresión de la perspectiva interna del hablante o la actitud sobre lo que se dice. La implicación progresiva del sujeto de la enunciación en la descripción del objeto y del proceso produce una pragmatización del significado cada vez mayor, pues a través del uso repetido en contextos sintácticos locales, significados concretos, léxicos y objetivos llegan a realizar funciones progresivamente más abstractas, pragmáticas y basadas en el emisor (Traugott 1995, 32), de forma que el cambio discursivo cristaliza en un cambio semántico y puede llegar a motivar el cambio sintáctico con el que culmina el proceso de gramaticalización. La subjetivación, en definitiva, no es otra cosa sino un cambio que va de lo que se dice a lo que se quiere decir. Es decir, la subjetivación muestra cómo el significado pragmático puede llegar a gramaticalizarse y convertirse, por tanto, en una construcción convencional (Company 2004, 1). Se trataría, por tanto, de un tipo de metonimia, resultado de la cual aparece un significado codificado nuevo y más subjetivo, que normalmente dará lugar a la polisemia (Traugott 2016, 379).

Para Company (2004, 2) toda subjetivación supone una serie de restricciones en el comportamiento sintáctico de las formas que sufren ese cambio, consistentes en el debilitamiento e incluso cancelación de la capacidad sintáctica de los elementos implicados, es decir, hay un aislamiento sintáctico y cancelación de la sintaxis, consecuencia de la naturaleza del proceso de (inter)subjetivación. Company sintetiza los efectos sintácticos del proceso de subjetivación en cuatro características:[5] a) Atenuación, debilitamiento o pérdida de control del agente sobre el evento. b) Ampliación del alcance de la predicación. c) Fijación, aislamiento y autonomía predicativa. d) Debilitamiento del significado referencial etimológico originario.

En el caso de las construcciones con *todo/a* y valor negativo comprobamos los efectos sintácticos anteriores: a) El valor negativo de la construcción no proviene del significado de sus constituyentes individuales, ya que no hay ningún inductor negativo, sino de una interpretación global del evento. b) La construcción con *todo/a* está focalizada y situada en posición preverbal a la izquierda del enunciado, iniciándolo, y se trata de una negación oracional, no de constituyentes. c) La construcción tiene algún grado de gramaticalización, pues el sustantivo local o temporal cuantificado por *todo* carece de las posibilidades combinatorias habituales de cualquier sustantivo pleno, así, por ejemplo, la pluralidad. d) El significado cambia, y, de expresar una duración temporal en un periodo de tiempo (o una localización), pasa a desencadenar la negación del evento considerado en la extensión local o temporal concernida.

Podemos concluir, por tanto, que las construcciones con *todo/a* manifiestan la idea de que las construcciones que sufren un proceso de subjetivación rigidizan su sintaxis, pero este empobrecimiento sintáctico queda compensado con un fuerte enriquecimiento pragmático. De ahí que, señala Company (2004, 23), mientras que la gramaticalización tradicional supone un cambio desde el léxico

---

[5] Estas características suponen, de alguna manera, la adaptación al español de los rasgos reseñados por Ghesquière/Brems/Van de Velde (2014, 139).

hacia la sintaxis, la (inter)subjetivación plantea un cambio desde la sintaxis hacia la pragmática.

2.2 Negación encubierta

La vinculación de las construcciones locales y temporales con *todo/a* al valor negativo del evento parece clara desde sus orígenes, pues, tal y como hemos recogido en las tablas anteriores, la construcción tiene una estrecha relación con construcciones negativas (entre un 25 y un 30% de todos los usos), pero eso no explica por sí mismo que pueda activar la negación sin inductor negativo. Como ya hemos dicho, la interpretación contextual es la que induce la lectura negativa de la construcción. Consideremos, por ejemplo, el caso anteriormente señalado: *en toda la santa mañana hemos parado*. Podría parecer que, fuera de contexto, la oración pudiera interpretarse positivamente. Ahora bien, si consideramos el ejemplo en su contexto, comprobamos que la construcción temporal activa el valor negativo del evento, aun sin inductor negativo, y, es más, esa interpretación negativa es su única posibilidad:

> (1) Cierto que hemos sudado la gota gorda, pero lo que yo le digo al Efrén, en ninguna parte pagan por dormir. [...] En toda la santa mañana hemos parado. Y todavía un huevón que si eso era lustrar (Delibes, Miguel, *Diario de un emigrante*, 1958).

El contexto previo de la construcción activa la idea de 'trabajar mucho', a través de las construcciones *sudar la gota gorda* y *no pagan por dormir*, de ahí que ese contexto active una negación encubierta: la interpretación negativa de *parar (de trabajar)* al focalizar la construcción temporal con *todo/a*, pues de lo contrario nos encontraríamos ante una incoherencia. Algo similar ocurriría con cualquier otro ejemplo. Así, *en todo el camino levantó los ojos del suelo*, lo lógico es que tuviera una interpretación positiva, ahora bien, si consideramos su contexto comprobamos que la lectura negativa es la única interpretación posible, pues la lectura positiva resulta cuando menos informativamente extraña (*levantó los ojos del suelo en todo el camino*):

> (2) El pobre abate no cabía en su cuerpo de puro afligido, y es cosa probada que en todo el camino levantó los ojos del suelo (Pérez Galdós, Benito, *El audaz. Historia de un radical de antaño*, 1871).

Al igual que en el ejemplo anterior, el contexto previo activa la idea de 'depresión', a través del estado psicológico *afligido*. Dicho contexto activa la interpretación negativa de *levantar los ojos del suelo* al focalizar la construcción temporal con *todo/a*, pues es la que manifiesta la compatibilidad semántica propia de la coherencia semántica necesaria.

Hay que tener en cuenta que las construcciones locales y temporales con *todo/a* constituyen un ejemplo de *anteposición de foco*. La *anteposición focal* consiste en destacar uno de los constituyentes de la oración (en este caso la construcción local o temporal con *todo/a*) mediante la alteración del orden de palabras para asignarle la función informativa de foco. Los focos son elementos que se resaltan o se ponen de relieve en el interior de un mensaje (RAE 2009, 2985). La manera en que se focalizan las construcciones locales y temporales con *todo/a* consiste en desplazar un constituyente a la posición inicial y, a la vez, se le asigna un realce prosódico que lo identifica como elemento enfático. Se acepta normalmente que la focalización sirve para expresar el foco *presentativo* o *informativo* y el foco *contrastivo*. En los primeros, se produce la entonación enfática de un constituyente, sin anteposición. Cuando el foco es contrastivo, la información destacada contrasta con un conjunto con datos alternativos ya dados en el discurso y, como consecuencia, tales alternativas se ven negadas o descartadas en favor de la que el hablante decide focalizar. Esto es lo que puede ocurrir en el caso de algunas construcciones negativas con *vida*:

> (3) pero con la condición de que en tu vida más… en tu vida más me has de mentar ese nombre, ni has de hacer la menor alusión… (Pérez Galdós, Benito, *Fortunata y Jacinta*, 1885–1887).

En el ejemplo propuesto, el hablante supone que su interlocutor se encuentra en condiciones de mencionar un nombre. Con la construcción expresada, se produce un contraste por cuanto se le solicita al interlocutor que eso que seguramente haría en condiciones normales, no lo haga. Ahora bien, como señala la RAE (2009, 2988), la anteposición focal no da lugar necesariamente a interpretaciones contrastivas. Un foco contrastivo es un ejemplo de lo que se entiende como foco *marcado*. Según Leonetti (2014), la condición central de la anteposición focal es que se introduce un foco que requiere un contexto especial. Dicho contexto especial es el que señala el foco marcado, y debe contener una serie de supuestos, por ejemplo, deben estar dados los supuestos con los que el foco entra en contradicción, y de esta forma puede producirse el contraste. Ahora bien, la anteposición focal puede expresar interpretaciones que no sean estrictamente contrastivas (Leonetti 2014, 17): *un whisky me tomaría yo*. En la anterior oración no hay ningún tipo de contraste, simplemente se contesta a una supuesta pregunta implícita que se podría recuperar del contexto (*¿querrías tomar algo?*). Así pues, en la anteposición focal se indica que ciertas informaciones alternativas son relevantes para interpretar un enunciado, lo cual puede dar lugar a la corrección de supuestos previos, a la introducción de datos imprevistos, o, también, a la interpretación negativa de una oración aparentemente afirmativa, como las construcciones locales y temporales con *todo/a*. Es decir, con la anteposición focal también se puede resaltar, precisar o ampliar la información precedente, o interpretarla en relación con ella (Bosque/Gutiérrez Rexach 2009, 692–693), dotando de énfasis informativo la información destacada para llamar la atención del interlocutor sobre su importancia pragmática. En el caso de las construcciones locales y temporales con *todo/a*, la anteposición focal es la manera de focalizar la interpretación negativa a partir de la información contextual, pues de otra manera la interpretación sería incoherente. Es más, la anteposición focal de la construcción con *todo/a* parece desarrollar una idea presente en el contexto, o en el conocimiento compartido, pero llevada a un extremo, acorde, por tanto, con la acotación temporal (o local) de carácter extremo expresada por el cuantificador *todo/a*. Ello explica, como veremos, que se utilice especialmente la construcción en contextos comparativos superlativos.

Va a haber ocasiones también en que la naturaleza aspectual de la predicación hace incompatible una lectura positiva de la construcción y parece forzar la lectura negativa. *En* como preposición temporal señala localización temporal, es decir, el momento o periodo en que se localiza el suceso o estado del que se habla, es decir, el tiempo durante el cual ocurre una acción. Ahora bien, cuando el núcleo se ve complementado por el cuantificador *todo/a* se produce un cambio significativo y ya no se expresa simplemente el tiempo en que ocurre el evento, pues al quedar focalizada la construcción con dicho cuantificador pasa a convertirse en un modificador durativo que indica que el evento ha tenido lugar en cada uno de los momentos que componen el intervalo de evento que expresan. Evidentemente este significado es compatible con una acción o estado negativo, pues estos no ocurren o existen en ninguno de los intervalos del tiempo señalado. Ahora bien, si la construcción es positiva, la cosa cambia, pues habrá que considerar el tipo aspectual de la predicación. Consideremos los siguientes ejemplos:

(4) seyendo público que en toda la tierra había hombre más pobre e adeudado (Fernández de Oviedo, Gonzalo, *Historia general y natural de las Indias*, 1535–1557).

(5) y de Pomponio, poeta consular, que nunca estornudó; de la otra Antonia (hija de Druso, romano), que en toda la vida escupió (Mejía, Pedro, *Silva de varia lección*, 1540–1550).

(6) El carbonero, acordándose de lo que avía pasado, no osó contradecir a la voluntad del rey, el qual en toda la comida quiso que fuese servido primero (Torquemada, Antonio de, *Coloquios satíricos*, 1553).

(7) que en toda la noche cessó de derramar lágrimas por sus christalinas mexillas, y dezir tantas y tan lastimeras razones que no parescía poder su vida durar hasta otro día (Ortúñez de Calahorra, Diego, *Espejo de príncipes y caballeros. [El caballero del Febo]*, 1555).

(8) Como que en toda la noche ha dormido, según me ha dicho García, que se ha quedado con él en su cuarto (Espronceda, José de, *Sancho Saldaña o El Castellano de Cuéllar*, 1834).

(9) Cuando en toda la América se habían emancipado los negros (Benejam, Juan, *La escuela práctica: obra destinada a promover la enseñanza primaria moderna mediante ejercicios*, 1904-1905).

(10) En todo el día se me ha ido la idea del pensamiento y las dos primeras perdices las marré a cascaporrillo sólo por la dichosa preocupación (Delibes, Miguel, *Diario de un emigrante*, 1958).

(11) En todo el día de Dios he salido de casa si no para oír misa (Delibes, Miguel, *Diario de un emigrante*, 1958).

(12) En toda la llanura se veía un solo carro. Un solo viandante. La República estaba en el pueblo (García Pavón, Francisco, *Los liberales*, 1965).

Con actividades como *dormir* o *escupir* parece posible la interpretación positiva, en principio (*dormir en toda la noche, escupir en toda la vida*), pues se trata de un suceso que puede durar el tiempo que se señale (en el caso de *escupir* se trataría de la repetición de la acción durante el tiempo marcado). Igual ocurriría con los estados, como *ser servido primero*. Ahora bien, en el caso de eventos télicos, como las construcciones de movimiento (*salir, irse*), no puede suceder que el complemento temporal indique el tiempo que tardó en iniciarse (al tratarse de un lapso temporal amplio, no pequeño), y tampoco puede indicar ningún tipo de repetición de la acción, pues no se puede estar saliendo o yendo durante un intervalo prolongado de tiempo, a no ser que se precise con gerundio, por ejemplo, por lo que la construcción resultará muy extraña. En cuanto a los eventos *cesar de llorar* y *parar de trabajar* (dados en los ejemplos previos), son incompatibles con un complemento no delimitado, pues se trata de acciones que ocurren en un punto, y, por tanto, no pueden indicar, con un complemento temporal que no es breve, ni el tiempo en que tarda en realizarse la acción, ni la repetición de la acción.

Cuando la construcción tiene valor local, el evento suele ser estativo, o, en algún caso, indicar el resultado de una acción, de ahí la aceptabilidad, en principio, de las mismas en una interpretación positiva (salvo casos de inductores negativos comparativos o superlativos y sintagmas nominales sin determinante que contienen nombres no continuos, por ejemplo). En estas ocasiones, el cuantificador *todo/a* añadido al sustantivo intensifica la extensión local del lugar, dando mayor relevancia al mismo, en tanto que se localiza el evento en cada uno de los lugares de la extensión local referida. Si dicho estado local lo negamos, queda claro que resulta focalizado semánticamente, pues se resalta la inexistencia global y en cada una de las partes del espacio referido.

Así pues, la combinatoria aspectual puede aclarar la falta de aceptabilidad de algunas construcciones locales y temporales con *todo/a* y valor positivo, si bien esta explicación no es incompatible con las soluciones contextuales señaladas previamente.[6]

Hay algunas construcciones comparativas que favorecen especialmente la lectura negativa del evento, pues, independientemente del valor negativo contextual, la construcción comparativa parece más favorable a su uso negativo. Debemos recordar que los comparativos de desigualdad y los superlativos pueden funcionar como inductores negativos (RAE 2009, 3674). Por ejemplo:

(13) y le faría conocer que en todo el mundo otra más fermosa que vos ovo ni avrá (Anónimo, *Primaleón*, 1512).

(14) donde fueron servidos de tantos y tan diversos manjares preciosos y singulares como en todo el mundo se pudiesen hallar (Molina, Juan de, *Libro del esforzado caballero Arderique*, 1517).

(15) seyendo público que en toda la tierra había hombre más pobre e adeudado (Fernández de Oviedo, Gonzalo, *Historia general y natural de las Indias*, 1535–1557).

(16) él y el fuerte rey Baltano començaron la batalla tan cruel como en todo el día auía seýdo (Fernández, Jerónimo, *Belianís de Grecia*, 1547).

(17) se dauan tan crueles y desaforados golpes como en toda la noche se dieran (Fernández, Jerónimo, *Belianís de Grecia*, 1547).

---

6 Cualquier tipo de actividad conjunta, como la comunicación, supone que los participantes han de poseer algún tipo de conocimiento compartido antes de verse envueltos en el desarrollo de la actividad (Rodríguez Rosique 2019, 105). Por ejemplo, el hombre del XVII escupía, y era lo *normal*, lo extraño (o nuevo) sería no escupir. Ser servido el primero en la comida es lo *normal*, en tanto que es lo que se entiende como lo que se espera para cualquier personaje relevante. Durante todo el día en algún momento pensaré en varias cosas, no en una sola cosa. Es habitual que si no somos monjes o anacoretas, salgamos de casa en algún momento. Es decir, las construcciones suenan un tanto extrañas en positivo porque no es pragmáticamente habitual hacerlas, parecen alejarse del conocimiento compartido general. Por ello, si encontramos una construcción focalizada en la que el rema está antepuesto, lo lógico es entender la construcción negativamente, y no positivamente.

(18) ¿Son buenas las que tienes? Villano./En todo el mundo se hallarán mejores (Castro, Guillén de, *Comedia de Progne y Filomena*,1608–1612).

(19) y luego, sin más aguardar, ni oírla, llamando a cuatro monteros, que en todo el reino se hallaban hombres más crueles y desalmados, pues por su soberbia y mala vida eran de todos aborrecidos, les mandó tomasen a la reina y la llevasen en los más espesos y fragosos montes que hubiese en el reino, y que en parte donde más áspero e inhabitable sitio hallasen, la sacasen los ojos (Zayas y Sotomayor, María de, *Desengaños amorosos. Parte segunda del Sarao y Entretenimiento honesto*, 1647–1649).

(20) y aunque a los principios llegué a sentir el imitarles en aquella accion y costumbre, despues me hice tanto al baño de por la mañana, que era el primero que acudia a él sin repugnancia, porque real y verdaderamente conocí y experimenté ser saludable medicina para la salud y para la conservacion de la vida, pues en todo el discurso de mi vida me he hallado tan fuerte ni tan vigoroso como despues que continué aquel ejercicio (Núñez de Pineda y Bascuñán, Francisco, *El cautiverio feliz*, 1673).

(21) que en toda la semana se les ha dado otro alimento que tapa de carabao (Zurita, Diego, *Carta del P. Diego Zurita al Sr. Anda*, 1763).

(22) jamas la hemos notado tan dolorida y exasperada. En todo el dia hizo mas que llorar amargamente: no parece sino que habia adivinado la muerte de su Padre (Gutiérrez, Luis Cornelia, *Bororquia. Historia verídica de la Judith española*, 1799).

(23) Andrés se encogió de hombros, con sincera indiferencia, y lanzó un corto silbido, de difícil interpretación. Y en todo el camino hizo otra cosa que fumar y silbar suavemente, divinamente, con el virtuosismo que todo el mundo admiraba. Pero, en su interior, forcejeaba por encontrar un vocablo justo sobre la extraña impresión que le había producido su cuñada (Soriano, Elena, *Caza menor*, 1951).

También hay predicados nominales (o adjetivales) que se pueden comportar como inductores negativos (RAE 2009, 3670). Así, *pegar ojo* o *saber una palabra* pueden activar también, de forma encubierta, una negación, independientemente, también, de que la explicación contextual y el conocimiento compartido faciliten la interpretación negativa:[7]

(24) que en toda la noche pegó ojo esperando que amanesciesse para yr (Gómez de Toledo, Gaspar, *Tercera parte de la tragicomedia de Celestina*, 1563).

---

[7] Lo habitual y común, formando parte del conocimiento compartido general, es *dormir durante la noche*, de ahí que lo relevante sea precisamente la comunicación de lo contrario. De igual forma, *saber una palabra* de una persona conocida en un lapso temporal amplio, de meses, es un poco absurdo comunicativamente, y lo relevante comunicativamente, de nuevo, sería la negación del contacto o conocimiento sobre dicha persona.

(25) En todo el verano he sabido una palabra de Catalina, cuya negligencia editorial es verdaderamente lamentable desde que ha subido a personaje (Menéndez Pelayo, Marcelino, «Carta de 27 de agosto de 1884» (Epistolario de Valera y Menéndez y Pelayo), 1884).

En otras ocasiones, el elemento que ayuda o favorece la interpretación negativa es la relación habitual entre la construcción local o temporal con *todo/a* y la interpretación negativa. Así, de los 611 ejemplos que hay en el CDH de la construcción *en toda la noche*, aproximadamente más del 91% están vinculados a contextos negativos, y concretamente a la idea de *no dormir* más del 60%. Por tanto, no nos debe de extrañar que esa cierta solidaridad entre los mismos active la interpretación negativa tras la presencia de la construcción temporal, especialmente si viene focalizada:

(26) que en toda la noche çessaron de dar grita y vozería y arma y rebatos a todas horas, echando muchas flechas en el real (Inca Garcilaso, *La Florida del Inca*, 1605).

(27) yo me disculpaba con decir que en toda la noche me habían dejado cerrar los ojos (Quevedo y Villegas, Francisco de, *La vida del Buscón llamado don Pablos*, 1626).

(28) En toda la noche pudo reposar, viniéndole mil pensamientos e imaginaciones (Castillo Solórzano, Alonso de, *Aventuras del Bachiller Trapaza*, 1637).

(29) Como que en toda la noche ha dormido, según me ha dicho García, que se ha quedado con él en su cuarto (Espronceda, José de, *Sancho Saldaña o El Castellano de Cuéllar*, 1834).

(30) Y he notado que en toda la noche has gustado del sueño (Blasco Ibáñez, Vicente, *Traducción de Las mil y una noches*, 1916).

La presencia contextual, normalmente posterior, de algún elemento negativo también puede suponer que la interpretación de la acción deba ser negativa:

(31) Syete sobrados tyene: uno sobre otro que todos son de bóvedas de ladrillo, sy que en toda la casa aya un palmo de madera syno son puertas y ventanas (Anónimo, *La corónica de Adramón*, 1492).

(32) reboluieron a tan rezio la batalla como si entonces se começara, dando tan brauos golpes e recibiéndolos de aquellos jayanes, como si en todo el día ouieran hecho nada más (Fernández, Jerónimo, *Belianís de Grecia*, 1547).

(33) En la mar, por la parte donde entra este río, fue tanta la ceniza que cayó allí y piedra pómez, que con tener el río de Tambo —que así se llama— más de dieciocho brazas por la mar en hondo, ha hecho allí una isla como si en toda la vida allí hubiera habido mar, sino que parece que desde el principio fue isla (Ocaña, Fray Diego de, *Relación de un viaje por América*, 1605).

(34) donde está una viña que en toda la vida ve agua ninguna (Ocaña, Fray Diego de, *Relación de un viaje por América*, 1605).

(35) Estos indios del Collao son la gente más puerca y más sucia que hay en todos los reinos del Perú, porque desde que nacen, porque desde que nacen, en toda la vida saben qué cosa es lavarse ninguna cosa de su cuerpo (Ocaña, Fray Diego de, *Relación de un viaje por América*, 1605).

(36) busqué un escribano que me diera fe dello y en todo el camino del infierno pude hallar ningún escribano ni alguacil (Quevedo y Villegas, Francisco de, *Sueño del Infierno*, 1608).

(37) y en todo el día había otra cosa sino don Felipe acá y don Felipe allá (Quevedo y Villegas, Francisco de, *La vida del Buscón llamado don Pablos*, 1626).

(38) pasé por encima de ellos/a buscar a mi aleve hermana,/y su cuarto discurriendo/en toda la casa hallé/sino de mi voz el eco;/que huyó, sin duda, el peligro,/avisada del estruendo (Moreto, Agustín, *El parecido en la Corte*, 1652).

(39) parten muy contentos, con guantes nuevos, las manos vestidas muy a la vista, para que se vean los guantes, que como es gente que en toda la vida se los pone, sino en estas ocasiones (Santos, Francisco, *Las tarascas de Madrid*, 1665).

(40) El buen licenciado, que en toda la comida había cerrado la boca, pero tampoco la había abierto para hablar palabra, sino parte para comer y parte para admirar los grandes elogios que, a su modo de entender, se habían dicho en la mesa de su querido ahijado (Isla, José Francisco de, *Historia del famoso predicador Fray Gerundio de Campazas alias Zotes*, 1758).

(41) En todos los tiempos hubo algún amante/(nota que solamente digo «alguno»)/que pudo ser tenido por constante;/pero en cuanto a ser fieles,/preciso es confesar que no hay ninguno./Es desconsolador, triste, aflictivo,/mas si no se hace adrede con pinceles/en todo el universo hallarás uno (Samaniego, Félix María de, *El jardín de Venus*, 1790).

Los elementos *sino, nada más, ninguno/uno* (postverbal), *tampoco* de los ejemplos considerados necesitan la presencia de un inductor negativo preverbal, que es el aportado contextualmente por la construcción local o temporal con *todo*. Especialmente significativo a este respecto son los muchos ejemplos con sintagmas preposicionales encabezados por la preposición *en* coordinados con la construcción con *todo/a* gracias a la conjunción *ni*, o coordinando *ni* otros dos elementos de la construcción con *todo/a*, sea el verbo, el sujeto, etc.:

(42) E Flamizén dizía en su coraçón que en toda la Gran Turquía ni en el imperio de su padre avía recebido tan grandes encuentros como de aquellos cristianos (Anónimo, *Polindo*, 1526).

(43) Dánselo muchachos pequeños, de casa de sus padres, y en toda la plaza ni en el templo donde están, entran allí hombre ni mujer en tanto que allí están, sino solamente los muchachos pequeños que les llevan e dan de comer (Fernández de Oviedo, Gonzalo, *Historia general y natural de las Indias*, 1535-1557).

(44) La multitud de los indios, como los auian quitado, de la presençia de su Cazique, a quien mostraban amar mucho, en toda la noche reposaron ni durmieron (Aguado, Fray Pedro de, *Historia de Santa Marta y Nuevo Reino de Granada*, 1573-1581).

(45) Los dioses me bastecieron de hermosura como de riqueza, cual otra en todo el reino ni en gran parte se hallava (Sierra, Pedro de la, *Espejo de príncipes y caballeros, segunda parte*, 1580).

(46) Y las que en todo el año salen ni visitan, aquí se vengan y ven y son vistas (Cabrera, Fray Alonso de, *De las consideraciones sobre todos los evangelios de la Cuaresma*, 1598).

(47) Estuve avizorando por todo aquello si podría sacar aquella prenda sin costas ni daño de barras, y en toda la casa ni en parte della sentí haber quien impedírmelo pudiese (Alemán, Mateo, *Segunda parte de la vida de Guzmán de Alfarache*, 1604).

(48) Fuímonos a acostar, y en toda la noche pudimos yo ni don Diego dormir (Quevedo y Villegas, Francisco de, *La vida del Buscón llamado don Pablos*, 1626).

(49) primero, que en toda la sagrada escritura, ni en lugar alguno de ella se hace expresa mención de los cometas (Sigüenza y Góngora, Carlos de, *Libra astronómica y filosófica*, 1690).

(50) Pero en todo el lugar hay otro más díscolo ni más desamoretado que tú (Fernán Caballero (Cecilia Böhl de Faber), *La gaviota*, 1849).

Debe quedar claro que *ni* se muestra siempre, tanto en español medieval como actual (Camús 2006, 1191) inducida desde una negación anterior, como cualquier otro término de polaridad negativa. Los ejemplos que hemos incluido anteriormente así lo demuestran. Pero, además, también hay estructuras de negación doble para esta conjunción cuando aparece en constituyentes que preceden al verbo, igual que ocurre con los indefinidos negativos. De hecho, en español medieval, a diferencia del actual, se aceptaba el esquema *[A ni B] no V*, pero en concurrencia siempre con la negación preverbal (RAE 2009, 3652):

(51) Oyendo lo cual todos quedaron atónitos, y más viendo que en todo el aposento ni al derredor de la mesa no había persona humana que responder pudiese (Cervantes Saavedra, Miguel de, *Segunda parte del ingenioso caballero don Quijote de la Mancha*, 1615).

(52) Y yo sé que en todo el cielo,/ni en la tierra, aunque espaciosa,/no hay cosa que sea gustosa/sin la dura cruz preciosa (Cervantes Saavedra, Miguel de, *Comedia famosa*

intitulada *El rufián dichoso*» *(Ocho comedias y ocho entremeses nuevos nunca representados)*, 1615).

Quiero decir que los ejemplos anteriormente dados en modo alguno son casos de negación expletiva, es decir, casos en que se incorpora a la frase una negación que no produce realmente valor negativo y de la cual se encuentran muchos ejemplos especialmente en la antigüedad. Según la RAE (2009, 3696), se denomina *negación expletiva* a la que no aporta significación, pero se añade por razones enfáticas o expresivas: *no nos iremos hasta que no nos digan la verdad*, y evidentemente podemos encontrar ejemplos con *ni* en el tipo de construcciones que estamos estudiando:

> (53) ca ciertamente sabed que en toda la conquista de España ni en las muchas guerras que en ella ovo, e batallas del Rey don Rodrigo fueron muertos cinco reyes moros (Corral, Pedro de, *Crónica del rey don Rodrigo, postrimero rey de los godos (Crónica sarracina)*, 1430).

> (54) por Dios, señora, acorrelde y ayudalde, que verdaderamente si algún descanso no ha en sus amores, perdido es el mejor cavallero que ay en vuestro linaje ni en todo el mundo (Rodríguez de Montalvo, Garci, *Amadís de Gaula, libros I y II*, 1482-1492 [s. XVI (1508)]).

En muchas ocasiones la edición de la obra incluida en el corpus nos ha dificultado grandemente el reconocimiento de estas estructuras, pues hemos detectado en algunos casos que el editor incorpora el elemento de negación (*no*) en este tipo de construcciones, no sé si por entender que hay un error o para facilitarle la lectura al lector. Por ejemplo, el CDH da el siguiente ejemplo recogido anteriormente, y, sin embargo, el CORDE lo recoge con negación:

> (55) busqué un escribano que me diera fe dello y en todo el camino del infierno pude hallar ningún escribano ni alguacil (Quevedo y Villegas, Francisco de: *Sueño del Infierno*), 1608).

> (56) busquè vn escriuano que me diera fee de ello, y en todo el camino del infierno no pude hallar ningun Escriuano ni Alguazil (Quevedo y Villegas, Francisco de: *Sueño del Infierno*, 1608).

La situación es tan compleja que, en el mismo corpus CDH, podemos encontrar un ejemplo con dos versiones diferentes, uno con negación y otro sin ella, en una misma edición:

> (57) que no sólo durante aquella guerra presente él no avía salido de la çibdad mas en todo el tiempo de su vida avía salido de los muros (Horozco, Sebastián de: *Libro de los proverbios glosados*. [Jack Weiner, Kassel, Reichenberger], 1570-1579).

(58) que no sólo durante aquella guerra presente él no avía salido de la çibdad mas ni aún en todo el tiempo de su vida no avía salido de los muros (Horozco, Sebastián de: *Libro de los proverbios glosados*. [Jack Weiner, Kassel, Reichenberger], 1570-1579).

Es más habitual encontrar ejemplos en los que el editor marca la reconstrucción de la negación, por lo que es posible suponer que en el original la construcción no tenía inductor negativo y podría ser considerada ejemplo del tipo de estructuras objeto de nuestro estudio:

(59) En toda la Escritura [no] leemos que tomasse renombre de Astrólogo judiciario ni de alchimista, ni de mágico ni de chiromántico, ni de semejantes artes inciertas y peligrosas para el alma y consciencia (Estudio (Jerónimo de Virués), «*Discurso alabando la medicina*», 1592).

(60) Pues, ¿qué se puede presumir de algunos mozos, que corriendo sangre, se entremeten a tratar de conversión o confusión de almas, los cuales en todo el día [no] saben entrar en su casa, sino de una en otra por las ajenas, sin tener media hora de trato con Dios por la oración? (Ángeles, Fray Juan de los, *Diálogos de la conquista del reino de Dios*, 1595).

(61) Ambas parecían extranjeras, y en toda la noche [no] habían cruzado entre sí una sola palabra (Coloma, Luis, *Pequeñeces*, 1891).

La duda que me queda con todo esto es saber en qué medida el corpus *ha perdido* algunos ejemplos del tipo de construcción estudiada por la acción del editor, pues parece claro que algunos editores tienden a rechazar la construcción y prefieren construir la estructura con inductor negativo.

2.3 Acomodación

La activación contextual de la interpretación negativa puede venir explicada por el fenómeno denominado *acomodación*. Lewis (1979) concibió la acomodación como una estrategia de reparación: el interlocutor reconoce que algo es inadecuado, ve cómo resolverlo añadiendo una presuposición adecuada y procede a ajustarla. La acomodación es algo que se hace por deferencia a los deseos del otro: se trata de adaptaciones hechas para mejorar el éxito comunicativo (Beaver/Zeevat 2007, 503-504). La acomodación supone la adaptación por parte del interlocutor de las asunciones que el hablante ha hecho. Si la acomodación se da en respuesta a las asunciones que el hablante ha hecho, entonces podemos esperar que aquello que indica que algo ha sido asumido puede desencadenar acomodación. Pero la acomodación solo es posible en contextos en los que la adición explícita del material acomodado produce un discurso feliz, y se da en un texto que carecía de la presuposición original (Beave/Zeevat 2007, 510). Es solo de esta forma *acomodaticia* como es posible encontrar un contexto que posibilite un antecedente para el clítico femenino.

Así pues, la acomodación llena un hueco, ocurre porque algo del contexto está perdido (esta es la intuición presente desde Lewis 1979). La acomodación debe causar la existencia de la presuposición, reparando el contexto y llenando lo que estaba perdido (Beaver/Zeevat 2007, 523). Hay presuposiciones que no forman parte del conocimiento compartido.[8] Para reparar estos casos surge el concepto de 'acomodación': si el hablante da por conocida una determinada información que no forma parte del conocimiento compartido, el interlocutor se verá en la necesidad de asumirla. Es posible introducir una presuposición en la conversación sin haber una asunción previa, es decir, sin tener que introducir explícitamente la presuposición. En tales casos, los participantes conversacionales reconocen que el contexto existente no satisface los requisitos presuposicionales de la expresión, pero se acomodan al hablante al añadir la información requerida para traer el contexto en armonía con la regla presuposicional (Kripke 2009, 369). Los hablantes explotan este proceso cuando piensan que la información requerida será aceptada e incontrovertida por todas partes. Los hablantes habitualmente presuponen cosas que no siempre son establecidas como parte del conocimiento compartido. Cuando hacen esto, están implícitamente pidiendo a los otros participantes discursivos acomodar esa información, al añadirla al conocimiento compartido, o al menos al añadir al conocimiento compartido que el hablante está públicamente dirigido a esa información para los propósitos de la interacción (Potts 2015, 179).

Thomason (1990, 332) pone de ejemplo la acomodación para solucionar el problema de ajustar la referencia de elementos anafóricos que no tienen antecedente en el inicio de una conversación. Se trata en estos casos de ajustar el intercambio conversacional para eliminar obstáculos a los planes detectados del interlocutor. El ejemplo de Thomason no es equivalente a las construcciones locales y temporales con *todo/a* que nosotros venimos comentando, pero sí pone de relieve que, si una presuposición necesaria no está, el contexto necesita ser ajustado. La opción por defecto es añadir la presuposición de forma que la expresión sea interpretable. La acomodación es una estrategia de reparación, no es simplemente añadir información al contenido proposicional (Van der Sandt 1992, 340): es una estrategia de reparación del contexto de expresión para obtener una interpretación de la oración que está siendo procesada. La

---

[8] El conocimiento compartido de los interlocutores es el conjunto de suposiciones, creencias y conocimientos mutuos (Clark 1996, 93).

acomodación es, entonces, mejor entendida como un tipo de preprocesamiento de una expresión para ajustar los parámetros contextuales con el fin de crear un contenido auxiliar en el que puede interpretarse.

Kadmon (2001, 20-21) establece dos restricciones a la acomodación: 1) Consistencia: cuando tenemos firmes creencias acerca del contexto de evaluación o contexto de la expresión, somos reacios a dejarlas caer. Somos muy reacios a acomodar asunciones que son inconsistentes con lo ya asumido. Las asunciones a acomodar son normalmente incontrovertidas y no sorprendentes. En el caso de las construcciones con *todo/a* hemos comprobado que el contexto hace necesaria la interpretación negativa para evitar la incoherencia. 2) Puente: el nuevo material añadido tiene que estar relacionado con el material que ya está en él. Tiene que haber un puente entre el nuevo material añadido y lo que ya está allí. Estas dos características se adaptan bien al caso de las construcciones locales y temporales con *todo/a*, pues no solo es el contexto el que legitima la interpretación negativa, sino que hay múltiples *pistas* en el mismo que inciden en esa línea interpretativa, tal y como señalamos anteriormente. Por ejemplo, *levantar los ojos del suelo* o *pegar ojo* en el contexto activado por *en todo el camino* o *en toda la noche* parecen legitimar la interpretación negativa, pues la construcción *no pegar ojo* y *no levantar los ojos del suelo* son las más habituales, especialmente si está activado contextualmente un entorno de *depresión* o de *dormir*. En la misma línea podríamos interpretar la presencia de inductores negativos como construcciones comparativas o superlativas, predicados nominales, u otros elementos negativos posteriores.

3 Orígenes de la construcción

Tras lo expuesto en líneas anteriores, considero que la construcción objeto de estudio no tiene una vinculación directa con el denominado ciclo de Jespersen, pues entiendo que el sintagma preposicional temporal o local no ha perdido su significado y, además, que la función que realiza es activar el valor negativo de la construcción en la que se inserta desde la interpretación contextual. Es decir, la construcción con *todo/a* no funciona exactamente como un marcador de negación, sino como un activador contextual de la negación de la estructura en la que aparece, es decir, como un caso de negación encubierta. No se trata, por tanto, de una construcción asimilable a una palabra negativa que se ha gramaticalizado en posición preverbal y funciona como una palabra negativa responsable de la polaridad del dominio sintáctico bajo su ámbito, siendo capaz de expresar negación por sí misma. El significado local o temporal de la construcción sigue vigente, pero con la diferencia de que activa contextualmente el valor negativo de la oración.

Los primeros ejemplos acreditados en el corpus consultado son de finales del siglo XV,[9] y, tal y como expusimos en los datos de las tablas anteriores, la construcción tiene un cierto éxito en los siglos XVI, XVII y XVIII, y a partir del siglo XIX y, especialmente, del XX, tiende a ir perdiendo frecuencia de uso. Las estadísticas muestran indudablemente que la frecuencia de uso de la construcción ha ido reduciéndose considerablemente en los dos últimos siglos, especialmente desde la segunda mitad del siglo XX.[10] Es más, si bien la construcción está inventariada en repertorios gramaticales habituales, las dudas encontradas en las ediciones a propósito de incorporar el inductor negativo *no* por parte del editor, creo que también ponen de manifiesto el carácter *poco habitual* que señalamos para la construcción.

En cuanto a los orígenes de la construcción, creo que vienen determinados por dos posibilidades no excluyentes:

a) Ya hemos comprobado que en los orígenes era muy habitual el uso de la construcción local o temporal con *todo/a* en contextos negativos (superiores al 25% en algunos casos). Esta combinatoria habitual de la construcción en contextos negativos pudo funcionar como activador contextual del valor negativo de la estructura en que se inserta la construcción. Ello es especialmente relevante en ciertos ejemplos, como *en toda la noche*.

b) La influencia analógica que han podido establecer las construcciones con *vida* (*en mi vida, en tu vida, en su vida, en nuestra vida, en toda mi/tu/su/nuestra/vuestra/la vida*) a través del elemento en común, *en toda la vida*, creo que es especialmente determinante.

Los casos que hemos acreditado como *en toda la vida* dentro del corpus consultado no funcionan exactamente como activadores del valor negativo de la cons-

---

9 Syete sobrados tyene: uno sobre otro que todos son de bóvedas de ladrillo, sy que en toda la casa aya un palmo de madera syno son puertas y ventanas (Anónimo, *La corónica de Adramón*, 1492).

en todo el día dixo palabra, salvo que siempre estuvo ansí honesta y continente (Anónimo, *Relación de Colón del viaje a Cuba y Jamaica [Textos y documentos completos de Cristóbal Colón]*, 1495).

y que avía andado por esta costa mucho y que en toda la mar avía hallado canales y el mesmo fondo que yo avía traído e yo avía visto de ençima del mástel del navío (Anónimo, *Relación de Colón del viaje a Cuba y Jamaica [Textos y documentos completos de Cristóbal Colón]*, 1492).

10 Lo cual está en consonancia con los datos dados por Cifuentes (2019) sobre las construcciones con *vida* en posición preverbal o los aportados por Octavio de Toledo (2014) sobre *nada*.

trucción, sino que estos ejemplos, a semejanza del resto de construcciones con *vida*, constituyen claros ejemplos de marcadores de negación, es decir, el valor semántico de la construcción preposicional viene mitigado, y es la misma construcción la que funciona como elemento de negación. Así, por ejemplo, *en toda la vida ha experimentado mi alma sensaciones iguales* o *en toda la santa vida volveré a contarvos otro*, no deben interpretarse como *en/durante toda la vida no ha experimentado mi alma sensaciones iguales* o *en/durante toda la santa vida no volveré a contarvos otro*, sino como *nunca ha experimentado mi alma sensaciones iguales* y *nunca volveré a contarvos otro*. Quizás en los primeros ejemplos de las construcciones con *vida* podría haber dudas acerca de si se trata de una negación encubierta o de un elemento de negación, pero la equivalencia semántica de la construcción temporal con *nunca* consiguió fácilmente su uso como marcador de negación:

(62) Y de Sócrates, philósopho, leemos que jamás lo vieron triste ni alegre; y de Pomponio, poeta consular, que nunca estornudó; de la otra Antonia (hija de Druso, romano), que en toda la vida escupió (Mejía, Pedro, *Silva de varia lección*, 1540-1550).

(63) Si los hombres conosciessen las mercedes/que Dios les haze en esto, en toda/la vida dexarian de dalle gracias/por ello (Martínez de Castrillo, Francisco, *Tratado breve sobre la maravillosa obra de la boca*, 1570).

(64) En la mar, por la parte donde entra este río, fue tanta la ceniza que cayó allí y piedra pómez, que con tener el río de Tambo —que así se llama— más de dieciocho brazas por la mar en hondo, ha hecho allí una isla como si en toda la vida allí hubiera habido mar, sino que parece que desde el principio fue isla (Ocaña, Fray Diego de, *Relación de un viaje por América*, 1605).

(65) donde está una viña que en toda la vida ve agua ninguna (Ocaña, Fray Diego de, *Relación de un viaje por América*, 1605).

(66) Estos indios del Collao son la gente más puerca y más sucia que hay en todos los reinos del Perú, porque desde que nacen, porque desde que nacen, en toda la vida saben qué cosa es lavarse ninguna cosa de su cuerpo (Ocaña, Fray Diego de, *Relación de un viaje por América*, 1605).

(67) Si yuan alguna vez a la granja entre año, los que en toda la vida salian a otra parte, los llamauan a boca llena regalados (Sigüenza, Fray José, *Tercera parte de la Historia de la orden de San Jerónimo*, 1605).

(68) Tienen por gala traer los dientes negros, y los ponen así con ciertas yerbas que traen en la boca por muchos días, con que se empapan los dientes en aquel zumo negro, de manera que en toda la vida se les quita (Simón, Fray Pedro, *Primera parte de noticias historiales de las conquistas de tierra firme en las Indias Occidentales*, 1627).

(69) parten muy contentos, con guantes nuevos, las manos vestidas muy a la vista, para que se vean los guantes, que como es gente que en toda la vida se los pone, sino en estas ocasiones (Santos, Francisco, *Las tarascas de Madrid*, 1665).

(70) Por lo que a mí toca, en toda la vida ha experimentado mi alma sensaciones iguales a las de aquel momento (Pérez Galdós, Benito, *Trafalgar*, 1873).

(71) Ahora, tenelo por bien entendío, en toda la santa vida volveré a contarvos otro (Alcalde del Río, Hermilio, *Escenas cántabras (apuntes del natural), Segunda serie*, 1928).

Las construcciones con *vida* son un ejemplo claro de *concordancia negativa no estricta*: en posición postverbal, la construcción con *vida* puede comportarse como término de polaridad negativa, es decir, se trata de una secuencia discontinua de elementos negativos que manifiestan una negación simple. Es un cambio común en toda la Romania que elementos que funcionan como refuerzos de la negación (postpuestos al verbo) en estructuras de concordancia negativa, pasen a funcionar como palabras negativas en posición preverbal (Camús 2006, 1196). Se trata de una concordancia negativa *no estricta* porque proscriben la concordancia explícita preverbal.

Como hemos visto por los ejemplos, y tal y como analizamos en Cifuentes 2019, las construcciones con *vida* son un ejemplo de una adaptación parcial del denominado ciclo de Jespersen. La construcción con *vida* situada en posición preverbal funciona como término de polaridad negativa fuerte desde finales del siglo XV, siendo muy común desde entonces, si bien la variante con artículo en lugar de posesivo es mucho menos frecuente. La posición preverbal de la construcción no implica siempre el significado negativo de la construcción, pues también es posible su interpretación con valores positivos. Ello quiere decir que será el contexto el que restrinja y concrete la significación, bien positiva, bien negativa. La construcción con *vida* como elemento de polaridad negativa fuerte también constituye un ejemplo claro de *subjetivación* en el sentido de Traugott, en tanto que el significado de la construcción cambia desde una descripción objetiva de la situación externa (desarrollo temporal de la vida de cierta persona) a una perspectiva interna del hablante sobre lo que se dice (cuantificador existencial negativo) en determinados contextos, lo que otorga valor polisémico (positivo y negativo) a la construcción.

En el caso de las construcciones con *vida* hemos acreditado (Cifuentes 2019) su consideración como elemento de refuerzo de la negación, así como su posterior uso como término de polaridad negativa fuerte, pero no hay casos en los que el elemento de negación preverbal original sea opcional, ni casos en los que el elemento de negación sea postverbal. Tendríamos, por tanto, un cambio desde refuerzo de la negación a inductor de la negación. Además, su comportamiento también es peculiar dentro del esquema del ciclo de Jespersen por cuanto será el contexto el que determine la interpretación negativa o la interpretación positiva en posición preverbal. En general las lenguas pueden añadir dos tipos de elementos para enfatizar lo que de otra manera sería una negación neutra: minimizadores y generalizadores, y pueden darse como expresiones nominales y como expresiones adverbiales (Cifuentes 2019). Los minimizadores son elementos que denotan cantidades extremadamente insignificantes de algo. Los generalizadores son elementos que, en contraste, extienden el dominio de la cuantificación cualitativamente, al denotar una clase general máxima (Kiparsky/Condoravdi 2006). Los generalizadores, al igual que los minimizadores, tienen una naturaleza escalar (Breitbarth (2014, 19), pero, a diferencia de los minimizadores, que establecen la escala en términos de dimensiones, en el caso de los generalizadores se asume que la escala se establece en términos de especificidad: los generalizadores no dan lugar a un refuerzo de la negación de tipo cuantitativo (como hacen los minimizadores), sino a un refuerzo cualitativo, es decir, extienden la negación a un dominio más comprehensivo.

Las construcciones con *vida* originariamente fueron empleadas como generalizadores temporales de refuerzo de la negación con un valor universal que indica que la negación es válida en el conjunto de tiempo comprendido en toda una vida, y pueden comportarse como elementos de polaridad negativa fuerte, pero sin llegar a ejemplificar fases del ciclo de Jespersen en las que la negación preverbal original sea opcional, ni fases en las que el elemento de negación sea postverbal. En cualquier caso, parece que el ciclo de Jespersen tiene poco que decir a propósito de la alternancia negativa, pero debemos tener en cuenta que se diseñó en su origen para dar cuenta de la aparición de negadores como el francés *pas* (a partir de un minimizador) o el inglés *not* (a partir de un indefinido morfológicamente negativo), que se gramaticalizan como tales postpuestos al verbo. No obstante, debemos considerar que entre el ciclo de Jespersen y la alternancia negativa hay un punto muy importante en común, y es su relación con la dinámica negación neutra y negación enfática (Zeijlstra 2016, 292). Y ello también las vincula con las construcciones locales y temporales con *todo/a*, pues, tal y como hemos expuesto anteriormente, estas últimas constituyen ejemplos de negación enfática debido a la anteposición focal implicada.

Hay que tener en cuenta que las construcciones con *vida* eran, y son, muy habituales en español, mucho más que las construcciones locales y temporales con *todo/a*, de ahí que la influencia analógica haya podido ser de las primeras hacia las segundas. Los datos de los corpus nos dicen que las dos construcciones (con *vida* y locales y temporales con *todo/a*) se originan a finales del siglo XV, fundamentalmente con ejemplos con *en mi vida*, *en toda mi vida* y *en su vida*, por un lado, mientras que los primeros usos de las construcciones con *todo/a* son con *casa*, *mar* y *día*. Ahora bien, el uso de unas y otras construcciones es muy diferente, pues la frecuencia de uso dada en los siglos XVI y XVII es casi 10 veces mayor en el caso de las construcciones con *vida* que en las construcciones con *todo*. Evidentemente el punto en común es *en toda la vida*:

Tabla 9: Construcciones con *vida* en posición preverbal.

	XV	XVI	XVII	XVIII	XIX	XX	
En mi vida	2	75	167	25	84	144	497
En tu vida	0	2	4	7	7	17	37
En su vida	1	69	71	17	52	72	282
En nuestra vida	0	0	0	0	0	0	0
En vuestra vida	0	2	2	2	0	1	7
En la vida	0	2	0	1	23	50	76
En toda mi/tu... vida	1	44	45	12	11	16	129
Total	4	194	289	64	177	300	1028

Así pues, considero que las construcciones con *vida*, especialmente a través de la construcción *en toda mi/tu/... vida* pudieron influir en el uso de las construcciones locales y temporales con *todo/a* como activadores negativos dada la similitud de las dos construcciones a través del cuantificador *todo/a*.

Tabla 10: Distribución de *en toda mi/tu/su/nuestra/vuestra/la vida*.

	En toda mi vida	En toda tu vida	En toda su vida	En toda la vida	En toda nuestra vida	En toda vuestra vida	
XV	1	0	0	0	0	0	1
XVI	21	1	19	1	1	1	44
XVII	26	0	13	6	0	0	45
XVIII	7	0	5	0	0	0	12
XIX	6	0	4	1	0	0	11
XX	8	2	5	1	0	0	16
Total	69	3	46	9	1	1	129

Las construcciones con *vida* son distintas del conjunto de las construcciones locales y temporales con *todo/a* por cuanto las primeras funcionan como marcadores de negación, mientras que las construcciones con *todo/a* (excluidas *en toda x vida*) no funcionan como marcadores de negación, sino como activadores de la interpretación contextual negativa de la construcción en la que se inserta dicha construcción. Tengamos en cuenta, además, que las construcciones con posesivo están más gramaticalizadas que las construcciones sin posesivo. Por ejemplo, considérese que las primeras pueden constituir turno de palabra, no así las segundas, es decir, pueden ser ejemplo de la denominada *negación pro-oracional* (Poletto 2016, 834), usada como una respuesta negativa para sustituir a una oración entera, lo cual justifica que, si en algún momento el origen de las construcciones con *vida* pudiera haber supuesto algún tipo de negación encubierta, la equivalencia semántica temporal de la construcción con *nunca* facilitó su gramaticalización como marcador de negación, y ello desde bien pronto:

(72) Frula —¿Habéis estado aquí en Módena otra vez sin esta?
Fabricio —En mi vida (Rueda, Lope de: *Comedia llamada de «Los engañados»*, 1545–1565).

(73) FRANCISCO —Dices verdad; que si el ladrón anda con el ermitaño, o el ladrón será ermitaño, o el ermitaño ladrón. Pero ¿tú nunca juegas?
JUAN —¿Yo? No, en mi vida (Anónimo: *Diálogos de John Minsheuk*, 1599).

(74) —¿Ana? En su vida; buena es ella (Clarín (Leopoldo Alas): *La Regenta*, 1884–1885).

La negación encubierta que implican las construcciones locales y temporales con *todo/a* puede venir también especialmente determinada por los contextos negativos de las mismas. Ya hemos expuesto anteriormente los porcentajes globales de combinación con negación de dichas construcciones, pero ello es todavía más claro si consideramos los datos individualizados de los elementos más comunes (*día, noche, vida, mundo, año, tiempo, mañana, casa, camino, discurso, reino* y *escritura*):

Tabla 11: En todo el día.

	Ocurrencias	Posición preverbal	Posición postverbal	Interpretación negativa contextual	Total negativas
XIII	13	1 (7.69%)	0	0	1 (7.69%)
XIV	4	1 (25%)	1 (25%)	0	2 (50%)
XV	93	10 (10.75%)	8 (8.60%)	1 (1.07%)	19 (20.43%)
XVI	122	28 (22.95%)	23 (18.85%)	7 (5.73%)	58 (47.54%)

Tabla 11 (continuación)

	Ocurrencias	Posición preverbal	Posición postverbal	Interpretación negativa contextual	Total negativas
XVII	72	16 (22.22%)	36 (50%)	8[11] (11.11%)	60 (83.33%)
XVIII	48	9 (18.75%)	24 (50%)	4 (8.33%)	37 (77.08%)
XIX	119	16 (13.44%)	80 (67.22%)	2 (1.68%)	98 (82.35%)
XX	206	20 (9.70%)	150 (72.81%)	7[12] (3.39%)	177 (85.92%)
Total	689	101 (14.65%)	322 (46.73%)	29 (4.20%)	452 (65.60%)

Tabla 12: En toda la noche.

	Ocurrencias	Posición preverbal	Posición postverbal	Interpretación negativa contextual	Total negativas
XIII	39	2 (5.12%)	1 (2.56%)	0	3 (7.69%)
XIV	1	1 (100%)	0	0	1 (100%)
XV	25	12 (48%)	5 (20%)	0	17 (68%)
XVI	73	38 (52.05%)	26 (35.61%)	5 (6.84%)	69 (94.52%)
XVII	59	21 (35.59%)	28 (47.45%)	7 (11.86%)	56 (94.91%)
XVIII	19	3 (15.78%)	13 (68.42%)	1 (5.26%)	17 (89.47%)
XIX	145	11 (7.58%)	119 (82.06%)	7 (4.82%)	137 (94.48%)
XX	283	18 (6.36%)	237 (83.74%)	3 (1.06%)	258 (91.16%)
Total	611	106 (17.34%)	429 (70.21%)	23 (3.76%)	558 (91.32%)

---

11 Uno de los ejemplos es *en todo el santísimo día*.
12 Dos de los ejemplos muestran *en todo el santo día*, y tres *en todo el día de Dios*.

Construcciones locales y temporales con *todo/a*: acomodación y negación — 53

Tabla 13: En toda la vida.

	Ocurrencias	Posición preverbal	Posición postverbal	Interpretación negativa contextual	Total negativas
XIII	2	0	2 (100%)	0	2 (100%)
XIV	4	0	1 (25%)	0	1 (25%)
XV	8	2 (25%)	2 (25%)	0	4 (50%)
XVI	58	8 (13.79%)	18 (31.03%)	2 (3.44%)	28 (48.27%)
XVII	45	6 (13.33%)	19 (42.22%)	6 (13.33%)	31 (68.88%)
XVIII	8	0	3 (37.50%)	0	3 (37.50%)
XIX	20	0	12 (60%)	1 (5%)	13 (65%)
XX	49	2 (4.08%)	16 (32.65%)	1^{13} (2.04%)	19 (38.77%)
Total	195	18 (9.23%)	73 (37.43%)	10 (5.12%)	101 (51.79%)

Tabla 14: En todo el mundo.

	Ocurrencias	Posición preverbal	Posición postverbal	Interpretación negativa contextual	Total negativas
XIII	42	14 (33.33%)	7 (16.66%)	0	21 (50%)
XIV	58	4 (6.89%)	15 (25.86%)	0	19 (32.75%)
XV	161	20 (12.42%)	20 (12.42%)	0	40 (24.84%)
XVI	438	35 (7.99%)	62 (14.15%)	6 (1.36%)	103 (23.51%)
XVII	200	9 (4.5%)	26 (13%)	1 (0.5%)	36 (18%)
XVIII	122	11 (9.01%)	16 (13.11%)	0	27 (22.13%)
XIX	126	2 (1.58%)	15 (11.90%)	0	17 (13.49%)
XX	1776	16 (0.90%)	42 (2.36%)	0	58 (3.26%)
Total	2973	101 (3.39%)	203 (6.82%)	7 (0.23%)	311 (10.46%)

---

13 El ejemplo es *en toda la santa vida*.

Tabla 15: En todo el año.

	Ocurrencias	Posición preverbal	Posición postverbal	Interpretación negativa contextual	Total negativas
XIII	6	2 (33.33%)	2 (33.33%)	0	4 (66.66%)
XIV	5	1 (20%)	0	0	1 (20%)
XV	32	3 (9.37%)	5 (15.62%)	0	8 (25%)
XVI	128	16 (12.50%)	36 (28.12%)	4 (3.12%)	56 (43.75%)
XVII	105	16 (15.23%)	51 (48.57%)	1 (0.95%)	68 (64.76%)
XVIII	53	5 (9.43%)	19 (35.84%)	0	24 (45.28%)
XIX	33	6 (18.18%)	9 (27.27%)	0	15 (45.45%)
XX	81	2 (2.46%)	21 (25.92%)	0	23 (28.39%)
Total	443	51 (11.51%)	143 (32.27%)	5 (1.12%)	199 (44.92%)

Tabla 16: En todo el tiempo.

	Ocurrencias	Posición preverbal	Posición postverbal	Interpretación negativa contextual	Total negativas
XIII	15	0	6 (40%)	0	6 (40%)
XIV	23	2 (8.69%)	5 (21.73%)	0	7 (30.43%)
XV	60	11 (18.33%)	4 (6.66%)	0	15 (25%)
XVI	182	47 (25.82%)	35 (19.23%)	3 (1.64%)	85 (46.70%)
XVII	113	32 (28.13%)	17 (15.04%)	1 (0.88%)	50 (44.24%)
XVIII	47	14 (29.78%)	10 (21.27%)	1^{14} (2.12%)	25 (53.19%)
XIX	47	12 (25.53%)	9 (19.14%)	0	21 (44.68%)
XX	85	18 (21.17%)	32 (37.64%)	0	50 (58.82%)
Total	572	136 (23.77%)	118 (20.62%)	5 (0.87%)	259 (45.27%)

---

[14] El ejemplo es *en todo el tiempo de su gobierno*.

Tabla 17: En toda la mañana.

	Ocurrencias	Posición preverbal	Posición postverbal	Interpretación negativa contextual	Total negativas
XVII	2	0	2 (100%)	0	2 (100%)
XVIII	2	0	1 (50%)	0	1 (50%)
XIX	7	0	4 (57.14%)	1 (14.28%)	5 (71.42%)
XX	33	5 (15.15%)	21 (63.63%)	2^{15} (6.06%)	28 (84.84%)
Total	44	5 (11.36%)	28 (63.63%)	3 (6.81%)	36 (81.81%)

Tabla 18: En toda la casa.

	Ocurrencias	Posición preverbal	Posición postverbal	Interpretación negativa contextual	Total negativas
XIII	7	0	1 (14.28%)	0	1 (14.28%)
XIV	1	1 (100%)	0	0	1 (100%)
XV	8	0	1 (12.50%)	1 (12.50%)	2 (25%)
XVI	28	4 (14.28%)	10 (35.71%)	0	14 (50%)
XVII	30	3 (10%)	14 (46.66%)	2 (6.66%)	19 (63.33%)
XVIII	6	1 (16.66%)	2 (33.33%)	0	3 (50%)
XIX	35	6 (17.14%)	7 (20%)	0	13 (37.14%)
XX	99	7 (7.07%)	15 (15.15%)	0	22 (22.22%)
Total	214	22 (10.28%)	50 (23.36%)	3 (1.40%)	75 (35.04%)

Tabla 19: En todo el camino.

	Ocurrencias	Posición preverbal	Posición postverbal	Interpretación negativa contextual	Total negativas
XIV	3	1 (33.33%)	0	0	1 (33.33%)
XV	13	5 (38.46%)	2 (15.38%)	0	7 (53.84%)

---

15 Los dos ejemplos son de *en toda la santa mañana*.

Tabla 19 (continuación)

	Ocurrencias	Posición preverbal	Posición postverbal	Interpretación negativa contextual	Total negativas
XVI	63	18 (28.57%)	8 (12.69%)	0	26 (41.26%)
XVII	48	20 (41.66%)	14 (29.1%)	1^{16} (2.08)	35 (72.91%)
XVIII	17	3 (17.64%)	5 (29.41%)	1 (5.88%)	9 (52.94%)
XIX	34	8 (23.52%)	7 (20.58%)	1 (2.94%)	16 (47.05%)
XX	28	3 (10.71%)	12 (42.85%)	1 (3.57%)	16 (57.14%)
Total	203	58 (27.23%)	48 (23.64%)	4 (1.97%)	110 (54.18%)

Tabla 20: Entodo el discurso.

	Ocurrencias	Posición preverbal	Posición postverbal	Interpretación negativa contextual	Total negativas
XVI	46	5 (10.86%)	4 (8.69%)	0	9 (19.56%)
XVII	50	6 (12%)	2 (4%)	3^{17} (6%)	11 (22%)
XVIII	44	7 (15.90%)	6 (13.63%)	0	13 (29.54%)
XIX	7	0	2 (28.57%)	0	2 (28.57%)
XX	4	0	0	0	0
Total	151	18 (11.92%)	14 (9.27%)	3 (1.98%)	35 (23.17%)

---

[16] El ejemplo es *en todo el camino del infierno*.
[17] Dos ejemplos son *en todo el discurso de su vida* y uno de ellos *en todo el discurso de mi vida*.

Tabla 21: En todo el reino.

	Ocurrencias	Posición preverbal	Posición postverbal	Interpretación negativa contextual	Total negativas
XII	1	0	0	0	0
XIII	25	0	8 (32%)	0	8 (32%)
XIV	44	1 (2.27%)	3 (6.81%)	0	4 (9.09%)
XV	86	9 (10.46%)	5 (5.81%)	0	14 (16.27%)
XVI	217	11 (5.06%)	22 (10.13%)	1 (0.46%)	34 (15.66%)
XVII	127	2 (1.57%)	14 (11.02%)	1 (0.78%)	17 (13.38%)
XVIII	84	1 (1.19%)	10 (11.90%)	0	11 (13.09%)
XIX	105	1 (0.95%)	10 (9.52%)	0	11 (10.47%)
XX	68	3 (4.41%)	9 (13.23%)	0	12 (17.64%)
Total	777	28 (3.60%)	81 (10.42%)	2 (0.25%)	111 (14.28)

Tabla 22: En toda la [sagrada/divina] escritura.

	Ocurrencias	Posición preverbal	Posición postverbal	Interpretación negativa contextual	Total negativas
XVI	14	5 (35.71%)	3 (21.42%)	1 (7.14%)	9 (64.28%)
XVII	9	1 (11.11%)	3 (33.33%)	1 (11.11%)	5 (55.55%)
XVIII	5	3 (60%)	1 (20%)	0	4 (80%)
XIX	0	0	0	0	0
XX	2	0	0	0	0
	30	9 (30%)	7 (23.33%)	2 (6.66%)	18 (60%)

Como vemos por los datos, la vinculación de la negación con las construcciones locales y temporales con *todo/a* más frecuentes en su uso como negación encubierta es realmente llamativa por su elevado número, y ello independientemente de las relaciones de analogía que puedan haberse establecido entre los distintos elementos. De igual forma, la relatividad de las frecuencias de los corpus no obscurece el hecho de las tendencias establecidas. Por todo ello, queremos concluir como posibilidad de origen de la negación encubierta con las construcciones locales y temporales con *todo/a* las siguientes ideas (sin exclusión de la posibilidad de analogía también reseñada): a) la frecuencia de uso de las citadas construcciones con interpretación negativa es un elemento muy relevante; b) en los orígenes, la construcción negativa en la que el complemento local o temporal con *todo/a* se encuentra focalizado antepuesto al verbo con negación es también muy habitual; c) la vinculación en el conocimiento compartido de los hablantes de la construcción con el valor negativo favorece que, en esa posición de focalización, pueda resultar encubierta, o tácita, la negación, favorecida por el contexto de las mismas, que conduce a un valor negativo; d) el contexto, previo o posterior, de la construcción permite *acomodar* la negación para favorecer la comprensión de la construcción, es decir, evidentemente tiene que haber una relación entre la interpretación negativa y el contexto previo o posterior de la construcción, cosa que ocurre en todos los ejemplos considerados.

4 Conclusiones

Las construcciones locales y temporales con *todo/a* constituyen un interesante caso de *subjetivación*, al obtener el valor negativo de la estructura en la que se insertan de la interpretación contextual de la misma. Las construcciones locales y temporales con *todo/a* y valor negativo no tienen relación directa con el denominado ciclo de Jespersen, pues el sintagma preposicional temporal o local no ha perdido su significado y, además, la función que realizan es activar el valor negativo de la construcción en la que se inserta desde la interpretación contextual. Es decir, la construcción con *todo/a* no funciona exactamente como un marcador de negación, sino como un activador contextual de la negación de la estructura en la que aparece.

Hay que distinguir dentro de las construcciones locales y temporales con *todo/a* las que tienen como núcleo el sustantivo *vida* del resto de las mismas, pues estas últimas sí suponen una marca de negación por sí mismas, es decir, están gramaticalizadas como elementos de negación, mientras que el resto de construcciones locales y temporales tiene valor léxico pleno. Dentro de las construcciones con *vida*, las que llevan el cuantificador *todo/a* y artículo parecen las menos gramaticalizadas. Prueba de ello puede ser el hecho de que no pueden constituir negación pro-oracional.

Las construcciones locales y temporales con *todo/a* suponen una acotación temporal (o local) de carácter extremo, de forma que se deduce de su presencia la negación de la acción para el mayor número posible de momentos. El orden de palabras y el énfasis fonético hace de estas construcciones un ejemplo de anteposición focal. El origen del valor negativo puede venir motivado por dos aspectos interrelacionados: a) la presencia de las construcciones locales y temporales con *todo/a* en estructuras habitualmente negativas, es decir, en un porcentaje valorativamente alto, lo que puede haber conducido a una facilidad de asociación entre los mismos, incrementado todo ello con los condicionamientos pragmáticos negativos que el contexto determina. b) La influencia analógica que las construcciones con *vida* pueden haber ejercido. Aunque construcciones con *vida* y construcciones con *todo/a* parecen haber surgido simultáneamente a finales del siglo XV, dada la vinculación de las mismas con entornos negativos, el uso mucho mayor (casi 10 veces) de las construcciones con *vida* frente a las construcciones con *todo/a* parece querer decir que las primeras han sido mucho más determinantes que las segundas. La focalización de la construcción en posición preverbal como refuerzo de la negación era muy común, digo refuerzo al señalar una acotación temporal/local de carácter extremo. Esa frecuencia de uso común pudo derivar en una simplificación de la doble negación, ayudados por el valor contextual de la negación y por la tendencia en la evolución de la negación en español desde la Edad Media a la Edad Moderna, en tanto que la negación doble preverbal tiende a desaparecer, si bien la negación doble postverbal se ha conservado. No obstante, dada la frecuencia de uso de las construcciones con *vida*, mucho mayor, y de su valor temporal equivalente a *nunca*, estas han evolucionado totalmente hasta marcadores de la negación, y las construcciones con *todo/a* parecen haber quedado en un estadio intermedio (salvo *en toda x vida*), en el que no funcionan como marcadores de negación sino como activadores contextuales de la interpretación negativa del evento.

La función de activación del valor negativo de la construcción que implican las construcciones locales y temporales con *todo/a* viene explicada a través de la *acomodación*. La acomodación supone la adaptación por parte del interlocutor de las asunciones que el hablante ha hecho.

Bibliografía

Beaver, David I./Zeevat, Henk, *Accommodation*, in: Ramchand, Gillian/Reiss, Charles (edd.), *The Oxford Handbook of Linguistic Interfaces*, Oxford, Oxford University Press, 2007, 503–538.
Bosque, Ignacio/Gutiérrez-Rexach, Javier, *Fundamentos de sintaxis formal*, Madrid, Akal, 2009.
Breitbarth, Anne, *The history of Low German negation*, Oxford, Oxford University Press, 2014.

Camús Bergareche, Bruno, *La expresión de la negación*, in: Company, Concepción (ed.), *Sintaxis histórica del español*, vol. 1: *La frase verbal*, México, Fondo de Cultura Económica/UNAM, 2006, 1163–1249.

CDH = Real Academia Española, Banco de datos (CDH) [en línea], *Corpus del Nuevo diccionario histórico*, <http://www.rae.es> (último acceso: 29.11.2019).

Cifuentes Honrubia, José Luis, *Construcciones con clítico femenino lexicalizado*, Madrid, Verbum, 2018.

Cifuentes Honrubia, José Luis, *En mi/tu/... vida. Negación y contexto*, Vox Romanica 78, (2019), 267–306.

Clark, Herbert H., *Using language*, Cambridge, Cambridge University Press, 1996.

Company, Concepción, *Gramaticalización por subjetivización como prescindibilidad de la sintaxis*, Nueva Revista de Filología Hispánica 52:1 (2004), 1–27.

CORDE = Real Academia Española, Banco de datos (CORDE) [en línea], *Corpus diacrónico del español*, <http://www.rae.es> (último acceso: 29.11.2019).

Ghesquière, Liesolette/Brems, Lobke/Van de Velde, Freek, *Intersubjectivity and intersubjectification. Typology and operationalization*, in: Brems, Liesolette/Ghesquière, Liesolette/Van de Velde, Freek (edd.), *Intersubjectivity and Intersubjectification. Grammar and Discourse*, Amsterdam, John Benjamins, 2014, 129–153.

Kadmon, Nirit, *Formal Pragmatics. Semantics, Pragmatics, Presupposition and Focus*, Oxford, Blackwell, 2001.

Kiparsky, Paul/Condoravdi, Cleo, *Tracking Jespersen Cycle*, in: Janse, Mark (ed.), *International Conference of Modern Greek Dialects and Linguistic Theory 2*, Mytilene, Doukas, 2006, <https://web.stanford.edu/~kiparsky/Papers/lesvosnegation.pdf> (último acceso: 29.11.2019).

Kripke, Saul A., *Presupposition and Anaphora. Remarks on the Formulation of the Projection Problem*, Linguistic Inquiry 40:3 (2009), 367–386.

Leonetti, Manuel, *Gramática y pragmática en el orden de palabras*, Linred: lingüística en la red 12 (2014), 1–25.

Lewis, David, *Score-keeping in a language game*, in: Bauerle, Rainer/Egli, Urs/Von Stechow, Armin (edd.), *Semantics for different points of view*, Berlin, Springer, 1979, 172–187.

Octavio de Toledo y Huerta, Álvaro S., *Entre gramaticalización, estructura informativa y tradiciones discursivas. Algo más sobre nada*, in: Girón Alconchel, José Luis/Herrero Ruiz de Loizaga, Francisco J./Sáez Rivera, Daniel M. (edd.), *Procesos de gramaticalización en la historia del español*, Madrid/Frankfurt, Iberoamericana, 2014, 263–319.

Poletto, Cecilia, *Negation*, in: Ledgeway, Adam/Maiden, Martin (edd.), *The Oxford Guide to the Romance Languages*, Oxford, Oxford University Press, 2016, 833–846.

Potts, Christopher, *Presupposition and Implicature*, in: Lappin, Shalom/Fox, Chris (edd.), *The Handbook of Contemporary Semantic Theory*, Chichester, John Wiley & Sons, 2015, 168–202.

Real Academia Española, *Nueva gramática de la lengua española*, Madrid, Espasa-Calpe, 2009.

Rodríguez Rosique, Susana, *El futuro en español. Tiempo, conocimiento, interacción*, Berlin, Peter Lang, 2019.

Sánchez López, Cristina, *Los cuantificadores. Clases de cuantificadores y estructuras cuantificativas*, in: Bosque, Ignacio/Demonte, Violeta (edd.), *Gramática descriptiva de la lengua española*, Madrid, Espasa-Calpe, 1999a, 1025–1128.

Sánchez López, Cristina, *La negación*, in: Bosque, Ignacio/Demonte, Violeta (edd.), *Gramática descriptiva de la lengua española*, Madrid, Espasa-Calpe, 1999b, 2561–2634.

Thomason, Richmond H., *Accommodation, meaning and implicature. Interdisciplinary foundations for pragmatics*, in: Cohen, Philip R./Morgan, Jerry/Pollack, Martha E. (edd.), Intentions in communication, Cambridge, MIT Press, 1990, 325–363.

Traugott, Elisabeth Closs, *Subjectification in grammaticalization*, in: Stein, Dieter/Wright, Susan (edd.), Subjectivity and subjectivisation. Linguistic perspectives, Cambridge, Cambridge University Press, 1995, 31–54.

Traugott, Elisabeth Closs, Identifying micro-changes in a particular linguistic change-type. The case of subjectification, in: Kytö, Merja/Pahta, Päivi (edd.), The Cambridge Handbook of English Historical Linguistics, Cambridge, Cambridge University Press, 2016, 376–389.

Van der Sandt, Rob A., *Presupposition Projection as Anaphora Resolution*, Journal of Semantics 9 (1992), 333–377.

Zeijlstra, Hedde, *Diachronic developments in the domain of negation*, Language and Linguistic Compass 10:6 (2016), 284–295.

Victoria Escandell-Vidal
Tautologías nominales y conocimiento compartido

Abstract: The interpretation of nominal tautologies in discourse has been related to their ability to evoke shared knowledge (connotations, common knowledge, stereotypical points of view). In this paper, a multifactorial approach is put forward by considering the interaction of different kinds of previous knowledge (linguistic, encyclopaedic, referential), with linguistic structures (bare nouns, definite and indefinite NPs, proper names) and the role of the discourse context. Tautologies can also induce the accommodation of assumptions that were not previously shared. An integrated and systematic picture of the various interpretive routes is thus provided.

Keywords: tautologies, shared knowledge, linguistic knowledge, encyclopaedic knowledge, referential knowledge, stereotypes, accommodation

1 Introducción

Nuestra conversación cotidiana está llena de enunciados como los de (1):

(1) a. La guerra es la guerra.
b. Los negocios son los negocios.
c. Una promesa es una promesa.
d. Juan es Juan.

Estas frases tienen una peculiaridad: los dos constituyentes conectados por la cópula son idénticos, como en el esquema de (2):

(2) NP = NP

La investigación que subyace a este trabajo ha sido parcialmente financiada por la «Russian Science Foundation» a través del proyecto de investigación «Structures with lexical repetitions from the viewpoint of contemporary linguistic theories», n. 19–78–10048. A su IP, Elena Vilinbakhova, le agradezco muy especialmente sus comentarios en calidad de coautora de varios trabajos en los que está parcialmente basado este artículo. Una versión previa fue presentada en el Congreso Internacional «El conocimiento compartido: entre la Pragmática y la Gramática», organizado por la Universidad de Alicante. Agradezco mucho a los organizadores y a todos los asistentes sus preguntas y sugerencias.

https://doi.org/10.1515/9783110711172-003

Las estructuras como las de (1) y (2), en las que se asevera la identidad de un elemento consigo mismo, son tautologías nominales, una subclase de proposiciones analíticas, es decir, proposiciones cuya verdad está garantizada por su propia forma y no depende de la correspondencia o no con un estado de cosas externo. Las tautologías son siempre verdaderas por definición.

En principio, las tautologías deberían resultar poco informativas, ya no pueden comunicar ninguna información nueva; y, sin embargo, se usan frecuentemente en el discurso y su empleo no resulta ni vacuo ni redundante. ¿Cómo se interpretan? Las respuestas que se han ofrecido en la bibliografía son muchas y bastante variadas,[1] pero pueden distinguirse cuatro enfoques principales, cada uno de los cuales focalizado en un aspecto diferente.

1. La identidad de los dos elementos es solo aparente. Por ejemplo, a propósito de la oración *Business is business* ('El negocio es el negocio') Hayakawa afirma lo siguiente:

   «*Such an assertion, although it looks like a simple statement of fact, is not simple and is not a statement of fact. The first* business *denotes transaction under discussion; the second* business *invokes the connotations of the word. The sentence is a directive, saying 'Let us treat this transaction with complete disregard for considerations other than profit, as the word* business *suggests'*» (Hayakawa 1964, 219).

   «Esta aserción, aunque parece una simple constatación de un hecho, ni es simple ni es la constatación de un hecho. El primer *business* ['negocio'] denota la transacción de la que se está hablando; el segundo *business* convoca las connotaciones del término. La oración es un acto directivo, que dice 'Tratemos esta transacción haciendo caso omiso de cualquier otra consideración que no sea el beneficio, como la palabra *negocio* indica'» [La traducción es mía: VEV].

2. Las tautologías se interpretan como violaciones flagrantes de la máxima de cantidad que dan lugar a implicaturas. Esta es, por ejemplo, la postura de Levinson:

   «*An account of how they come to have communicative significance, and different communicative significances, can be given in terms of the flouting of the maxim of Quantity. Since this requires that speakers be informative, the asserting of tautologies blatantly violates it. Therefore, if the assumption that the speaker is actually co-operating is to be preserved,*

---

[1] Véase Hayakawa 1964; Rey-Debove 1978; Zuber 1978; Frédéric 1981; Levinson 1983; Martin 1985; Wierzbicka 1987; Wierzbicka 1988; Fraser 1988a; Fraser 1988b; Escandell-Vidal 1990; Gibbs/McCarrell 1990; Farghal 1992; Okamoto 1993; Miki 1996; Autenrieth 1997; Bulhof/Gimbel 2001; Bulhof/Gimbel 2004; Meibauer 2008; Rhodes 2009; Kwon 2014; Snider 2015; Escandell-Vidal/Vilinbakhova 2018; Escandell-Vidal/Vilinbakhova 2019; Vilinbakhova/Escandell-Vidal 2019; Vilinbakhova/Escandell-Vidal 2020.

some informative inference must be made. (. . .) . . . the details of what is implicated will depend upon the particular context of utterance» (Levinson 1983, 111).

«Puede proponerse una explicación de cómo las tautologías tienen sentido comunicativo, e incluso sentidos comunicativos diferentes, en términos de la violación de la máxima de cantidad. Dado que esta requiere que los hablantes sean informativos, aseverar una tautología es una infracción flagrante de dicha máxima. En consecuencia, si se quiere mantener el supuesto de que el hablante está siendo cooperativo, tiene que hacerse alguna inferencia. [. . .] los detalles de qué es lo que se implica dependerán del contexto particular del enunciado» [La traducción es mía: VEV].

3. Las tautologías funcionan como construcciones, con interpretaciones fijas. Wierzbicka ha propuesto las siguientes equivalencias:

«N_{abstr} is N_{abstr} → *a 'sober' attitude toward complex human activities*
$N_{plu\text{-}hum}$ are $N_{plu\text{-}hum}$ → *tolerance for human nature*
$(_{ART})N$ is $(_{ART})N$ → *obligation*»(Wierzbicka 1987)

«N_{abstr} es N_{abstr} → una actitud sobria ante las actividades humanas complejas
$N_{plu\text{-}hum}$ son $N_{plu\text{-}hum}$ → tolerancia hacia la naturaleza humana
$(_{ART})N$ es $(_{ART})N$ → obligación» [La traducción es mía: VEV]

4. Las tautologías son indicaciones para recuperar un determinado punto de vista:

«*An English nominal tautology signals that the speaker intends that the hearer recognize:*
- *that the speaker holds some view towards all objects referenced by the NP;*
- *that the speaker believes that the hearer can recognize this particular view;*
- *that this view is relevant to the conversation*»
(Fraser 1988, 217–218).

«En inglés, una tautología nominal indica que el hablante tiene la intención de que el oyente reconozca
- Que el hablante tiene una cierta idea sobre los objetos a los que hace referencia el SN;
- Que el hablante cree que el oyente puede reconocer esta idea;
- Que esta idea es relevante para la conversación»
[La traducción es mía: VEV].

Pese a la diversidad de enfoques que revelan estas caracterizaciones, en todas ellas parece haber un punto en común: de un modo u otro, las tautologías evocan —o invocan— un conocimiento compartido, sea en forma de connotaciones, de convenciones o de implicaturas. Elaborando la propuesta de Fraser (1988), Gibbs y McCarrell (1990) subrayaron la importancia del conocimiento compartido y sus conexiones e interacciones con los estereotipos existentes y con las propiedades formales de la tautología.

«. . .the speaker intends to convey the belief that the participants share a view about some aspect of the noun mentioned in the tautology and wishes to bring this belief to the listener's attention» (Gibbs/McCarrell 1990, 128).

«El hablante quiere trasmitir la creencia de que los participantes comparten un cierto punto de vista sobre un determinado aspecto del nombre mencionado en la tautología, y desea traer esta creencia a la atención del oyente» [La traducción es mía: VEV].

Surgen, pues, de inmediato varias preguntas:
i. ¿Cuál es la naturaleza de ese conocimiento compartido en que se basa la interpretación de las tautologías?
ii. ¿Hace falta que el conocimiento invocado por una tautología sea compartido por hablante y oyente?
iii. ¿Se puede invocar cualquier tipo de conocimiento compartido?

El objetivo de este trabajo es proporcionar respuesta a estas preguntas, con la intención de contribuir a entender qué tipos de conocimiento compartido son relevantes para la interpretación de enunciados tautológicos. Para abordar la primera pregunta, se toma en consideración un pequeño conjunto de ejemplos extraídos de internet, con sus contextos, para poder determinar si existen correlaciones entre la forma de las tautologías y el tipo de conocimiento que entra en juego. Para abordar las siguientes cuestiones, se propone una reflexión sobre interpretaciones posibles e imposibles, con el fin de comenzar a establecer los límites entre tipos de conocimiento.

2 Tipos de conocimiento

Dentro de los diferentes tipos de conocimiento la distinción que resulta más relevante para la interpretación de las tautologías es la que se establece entre conocimiento lingüístico y conocimiento extralingüístico. El conocimiento extralingüístico se puede, a su vez, dividir en otras dos subclases, en función de la naturaleza de la entidad sobre la que se versa dicho conocimiento: si se trata de clases enteras, hablamos de conocimiento enciclopédico; si se trata de entidades individuales, hablamos de conocimiento referencial. En esta sección veremos cómo se manifiestan estos tres tipos básicos de conocimiento.

2.1 Conocimiento lingüístico

Varios autores han señalado, efectivamente, la importancia del conocimiento lingüístico en la interpretación de las tautologías (Escandell-Vidal 1990; Miki 1996; Bulhoff/Gimbel 2001; Bulhoff/Gimbel 2004; Meibauer 2008; Vilinbakova 2015). Miki (1996) señala, por ejemplo, que las tautologías pueden emplearse para subrayar que la expresión lingüística empleada se utiliza con el significado preciso que le otorga el sistema lingüístico, y que el oyente debería conocer como miembro de la misma comunidad lingüística. Este es precisamente el tipo de interpretación que encontramos en ejemplos como los de (3) y (4):

(3) *No es no*. (<https://e-mujeres.net/noesno/> último acceso: 12.10.2019)

(4) *Violación es violación*, no edulcoremos una acción brutal.
(<http://www.humanas.cl/?p=18142> último acceso: 12.10.2019)

Los dos enunciados tautológicos proceden, respectivamente, de una campaña de los municipios españoles contra la violencia machista, y de un artículo de una abogada especializada en justicia de género. Estos enunciados, u otros similares, han aparecido repetidamente en los medios de comunicación españoles en los últimos años (cf. Bulhof/Gimbel 2004 para ejemplos similares en otras lenguas).

Las tautologías se emplean en estas campañas como recursos para subrayar la tolerancia cero con la violencia contra las mujeres. No valen medias tintas, ni interpretaciones laxas o aproximadas de los términos puestos en relación: *no* quiere decir taxativamente 'no', y el término *violación* no admite matices o atenuantes. Las tautologías adquieren aquí carácter definicional, y su función es precisamente la de llamar la atención sobre el significado literal del término. Lo que se invoca aquí es, pues, un conocimiento compartido de tipo lingüístico.

Desde el punto de vista formal, lo primero que llama la atención es que los constituyentes que forman la tautología son nombres escuetos. Este hecho es decisivo para obtener la interpretación literal y restringida. La razón parece clara: cuando se quiere conseguir este efecto y se busca una interpretación de tipo definicional, se recurre a la forma de cita por excelencia, que es el nombre escueto, sin determinantes, como si fuera la entrada de un diccionario. Efectivamente, la primera de las apariciones del término funciona como el lema, y la palabra no se usa, sino que se cita o se menciona; la segunda aparición del término se interpreta como la definición proporcionada, la que aporta el significado. Esta diferencia podría traducirse tipográficamente como *no* es 'no'; *violación* es 'violación'. Y, en estos casos, la cópula podría sustituirse perfectamente por verbos como *significar* o *querer decir* (cf. *No significa no. Violación quiere decir violación*), sin que ello produjera ningún cambio sustancial en la interpretación: los términos citados no tienen —ni pueden tener— otro significado que no sea el literal que la lengua les asigna y que todos los hablantes conocen y comparten.

Los nombres escuetos sirven, pues, para apelar a un conocimiento compartido de tipo lingüístico, que reclama la primacía del significado literal, con el fin de descartar o impedir cualquier interpretación laxa, vaga, figurada, metafórica o irónica. En este sentido, la tautología funciona de un modo semejante al indicado por Hayakawa (1964), que señalaba una cierta disociación entre las dos apariciones del mismo término; la diferencia estriba en que aquí estamos ante una diferencia entre mención y uso, entre lema y significado, y no entre denotación y connotación. Esta visión de las tautologías y su funcionamiento discursivo entronca también con las propuestas de Bulhof y Gimbel (2001; 2004), que postulan la existencia de una subclase de 'tautologías profundas' (*deep tautologies*), que se basan en el sentido no vago de una expresión.

Hay, sin embargo, algunos ejemplos que, a primera vista, parece que no se ajustan a este patrón. Considérese el fragmento de (5), tomado de un comentario de prensa sobre lo ocurrido en un *show* televisivo (*Mujeres y hombres y viceversa*) en el que diferentes pretendientes compiten para tratar de conquistar el favor de otra persona. En este caso, la tronista es una mujer. Además de los pretendientes varones, hay otra mujer que le propone «tomar un café». Esto genera una discusión entre la concursante y la presentadora del programa a propósito de la interpretación de esta invitación:

> (5) [La concursante dice:] «Igual me gusta más que vosotros [los pretendientes varones], no lo sé. Si la chica quiere conocerme. . . *un café es un café*. Yo le explicaría que me gustan los chicos», argumentaba. Sin embargo, Nagore Robles [la presentadora] no entendía por qué quería entonces aceptar la cita: «¿Entonces para qué te quieres tomar un café con ella? Esto no se llama 'Camera-café'. Claudia quiere acostarse contigo. A ella le gustas de gustar. . .» (<https://www.msn.com/es-es/entretenimiento/tv/habemus-primera-cita-homosexual-en-myhyv-jenni-tomar%C3%A1-un-caf%C3%A9-con-claudia/ar-BBSofYG> último acceso: 12.10.2019)

En este ejemplo, la tautología *un café es un café* se utiliza para invocar exclusivamente el conocimiento lingüístico sobre el significado literal y para rechazar cualquier otra interpretación metafórica: un café no implica necesariamente una cita sexual. La interpretación parece seguir la misma ruta que la del caso anterior, pero en esta ocasión no estamos ante nombres escuetos, sino ante una tautología formada a partir de un sintagma nominal indefinido, y esto no casa bien con la explicación en términos definicionales propuesta con respecto a los ejemplos de (3) y (4). ¿Quiere esto decir que habría que relajar las condiciones en las que se produce este uso metalingüístico, para dar cabida a sintagmas nominales indefinidos?

Un análisis más minucioso del ejemplo y de la situación comunicativa de (5) proporciona la clave para resolver el problema. Lo que está en juego no es la definición de *un café*; es el significado de *tomar un café*. El pivote no es la bebida, sino la actividad entera. Es esta actividad global de *tomar un café* la que tiene que entenderse en sentido literal, y es con ella con la que se establece el contraste con la posible interpretación metafórica. Si esto es así, se recupera entonces el carácter definicional de la tautología, con la única diferencia de que aquí el lema es lingüísticamente complejo: *[tomar] un café* significa 'tomar un café', no 'aceptar una cita sexual'. Si el sintagma nominal indefinido puede aparecer como único elemento expreso de la tautología es simplemente porque se trata del constituyente diferencial de una predicación que se forma con un verbo ligero, que admite con más facilidad permanecer tácito. Ello permite mantener la idea de que estamos ante un uso definicional a pesar de que en la superficie no vemos la expresión entera, sino simplemente su complemento.

Así pues, en todos estos casos estamos ante tautologías que invocan el conocimiento compartido de tipo lingüístico sobre lo que las palabras significan, enfatizando el carácter definicional; solo la interpretación literal y absoluta es válida. La tautología adquiere, así, una dimensión normativa (cf. Krifka 2013; Vilinbakhova/Escandell-Vidal 2020): hay que ajustarse a las reglas y no es aceptable cambiar o modificar los significados lingüísticos codificados.

2.2 Conocimiento enciclopédico

Las tautologías nominales pueden invocar también un conocimiento de tipo enciclopédico, como ilustra el ejemplo de (6):

> (6) ¿Qué diferencia hay entre tomarlo intencionadamente o ingerirlo inadvertidamente en el agua que se bebe? Lo de intencionada o inadvertidamente me ha dejado perplejo. *El calcio es el calcio.* (<http://elblogdebuhogris.blogspot.com/2012/05/echando-unas-cuentas.html> 12.10.2019)

El ejemplo pone de relieve la identidad del referente consigo mismo: las propiedades del calcio son siempre las mismas, independientemente de cuál sea la forma de ingesta. La tautología se forma a partir de un sintagma definido singular de un nombre de masa, y tiene un carácter genérico. Al aseverar la identidad de un referente consigo mismo, se subraya el carácter genérico de la aserción y se enfatiza el hecho de que cualquier porción de la sustancia tiene siempre unas mismas propiedades constantes, sin ulteriores condiciones o restricciones.

En este sentido, la interpretación se asemeja a la del ejemplo anterior. Hay, sin embargo, una diferencia crucial entre ellos: lo que está en juego en el fragmento de (6) no es el conocimiento lingüístico, ni el significado literal del término-pivote. Lo que se invoca aquí es un conocimiento compartido de tipo enciclopédico: el conocimiento común sobre el calcio como sustancia (qué es, qué alimentos lo contienen, etc.), sus propiedades y los efectos de su ingesta para el organismo. El conocimiento al que se apela se centra, pues, en una dimensión enciclopédica y descriptiva. A partir de la identidad y del carácter constante y esencial de las propiedades invocadas, se pueden, por supuesto, derivar ulteriores consecuencias (cf. Vilinbakhova/Escandell-Vidal 2020). En el presente caso, la tautología está orientada a defender la irrelevancia de la forma de ingesta del calcio.

Algunas tautologías con definidos singulares evocan un conocimiento compartido de naturaleza estereotípica. Considérense los ejemplos de (7)–(9):

(7) Me disponía a bajar con ella cuando. . . «Márquez, venga un momento a mi despacho» [. . .] Paciencia, *el jefe es el jefe*. . . Aguanté el rollazo y cuando pude escaparme, bajé pitando. (<https://studylib.es/doc/6357908/tutonovela-consolera-y-anti-roedores--dentro-de-lo-que-cabe> último acceso: 12.10.2019)

(8) . . .la estructura social es muy jerárquica: «*El jefe es el jefe* y nadie lo trata de amigo . . .

(9) Estaban cansados de ella, pero *el jefe es el jefe* y cuando el jefe cuenta un chiste, debes reírte. (<https://www.facebook.com/258721650829007/posts/854888304545669/> último acceso: 12.10.2019)

En los tres casos, la tautología subraya la interpretación estricta del sintagma nominal, que no admite otras lecturas más laxas, como se indica expresamente en (7). Sin embargo, en los tres ejemplos vemos un matiz añadido, que establece una diferencia con respecto al ejemplo de (6). Lo que se enfatiza en los ejemplos de (7)–(9) no es que todos los jefes sean iguales en todas partes: lo que se subraya es que quien ocupa el puesto de jefe goza de un estatus superior, que lo hace ser el jefe y que lo diferencia de los empleados. Se establece, en cierto modo, un contraste implícito entre los diferentes roles sociales, que impide confundirlos o mezclarlos, o eliminar las fronteras entre ellos.

Esto supone apelar de nuevo al conocimiento compartido. En este caso, sin embargo, este conocimiento no es simplemente factual y objetivo (como podría serlo en el caso del calcio), sino que se trata de invocar rasgos que, habitualmente y en función de la propia cultura, se atribuyen al rol social de jefe. La interpretación es, de nuevo, estricta, pero explota facetas del conocimiento estereotípico de tipo social y cultural (cf. Gibbs/McCarrell 1990).

Esto explica, seguramente, otra diferencia más en la interpretación: la tautología no solo invoca un conocimiento común, sino que este conocimiento común es de tipo normativo (Vilinbakhova/Escandell-Vidal 2020): la singularidad de ser jefe lleva aparejada la expectativa de que los demás deben tener ciertos comportamientos. Así, en (7), el empleado tiene que tener paciencia y «aguantarle el rollo» al jefe; en (8) se establece que al jefe no se le puede tratar como a un amigo; y en (9) se expresa la obligación de reírle los chistes. El conocimiento invocado adquiere aquí una dimensión normativa, y la tautología funciona como recordatorio de un saber estereotípico común que impone obligaciones. El carácter culturalmente determinado de las facetas que se activan en cada caso explica que esta interpretación se dé precisamente cuando se habla de entidades o de roles con una gran carga social, y no simplemente de realidades susceptibles de conocimiento científico.

En este sentido, la dimensión normativa se hace patente en cualquier elemento en el que las expectativas sociales o los derechos y obligaciones representen un aspecto central. Esto se comprueba en ejemplos como los de (10)–(11). En (10) el efecto se obtiene con una entidad colectiva, a la que socialmente se reconoce un conjunto de derechos y obligaciones. En (11) estamos ante un plural genérico, que igualmente hace referencia a una categoría de tipo social

(10) …mi favorita habría sido Eslovenia. Me encantan esos sonidos de electropop y dance. Una pasada. Pero *el jurado es el jurado* y *tiene el gusto que tiene*, y esta se ha quedado por el camino. (<http://www.cajondehistorias.com/2013/05/mis-votos-para-el-festival-de.html> último acceso: 12.10.2019)

(11) *Los clientes son los clientes*, y si pagan se hace. (<https://www.microsiervos.com/archivo/ecologia/lamborghini-crater-de-carbono.html> último acceso: 12.10.2019)

También los sintagmas nominales indefinidos singulares dan lugar a tautologías nominales que invocan estereotipos culturales. La letra del pasodoble que se recoge en (12) es un buen ejemplo:

(12) «*Un amigo es un amigo*»
me dijo un amigo mío,
y era tan amigo mío
y tanta amistad la nuestra
que no supe qué pensar
y le dije muy *dolío*:
«Un amigo de *verdá*
no lo dice, lo demuestra». (Juan Carlos Aragón)

Es bien sabido que los indefinidos singulares favorecen las interpretaciones genéricas de tipo normativo. Esta es exactamente lo que encontramos aquí: una invocación de las propiedades esperables, comúnmente aceptadas, de lo que significa ser un amigo, con toda su carga social y cultural de derechos y obligaciones. El contexto aportado por el resto de la estrofa hace explícita cuál es la faceta que aquí se resalta: la de que la amistad se demuestra con hechos, y no con palabras.

Este mismo carácter genérico y normativo es el que encontramos en frases cotidianas como las de (13)–(14):

(13) Una promesa es una promesa

(14) Una madre es una madre

La faceta normativa queda de relieve si pensamos que, incluso fuera de contexto, las paráfrasis naturales de estas tautologías incluyen típicamente modales deónticos: 'uno debe cumplir las promesas', o 'uno tiene obligaciones con respecto a su madre'. Es cierto que el enunciado de (14) también admite una interpretación descriptiva ('todas las madres son iguales'), pero incluso en este caso también quedan puesto de relieve el comportamiento estereotípico del referente en la concepción cultural que se supone comúnmente aceptada.

Cuando las tautologías se yuxtaponen o se coordinan entre sí, se refuerzan las propiedades esenciales de cada una de las clases evocadas y se origina un efecto de contraste con otras clases posibles identificables en el contexto (Vilinbakhova 2016; Escandell-Vidal/Vilinbakhova 2018):

(15) Para dar más valor a esta total veneración por los Lannister, señalo que yo soy Stark, por firme y férrea convicción en la que me mantengo pese a los encantos de los leones, pese a Tyrion y pese a quien le pese. *La familia es la familia. El norte es el norte. Los lobos son los lobos.* (<http://elblogdelasseriesamericanas.blogspot.com/2013/04/game-of-thrones-que-sabe-nadie.html> último acceso:12.10.2019)

En este tipo de contexto, cada una de las tautologías evoca el contraste con otros referentes; Stark frente a Lannister; norte frente a sur; lobos frente a leones. A partir de este contraste se infiere la superioridad de las clases mencionadas con respecto a aquellas con las que se contraponen. El conocimiento invocado es de tipo descriptivo y estereotípico, y las diferencias señaladas se ponen aquí al servicio de una interpretación valorativa.

La dimensión descriptiva se hace particularmente saliente en el caso de la coordinación de tautologías formadas sobre sintagmas nominales indefinidos. El expresidente del gobierno español, Mariano Rajoy, utilizó varias tautologías en momentos clave de su argumentación en el seno de debates políticos. La de (16) le sirvió, como señaló expresamente la prensa del momento, para zanjar el debate sobre Cataluña:

(16) Lo que dicen los tratados es muy claro, lo entiende todo el mundo. Yo comprendo que quienes están en posiciones distintas a las mías tengan que utilizar este argumento, pero realmente *un vaso es un vaso y un plato es un plato*, y esto, créame, es decir, no se

lo digo como político que defiende determinadas posiciones; es que lo dicen los tratados europeos y es muy importante que todos respetemos la ley porque, si no, no hay manera de funcionar. (<https://www.elplural.com/politica/rajoy-el-filosofo-insondable-regresa-un-vaso-es-un-vaso-y-un-plato-es-un-plato_27080102> último acceso: 12.10.2019)

Se apela aquí al conocimiento genérico descriptivo de los referentes de las clases mencionadas, para poner de relieve la diferencia patente que existe entre ellos. Esta diferencia se utiliza como metáfora que, trasladada a otro ámbito, pretende mostrar la disparidad de dos realidades (cf. Escandell-Vidal/Vilinbakhova 2018, 327).

Todos estos casos muestran, pues, que las tautologías invocan un conocimiento común de tipo enciclopédico, es decir, ligado al conocimiento de las clases mencionadas, y no estrictamente a su formulación lingüística. El conocimiento invocado puede ser descriptivo o estereotípico, y está asociado a esquemas conceptuales complejos (marcos, guiones. . .), que pueden tener un componente cultural más o menos acusado. Cuando se invoca un saber objetivo y común (como en el caso de *el calcio*, o de *un vaso*), el contenido es puramente descriptivo; en cambio, cuando presenta una categoría con carga social, se apela a los derechos y obligaciones que la sociedad tiene establecidos para dicha categoría, y la tautología adquiere entonces una dimensión normativa, ya sea para justificar el comportamiento propio o para inducir el ajeno. En todos los casos, las tautologías se utilizan para invocar ese conocimiento común y utilizarlo como autoridad argumentativa. Al invocar el conocimiento compartido, se busca la aceptación de lo obvio, a partir de lo cual, a su vez, pueden derivarse ulteriores consecuencias.

2.3 Conocimiento referencial

Como es sabido, los nombres propios son designadores rígidos: carecen de significado, y solo pueden identificar referentes. ¿Es posible utilizarlos en construcciones tautológicas? Los ejemplos demuestran que sí.

(17) Ya sé que *la RAE es la RAE* y está llena de tíos listísimos con gafas que saben un mogollón de palabras y vocabularios, pero a mí me parece que tener una palabra con dos acepciones tan distintas mueve a error. (<http://www.cosasqmepasan.com/2012/10/conmover.html#.XZ2kBVUzbIU> último acceso: 12.10.2019)

(18) Es verdad que a mí todo lo que sea italiano o me gusta o por lo menos me llama la atención, pero *la Navidad es la Navidad* y me gustan nuestras recetas tradicionales . . . (<http://www.caffeinepixel.com/2010/01/04/los-rigatoni-y-la-ultima-receta-navidena/> último acceso: 12.10.2019)

El ejemplo de (17) pertenece a un blog en el que el autor comenta la ambigüedad del verbo *conmover*. Lo que importa aquí es que utiliza una tautología sobre un nombre propio: en este caso, el de una institución. La tautología se refiere, pues, a una entidad que forma parte del conocimiento compartido, y se emplea aquí para invocar una de las facetas estereotípicas de dicho conocimiento compartido: como el propio autor indica, la RAE está «llena de tíos listísimos con gafas que saben un mogollón». Se reconoce, de este modo, la autoridad de la RAE, en virtud de los conocimientos y la sabiduría de sus miembros, aunque aquí este argumento se ve luego superado en fuerza por el que introduce *pero* y que expresa una opinión personal.

En el ejemplo de (18) también se contraponen dos argumentos, y aquí el que gana es el introducido por la tautología. Se invoca aquí todo el estereotipo de la Navidad y las comidas navideñas —algo que es ampliamente dependiente de las costumbres de cada país—, pero que la autora del blog presenta como conocimiento compartido con sus lectores: el estereotipo de Navidad es la navidad española.

También los nombres propios de persona pueden formar parte de tautologías. Tras la moción de censura, en junio de 2018, Rajoy abandona la presidencia del gobierno. En la semblanza que hace la prensa escrita, la frase de (19) fue uno de los titulares preferidos:

(19) *Rajoy es Rajoy*. (<https://www.diariosur.es/nacional/perfil-rajoy-rajoy-20180602234339-ntrc.html> último acceso: 12.10.2019)

La tautología sirve aquí para subrayar el carácter único y personal del expresidente, a la vez que hace un guiño a su afición por utilizar tautologías como recursos argumentativos.

Lo que muestran estos tres ejemplos es que no es necesario que las tautologías sean enunciados genéricos en el sentido de que se refieren a los miembros de una clase. Se pueden construir tautologías sobre referentes únicos, identificados por medio de nombres propios. Al carecer de contenido descriptivo, los nombres propios solo pueden evocar propiedades características del referente, invocando el conocimiento compartido que podemos tener al respecto. Las tautologías hechas sobre nombres propios subrayan especialmente la singularidad de la entidad de referencia, que se presenta como el único miembro de una clase.

El carácter singular que puesto de relieve en ejemplos como los de (20)–(22):

(20) Solari: «Falcao es '9'. *Messi es Messi*». (<https://elpais.com/deportes/2012/12/10/actualidad/1355168149_848513.html> último acceso: 12.10.2019)

(21) Deschamps: «*Messi es Messi*, un jugador imprevisible». (<https://www.efe.com/efe/espana/mundial-de-futbol-rusia-2018/deschamps-messi- es-un-jugador-imprevisible/50001344-3666590> último acceso: 12.10.2019)

(22) Cristiano: «Pero creo que no puedes comparar cosas. *Cristiano es Cristiano* y *Messi es Messi*. Los dos somos grandes jugadores, los títulos individuales y colectivos hablan por sí mismos. ¿La comparación? No me gusta comparar, esta palabra no existe para mí. Somos diferentes, dos personas haciendo su trabajo, sólo eso». (<https://www.madrid-barcelona.com/2017-01-25/cristiano-ronaldo-descubre-relacion-leo-messi> último acceso: 12.10.2019)

En el ejemplo de (20) se contrapone a Falcao, a quien se presenta como miembro de una clase de futbolistas (los '9', es decir, los delanteros), en la que caben otros nombres. En cambio, Messi es miembro de una clase única, a la que solo él puede pertenecer. La adscripción tiene en este caso carácter absoluto y no admite condiciones o restricciones. Las propiedades del referente son siempre las mismas y le son específicas, no compartidas con otros referentes. En (21), Deschamps se aventura a especificar una de las características que hacen a Messi único: es imprevisible. Y en (22) se enfatiza, por contraste, la singularidad de Messi y de Cristiano: ambos se presentan como miembros únicos de sus categorías: se les atribuyen propiedades únicas y son, por tanto, no comparables. Es, pues, el conocimiento compartido del referente lo que sustenta aquí la interpretación de las tautologías que se forman a partir de nombres propios.

3 Conocimiento compartido, ¿necesario? ¿suficiente?

En la sección anterior hemos visto que las tautologías se interpretan invocando un conocimiento compartido. Cabe preguntarse ahora si esta es una condición necesaria y/o suficiente. Para abordar esta cuestión, comencemos considerando un par de ejemplos. Imagine que asiste al diálogo de (23). Las dos personas que hablan se refieren a una amiga común, María, a la que usted no conoce.

(23) A: —María ha vuelto a perder el avión.
B: —No me sorprende: *María es María* (ejemplo adaptado de Vilinbakhova/Escandell-Vidal 2020)

A pesar de no conocer previamente a María, seguramente todos somos capaces de interpretar este diálogo. Simplemente, a partir de las pistas que proporciona la interacción, inferimos que María es una persona descuidada, que acostumbra a llegar tarde a los sitios, que suele perder el avión, etc.

Considere ahora el fragmento de (24):

(24) Más de 21.000 abonados que mostrarán esta tarde en Riazor la imagen de siempre, la de una ciudad y una afición rendida a unos colores por encima de todo: problemas económicos, inseguridades deportivas o divorcios con presidente. Ellos lo tienen claro: «*El Dépor es el Dépor*, esté Lendoiro o Joaquín», comenta Luis. (<https://boletincoruna.wordpress.com/2013/08/24/queria-a-xisco-y-lo-tiene-el-cordoba-no-debe-ser-malo/> último acceso: 12.10.2019)

El lector del medio de comunicación en que aparece publicado este comentario puede ser un aficionado del Dépor y entender perfectamente cuáles son las cualidades que se quieren destacar de este equipo. Sin embargo, es posible que muchos lectores no puedan identificar ninguna propiedad concreta que hace al Dépor único para sus aficionados. Pero cualquiera es capaz de inferir que hay algo que hace único a este equipo, al menos para sus aficionados.

Los dos ejemplos muestran, pues, que no hace falta que el contenido en el que el emisor fundamenta la tautología sea realmente compartido por el interlocutor o por otros participantes; no hace falta tampoco que el destinatario sea capaz de inferir exactamente los mismos rasgos y las mismas propiedades que tenía en mente el emisor. Pero, como muestran los ejemplos, esto no es un impedimento para interpretar la tautología: para que su poder argumentativo se ponga en marcha, basta con suponer que el referente posee unas propiedades características que son relevantes para la situación comunicativa, aunque estas no formen parte de su conocimiento previo. Esto es particularmente claro en el caso de los nombres propios, donde puede no haber un conocimiento suficiente del referente.

Incluso cuando hay un conocimiento compartido del referente, es posible que no haya una identificación absoluta entre lo que el emisor quiso comunicar lo que interpretó el destinatario. Veamos un ejemplo. Durante su embarazo, la Duquesa de Sussex tenía la costumbre de tocarse la barriga en los actos públicos. Este hecho fue reiteradamente comentado en los medios de comunicación. En este contexto común, considérese el ejemplo de (25):

(25) A: —Desde que está embarazada, la esposa del príncipe Harry no deja de tocarse la barriga en cada acto al que acude.
B: —Ya sabes. . . *Meghan Markle es Meghan Markle*.

La tautología apunta a algún rasgo de carácter propio de la duquesa, pero ¿cuál? En la prensa de aquellos meses se especuló mucho con las razones: ¿superstición?, ¿cariño maternal?, ¿naturalidad?, ¿ganas de llamar la atención? La tautología evoca vagamente cualquiera de esas razones, en tanto en cuanto se consideren como una base posible para explicar o justificar su comportamiento.

No se precisa, pues, un conocimiento previo y estrictamente compartido. El destinatario puede acomodar cualquier propiedad que resulte congruente con el contexto, legitimada por el hecho de que cuando las tautologías se construyen a partir de referentes individuales, las propiedades invocadas pueden ser altamente idiosincrásicas. Al tratarse de propiedades de individuos, y no de clases enteras, las propiedades características no están necesariamente establecidas y definidas de antemano. Lo importante, en todo caso, es, como decía Fraser (1988), que los interlocutores puedan estar de acuerdo sobre la relevancia de alguna propiedad para la situación comunicativa concreta.

La segunda cuestión pendientes es la de si ser parte del conocimiento compartido es una condición suficiente para que ese contenido pueda ser invocado por una tautología. Recurramos al ejemplo de (26):

(26) A: —La esposa del príncipe Harry llevaba ayer un abrigo XXL.
B: —Ya sabes. . . *Meghan Markle es Meghan Markle.*

El diálogo de (26) resulta perfectamente aceptable. De nuevo, es probable que las propiedades que se representan emisor y destinatario no sean idénticas (Meghan Markle es excéntrica, siempre lleva ropa amplia. . .), pero esto no afecta gravemente a la interpretación.

Hay, en cambio, tipos de conocimiento compartido que, pese a serlo, no podrían nunca constituir la base de la tautología. Emisor y destinatario pueden compartir el conocimiento de que Meghan Markle está en avanzado estado de gestación, pero este hecho conocido no puede ser invocado por una tautología, ni siquiera en un contexto en que podría ser altamente relevante, como es el de explicar por qué lleva un abrigo de talla extragrande. Los hablantes nativos consultados están unánimemente de acuerdo al respecto.

Este hecho pone de manifiesto que no sirve cualquier tipo de conocimiento compartido. El carácter genérico que impone la propia forma de la construcción tautológica requiere que las propiedades que se invocan tengan que ser de tipo clasificatorio. Efectivamente, solo las propiedades clasificatorias (las de los predicados de nivel individual, *individual-level predicates* ILP; cf. Carlson 1977) pueden ser invocadas por una tautología; las adscripciones episódicas (las que corresponden a los predicados de estadio, *stage-level predicates* SLP; cf. Carlson 1977), aunque constituyan conocimientos compartidos, no resultan aceptables.

Así pues, el carácter compartido del conocimiento, ni es necesario ni es suficiente. No es necesario porque la construcción tautológica induce la acomodación de supuestos cuando estos no forman parte del conocimiento común. Y no es suficiente, porque solo las propiedades caracterizadoras y definitorias (y no las coyunturales y episódicas) pueden ser el fundamento interpretativo de una tautología.

4 Conclusiones

Las reflexiones anteriores han permitido obtener algunas generalizaciones sobre la relación entre forma y conocimiento compartido.

Las tautologías pueden invocar tres clases de conocimiento compartido:
a) Conocimiento lingüístico. La tautología enfatiza el significado literal de los términos conectados, e impide cualquier interpretación vaga, laxa o imprecisa. El primer término se interpreta como citado o mencionado; el segundo es el que expresa el significado literal.
b) Conocimiento enciclopédico. La tautología asevera la identidad de una clase consigo misma para enfatizar sus propiedades características. Da acceso, así, a un conocimiento compartido, que puede ser objetivo y descriptivo, o puede ser estereotípico. En el primer caso, la interpretación se enfoca sobre el carácter genérico en relación con las propiedades definitorias de la clase, según las cuales cualquier miembro de la clase posee necesariamente las mismas propiedades. En el segundo caso, la interpretación se centra en un conocimiento estereotípico, asociado a esquemas conceptuales y enciclopédicos, y con mayor carga social y cultural; tiende a producir interpretaciones normativas en las que se invocan los derechos y obligaciones que emanan de la pertenencia de una entidad a dicha clase.
c) Conocimiento referencial. Cuando la tautología se construye sobre entidades singulares el único conocimiento posible es el del referente mismo.

La existencia de conocimiento compartido no es, sin embargo, una condición ni necesaria ni suficiente:
a) no es necesaria, porque no se requiere una representación explícita y preexistente de un supuesto común, y basta con que la propiedad invocada pueda ser reconocida e identificada en función del contexto; y
b) no es suficiente, porque no basta con que el conocimiento sea compartido: solo se pueden invocar propiedades clasificatorias (tipo ILP), y no episódicas (tipo SLP). La estructura misma de la tautología impone la acomodación de supuestos si no hay conocimiento compartido previo.

En todos los casos, las tautologías se emplean para legitimar un punto de vista, apelando a la autoridad argumentativa que deriva de una estructura por sí misma irrefutable.

A partir de estas conclusiones, estamos en disposición de replantearnos la adecuación de las cuatro familias de enfoques mencionadas en la introducción. Al hablar de conocimiento compartido, hemos repasado las propiedades gramaticales de los constituyentes que dan lugar a las tautologías nominales para tratar de descubrir si existe algún tipo de correlación, como señalaba Wiezbicka (1987), entre la forma y la interpretación. Los resultados del análisis sugieren, de momento, las siguientes generalizaciones.

a) Los nombres escuetos dan lugar a interpretaciones definicionales, que invocan el conocimiento lingüístico compartido por la comunidad de hablantes. La función de estas tautologías es subrayar el significado literal y descartar la legitimidad de cualquier interpretación laxa o aproximada.

b) Los sintagmas nominales tanto definidos como indefinidos reciben una interpretación genérica, que hace referencia a toda la clase, e invocan un conocimiento de tipo enciclopédico. Las tautologías se emplean para enfatizar algunas facetas concretas de ese conocimiento. En este sentido, las tautologías se utilizan, como decía Fraser (1988), para promover la identificación de algunos aspectos concretos de un referente, que resultan relevantes para el intercambio comunicativo y que el destinatario debe reconocer en virtud del conocimiento compartido. En algunas ocasiones, se trata de aspectos objetivos, y entonces la tautología tiene una dimensión descriptiva. En otras, el conocimiento invocado es de tipo más social, y está condicionado por las representaciones culturales y los marcos o esquemas que organizan y estructuran el conocimiento: las tautologías tienden a adquirir, entonces, un carácter normativo.

c) Las tautologías formadas a partir de nombres propios, por último, subrayan lo diferencial del referente, que se concibe como miembro único de una clase, con propiedades características y estables, que se presumen compartidas.

En todos los casos, las tautologías tienen una clara función argumentativa: tanto si apelan a la literalidad del significado como si invocan un conocimiento enciclopédico o referencial, las tautologías presentan este conocimiento como autoridad irrefutable. En este sentido, todas las tautologías tienen un componente restrictivo (cf. Bulhof/Gimblel 2001; Bulhof/Gimblel 2004; Meibauer 2008), pero todas ellas pueden además favorecer la derivación de implicaturas (cf. Levinson 1983), y será el contexto de la tautología el que permita recuperar qué faceta del conocimiento compartid es relevante.

Todo ello pone de manifiesto que no hay un único enfoque que pueda dar cuenta de la totalidad de las interpretaciones a que dan lugar las tautologías nominales. En la interpretación de un enunciado tautológico están involucrados aspectos distintos:

i. la estructura sintáctica, que induce una interpretación genérica;
ii. el tipo de SN (escueto, definido, indefinido, nombre propio) que favorece algunas interpretaciones;
iii. el conocimiento enciclopédico acerca de clases de entidades y roles sociales, o el conocimiento de los referentes; y lo estereotípico de los referentes, que aporta su contenido;
iv. el contexto, que permite seleccionar la faceta evocada; y
v. las capacidades generales de inferencia, que suplen el conocimiento compartido ausente.

Solo un análisis que tenga en cuenta, a la vez, todos estos factores podrá ofrecer una explicación satisfactoria acerca del funcionamiento y la interpretación de las tautologías.

Bibliografía

Autenrieth, Tania, *Tautologien sind Tautologien*, in: Rolf, Eckard (ed.), *Pragmatik. Implikaturen und Sprechakte*, Opladen, Westdeutscher Verlag, 1997, 12–32.

Bulhof, Johannes/Gimbel, Steven, *Deep tautologies*, Pragmatics and Cognition 9:2 (2001), 279–291.

Bulhof, Johannes/Gimbel, Steven, *A tautology is a tautology (or is it?)*, Journal of Pragmatics 36:5 (2004), 1003–1005.

Buyssens, Eric, *Tautologies*, La Linguistique 6 (1960), 37–45.

Carlson, Gregory, *Reference to Kinds in English*, Ph.D. dissertation, University of Massachusetts, Amherst, 1977.

Escandell-Vidal, Victoria, *Nominal tautologies in Spanish*, Paper presented at the International Conference on Pragmatics (IPRA), Barcelona, Spain, 1990.

Escandell-Vidal, Victoria/Vilinbakhova, Elena, *Coordinated tautologies in Spanish and Russian*, Intercultural Pragmatics 15 (2018), 315–348.

Escandell-Vidal, Victoria/Vilinbakhova, Elena, *Negated tautologies and copular contradictions. Interpretive strategies*, International Review of Pragmatics 11:2 (2019), 1–47.

Farghal, Mohamed, *Colloquial Jordanian Arabic tautologies*, Journal of Pragmatics 17:3 (1992), 223–240.

Fraser, Bruce, *Motor oil is motor oil*, Journal of Pragmatics 12 (1988), 215–220 (=1988a).

Fraser, Bruce, *Reply to Wierzbicka*, Journal of Pragmatics 12 (1988), 225 (=1988b).

Frédéric, Madeleine, *La tautologie dans le langage naturel*, Travaux de Linguistique et de Litterature 19 (1981), 313–326.

Gibbs, Raymond W./McCarrell Nancy S., *Why boys will be boys and girls will be girls. Understanding colloquial tautologies*, Journal of Psycholinguistic Research 19 (1990), 125–145.
Hayakawa, Samuel I., *Language in Thought and Action*, New York, Harcourt, 1964.
Krifka, Manfred, *Definitional generics*, in: Mari, Alda/Beyssade, Claire/del Prete, Fabio (edd.), Genericity, Oxford, Oxford University Press, 2013, 372–389.
Kwon, Iksoo, *Categorization and its embodiment. Korean tautological constructions in mental spaces theory*, Language Sciences 45 (2014), 44–55.
Levinson, Stephen C., *Pragmatics*, Cambridge, Cambridge University Press, 1983.
Martin, Robert, *Aspects de la phrase analyitique*, Langages 79 (1983), 40–54.
Meibauer, Jörg, *Tautology as presumptive meaning*, Pragmatics and Cognition 16 (2008), 439–470.
Miki, Etsuzo, *Evocation and tautologies*, Journal of Pragmatics 25 (1996), 635–648.
Milsark, Gary, *Existential Sentences in English*, Ph.D. dissertation, MIT, 1974.
Okamoto, Shigeko, *Nominal repetitive constructions in Japanese. The tautology controversy revisited*, Journal of Pragmatics 20 (1993), 433–466.
Rhodes, Russell, *A cross-linguistic comparison of tautological constructions with special focus on English*, 2009, <http://www.linguistics.berkeley.edu/~russellrhodes/pdfs/taut_qp.pdf> (último acceso: 29. 11.2019).
Sakahara, Shigeru, *Les énoncés tautologiques et les propositions universelles, et le dynamisme de la catégorisation*, in: Ohori, Toshio, (ed.), La catégorisation, Tokyo, Édition de l'Université de Tokyo, 2002, 105–134.
Sakai, Tomohiro, *Connexions trans-spatiales et énoncés tautologiques en japonais* (PhD thesis), University of Paris 8, Paris, 2004, <https://docs.wixstatic.com/ugd/005008_f3b03eee3c4d4eea945308870f28b82b.pdf> (último acceso: 29. 11.2019).
Sperber, Dan/Wilson, Deirdre, *Relevance. Communication and Cognition*, Oxford, Basil Blackwell, 1986 (1995).
Rey-Debove, Josette, *Le sens de la tautologie*, Le Français Moderne 46:4 (1978), 318–332.
Rosch, Eleanor/Lloyd, Barbara B. (edd.), *Cognition and Categorization*, Hillsdale, Erlbaum, 1978.
Snider, Todd, *Using tautologies and contradictions*, Proceedings of Sinn und Bedeutung 19 (2015), 590–607.
Vilinbakhova, Elena L., *Stat'ya znachit stat'ya. Ob odnom klasse tavtologicheskih konstruktsiy v russkom yazyke*, Komp'yuternaya Lingvistika i Intellektual'nye Tekhnologii. Trudy Mezhdunarodnoy Konferentsii «Dialog 2015» 14:21 (2015), 638–649.
Vilinbakhova, Elena L., *Coordinated tautologies in Russian*, Voprosy Jazykoznanija 2 (2016), 61–74.
Vilinbakhova, Elena/Escandell-Vidal, Victoria, *«People are people to me». The interpretation of tautologies with frame-setters*, Journal of Pragmatics 143 (2019), 96–108.
Vilinbakhova Elena/Escandell-Vidal, Victoria, *Interpreting nominal tautologies. Dimensions of knowledge and evoked properties*, Journal of Pragmatics 160 (2020), 97–113.
Wierzbicka, Anna, *Italian reduplication. Cross-cultural pragmatics and illocutionary semantics*, Linguistics 24 (1986), 287–315.
Wierzbicka, Anna, *Boys will be boys. «Radical Semantics» vs «Radical Pragmatics»*, Language 63:1 (1987), 95–114.

Wierzbicka, Anna, *Boys will be boys. A rejoinder to Bruce Fraser*, Journal of Pragmatics 12 (1988), 221–224.

Zuber, Riszard, *Interprétation de phrases analytiques et contradictoires*, in: Ricoeur, Paul, et al. (edd.), *Strategies discoursives. Actes du Colloque du Centre de Recherches Linguistiques et Sémiotiques de Lyon*, Lyon, Presses de l'Université de Lyon, 1978, 117–122.

Josep Vicent Garcia Sebastià
Intersubjetividad e irrealidad en las fórmulas de inicio de los cuentos: *això era* y sus variantes en catalán contemporáneo

Abstract: This paper analyzes opening formulas that are used to start fairy tales in Catalan. Specifically, this study focuses on one of the most frequent opening formulas (*això era* ['once upon a time'] + indefinite NP) from a qualitative point of view. It is taken as a point of departure that it is relevant to describe these constructions semantically, pragmatically and discursively due to the following reasons: a) these expressions operate as genre markers (Biber 1995; Biber/Conrad 2009); b) they express a value related to unreality; c) they evoke the shared knowledge between the speaker and the addressee; and d) they are formed in imperfect, a tense with a wide range of modal values in Romance languages and others.

Keywords: Catalan language, intersubjectivity, shared knowledge, unreality, evidenciality, imperfect tense, genre markers

---

Este estudio se ha llevado a cabo en el Institut Superior d'Investigació Cooperativa IVITRA [ISIC-IVITRA] (Programa per a la Constitució i Acreditació d'Instituts Superiors d'Investigació Cooperativa d'Excel·lència de la Generalitat Valenciana, Ref. ISIC/012/042), y en el marco de los siguientes proyectos, redes y grupos de investigación: «Variación y cambio lingüístico en catalán. Una aproximación diacrónica según la Lingüística de Corpus» (MICINUN, Ref. PGC2018-099399-B-100371); (IEC, Ref. PRO2018-S04-MARTINES); del Grupo de Investigación VIGROB-125 de la UA; la Red de investigación en innovación en docencia universitaria «Lingüística de Corpus i Mediterrània intercultural: investigació educativa per a l'aplicació de la Lingüística de Corpus en entorns multilingües diacrònics. Aplicacions del Metacorpus CIM-TAC» (Instituto de Ciencias de la Educación de la UA, Ref. 4581–2018); y el Grupo de Investigación en Tecnologia Educativa en Història de la Cultura, Diacronia lingüística i Traducció (Universidad de Alicante, Ref. GITE-09009-UA).

https://doi.org/10.1515/9783110711172-004

1 Introducción

Las fórmulas de inicio de los cuentos maravillosos[1] y de otras narraciones populares también son un objeto de estudio interesante para la lingüística. El presente artículo describe, en sincronía, las principales características semántico-pragmáticas de este tipo de construcciones en el ámbito de la lengua catalana, por medio de una de las expresiones de apertura narrativa más habituales: *això era*, (1), y algunas de sus variantes, como por ejemplo *això era i no era*, (2), *això era una vegada*, (3), o *això va anar i era*, (4)[2]. Por un lado, las principales funciones de dichas estructuras coinciden con las que desempeñan formas alternativas más o menos equivalentes: *hi havia una vegada*, *temps era temps*, etc. Por otro lado, estos marcadores[3] se asemejan a las soluciones estereotipadas de otras lenguas románicas, como por ejemplo *érase un vez* (esp.), *c'era una volta* (it.), *il était une fois* (fr.) o *era uma vez* (port.).[4]

(1) Car haveu de saber que sobre ell hi flota la por vaga, la llegenda ubiqua del mercader assassinat. *Això era* un mercader eivissenc que anava de mas en mas, per a mercadejar bèsties de càrrega, ases i muls somerins (Riber i Campins, *La minyona d'un infant orat* [1935]; CTILC).

(2) *Això era i no era* un home amb un gran poder, de nom Hasan Ibn al-Sabbah que havia manat erigir el jardí més vast i bell que aquest món no havia contemplat mai (Ballester, *Les ulleres de Barleby* [2011]; CIVAL).

(3) *Això era una vegada* que hi havia una dona que tenia un xiquet xicotiu. Era tan xicotiu, que li dien Cigronet (Roig/Roig, *Cigronet* [2000]; CIVAL).

---

1 El término *cuento maravilloso*, sinónimo de *cuento de hadas* (Zapata 2007), se corresponde con el catalán *rondalla meravellosa*. Ambos conceptos designan un subgénero de la narrativa etnopoética, el mismo que la tradición alemana denomina *märchen* y la anglosajona, *fairy tale* (Oriol i Carazo 2002). Estos relatos se caracterizan porque (a) «l'heroi o l'heroïna protagonitzen aventures en el món del meravellós» y (b) contienen «elements estilístics característics, com les fórmules de començament i d'acabament» (Oriol i Carazo 2002, 56–57).
2 Algunas de las ideas de este trabajo las hemos discutido con los colegas Josep Martines, Vicent Vidal y Jordi Antolí. Aprovechamos la oportunidad de publicar estos resultados para agradecerles sus opiniones y sus consejos. También queremos dar las gracias al profesor Vicent Salvador, ya que las observaciones que nos hizo en el congreso internacional «Coneixement compartit: entre la Pragmàtica i la Gramática», celebrado en la Sede Universitaria de la Nucia (Universidad de Alicante) el 29 y el 30 de mayo de 2019, nos han ayudado a describir los fenómenos pragmáticos implicados en el inicio de los cuentos. Evidentemente, los errores que pueda haber en el estudio no les incumben, pues son responsabilidad exclusiva del autor.
3 A lo largo del artículo utilizamos los términos *fórmula de inicio* y *marcador de apertura* como sinónimos.
4 esp. = español; fr. = francés; it. = italiano; port. = portugués

(4) *Això va anar i era* un gat, molt sabut, que cada nit passejava per la vora del mas (Valor, *La crida de la rabosa* [1976]; CIVAL).

Las expresiones ilustradas en (1), (2), (3) y (4) no sólo se utilizan para dar comienzo a determinadas narraciones de transmisión oral; también se documentan en textos que reproducen o reformulan por escrito —y con más o menos ambición literaria— los elementos propios de algunos géneros etnopoéticos. No en vano, los cuatro ejemplos que acabamos de exponer forman parte de esta última categoría. Para llevar a cabo el estudio de estas construcciones hemos consultado, en primer lugar, el *Corpus Textual Informatitzat de la Llengua Catalana* (CTILC) y el *Corpus Informatitzat del Valencià* (CIVAL), fuentes documentales de referencia por lo que respecta al catalán escrito contemporáneo. Además, también hemos tenido en cuenta las transcripciones incorporadas (a) al proyecto Anapop —una «base de dades per a la publicació i la consulta de mostres de la narrativa oral popular (essencialment, rondalles i llegendes)» (Borja 2016, 67), confeccionada en la Universidad de Alicante— y (b) al *Museu de la Paraula* (MPAR) —el archivo de la memoria oral valenciana, constituido por el Museu Valencià d'Etnologia.

Hasta el momento, en catalán hay muy pocos estudios que describan el uso de este tipo de construcciones desde una perspectiva semántica o pragmática. A excepción de las aportaciones que han hecho Borja (1999) y Peraire (1999) en el terreno de la lingüística textual y el análisis del discurso y Antolí Martínez (2015), Martines (2015a) y Garcia Sebastià (2017; en prensa) en el ámbito de estudio del cambio lingüístico, el resto de voces de la catalanística que abordan el inicio de los cuentos populares se proponen unos objetivos estrictamente etnopoéticos.

Borja (1999), en su trabajo sobre la oralidad y la escritura en las *Rondalles valencianes* de Enric Valor, expone y define sucintamente la función de los marcadores discursivos de inicio que el autor de Castalla utilizaba en sus textos. Por su parte, Peraire (1999) ha descrito de manera más detallada el uso de los marcadores de integración lineal en la producción rondallística de este mismo escritor; y entre las principales estrategias discursivas destacan las que él denomina «marcadors d'obertura».[5]

Desde una perspectiva muny distinta, Antolí Martínez (2015, 397–400) ha demostrado que las construcciones evidenciales reportativas de folklore con el verbo *dir* ([*diu que* Vinf]) acaban delimitando el inicio de las narraciones etnopoéticas (§3), por lo que sugiere la existencia de un vínculo entre la evidenciali-

---

5 Peraire (1991, 147), inspirándose en el trabajo de Turco y Coltier (1988), define los marcadores de integración lineal como expresiones polisémicas y multifuncionales que señalan la sucesión de los constituyentes en el discurso.

dad y este tipo de fórmulas. El origen de otras soluciones, en cambio, está relacionado con determinadas estructuras temporales; es el caso, por ejemplo, de *temps era temps* o *temps ha*. Según Martines (2015a), la primera de estas formas deriva de las construcciones con el verbo *ser* que se utilizaban en catalán antiguo para expresar el transcurso de un determinado periodo de tiempo entre dos momentos referenciales. Finalmente, en trabajos anteriores (Garcia Sebastià 2017; en prensa) hemos apuntado que el uso de *temps ha* como marca de apertura del relato popular es fruto de un proceso de discursivización, el cual, en este caso, afecta a las expresiones temporales arcaicas con el verbo *haver*.

Si bien el tema que nos ocupa no ha suscitado aún demasiado interés en la lingüística catalana, lo cierto es que las fórmulas de inicio de los cuentos presentan características relevantes desde un punto de vista semántico-pragmático. A continuación, enumeramos los rasgos más significativos en este sentido:

a. Funcionan como marcas estereotipadas de género textual, de acuerdo con la propuesta de Biber (1995) y Biber y Conrad (2009), pues el emisor las utiliza para indicar al oyente/lector el comienzo de un discurso narrativo cuyas convenciones forman parte del conocimiento cultural compartido por ambos (§2 y 3).[6]

b. Puesto que la narrativa de base oral se sustenta en el imaginario colectivo de una determinada comunidad lingüística y cultural, estas fórmulas de inicio indican, de manera más o menos explícita, que la fuente de información es el folklore, la sabiduría popular, etc. (§3). Así pues, se las ha relacionado con la evidencialidad (Antolí Martínez 2015, 397–401).

c. Más allá de las especificidades formales o funcionales de cada construcción, es bien sabido que la mayoría de estas expresiones se suelen utilizar con una intención discursiva múltiple: señalar el inicio del relato, identificar el género textual (ya lo hemos avanzado en *a*.) y localizar el argumento narrativo en unas coordenadas fabulosas, alejadas de la realidad cotidiana en la cual se enmarca la situación comunicativa. Por medio de los marcadores de apertura que los hablantes aprenden desde la infancia, el emisor activa la dimensión ficticia del discurso que se dispone a narrar, lo que permite que el receptor acceda a un espacio mental (Facounier 1994; 1997) de tipo imaginario. En cierto modo, estas construcciones pueden relacionarse

---

[6] Para Biber y Conrad (2009), el estudio de cualquier tipo de discurso desde el punto de vista del género «usually focuses on language characteristics that occur only once in a text»; además, los autores añaden: «These language features [. . .] conform to the culturally expected way of constructing texts belonging to the variety» (Biber/Conrad 2009, 16). Precisamente, las fórmulas de inicio de los cuentos son una de las convenciones más evidentes de este género.

con la expresión de la irrealidad (§4), y, además, interpretarse como estrategias intersubjetivas (Nuyts 2005; Traugott 2010).

d. El uso del imperfecto de indicativo es otro de los rasgos definitorios de las fórmulas de inicio (§5). Precisamente, este es uno de los tiempos que más valores evidenciales y contrafactuales ha desarrollado, no sólo en catalán (cf. Pérez Saldanya 2002, 2629–2631; GIEC, 917–918), sino, en general, en el ámbito románico (cf. Bertinetto 1986, 368–380; 1991, 80–84; Bazzanella 1990, 440; Reyes 1990; Moeschler 1994; Gutiérrez Araus 1995; 1996; 2014; Rojo/Veiga 1999, 2916–2917; Squartini 2001; García Fernández 2004, 83–87; Ippolito 2004; Bres 2005; 2009; Saussure/Sthioul 2005; Veiga 2008; Amenós 2010, 254–263; Patard 2010; 2011; Haßler 2012; 2017; Patard/De Mulder 2014; Baranzini/Ricci 2015; Baranzini 2016; Böhm 2016; 2019; Bajo Pérez 2017, 123–131, 137–138).

2 Forma y función: características construccionales y metacomunicativas de *això era* y sus variantes

El *Diccionari català-valencià-balear* (DCVB), en la entrada del pronombre demostrativo *això*, define la expresión *això era* y alguna de sus variantes como locuciones características del habla de Mallorca que se utilizan para iniciar un relato popular, y, más concretamente, una *rondalla*: «*Això era. . .*: fórmula per iniciar la narració d'una rondalla (Mall.). També diuen ‹això era i no era. . .› o ‹això era una vegada. . .›» (DCVB, s. v. *això*, LOC. —v).[7] No sorprende, pues, que estas fórmulas —sobre todo la primera— den comienzo a algunas de las narraciones contenidas en el *Aplec de Rondaies Mallorquines d'en Jordi d'es Racó*, una obra folklórica a la par que literaria (Valriu 2018) del propio Antoni Maria Alcover:

(5) *Això era* un pescador d'Andratx que no tenia altre Déu més que es pescar, i de deu dies nou tornava així com se n'era anat [. . .] (Alcover 1968, 58).

(6) *Això era* un fadrí veí, tan poc afectat de feina com un ca de garrotades, però que es pedaç no li bastava per poder fer la vida del canot (Alcover 1969, 25).

No obstante, también las documentamos en textos principatinos y valencianos (véanse los casos que hemos ilustrado al inicio de este artículo en (1), (2) y (3)

---

[7] En la cita reproducimos las marcas tipográficas que utiliza el diccionario de Alcover y Moll (la cursiva y las comillas francesas).

respectivamente), lo que sugiere que este conjunto de construcciones se conoce, con una cierta variación, en todo el dominio lingüístico.

En cambio, la expresión *això va anar i era* sólo aparece en ocurrencias del CIVAL (véase el ejemplo (4)), principalmente en textos de Enric Valor. Borja (1999, 260) y Peraire (1999, 150) ya han señalado el uso de esta variante en la producción rondallística del escritor de Castalla. Valor, aparte de utilizarla en sus conocidas *Rondalles valencianes*, también la citaba como ejemplo prototípico de los comienzos de los cuentos que él había podido recopilar. Según el autor, estas estrategias discursivas formaban parte del ritual narrativo previo al relato oral y, en cierto modo, estaban motivadas por la ambientación propicia a este tipo de género literario:

> «Tots els pobles del món tenen o han tingut un tresor de contes populars, fabulosos especialment, que els vells han contat a la vora de la llar a les nits d'hivern en els països temperats, o en les nits serenes dels tròpics, davant escoltadors més o menys infants. Deixeu-me que ho conte amb les paraules que jo mateix vaig escriure en el prefaci del meu primer volum de rondalles: ‹Fora, en la nit crua, la pluja freda o la neu callada o els rudes vents que assotaven portes i finestres; dins, la llar exuberant d'ascles i rabasses oloroses i de flames alegres i bellugadisses; la família i a voltes algun amic, vora el foc, sentint tots aquella dolcesa de trobar-se a recés de les inclemències del temps com en el claustre matern›. Llavors sorgia l'inici de la rondalla amb algun dels començos estereotipats: ‹Això va anar i era . . .›, ‹Diuen que era una volta. . .›. Aquestes vetlades pairals van ser una de les primeres fonts de la rondallística que he arreplegat i literaturitzat» (Valor 1999).[8]

Los siguientes ejemplos ilustran el uso de otras variantes más complejas:

(7) I mon pare a voltes per a acabar, que volia contar-nos un *cuento*, diu: «*Això diu que era* un home polit i gros, que es tira un pet i cau de tos» (MOTO21-Almoines-H43; MPAR).

(8) *Això diu que era en un poble* un matrimoni que tenia una filla, i la mare sempre estava discutint en ella [. . .] (*Un pijama modern* [2014]; Anapop).

(9) *Això diu que hi havia* un conill que qui el va veure ja tota la vida es va enrecordar d'ell (Escuder Palau, *El conillet de la boca esgallada* [1983]; CIVAL).

(10) *Això diu que era, ara fa molts anys, que hi havia* una família de persones molt riques, que eren marquesos de Tous. Eren gent molt senyoreta i educada, vivien en un palau i tenien moltes terres. . . (Gascón, *La marquesa de Tous* [1999]; CIVAL).

---

8 La escena que describe Valor (1999) como contexto tradicional idóneo para narrar los cuentos fantásticos es, sin duda, un motivo recurrente que suele enmarcar la transmisión intergeneracional de estas historias. De hecho, Valriu lo califica de tópico: «Constitueix un tòpic molt estès imaginar sempre la narració d'una rondalla inserida en un context tradicional, a la vora del foc» (Valriu 2007, 170).

Desde el punto de vista construccional, la forma *això era* está constituida por el pronombre demostrativo *això* y el verbo *ser* conjugado en imperfecto de indicativo, lo cual enmarca la trama en unas coordenadas temporales indefinidas.[9] En algunos casos, la referencia temporal difusa o remota que se asocia al imperfecto (§5) aparece reforzada por el uso de adjuntos temporales: *una vegada* —recordemos el ejemplo (3)— o *ara fa molts anys*, (10). También cabe destacar la posibilidad de que el marcador de apertura que nos ocupa se combine con la expresión evidencial *diu que*. Esta característica se observa en los cuatro ejemplos inmediatamente anteriores.[10] Además, hay marcas de inicio que sitúan los acontecimientos en el plano espacial por medio de complementos locativos, (8).[11] Por último, todas las variantes que hemos expuesto hasta ahora rigen un SN indefinido, normalmente de caràcter animado: «un pescador», (5), «un fadrí», (6), «un home», (7), «un matrimoni», (8), «una família», (10), o «un conill», (9).

Estas estructuras pueden interpretarse como presentacionales, tal y como propone Antolí Martínez (2015, 398) en su análisis de las formas híbridas, *això diu que era*. Pero, en tal caso, el sujeto de la construcción no sería el pronombre demostrativo,[12] que es lo que sostiene el autor, sino el SN indefinido introducido por el verbo *ser* (Ramos 2000, 141). Aún así, este planteamiento sigue siendo problemático, pues habría que resolver otra incógnita: ¿qué función desempeña *això* si asumimos que [*això era* + SN indefinido] es una construcción presentacional?

Como veremos en (§4), *això* desempeña una función catafórica, pues se refiere a los hechos que tanto el emisor como el receptor saben que se narrarán. Informativamente, el pronombre demostrativo señala el referente conocido, mientras que el SN indefinido expresa información nueva. Este esquema reproduce el patrón de las estructuras presentacionales prototípicas, como las de (11) y (12), en las que el SP es el tema discursivo y el SN introduce un contenido remático (Ramos 2000, 137). A pesar de no ser un SP, *això* podría concebirse como el marco o el fondo en el que se presenta la información destacada que introduce el SN: «En això que us contaré ara era ('hi havia') un. . .».

---

[9] También documentamos casos de procedencia valenciana con el pronombre *açò*, aunque no son muy frecuentes.
[10] Para Antolí Martínez (2015), las formas híbridas (*això diu que era*) se deben a un reánalisis de la construcción evidencial [*diu que* V*inf*] como fórmula de inicio y a la asimilación de la misma a los patrones construccionales típicos de esta clase de marcadores.
[11] En §4 ofrecemos una descripción más detallada de las variantes *això era i no era* i *això va anar i era*.
[12] Al menos no debía serlo en origen.

(11) En aquell mas hi ha dues persones (*apud* Ramos 2000, 137).

(12) Al bar hi ha molt de fum (*apud* Ramos 2000, 137).

Por otro lado, hay una vinculación evidente entre el marcador *això era* y algunas alternativas claramente existenciales, como *hi havia una vegada*, (13). De hecho, documentamos casos de amalgama construccional o *phrasal blend* (Taylor 2012, 269–276) como los de (9), en los que ambas fórmulas se mezclan.

(13) *Hi havia una vegada* un rei que volia una princesa bella com vós i que per guanyar-la li calia fer una pregunta a la qual ella no trobés mot per a respondre (López-Picó, *Lleures barcelonins* [1922]; CTILC).

Además, en español, en italiano, en francés y en portugués se utilizan marcadores de apertura con valor presentacional constituidos por los verbos derivados de ĒSSE, (14), (15), (16) y (17):

(14) *Érase una vez* un palacio, allá en tiempos remotos, lejanos [. . .] (TVE1, *Informe Semanal* [1990]; CREA).

(15) *C'era una volta un re* il cui regno era abitato soltanto da persone felici [. . .] (Coelho, «C'era una volta un re che credeva nella pace» [2020]; Archivio storico de *La Repubblica*).

(16) *Il était une fois, il y avait une fois* [formule commençant les contes de fées]. Dans un passé indéterminé. *Il était une fois. . . jadis. . . oh! il y a longtemps. . . il y a près de cent années. . ., un petit garçon comme toi: mon père. . .* (ADAM, Enf. Aust., 1902, p. 30). (TLFi, *s. v. fois*, B.1.c)

(17) *Era uma vez* uma princesa que perdera a fala (blog.lotusidiomas.com.br; CdP).

Sobre la construcción *érase una vez*, el *Diccionario panhispánico de dudas* (DPD) explica lo siguiente: «Como verbo intransitivo, [el verbo *ser*] tiene múltiples significados, entre ellos el de 'haber o existir', que es el que aparece en la expresión *érase (una vez). . .*, con la que tradicionalmente se da comienzo a los cuentos» (*s. v. ser*, 2.3.). Y añade:

«Aunque por tratarse de una expresión fosilizada, y por influjo de la expresión sinónima invariable *había una vez. . .*, puede usarse con el verbo inmovilizado en singular (*Érase una vez tres niños. . .*), es preferible establecer la concordancia en plural cuando el grupo nominal que sigue a *ser* —que funcionalmente es su sujeto— es plural: *Éranse una vez unos ruidos horribles de cristales rotos* (Riaza Palacio [Esp. 1982]); *Éranse una vez un rey y una reina*» (Tusquets Mar [Esp. 1978]). (DPD, *s. v. ser*, 2.3.)

En catalán actual también se da esta circunstancia. Obsérvese que en (18) el verbo *ser* no concuerda con el SN indefinido. Si entendemos que [*això era* + SN indefinido] es una construcción presentacional, esta falta de concordancia podría deberse a un reanálisis por el cual el pronombre demostrativo se habría reinterpretado como sujeto.

>   (18) *Això era un home i una dona* que es van casar (Bataller, *La dona que no tenia trellat* [1997]; CIVAL).

La forma [*això era* + SN indefinido] también se puede interpretar como una estructura copulativa, en la que el pronombre funcionaría como sujeto y el SN indefinido como atributo. Sea como fuere, lo cierto es que esta construcción está considerablemente fosilizada y la única forma de esclarecer la función de sus componentes es mediante un análisis diacrónico.[13]

En la casuística que acabamos de exponer se ilustran las principales convenciones discursivas asociadas al inicio de los cuentos, convenciones que, como veremos más adelante (§3), se infieren al comienzo de la narración por medio de este tipo de marcas. De acuerdo con Peraire (1999, 149) y Antolí Martínez (2015, 397), los marcadores de apertura localizan la ficción en un determinado marco espaciotemporal y señalan la relación que existe entre el narrador y el discurso.

Las fórmulas de los ejemplos (19) y (20) son mucho más elaboradas, pues ambas riman con otras marcas de apertura estereotipadas y, además, mezclan diferentes funciones propias de los inicios del género —por ejemplo, en (20) se explicita la referencia temporal indefinida o remota por medio de *una vegada*.

>   (19) *Això era i no era, bon viatge faci la cadernera, per tu un almud i per mi una barcella* . . . (Oliver, M. Antònia, *Negroni de Ginebra* [1993]; CTILC).

>   (20) [. . .] mamprengueren les beceroles amb la rondalla de la raboseta i el corb: *Això era i no era, arre burro polseguera, que una vegada hi havia* una raboseta artera artera, i un corb alficòs alficòs. . . (Cucarella, *Heretaràs la terra* [2006]; CIVAL).

Sanfilippo plantea la posibilidad de que «las fórmulas más elaboradas se utilizaran para abrir y cerrar una sesión entera, más que para una historia determinada» (Sanfilippo 2007, 143). Y otorga a este tipo de expresiones una función metadiscursiva, pues considera que «formaban parte de una clara estrategia narrativa en la que el pasaje del mundo cotidiano al mundo narrado se realizaba de forma paulatina» (Sanfilippo 2007, 143). Ello apunta a una intención intersubjetiva (§3) por parte del emisor (Traugott 2010).

Los ejemplos que hemos presentado en este apartado, junto con la información del DCVB, el testimonio de Enric Valor y las observaciones pragmáticas de Sanfilippo (2007), muestran el carácter multifuncional de estas fórmulas, las

---

[13] Reservamos este propósito para futuros estudios.

cuales realizan diferentes funciones discursivas de manera complementaria: organizar el discurso (en este caso, delimitar el inicio del relato) y, a su vez, orientar la recepción del mismo. Además, el narrador las utiliza como marcadores de género textual (Biber 1995; Biber/Conrad 2009). Y es que las construcciones de apertura también sirven para que el receptor identifique el tipo de discurso que se dispone a enunciar el emisor, lo cual le permite activar las convenciones propias de los cuentos de hadas (Antolí Martínez 2015, 397). En este sentido, Mendoza (2001) sostiene lo siguiente:

> «Las fórmulas de inicio [. . .] son indicadores [. . .] que aparecen en múltiples textos como marca inicial de la serie de convencionalismos narrativos que incluye un género concreto como es el cuento. Cada una de esas fórmulas es una señal que advierte sobre aspectos específicos del texto, el género, la tipología narrativa, el tipo de acciones y las peculiaridades del estilo de discurso que sigue. Ante la señal de *érase una vez*. . . el receptor reacciona disponiéndose a recibir un relato fantástico: su percepción alerta a diversas estructuras mentales para que suspendan cierto tipo de valoraciones lógicas y para que antepongan a la coherencia de una lógica realista la coherencia discursiva de los sucesos más extraordinarios e inverosímiles, de modo que éstos sean apreciados según la coherencia propia de la trama y de la exposición textual» (Mendoza 2001, 199).

De hecho, Ben-Amos ya consideraba las fórmulas de inicio, junto con las de cierre, como una de las principales marcas distintivas de la comunicación etnopoética: «The textual marks that set folklore apart as a particular kind of comunication are the opening and closing formulas of tales and songs and the structure of action that happen in-between» (Ben-Amos 1971, 10).

En definitiva, las expresiones que abren los cuentos no sólo organizan el discurso, sino que también ayudan a interpretarlo. Su uso implica distintos fenómenos semántico-pragmáticos, entre los cuales destacan el conocimiento compartido, la evidencialidad y la remisión a espacios mentales (Facounier 1994; 1997) que tienen que ver con lo imaginario o lo ficticio. Abordamos estas cuestiones en los siguientes apartados.

3 *Això era*... Conocimiento compartido comunitario o intersubjetivo

Rodríguez Rosique (2019, 102–105), basándose en Levinson (1979) y Clark (1996), afirma que cualquier interacción comunicativa entre un emisor y un receptor, como la que existe en la audición o la lectura de un cuento, es una actividad conjunta. Ello exige la presencia de, al menos, dos participantes que posean «algún tipo de conocimiento compartido antes de verse envueltos en el desarrollo de la actividad» (Rodríguez Rosique 2019, 105). El origen de este conocimiento intersubjetivo puede ser diverso, y se ha analizado desde diferentes perspectivas teóricas. Por un lado, el fenómeno se ha descrito en algunos trabajos sobre la estructura informativa, como por ejemplo el de Clark (1996). Por otro lado, los estudios sobre evidencialidad, cuyo propósito es analizar los mecanismos lingüísticos que expresan la fuente de información, distinguen categorías de acceso al conocimiento en las que el hablante no es el único sabedor de los datos o los indicios que posee y transmite.

Clark (1996, 101–121) afirma que la información compartida por los hablantes puede ser de dos tipos: comunitaria o personal.[14] El conocimiento comunitario, que es el que más interés tiene para nuestro estudio, procede de las comunidades culturales (Clark 1996, 101–112). La categorización de ciertos grupos socioculturales —ya sean de tipo nacional, profesional, religioso, político, etc.— nos permite inferir lo que saben o creen sus miembros. Así pues, una comunidad cultural es un conjunto de individuos con experiencias compartidas (sensaciones, habilidades, normas de comportamiento e, incluso, léxico, jerga y terminología) que no poseen otros colectivos. Además, estas categorías también se caracterizan por los siguientes factores:

- Los miembros de cada grupo asumen cuáles son los hechos, las creencias, las normas, los procedimientos, etc. que se dan por sentados en su comunidad.
- La interiorización de estas experiencias es gradual. Alguna información se considera central, pues se asume que todos los miembros del colectivo la tienen integrada en sus respectivos repertorios de conocimiento colectivo, y otra se concibe como periférica, ya que no todos los miembros tienen acceso a ella.
- Estas agrupaciones no deben interpretarse como compartimentos estancos, puesto que las personas formamos parte de más de una comunidad cultural a la vez: tenemos una nacionalidad determinada, hablamos una(s) u otra(s) lengua(s), ejercemos una profesión específica, pertenecemos a un grupo de edad concreto, etc.
- La forma de almacenar mentalmente el conocimiento compartido comunitario se asemeja a la configuración de una enciclopedia.

Por su parte, el conocimiento compartido personal (Clark 1996, 112–116) se origina en la interacción con familiares y amigos, por lo que permite distinguir a los extraños de los círculos más íntimos. Y, a diferencia del conocimiento compartido comunitario, que como acabamos de ver es de naturaleza enciclopédica,

---

[14] Para una síntesis de las clases de conocimiento compartido que establece Clark (1996) véase también Rodríguez Rosique (2019, 106–108).

este otro tipo de experiencia común se basa en las vivencias autobiográficas y se almacena en forma de diario mental.

Volviendo a los marcadores de apertura, el uso de *això era* —y de otras soluciones equivalentes— presupone un conocimiento compartido de tipo comunitario —de acuerdo con la clasificación de Clark (1996, 101–121). Como hemos visto en §2, el narrador inicia el relato con esta construcción para

a. delimitar la entrada al entorno discursivo, que, en este caso concreto, se caracteriza por ser ficticio (Clark 1996, 8), y
b. permitir que el receptor identifique el género y active las convenciones correspondientes, las cuales se adquieren de manera gradual a lo largo del proceso de formación lingüístico-literaria y en un entorno cultural determinado.

El emisor y el receptor deben pertenecer a la misma comunidad lingüística (en este caso, ambos deben ser catalanohablantes) o, al menos, tener una cierta competencia comunicativa en la lengua del relato. De lo contrario, el marcador de apertura no conseguirá el efecto pragmático esperado por el narrador. Y es que cada lengua dispone de unas construcciones de inicio propias.[15] Siguiendo a Clark (1996, 101), podemos afirmar que el uso de estas construcciones está relacionado con lo que él denomina *información interna de una comunidad* (*inside information of a comunity*), es decir, información que ambos interlocutores poseen por el hecho de pertenecer al mismo ámbito cultural. Cuando el emisor empieza el cuento con una de estas expresiones asume que el receptor las tiene disponibles en su lexicón y que ello le permitirá inferir las convenciones del género —las cuales, supuestamente, también deben estar integradas en el repertorio enciclopédico del interlocutor. Hay quien podría rebatir nuestro planteamiento argumentando que los niños, en los primeros estadios de su formación, desconocen los marcadores de apertura y las convenciones de los textos etnopoéticos, y ello pese a ser los destinatarios potenciales de estos discursos. Pero las fórmulas de inicio, y, en general, los cuentos de hadas, ayudan a comprender el concepto de ficción y a distinguir el mundo real del mundo narrado desde la infancia (Weinrich 1978, 68–70; Bertinetto 1986, 370; Mauroni 2013, 285). Por tanto, se espera que los infantes integren estas construcciones en su repertorio lingüístico y cultural gradualmente.

---

[15] Un hablante nativo no empezaría un cuento de hadas en español o en inglés, por poner un ejemplo, pronunciando o escribiendo *eso es o *that is; lo lógico es que utilice las formas convencionalizadas por la comunidad lingüística en cuestión: *érase una vez* o *once upon a time* respectivamente. Este hecho subraya el carácter idiomático de los marcadores de apertura. Recordemos que el DCVB define la fórmula *això era* y algunos sinónimos como locuciones (§2).

En realidad, utilizar estas expresiones para comenzar una narración fabulosa es una estrategia intersubjetiva, tanto en el sentido de Nuyts (2005), pues se da por hecho que el emisor y el receptor conocen las construcciones en cuestión y las convenciones discursivas a las que éstas hacen referencia, como en el de Traugott (2010): el hablante/escritor se preocupa por la manera en la que el oyente/lector pueda recibir el mensaje y le facilita, a través de los marcadores de apertura, las instrucciones interpretativas del relato que se dispone a narrar.[16]

Como hemos avanzado al comienzo de este epígrafe, algunas de las subcategorías de la evidencialidad están relacionadas con el concepto de *conocimiento compartido*. La clasificación de las diversas fuentes evidenciales propuesta por Willett (1988, 57) es, sin duda, una de las más conocidas. Según este planteamiento, hay dos modos de obtener la información: por vía directa o por vía indirecta. En el primer modo el locutor atestigua aquello que enuncia, pues lo ha experimentado de manera directa a través de la percepción sensorial —fundamentalmente visual o auditiva. Por su parte, la segunda categoría se refiere a la experiencia mediata y comprende los marcadores reportativos e inferenciales, los cuales, a su vez, se subdividen en evidenciales de rumor (de segunda o tercera mano) y de folklore, por un lado, y evidenciales de resultado y de razonamiento, por el otro.

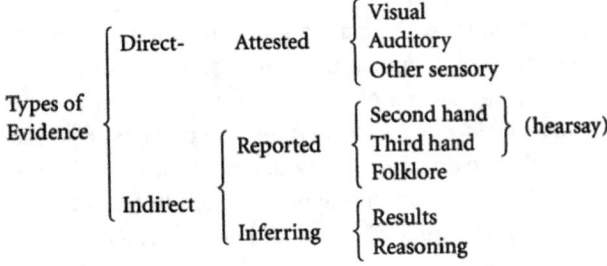

Figura 1: Tipos de evidenciales (Willett 1988, 57).

---

16 Nuyts (2005) define las nociones de *subjetividad* e *intersubjetividad* de la manera siguiente: «An evaluation is subjectivity if the issuer presents it as being strictly his/her own responsability; it is intersubjectivity if (s)he indicates that (s)he shares it with a wider group of people, possibly including the hearer» (Nuyts 2005, 14). Traugott (2010), en cambio, concibe la intersubjetividad como la preocupación que el emisor muestra por su interlocutor, la cual puede codificarse semánticamente en determinados contextos. Ambas propuestas, junto con otras aproximaciones al mismo fenómeno, «are sometimes and to some extent 'co-applicable'» (Nuyts 2014, 69). En este sentido, en su estudio sobre el valor evidencial reportativo del condicional en catalán antiguo, Martines (2015b) también ha aplicado los enfoques de Traugott y Nuyts de manera complementaria.

De las subcategorías de la evidencialidad incluidas en el modelo de Willett (1988, 57), la del folklore es la que más se aproxima a la noción de *conocimiento compartido comunitario* (Clark 1996, 101–112).[17] En general, las fórmulas de inicio de los cuentos forman parte de esta clase de marcadores, puesto que en la expresión del folklore «the speaker claims that the situation described is part of established oral history (fairy tales, mythology, oral literature, proverbs and sayings)» (Willett 1988, 96).

La clasificación de Willett ha sido matizada por diversos autores. De todas estas aportaciones, la que mejor se ajusta a los objetivos de nuestro estudio es la revisión que ha hecho Antolí Martínez de las subcategorías de la evidencialidad reportativa (2015, 362–365). Basándose en una crítica de Palmer (2001, 40–41) a la definición de folklore de Willett, Antolí Martínez (2015, 364) entiende que el uso de dicho término es ambiguo, pues no permite distinguir la creación etnopoética estricta de la procedencia de este tipo mensaje. Por ello, redefine el folklore de manera mucho más precisa (al menos por lo que respecta a la evidencialidad): «El folklore, com a subcategoria de l'evidencialitat reportativa, és un coneixement compartit per tota la comunitat, forma part de l'imaginari col·lectiu. Com a part del bagatge comú d'una col·lectivitat, aquest coneixement té una trajectòria més llarga que el rumor i, a més, una major acceptació [. . .]». (Antolí Martínez 2015, 365)

El autor califica esta subcategoría evidencial como conocimiento intersubjetivo, en el sentido de Nuyts (2005). Así, la distinción que establece Antolí Martínez entre el rumor y el folklore se basa en el hecho de que la primera fuente de información tiene una trayectoria mucho más efímera y, además, está restringida a un grupo indefinido dentro de una colectividad más amplia, mientras que la segunda se acaba consolidando en la tradición y es compartida toda comunidad (véase la Tabla 1). Ello nos remite a la caracterización en términos de prototipicidad del conocimiento compartido comunitario (Clark 1996, 101–112).

La concepción del folklore como información intersubjetiva también entronca con algunas de las ideas que hemos apuntado hasta ahora:
a. Las fórmulas de inicio señalan el comienzo de un discurso estrechamente relacionado con en esta misma categoría evidencial.

---

[17] Rodríguez Rosique (2019) ya ha señalado la similitud que existe entre la clasificación que hace Clark de las fuentes de conocimiento compartido y las vías de acceso a la información definidas por la tradición evidencialista. Aún así, la autora destaca «la falta de diálogo entre los estudios basados en la estructura informativa y los que se llevan a cabo en el ámbito de la evidencialidad» (Rodríguez Rosique 2019, 106).

Tabla 1: Caracterización de las categorías de la evidencialidad reportativa (Antolí Martínez 2015, 365).[18]

Categorías y subcategorías		Emisor fuente	Receptor	Trayectoria
Segunda mano		Identificado	Restringido	Breve
Tercera mano	Indefinida	Conocido, pero sin identificar	Restringido	Breve
	Rumor	Desconocido	Un grupo dentro de la comunidad	Breve
Folklore		La comunidad	La comunidad	Larga

b. De hecho, permiten inferir las instrucciones necesarias —compartidas por toda la comunidad— para interpretar de manera adecuada el mensaje del emisor. Son, como hemos visto, estrategias intersubjetivas en el sentido de Nuyts (2005) y también en el sentido de Traugott (2010).

Precisamente, una de estas pautas convencionalizadas consiste en señalar, de manera más o menos explícita, que la información que enuncia el locutor (el relato que narra) pertenece al imaginario colectivo de una determinada comunidad cultural. Por ejemplo, la construcción *diu que*, utilizada al comienzo de un cuento, marca explícitamente la naturaleza intersubjetiva de la fuente de conocimiento (Antolí Martínez 2015, 397–401).[19] La alternativa *això era*, en cambio, realiza esta misma función implícitamente.

Como hemos explicado en §2, en la fórmula *això era* y sus variantes el pronombre demostrativo cumple una función catafórica, pues anticipa el relato —o, al menos, debía hacerlo en origen—; es decir, el emisor lo utiliza para referirse a los hechos que pretende contar. Esta característica ya la ha señalado Peraire (1999, 150), quien distingue los usos en los que los pronombres *aço* i *això* están

---

18 Otra diferencia significativa entre la propuesta de Willett (1988) y la de Antolí Martínez (2015) es que en esta última el rumor no se considera conocimiento de segunda mano, sino que constituye, junto con la información indefinida, un subtipo de fuente de tercera mano.

19 Antolí Martínez afirma que en estos contextos *diu que* no es un marcador evidencial. Pero matiza que, al menos, no es una construcción evidencial en exclusiva: «Com a fórmula d'inici, en aquests contextos, [*diu que*] és diferent al marcador de folklore: ara no expressa (o, potser, no expressa exclusivament) que la informació és un coneixement intersubjectiu [. . .]» (Antolí Martínez 2015, 400). En definitiva, estas construcciones son multifuncionales (Peraire 1999).

discursivizados, (21), de los contextos en los que aún conservan el valor catafórico de manera mucho más evidente, (22):

> (21) *Això va anar i era* un gat, molt sabut, que cada nit passejava per la vora d'un mas (Valor, *El crit de la rabosa*; *apud* Peraire 1999, 150).

> (22) *Açò que tot seguit us contaré, diu que* va esdevenir-se a la vila d'Atzeneta, que es troba en una de les parts més altes i boscoses de la Vall d'Albaida (Valor, *La mestra i el manyà*; Peraire 1999, 150).

En los corpus consultados, documentamos ejemplos similares a los de (22); la mayoría aparecen insertados en otros discursos, sobre todo en entrevistas orales más o menos espontáneas y con fines de investigación, como es el caso de (23) y (24):

> (23) — ESCOLTE, GRÀCIA, ANEM A. . . VOSTÉ SAP UNS QUANTS CONTES.
> — Què?
> — QUE VOSTÉ SAP CONTES, *CUENTOS*.
> — *Cuentos*.
> — I A NOSALTRES ENS INTERESSEN ELS *CUENTOS*. EIXE DEL PATUFET. . .
> — Sí.
> — ENS EL CONTA?
> — Sí. Bé, vols que el conte ja?
> — Sí.
> — Hala pues. Mira: «*Això era una familieta*. . .», com em contava, jo et diré ara com si estiguera m'*agüela* contant-li-ho a l'altra néta (MOTO13-Gandia-D29; MPAR).

> (24) — Ara per ací també n'hi ha un que també és molt guapet, que és el conte del Cigronet. Que jo pense que és més de per ací, veritat?
> — Sí.
> — EL DEL CIGRONET SÍ QUE ÉS DE PER ACÍ, PERQUÈ. . .
> — Sí, sí, sí.
> — ENS HAN FET REFERÈNCIA PERÒ NO ENS L'HAN CONTAT.
> — No vos l'han contat? Vinga, vos el conte jo: «*Això era* un matrimoni que ja eren molt majors, no tenien fills i tenien un deliri de tindre fills. Al final van tindre un fill. Però resulta que era molt menudet, era menudet, menudet» (MOTO24-Bellreguard-D42; MPAR).

En (23) y (24) el pronombre *això* alude a la historia que tanto emisor como receptor saben que se empieza a contar, pues la conversación se desvía hacia el ámbito narrativo: *això* significa 'lo que me pedís que os cuente/lo que acabo de decir que contaré/lo que cuentan que pasó y que yo sé porque lo guardo en la memoria y pertenece al imaginario colectivo/lo que vosotros sabéis en parte porque es una información compartida por la comunidad/lo que, si no sabíais, ya empezáis a saber'. En este sentido, hay un contraste entre el inicio de cuentos escritos y el de los que se narran oralmente. En los relatos etnopoéticos transcritos o literaturizados las fórmulas rituales se utilizan normalmente *in media res*; aún así, el escritor anuncia al lector las características de su enunciación a través de los paratextos. En las narraciones orales, en cambio, el acceso a la ficción se suele alargar significativamente. A menudo, esta dilación se produce porque el locutor advierte que contará la historia tal y como se la han contado, como se observa en (23).

Por último, en cuanto a los marcadores de apertura y su relación con el conocimiento compartido, hay que destacar el uso de estas construcciones en ejemplos como los de (25):

(25) Això jo li ho conte a la meua néta: «*Això diu que era* una guàrdia civil que s'*assoma* a la finestra i cau dins del riu». «*Això diu que era* un soldat que es lleva la gorra i es queda pelat». «*Això diu que era* un home gros que es tira un pet i cau de tos». «*Això diu que era* un home flac que es tira un pet i cau un bac». També. I. . . Xe, és que dichos d'eixos en sé molts, també (MOTO09-Xeresa-H28; MPAR).

Las micronarraciones que enumera el locutor entrevistado en (25) se corresponden con lo que la tradición etnopoética catalana denomina *antirrondalla*, es decir, una parodia del género. Se trata de relatos muy breves que se construyen a partir de un marcador de apertura. Normalmente, los adultos los utilizan con una intención irónica, para sorprender o hacer enfadar a los niños (Oriol i Carazo 2002, 68). Son, por tanto, una especie de broma basada (a) en lo que el narrador y el auditorio infantil saben de los cuentos y (b) en la frustración de las expectativas que genera el uso de una de las fórmulas de inicio estereotipadas.

4 *Això era o no era?* ¿Irrealidad o ficción?

En la introducción y en §2 apuntábamos que los marcadores de apertura remiten a espacios mentales imaginarios o ficticios. El término *espacio mental* (*mental space*), acuñado por Facounnier (1994; 1997), designa las estructuras cognitivas parciales que se activan en la interacción comunicativa (Pascual 2012, 148). Así pues, en el proceso de lectura o de narración oral de un cuento maravilloso las fórmulas de inicio permiten que el receptor active el espacio mental propio de la fantasía y los elementos que le son propios: localización de los acontecimientos en un marco temporal impreciso o remoto, personajes fabulosos, hechos extraordinarios, etc.

Ben-Amos describe este procedimiento semántico-pragmático en los siguientes términos: «The opening and closing formulas designate the events enclosed between them as a distinct category of narration, not to be confused with reality» (Ben-Amos 1971, 10). Del mismo modo, Valriu también considera que la «fórmula inicial ens transporta a una altra dimensió», y explica que, paralelamente, la fórmula final «tanca la finestra oberta a la fantasia durant el temps que ha durat el relat i s'encarrega de tornar-nos a la realitat, al món quotidià» (Valriu 2008, 28). Además, la autora añade lo siguiente: «Les rondalles, especialment les meravelloses, estan situades ‹a l'altra banda›, al més enllà, al país remot o al bosc misteriós, al cel o a l'infern. Les fórmules d'inici de la narració sovint ja ens indiquen aquest fet, ens avisen que en entrar en el relat cal deixar el pensament racional, la norma, i admetre un altre ordre de coses, una realitat meravellosa». (Valriu 2008, 28).

Pero la construcción *això era* no siempre remite a un espacio mental fantástico. Documentamos ejemplos en los que, simplemente, indica que la secuencia narrativa que sigue es ficticia y, a menudo, de carácter humorístico. No en vano, también se utiliza para empezar a contar un chiste, como en (26). Incluso la encontramos en contextos en que el emisor narra alguna experiencia anecdótica, por lo que se presenta al receptor como verídica, (27). Sin embargo, en estos últimos casos, que son muy poco frecuentes, el emisor decide contar los hechos que ha vivido porque, en cierto modo, los considera sorprendentes o, incluso, extraordinarios (véanse los fragmentos en cursiva).

(26) De fet l'acudit és: «*Això* era un caragol que derrapa» (Clara Simó, *El meu germà Pol* [2008]; CIVAL).

(27) *Això* era que [. . .] jo mirava uns minuts la tele [. . .] saltant canals, per pura distracció, i en caure en la en la italiana Rai Uno *em vaig trobar el que no hauria pensat mai*: un personatge primet, amb un simple suèter roig, el nas voluminós, llegint i comentant versos del Dant davant d'un auditori embadalit. *Un prodigi, sí senyor* (Mira, *Paradiso* [2003]; CIVAL).

Como veremos en §5, la activación de espacios mentales de carácter virtual también la desempeña el imperfecto de indicativo en determinados contextos: el de los juegos infantiles —(36), (37) y (38)— y el de la narración de los sueños —(39), (40) y (41). Estos usos se han analizado desde la perspectiva de la modalidad epistémica y se han considerado como irreales (Bajo Pérez 2017, 127–131). Aunque en general estamos de acuerdo con esta explicación, consideramos que interpretar este tipo de construcciones desde el punto de vista de la epistematicidad exige una cierta cautela. Nuestra hipótesis es que las fórmulas de inicio y los valores del imperfecto que acabamos de mencionar, más que expresar un sentido contrafactual en términos de valoración epistémica, evocan una realidad alternativa a la del plano referencial. Para justificar esta afirmación, revisaremos antes las nociones de *modalidad*, *modalidad epistémica*, *irrealidad* y *postura epistémica*.

Generalmente, la modalidad se concibe como una categoría lingüística vinculada a la expresión de la actitud del hablante hacia su enunciado y hacia la interacción comunicativa. Dentro de esta esfera se suelen distinguir dos grandes subtipos de contenidos modales:

a. Los que tienen que ver con la modalidad deóntica, es decir, con aquello que el hablante considera obligatorio, permitido, prohibido, etc.
b. Los que están relacionados con la modalidad epistémica, o sea, con el grado de compromiso que el hablante muestra hacia lo que enuncia.

La modalidad epistémica se encarga de evaluar la probabilidad de que un estado de cosas coincida con la realidad. En términos de Nuyts: «Epistemic modality is defined [. . .] as (the linguistic expression of) an evaluation of the chances that a certain hypothetical state of affairs under consideration (or some aspect of it) will occur, is ocurring, or has ocurred in a possible world which serves as the universe of interpretation for the evaluation process, and which, in the default case, is the real world (or rather, the evaluator's interpretation of it)» (Nuyts 2001, 21). Así pues, la modalidad epistémica se despliega a lo largo de un contínuum contenido entre dos polos: la realidad y la irrealidad. Ello da lugar a dos clases de proposiciones: las reales, que se refieren al mundo actual, y las irreales, que designan un mundo posible, más o menos compatible con el mundo actual.

El locutor puede posicionarse ante el mundo representado por la proposición y adoptar una postura epistémica positiva, neutra o negativa, dependiendo del grado de compromiso que asuma respecto al enunciado (Fillmore 1990). De acuerdo con Rodríguez Rosique, «el hablante suele mostrar una postura epistémica positiva hacia las proposiciones reales; en cuanto a las proposiciones irreales, puede mostrar una postura neutral, o una postura negativa» (Rodríguez Rosique 2011, 244–245).

Según estas premisas, los marcadores de apertura y —como veremos en §5— los valores del imperfecto de indicativo que están más relacionados con estas expresiones, difícilmente pueden analizarse desde la óptica de la postura epistémica. Y es que en los ejemplos como los que hemos expuesto hasta ahora, el hablante, por medio del uso de *això era* y otras formas similares, no se posiciona ante el mundo representado por su proposición. Estas fórmulas no expresan el compromiso del locutor con respecto a los hechos que narra; o, al menos, esta función no es la más prominente. En el momento en que se inicia la audición o la lectura de un cuento el oyente/lector ya da por hecho que el estado de cosas que se enuncia no se corresponde con la realidad, pues sabe que se encuentra ante un discurso mediatizado por la ficción.

Las narraciones etnopoéticas no dejan de ser literatura. Y, según Jakobson (1960, 371), en este tipo de interacciones comunicativas la referencialidad del enunciado se torna ambigua, se desdobla, y la realidad se reinterpreta. Precisamente, el lingüista citaba como ejemplo de este fenómeno una de las formas que hemos presentado en los apartados anteriores, *això era i no era*:

«The supremacy of the poetic function over the referential function does not obliterate the reference but makes it ambiguous. The doublesensed message finds correspondence in a split addresser, in a split addressee, as well as in a split reference, as is cogently exposed in the preambles to fairy tales of various peoples, for instance, in the usual exordium of the Majorca storytellers: «Aixo era y no era» [sic] (It was and it was not)» (Jakobson 1960, 371).[20]

La forma *això era i no era* es un claro ejemplo de como esta clase de marcadores remiten, de manera ambigua, al binomio realidad-irrealidad. La construcción no evoca simplemente el concepto de ficción; no sugiere que la narración que se cuenta sea «falsa»: significa que es real e irreal al mismo tiempo (Collins 1991, 52). Sucede exactamente lo mismo con *això va anar i era* (cf. (4), §1, y (19), §3), aunque en este caso el efecto de mezclar realidad e irrealidad (o realidad posible en un plano alternativo) viene dado por la combinación del imperfecto con el perifrástico. Y es que un relato narrado en pasado simple o en perifrástico tiende a interpretarse como una «sucesión de hechos reales en el pasado» (Amenós 2010, 263).[21] En cambio, el imperfecto expresa justamente lo contrario.

Esta visión del inicio de los cuentos fantásticos como un fenómeno referencial ambiguo entronca con el simbolismo que, en general, impregna todo el discurso etnopoético: «The very syntactic and semantic structure of the text, the special recitative rhytm of presentation, and the time and locality in wich the action happens may have symbolic implications for which the text itself cannot account. Consequently, it is quite plausible that in these materials people will use as a criterion not the symbolic mode of the form but its reference» (Ben-Amos 1971, 10).

A nuestro juicio, cuando el hablante utiliza los marcadores de apertura no se posiciona ante el valor de su proposición; más bien designa un espacio mental virtual, alternativo al de la realidad, donde se acontecen hechos imaginarios, más o menos conceptualizados como inverosímiles y que, a pesar de todo, son perfectamente factibles en el terreno de la fantasía o el humor. Este enfoque permite agrupar en una misma categoría discursiva el inicio de distintos subgéneros narrativos de carácter etnopoético. Hemos visto que *això era* no sólo da comienzo a los cuentos de hadas, sino que también se utiliza para empezar a contar un chiste e, incluso, para hacer parodia del género cuentístico (§3). Además, como veremos en §5, el uso del imperfecto de indicativo en este tipo de construcciones es muy parecido a otros valores modales de este tiempo asociados a la idea de virtualidad.

---

[20] En el apartado §2 hemos demostrado que la variante *això era i no era* no es exclusiva del catalán de Mallorca.
[21] En su estudio, Amenós se refiere al uso del pasado simple del español en secuencias narrativas, pero el fenómeno es extrapolable al pasado simple o perifrástico del catalán.

5 El imperfecto de indicativo como marcador de realidades posibles

Ya hemos apuntado que la construcción *això era* y las expresiones sinónimas localizan la trama de los cuentos maravillosos en una coordenada temporal imprecisa o remota a través del uso del imperfecto de indicativo. De hecho, la mayoría de las fórmulas de inicio se conjugan en imperfecto, no sólo en catalán, (28), (29) y (30), sino también en otras lenguas románicas, (31), (32), (33), (34) y (35).

(28) *Això diu que era* una família de set rabosetes, però una estava coixeta (MOTO33-Oliva-H33; MPAR).

(29) *Temps era temps*, en un país llunyà, vivia un jove príncep en un magnífic castell (Muñoz, *El llibre de les preguntes desconcertants* [1999]; CTILC).

(30) *Hi havia una vegada* un matrimoni jove i sense fills que vivia en un pròsper poble de la Costera (Martínez, *Toni Cambrot i Pepa les Cols* [1999]; CIVAL).

(31) Anguita contó a un público asombrado y embebido la fábula de las lenguas. Y contó que *había una vez* un gran señor que llamó a su cocinero y le dijo: «Tráeme el mejor plato del mundo» (El País, «Anguita cuenta la fábula de las lenguas» [1997]; CREA).

(32) AMA. Cuando eras no más que una bolita de inocencia rematada de alborotados pelos, te gustaba que la mamá te contase cuentos de princesas. . . Te apelotonobas a mis pies, yo te acariciaba los pelufres y comenzaba: *«érase una vez»* (Riaza, *El palacio de los monos* [1982]; CREA).

(33) *C'era una volta* un principe ricco e potente che aveva una favorita (*La Repubblica* [2020]; Archivio storico de *La Repubblica*).

(34) *Il y avait une fois* un pays qui était si petit si petit/qu'il n'avait qu'un village (Yzac/Nadaud, *Il y avait une fois* [1997]).

(35) *Era uma vez* um senhor viúvo que tinha uma filha a quem amava muito (contosencantar.blogspot.com; CdP).

De acuerdo con James, existe «a universal semantic link between the notion of past tense and the notion of remoteness from reality» (James 1982, 396). En este sentido, el imperfecto de los marcadores de apertura remite a un pasado remoto, fabuloso, o, según lo que hemos explicado en §4, a un espacio mental alternativo al marco espaciotemporal donde se lleva a cabo la interacción comunicativa. Esta última observación coincide con la postura de Weinrich, uno de los pocos autores que ha analizado el valor del imperfecto en el inicio de los cuentos, concretamente en el ámbito del italiano: «*C'era una volta*. . . non significa un altro Tempo, ma un altro mondo con un Tempo suo proprio che non corrisponde a quello del nostro orologio» (Weinrich 1978, 65). Y a menudo se ha destacado que, en otro tipo de contextos, el imperfecto también aleja a los interlocutores de la localización espaciotemporal donde se sitúan realmente (Bertinetto 1986; Bazzanella 1990; Ippolito 2004).

Lo cierto es que, hasta ahora, el imperfecto de las fórmulas de inicio narrativo ha pasado bastante desapercibido. A excepción de alguna referencia puntual, como por ejemplo las que aparecen en los trabajos de Weinrich (1978), Piva (1979), Bagioli y Deon (1986), Bertinetto (1986) y Mauroni (2013) sobre el italiano, a penas hay gramáticas o estudios que le hayan prestado atención. Como veremos en los ejemplos que siguen, el sentido que adquiere este tiempo al comienzo de las narraciones populares es muy similar a los valores que parece expresar en otros dos contextos muy concretos. Nos referimos al imperfecto de los juegos infantiles, también denominado «imperfecto lúdico» o «prelúdico», y al imperfecto que se utiliza para narrar los sueños, el conocido como «imperfecto onírico».[22]

Del mismo modo que en español, en italiano o en francés, el imperfecto de indicativo del catalán también se utiliza en contextos como los de (36), (37) y (38), para distribuir los papeles del juego infantil y, a su vez, enmarcar la acción en un escenario imaginario (Pérez Saldanya 2002, 2631; GIEC, 918). La terminología que se suele utilizar para describir la situación comunicativa representada en estos ejemplos no es casual, pues ésta tiende a interpretarse como una interacción teatralizada (Baranzini/Ricci 2015, 39).

(36) Jo *me n'anava* a comprar i mentrestant tu *dormies* (*apud* Pérez Saldanya 2002, 2631).

(37) Jo *era* el xèrif i tu el lladre del banc (*apud* Pérez Saldanya 2002, 2631).

(38) Jo *era* el pare i tu la mare, i vivíem en una casa molt gran (*apud* GIEC, 918).

Según Pérez Saldanya (2002, 2631), en estos casos también es posible utilizar el presente, aunque se perdería el matiz de ficción que aporta el imperfecto. El valor ficticio o de remisión a una realidad imaginaria que expresa este tiempo en

---

[22] Por razones de espacio y para ser coherentes con los objetivos del artículo, sólo describimos sucintamente los valores del imperfecto de indicativo que consideramos más cercanos al significado de los marcadores de apertura. El análisis de los diferentes matices semántico-pragmáticos que puede llegar a expresar este tiempo verbal ha generado mucha bibliografía en las lenguas romance. Sin embargo, en catalán todavía no hay ninguna aproximación teórica al fenómeno. Confeccionar tal propuesta excede los principales propósitos de este estudio; aunque, al mismo tiempo, nos da la oportunidad de emprender una futura línea de investigación.

los preámbulos del juego también ha sido destacado por numerosos analistas de otras lenguas. En este sentido, Bajo Pérez se pregunta en qué medida el valor lúdico tiene que ver con la irrealidad, y explica que, si bien hay dos posiciones opuestas al respecto, la mayoría de los autores que han analizado el fenómeno en español lo interpreta en un sentido irreal (Bajo Pérez 2017, 127–129).[23] Por otro lado, Patard (2010; 2011), que ha estudiado este uso en francés basándose en las aportaciones de Lodge (1978), distingue dos funciones pragmáticas: el cambio de realidad (*reality-switching*) y la cortesía (*self-effacement*).[24] El primer procedimiento permite a los niños trasladarse del mundo cotidiano a un mundo imaginario diseñado expresamente para el recreo. La segunda estrategia, por su parte, está motivada por la voluntad que tiene el emisor de atenuar su propuesta de reparto y obtener, a cambio, el consentimiento del receptor en el proceso de negociación del juego.

En cuanto al imperfecto onírico, ninguna de las gramáticas de referencia del catalán actual recoge el uso que aparece representado en (39), (40) y (41): Pérez Saldanya (2002) no lo describe en la *Gramàtica del català contemporani* (GCC) y la *Gramàtica de la llengua catalana* de l'Institut d'Estudis Catalans (GIEC) tampoco lo incorpora en la clasificación de los principales valores de este tiempo. En cambio, en español (Reyes 1990; Araus 1995; 1996; 2014; García Fernández 2004; Veiga 2008; Bajo Pérez 2017; NGLE, §23.11b) en italiano (Bazzanella 1990; Ippolito 2004; Baranzini/Ricci 2015; Baranzini 2016) y en francés (Labeau 2002, 159) está bien documentado y se ha analizado profusamente.

(39) A la nit *vaig somiar que naixia* d'un tronc vell arrapat a la paret i que *m'obria* a poc a poc en pètals de sang (Rodoreda, *Vint-i-dos contes* [1958]; CTILC).

(40) Em pensava que aquella nit no podria dormir, però encara no havia posat el cap al coixí que vaig caure en un son profund. Em vaig sentir transportada a la infantesa: *vaig somiar que em trobava* a la cambra vermella de Gateshead (Arbonès; *Jan Eyre* [2001]; CTILC).

---

23 Para Bajo Pérez, la hipótesis que más se ajusta a lo que realmente sucede en la negociación del juego infantil es la que no considera el imperfecto lúdico como irreal. La autora aduce que en estos casos también es posible utilizar el presente o el futuro, tiempos en los que, según afirma, no se reconoce el sentido de irrealidad; además, añade que los niños «se toman los juegos y sus circunstancias muy enserio y no siempre distinguen con nitidez (al menos en la primera infancia) entre realidad e imaginación» (Bajo Pérez 2017, 140). Pero lo cierto es que el presente de indicativo también puede desplegar sentidos vinculados a la fantasía, tal y como ha apuntado Bertinetto (1986, 332).

24 Patard (2010) se decanta finalmente por interpretar el imperfecto lúdico como un uso atenuativo. No obstante, reconoce que aún se debe ahondar en este análisis y, por ello, expresa la necesidad de que el fenómeno suscite el interés de los investigadores.

(41) Mare, mare, per què *he somiat que* Mari Llum *no em deixava* la nina per a jugar? (Mompó/Climent, *Somiant amb Aleixa* [2011]; CIVAL).

En estos casos, el locutor relata situaciones que ha vivido, pero que no pertenecen (o interpretamos que no pertenecen) a la misma realidad donde se desarrolla la interacción con el receptor, porque, en definitiva, las ha soñado (Reyes 1990, 64). Del mismo modo que en otras lenguas románicas, el imperfecto onírico del catalán también se expresa por medio de una oración completiva regida por *somiar*; además, este verbo siempre aparece conjugado en un tiempo perfectivo, el perfecto compuesto o el perifrástico (véanse los fragmentos subrayados): [*vaig somiar/he somiat que* + imperfecto].

Hay quien afirma que, en este tipo de contextos, el imperfecto es «esperable» (Veiga 2008, 58-59; Bajo Pérez 2017, 128-129). Puede que el imperfecto onírico aún conserve un cierto valor temporal de simultaneidad en el pasado, ya que las situaciones a las que se hace referencia en la narración de un sueño son posteriores al acto de habla y, a su vez, están ancladas al intervalo que supone el hecho de soñar. Pero no deja de ser un uso bastante particular, sobre todo si interpretamos los sueños como narraciones, pues los tiempos narrativos por antonomasia son los perfectivos —y, más concretamente, el perifrástico en el caso concreto del catalán (GIEC, 915).

La GIEC (917) se suma a la opinión de otros estudios románicos sobre el imperfecto y explica que este tiempo, en textos narrativos, contrasta con el pasado simple o el perifrástico. En términos generales, se ha destacado que los tiempos perfectivos son dinámicos, es decir, se usan para hacer que la trama avance; en cambio, el imperfecto suele definirse como estático, pues se utiliza en secuencias descriptivas que sirven de fondo para la acción. En este sentido, Reyes afirma que «en la reminiscencia, los sueños se presentan no como historias, sino como sucesiones de imágenes, y aunque tengan un hilo narrativo, son más aptos para la descripción que para la narración» (Reyes 1990, 64). Para Baranzini y Ricci (2015, 51-52), sin embargo, la explicación de un sueño neutraliza la diferencia entre los tiempos perfectivos y los imperfectivos; por ello, cada uno de los eventos expresados por el imperfecto se visualiza como un todo y, además, marca la progresión narrativa.

Por su parte, García Fernández sostiene que el cambio del tiempo perfectivo al imperfecto en los contextos oníricos indica que los «acontecimientos pertenecen a un mundo irreal» (García Fernández 2004, 85).[25] Este plantea-

---

[25] Según García Fernández, en los ejemplos (39), (40) y (41) lo que localizaría los acontecimientos en un mundo irreal sería el cambio de «vaig somiar» o «he somiat» por «m'obria», «em trobava» y «no em deixava» respectivamente.

miento coincide con la opinión de Reyes, quien, después de considerar la posibilidad de entender el imperfecto de los sueños como un uso descriptivo —tal y como acabamos de explicar—, añade: «Una explicación que me parece más satisfactoria (y que incluye la anterior [la que concibe el imperfecto onírico como un uso descriptivo]) es que los sueños son experiencias reales, vividas y padecidas por su narrador, e irreales, pues se desvanecen en la vigilia, y que el imperfecto, tiempo lindante entre el pasado real y el no efectivo, es la forma que mejor expresa ese estatus ontológico» (Reyes 1990, 64).

Esta última referencia nos remite a las fórmulas de inicio, que a menudo evocan de manera explícita el carácter ambiguo (real e irreal) de la narración (§4). De hecho, los valores modales del imperfecto que acabamos de describir presentan rasgos muy similares a los que hemos observado en el uso de los marcadores de apertura. Y es que tanto el imperfecto lúdico como el imperfecto onírico trasladan al hablante del mundo de la enunciación, conceptualizado como real, a un mundo imaginario o soñado. Además, como sucede en el caso de *això era* y de otras construcciones sinónimas (§4), en este tipo de contextos el locutor tampoco se posiciona ante la realidad de su proposición (Ippolito 2004, 362).[26]

No obstante, entre el imperfecto lúdico y el imperfecto onírico, por un lado, y el imperfecto de las fórmulas de inicio de los cuentos, por el otro, hay una diferencia significativa: mientras que los dos primeros se utilizan en secuencias discursivas en las que el locutor no incluye ni el pasado simple ni el perifrástico,[27] en el inicio de los cuentos el imperfecto puede alternar con los tiempos perfectivos. Parece ser que en los casos como los del ejemplo (42) el tiempo imperfectivo funciona como marco referencial (o fondo) en el que se localizan los acontecimientos que hacen avanzar la trama, designados por el perifrástico (la figura):

(42) Això *era* una família molt, molt pobra. El pare *era* braser i la mare *eixia* avant com *podia* per poder donar el menjar a tots. *Tenien* dos fills i una filla. El major, que li *deien* Peret, *tenia* 8 anys, a continuació *anava* la xiqueta i, finalment, el més menut, que a penes *alçava* un pam de terra.
Un dia Peret *va dir* a sa mare: [. . .] (Verdú, *Peret de poca por* [2001]; CIVAL).

---

[26] Ippolito (2004, 362) afirma que el imperfecto lúdico y el imperfecto onírico se diferencian del resto de valores modales que expresa este mismo tiempo en italiano porque en ninguno de los dos contextos el locutor valora la realidad de su enunciado.
[27] Baranzini y Ricci (2015, 51–52) se basan en este hecho para afirmar que en los contextos lúdicos y oníricos el contraste entre la función narrativa de los tiempos perfectivos y la de los tiempos imperfectivos se neutraliza.

La característica que, a nuestro juicio, explica por qué el imperfecto acaba evocando otras realidades posibles es el aspecto imperfectivo. De acuerdo con la hipótesis aspectual, respaldada por autores como Comire (1976), Bertinetto (1986) o García Fernández (1999; 2004) entre otros, el imperfecto de indicativo «focaliza una parte interna de la situación, sin hacer mención ni a su inicio ni a su final» (García Ferández 2004, 26). La ausencia de delimitación permitiría inferir, por medio de un razonamiento metonímico, que el imperfecto trasciende los límites de la temporalidad y que, por tanto, tiene un significado intemporal. Otros estudiosos ya han relacionado el aspecto de este tiempo con el despliegue de sus valores modales. Por ejemplo, Böhm (2016; 2019) y Haßler (2012; 2017) trazan un «puente metonímico» por el que la indeterminación de la aspectualidad imperfectiva del español se conecta con la validez abierta de la modalidad y deriva, así, en los distintos usos epistémicos del imperfecto (cf. Figura 2).[28]

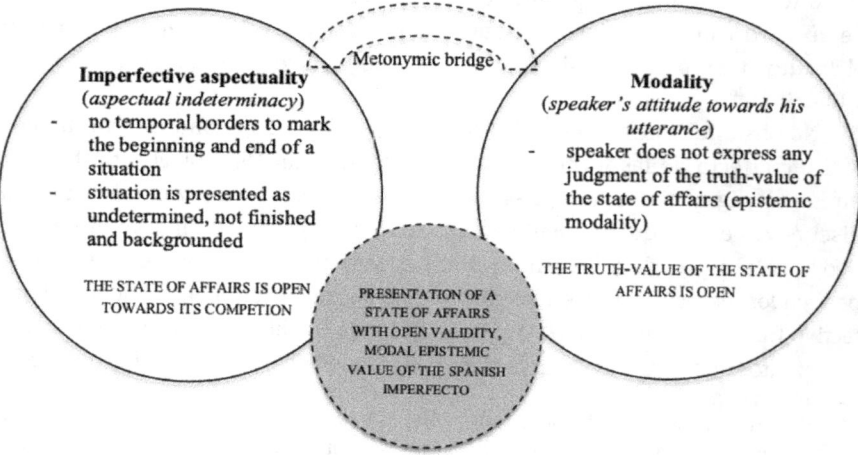

Figura 2: Relación metonímica entre el aspecto imperfectivo y la modalidad epistémica (Böhm 2016, 321).

---

28 Fleischman (1989) explica el despliegue de los usos modales del imperfecto por medio de la metáfora. Según la autora, el rasgo que se proyecta hacia los dominios epistémico o ilocutivo es la distancia temporal orientada hacia el pasado. Por su parte, Amenós (2010, 262–264) relaciona el valor virtual del imperfecto lúdico y del imperfecto onírico del español con el carácter relativo o anafórico de este tiempo; su hipótesis es que, en ambos contextos, la falta de anclaje temporal conduce a la expresión de la irrealidad.

6 Conclusiones

1. De acuerdo con Peraire (1999), las fórmulas de inicio de los cuentos son construcciones plurifuncionales, pues (a) señalan el comienzo del relato, (b) delimitan la frontera entre el mundo de la situación comunicativa y el mundo narrado, (c) permiten identificar el tipo de texto en el que se incluyen —es decir, funcionan como marcadores de género textual (Biber 1995; Biber/Conrad 2009)— y (d) activan las convenciones discursivas propias de las narraciones etnopoéticas y, en general, el conocimiento compartido relacionado con este tipo de manifestaciones literarias.
2. Precisamente, el hecho de remitir al conocimiento enciclopédico compartido por los hablantes nos ha permitido definir los marcadores de apertura como estrategias intersubjetivas, tanto en el sentido de Nuyts (2005) como en el de Traugott (2010).
3. El conocimiento compartido al que hacen referencia las fórmulas de inicio es de tipo comunitario (Clark 1996), es decir, forma parte del imaginario colectivo de una determinada comunidad cultural. Así pues, los marcadores de apertura también indican, directa o indirectamente, que la fuente de información es el folklore (Willett 1988) o el conocimiento intersubjetivo (Antolí Martínez 2015).
4. Estas estructuras pueden relacionarse con la expresión de la irrealidad. Ahora bien, no creemos que el hablante, al utilizarlas en el discurso, manifieste su postura epistémica ante lo que enuncia. Consideramos que el narrador las emplea simplemente para representar un espacio mental de tipo virtual o, incluso, para evocar un universo maravilloso en el que la realidad y la irrealidad se confunden. En catalán, el empleo de las variantes *això era i no era* y *això va anar i era* son un buen ejemplo de esta última estrategia.
5. El imperfecto de las fórmulas de inicio presenta unas características muy similares a los valores lúdico y onírico. En los tres casos, el tiempo imperfectivo evoca una realidad alternativa a la de la enunciación. Probablemente, el rasgo semántico que lo permite es la ausencia de límites temporales, que, en determinados contextos, podría invitar a concebir el imperfecto como una marca de intemporalidad. De todos modos, aún se debe ahondar en esta cuestión.
6. Desde el punto de vista sintáctico, el marcador [*això era* + SN indefinido] todavía no se ha analizado de forma satisfactoria. Puede interpretarse como una estructura copulativa o como una estructura presentacional. La segunda explicación parece ser la que más se ajusta a las funciones pragmático-discursivas de la construcción, pero aún no disponemos de datos diacrónicos que lo avalen.

7. Las principales características estructurales, semánticas y pragmático-discursivas de las formas catalanas coinciden con las que presentan las soluciones de otras lenguas románicas, como por ejemplo el español (*érase una vez*), el italiano (*c'era una volta*), el francés (*il était une fois*) o el portugués (*era uma vez*).
8. Estas fórmulas tienen una serie de especificidades que las diferencian de otras muchas construcciones. Pero, en general, los mecanismos lingüísticos que nos permiten utilizarlas e interpretarlas son los mismos que operan en el resto de interacciones comunicativas.

Bibliografía

Alcover, Antoni M., *Rondaies mallorquines*, vol. 2, Palma de Mallorca, Moll, 1968.
Alcover, Antoni M., *Rondaies mallorquines*, vol. 3, Palma de Mallorca, Moll, 1969.
Amenós, José, *Los tiempos de pasado del español y el francés. Semántica, pragmática y aprendizaje de E/LE* (tesis doctoral), Madrid, Universidad Nacional de Educación a Distancia, 2010.
Antolí Martínez, Jordi M., *L'evidencialitat en català antic. Estudi de corpus i acostament segons la gramàtica cognitiva* (tesis doctoral), Alacant, Universidad de Alicante, 2015.
Bajo Pérez, Elena, *La expresión de la irrealidad en español*, Moenia 23 (2017), 95–146.
Bagioli, Biancarosa/Deon, Valter, *Il tempo verbale nel testo. Tempo e tempus*, in: Cargnel, Silvia/Colmelet, G. Franca/Deon, Valter (edd.), *Prospettive didattiche della linguistica del testo*, Firenze, La Nuova Italia, 1986, 77–97.
Baranzini, Laura, *Imparfait et imperfectivité en italien*, Syntaxe et sémantique 17 (2016), 37–56.
Baranzini, Laura/Ricci, Claudia, *Semantic and pragmatic values of the Italian «imperfetto». Towards a common interpretative procedure*, Catalan Journal of Linguistics 14 (2015), 33–58.
Bazzanella, Carla, *Modal uses of the Italian Indicativo imperfetto in a pragmatic perspective*, Journal of pragmatics 14:3 (1990), 237–255.
Bertinetto, Pier Marco, *Tempo, aspetto e azione nel verbo italiano. Il sistema dell'indicativo*, Firenze, Accademia della Crusca, 1986.
Bertinetto, Pier Marco, *Il verbo*, in: Renzi, Lorenzo/Salvi, Giampaolo/Cardinaletti, Anna (edd.), *Grande grammatica italiana di consultazione*, vol. 2, Bologna, Il Mulino, 1991, 13–161.
Biber, Douglas, *Dimensions of Register Variation. A Cross-Linguistic Perspective*, Cambridge, Cambridge University Press, 1995.
Biber, Douglas/Conrad, Susan, *Register, Genre and Style*, Cambridge, Cambridge University Press, 2009.
Böhm, Verónica, *La imperfectividad en la prensa española y su relación con las categorías semánticas de modalidad y evidencialidad*, Frankfurt, Peter Lang, 2016.
Böhm, Verónica, *Speaker's stance and subjectivity in the epistemic modal and evidential use of the Spanish imperfecto in journalistic texts*, Dutch journal of applied linguistics 8:1 (2019), 84–99.

Borja, Joan, *Oralitat i escriptura en les rondalles valencianes d'Enric Valor. Unes reflexions didàctiques*, in: Salvador, Vicent/van Lawik, Heike (edd.), *Valoriana. Estudis sobre l'obra d'Enric Valor*, Castelló de la Plana, Publicacions de la Universitat Jaume I, 1999, 139–161.

Borja, Joan, *Canpop i Anapop. Bases de dades en línia per a la difusió i la investigació etnopoètica*, Revista d'Etnologia de Catalunya 41 (2016), 67–78.

Bres, Jacques, *L'imparfait. L'un et/ou le multiple? A propos des imparfaits «narratif» et «d'hypothèse»*, in: Emmanuelle, Labeau/Pierre Larrivée (edd.), *Nouveaux développements de l'imparfait*, Amsterdam/New York, Rodopi, 2005, 1–32.

Bres, Jacques, *Sans l'imparfait, les vendanges tardives ne rentraient pas dans lajupe rhénane . . . Sur l'imparfait contrefactuel, pour avancer*, Syntaxe et sémantique 10 (2009), 33–50.

CIVAL = *Corpus Informatitzat del Valencià*, València, Acadèmia Valenciana de la Llengua, <http://cival.avl.gva.es/cival/buscador.jsp> (último acceso: 30.04.2020).

Clark, Herbert H., *Using Language*, Cambridge, Cambridge University Press, 1996.

Collins, Christofer, *The Poetics of the Mind's Eye. Literature and the Psychology of Imagination*, Philadelphia, University of Pennsylvania, 1991.

Comrie, Bernard, *Aspect. An Introduction to the Study of Verbal Aspect and Related Problems*, Cambridge, Cambridge University Press, 1976.

CdP = Davies, Mark, *Corpus do Português*, Birgham Young University, <https://www.byu.edu> (último acceso: 30.04.2020).

CREA = *Corpus de Referencia de la Lengua Española*, Real Academia Española, <http://corpus.rae.es/creanet.html> (último acceso: 30.04.2020).

CTILC = Rafel, Joaquim (ed.), *Corpus Textual Informatitzat de la Llengua Catalana*, Barcelona, Institut d'Estudis Catalans, <https://ctilc.iec.cat> (último acceso: 30.04.2020).

DCVB = Alcover, Antoni Maria/Moll, Francesc de Borja, *Diccionari català-valencià-balear*, Palma de Mallorca, Moll, 1985.

DPD = *Diccionario panhispánico de dudas*, Real Academia Española, <https://www.rae.es/dpd/> (último acceso: 30.04.2020).

Facounier, Gilles, *Mental spaces. Aspects of meaning construction in natural languages*, Cambridge, Cambridge University Press, 1994.

Facounier, Gilles, *Mappings in thought and language*, Cambridge, Cambridge University Press, 1997.

Fleischman, Suzanne, *Temporal distance. A basic linguistic metaphor*, Studies in Language 13:1 (1989), 1–50.

Fillmore, Charles J., *Epistemic stance and grammatical form in English conditionals sentences*, in: *Papers from the twenty-sixth regional meeting of the Chicago Linguistic Society*, Chicago, Chicago Linguistic Society, 1990, 137–162.

Garcia Sebastià, Josep V., *La gramaticalització de «temps ha». De la noció de 'temps transcorregut' als usos discursius (segles XVI-XX)*, Zeitschrift für katalanistik 30 (2017), 77–98.

Garcia Sebastià, Josep V., *Les construccions de temps transcorregut en el català de l'edat moderna i contemporània (s. XVI-XX)*, València/Barcelona, Institut Interuniversitari de Filologia Valenciana/Publicacions de l'Abadia de Montserrat, en prensa.

García Fernández, Luis, *Los complementos adverbiales temporales. La subordinación temporal*, in: Bosque, Ignacio/Demonte, Violeta (edd.), *Gramática descriptiva de la lengua española*, vol. 2, Madrid, Espasa-Calpe, 1999, 3129–3208.

García Fernández, Luis, *El pretérito imperfecto. Repaso histórico y bibliográfico*, in: García Fernández, Luis/Camus, Bruno (edd.), *El pretérito imperfecto*, Madrid, Gredos, 2004, 13–95.

GCC = Solà, Joan/Lloret, Maria-Rosa/Mascaró, Joan/Pérez Saldanya, Manuel (edd.), *Gramàtica del català contemporani*, Barcelona, Empúries, 2002.

GIEC = Institut d'Estudis Catalans, *Gramática de la llengua catalana*, Barcelona, Institut d'Estudis Catalans, 2016.

Gutiérrez Araus, María Luz, *Sobre los valores secundarios del imperfecto*, in: Grande, Francisco Javier, et al. (edd.), *Actuales tendencias en la enseñanza del español como lengua extranjera II. Actas del VI Congreso Internacional de ASELE (León 5–7 de octubre de 1995)*, León, Universidad de León, 1995, 177–186.

Gutiérrez Araus, María Luz, *Relevancia del discurso en el uso del imperfecto*, Revista española de lingüística 26 (1996), 327–336.

Gutiérrez Araus, María Luz, *Gramática y pragmática en el uso del verbo*, Linred: Lingüística en la red 12 (2014).

Haßler, Gerda, *Indicative verb forms as me of expressing modality in Romance Languages*, in: Abraham, Werner/Lesis, Elisabeth (edd.), *Covert Patterns of Modality*, Cambridge, Cambridge Scholars Publishing, 2012, 133–152.

Haßler, Gerda, *Intersección entre la evidencialidad y la atenuación. El pretérito imperfecto evidencial y el futuro narrativo*, Normas 7:2 (2017), 19–33.

Ippolito, Michaela, *Imperfect Modality*, in: Guéron, Jaqueline/Lecarme, Jaqueline (edd.), *Syntax of Time*, Cambridge, Massachusetts, Massachusetts Institute of Technology, 2004, 350–387.

Jakobson, Ronald, *Linguistics and Poetics*, in: Sebeok, Thomas A. (ed.), *Style in Language*, Cambridge, Massachusetts, Massachusetts Institute of Technology, 1960, 350–377.

James, Deborah, *Past Tense and the Hypotetical. A Cross Linguistic Study*, Studies in Language 6:3 (1982), 375–403.

Labeau, Emmanuelle, *L'unité de l'imparfait. Vues théoriques et perspectives pour les apprenants du français langue étrangère*, Travaux de linguistique 45 (2002), 157–184.

Levinson, Stephen C., *Activity types and language*, Linguistics 17 (1979), 365–399.

Lodge, Ken R. *The use of past tense in games of pretend*, Journal of Child Language 6 (1978), 365–369.

Martines, Josep, *L'expressió del temps transcorregut a l'edat mitjana. Construccions temporals existencials en el català del segle XV*, comunicación presentada en el *17è Col·loqui Internacional de Llengua i Literatura Catalanes (AILLC), València, 7–10 de juliol de 2015*, 2015 (= 2015a).

Martines, Josep, *Semantic change and intersubjectification. The origin of reprise evidential conditional in Old Catalan*, Catalan Journal of Linguistics 14 (2015), 79–111 (=2015b).

Mauroni, Elisabetta, *La difficile alternanza di imperfetto e passato prossimo in italiano. Tempo, aspetto, azione*, Acme 1:2 (2013), 247–294.

Mendoza, Antonio, *El intertexto lector. El espacio de encuentro de las aportaciones del texto con las del lector*, Cuenca, Ediciones de la Universidad de Castilla-La Mancha, 2001.

Moeschler, Jacques, *Anaphore et déixis temporelles. Sémantique et pragmatique de la référence temporelle*, in: Luscher, Jean-Marc/Moeschler, Jacques/Reboul, Anne (edd.), *Langage et pertinence. Référence temporelle, anaphore, connecteurs et métaphore*, Nancy, Presses Universitaires, 1994, 9–105.

MPAR = *Museu de la Paraula*, Diputació de València, Museu Valencià d'Etnologia, <http://www.museudelaparaula.es/web/home/> (último acceso: 30.04.2020).

NGLE = Real Academia Española, *Nueva gramática de la lengua española*, Madrid, Espasa, 2009–2011.

Nuyts, Jan, *Epistemic modality, language and conceptualization*, Amsterdam/Philadelphia, John Benjamins, 2001.

Nuyts, Jan, *Modality. Overview and linguistic issues*, in: Frawley, William (ed.), *The expression of modality*, Berlin/New York, Mouton de Gruyter, 2005, 1–26.

Nuyts, Jan, *Notions of (inter)subjectivity*, in: Brems, Liselotte/Ghesquière, Lobke/Van de Velde, Freek (edd.), *Intersubjectivity and intersubjectification in grammar and discourse*, Amsterdam/New York, John Benjamins, 2014, 53–76.

Oriol i Carazo, Carme, *Introducció a l'etnopoètica. Teoria i formes del folklore en la cultura catalana*, Valls, Cossetània Edicions, 2002.

Palmer, Frank R., *Mood and Moadality 2nd edition*, Cambridge: Cambridge University Press, 2001.

Pascual, Esther, *Los espacios mentales y la integración conceptual*, in: Ibarretxe, Iraide/Valenzuela, Javier (edd.), *Lingüística Cognitiva*, Barcelona, Anthropos, 2012, 147–166.

Patard, Adeline, *L'emploi préludique de l'imparfait entre temporalité et modalité. Éléments d'analyse à partir d'une étude de cas*, Journal of French Language Studies 20:2 (2010), 189–211.

Patard, Adeline, *The epistemic uses of the English simple past and the French imparfait. When temporality conveys modality*, in: Patard, Adeline/Bisard, Frank (edd.), *Cognitive Approaches to Tense, Aspect and Epistemic Modality*, Amsterdam/Philadephia, John Benjamins, 2011, 279–310.

Patard, Adeline/De Mulder, Walter, *Aux origines des emplois modauxde l'imparfait. Le cas de l'emploi hypothétique et de l'emploi contrefactuel*, Langages 193 (2014), 33–47.

Peraire, Joan, *Funcions discursives dels marcadors d'integració lineal en les Rondalles d'Enric Valor*, in: Salvador, Vicent/van Lawik, Heike (edd.), *Valoriana. Estudis sobre l'obra d'Enric Valor*, Castelló de la Plana, Publicacions de la Universitat Jaume I, 1999, 139–161.

Pérez Saldanya, Manuel, *Les relacions temporals i aspectuals*, in: Solà, Joan, et al. (edd.), *Gramàtica del català contemporani*, Barcelona, Empúries, 2002, 2567–2662.

Piva Cristina, *L'aspetto verbale. Una categoria controversa*, in: Albano Leoni, Federico/Pigliasco, Rosaria (edd.), *La grammatica. Aspetti teorici e didattici, Atti del IX Congresso internazionale della SLI, Roma, 31 maggio-2 giugno 1975*, Roma, Bulzoni, 1979, 479–499.

Ramos, Joan Rafael, *«Ésser», «estar» i «haver-hi» en català antic*, València/Barcelona, Institut Interuniversitari de Filologia Valenciana/Publicacions de l'Abadia de Montserrat, 2000.

Reyes, Graciela, *Valores estilísticos del imperfecto*, Revista de Filología Española 70 (1990), 45–70.

Rojo, Guillermo/Veiga, Alexandre, *El tiempo verbal. Los tiempos simples*, in: Bosque, Ignacio/Demonte, Violeta (edd.), *Gramática descriptiva de la lengua española*, Madrid, Espasa-Calpe, 1999, 2867–2934.

Rodríguez Rosique, Susana, *Valores epistémicos de las categorías verbales en español. Cuando la pragmática se integra en la gramática*, Verba 38 (2011), 243–269.

Rodríguez Rosique, Susana, *El futuro en español. Tiempo, conocimiento, interacción*, Berlín, Peter Lang, 2019.

Sanfilippo, Marina, *Si cunta e s'arricunta. Las fórmulas de apertura y cierre en la narración oral*, Revista de Dialectología y Tradiciones Populares 62:2 (2007), 135–163.

Saussure, Louis de/Sthioul, Bertrand, *Imparfait et enrichissement pragmatique*, in: Labeau, Emmanuelle/Larrivée, Pierre (edd.), *Nouveaux développements de l'imparfait*, Amsterdam/New York, Rodopi, 2005, 103–120.

Squartini, Mario, *The internal structure of evidentiality in Romance*, Studies in Language 25:2 (2001), 297–334.

Taylor, John R., *The Mental Corpus. How Language is Represented in the Mind*, Oxford, Oxford University Press, 2012.

TLFi = *Trésor de la Langue Française informatisé*, ATILF-CNRS/Université de Lorraine, <http://www.atilf.fr/tlfi> (último acceso: 30.04.2020).

Traugott, Elisabeth C., *Revisiting subjectification and intersubjectification*, in: Davidse, Kristin/Vandelanotte, Lieven/Cuyckens, Hubert (edd.), *Subjectification, intersubjectification and grammaticalization*, Berlin/New York, De Gruyter Mouton, 2010, 29–70.

Turco, Gilbert/Coltier, Danielle, *Des agents doubles de l'organisation textuelle, les marqueurs d'intégration linéaire*, Pratiques 57 (1988), 207–233.

Valor, Enric, *Enric Valor. Un breu apunt sobre l'obra literària*, El Temps 814 (2000).

Valriu, Caterina, *La rondalla*, in: Soler i Amigó, Joan (edd.), *Tradicionari. Enciclopèdia de la Cultura Popular Catalana*, Barcelona, Enciclopèdia Catalana, 2007, 165–202.

Valriu, Caterina, *Paraula viva. Articles sobre literatura oral*, Barcelona/Palma de Mallorca, Publicacions de l'Abadia de Montserrat/Universitat de les Illes Balears, 2008.

Valriu, Caterina, *L'«Aplec de Rondaies Mallorquines d'En Jordi d'es Racó» al segle XXI. Reformulacions, recreacions i reutilitzacions*, Estudis de literatura oral popular 7 (2018), 117–134.

Veiga, Alexandre, *«Co-pretérito» e «irreal»/«imperfecto» o «inactual». El doble valor de la forma «cantaba» en el sistema verbal español y algunos problemas conexos*, Lugo, Axac, 2008.

Weinrich, Harald, *«Tempus». La funzioni dei tempi nel testo*, Boloña, Il Mulino, 1978.

Willett, Thomas, *A cross-linguistic survey of the grammaticalization of evidentiality*, Studies in language 12:1 (1988), 51–97.

Zapata, Teresa, El cuento de hadas, el cuento maravilloso o el cuento de encantamiento. Un recorrido teórico sobre sus características literarias, Cuenca, Ediciones de la Universidad de Castilla-La Mancha, 2007.

María Isabel Hernández Toribio
Publicidad, Twitter y conocimiento compartido: actos de habla expresivos

Abstract: This paper analyzes the role of the expressive speech acts (congratulations, thanks and compliments) occurring in the advertising tweets from some of the most popular cosmetic brands. First, the key aspects that the publicist must take into account in formulating the message —such as the nature of the advertising discourse, the target, and the microblogging network Twitter— are approached from the perspective of common ground (Clark 1996). Second, the particularities of expressive speech acts are revised, paying special attention to its phatic, social function, and focusing on its potential to both express and trigger emotions. Then, the most representative formulas for these speech acts are isolated. Finally, the paper analyzes the way in which these micro-acts are jointed to constitute macro expressive speech acts that recreate an environment of affiliation in order to emotionally persuade their potential customers.

Keywords: expressive speech accts, common ground, advertising, Twitter

1 Introducción

Los tuits de aquellas marcas publicitarias que deciden promocionar su contenido con Twitter Ads recurren a estrategias al servicio de la persuasión emocional con el objetivo de influir en el consumidor (Bathia 2019; Poels/Dewitte 2019). La variable emocional parece incrementar la atención de la audiencia hacia el anuncio, resaltar el atractivo del producto, estimular su recuerdo y, consecuentemente, condicionar la actitud de los consumidores (Hamelin/El Moujahid/Thaichon 2017, 104). Al mismo tiempo que un lenguaje emocional contribuye a potenciar la formación de comunidades en las redes sociales —que actúan como soportes de la comunicación corporativa (Castelló/Del Pino/Ramos 2014, 51; Persson 2017, 1)— y a generar vínculos, un ambiente de afiliación (Zappavigna 2012) favorece que entre los consumidores (o prosumidores) y la marca se establezca «una comunicación interactiva focalizada en el usuario» (cf. Castelló/Del Pino/Ramos 2014, 50).

Este trabajo se inscribe dentro del proyecto de investigación FFI2017-85441-R, financiado por el Ministerio de Economía y Competitividad del Gobierno de España.

https://doi.org/10.1515/9783110711172-005

Si bien las emociones pueden expresarse mediante estrategias de diversa naturaleza (Schwarz-Friesel 2015, 167), entre los recursos lingüísticos se han analizado la entonación, las interjecciones, las palabras afectivas, las metáforas, las implicaturas emocionales o los actos de habla expresivos (Foolen 2016, 470–484; Alba-Juez 2018, 232; Alba-Juez/Mackenzie 2019, 4).[1] También se ha destacado en la bibliografía el papel desempeñado por el humor (cf. Alba-Juez 2018, 232–233) y el *storytelling* —o narración de experiencias— (Foolen 2016, 483).

Centramos esta investigación en el análisis de los actos de habla expresivos registrados en un corpus de Twitter configurado a partir de los tuits promocionados de marcas de cosmética destinadas a la mujer. En concreto, hemos seleccionado felicitaciones, agradecimientos y cumplidos, puesto que estos se convierten en extraordinarias estrategias al servicio de la persuasión emocional en tanto que permiten al emisor publicitario expresar y desencadenar emociones y sentimientos en las destinatarias (y potenciales consumidoras).

2 Marco teórico

2.1 Conocimiento compartido y publicidad

Como se ha puesto de manifiesto en algunos trabajos recientes sobre el discurso publicitario (Bagué Quílez/Rodríguez Rosique 2020; Barrajón López/Lavale-Ortiz 2020; Mancera Rueda 2020), es interesante la noción de conocimiento compartido (*common ground*) (Clark 1996), así como los subtipos de este —*communal, specialized, personal* o *local*— (Clark 2005, 329).

El conocimiento compartido —que Clark (cf. 1996, 93) define como la suma de asunciones, creencias y pensamientos que la gente comparte— es determinante para la configuración, creación e interpretación de los tuits publicitarios que analizamos en este trabajo y, en concreto, de las estrategias pragmáticas que buscan la persuasión emocional. Entre dichas estrategias pragmáticas destacan los actos de habla expresivos, que constituyen el objeto de estas páginas. Vamos a fijarnos en algunos aspectos que resultan especialmente relevantes para su formulación.

---

[1] «In communication, emotions can be expressed on three levels (Schwarz-Friesel 2015, 167): perceptive symptoms as trembling, blushing or turning pale; non-verbal expressions such as facial expressions or gestures like smiling or shrugging; verbally, through intonation, interjections, affective words, expressive speech acts, emotional metaphors, emotional implicatures, etc.» (Alba-Juez 2018, 232).

En primer lugar, los tuits promocionados por las marcas, como cualquier texto publicitario, tienen como objetivo convencer a las destinatarias para que realicen la adquisición del producto o se adhieran a una idea. Esta suposición forma parte del conocimiento que comparten tanto el emisor publicitario como las destinatarias de sus mensajes. Si cualquier enunciado tiene como meta básica originar un conjunto de representaciones en la mente del destinatario —bien la adición de algunas nuevas, o bien la modificación o supresión de las ya existentes (Escandell-Vidal 2015, 93)—, el publicista puede intentar, a través de los textos que elabora, modificar o debilitar algunas representaciones mentales preexistentes en torno a su discurso. En este sentido, puede enmascarar su objetivo final, sustituyendo o alternando argumentos racionales de compra con otros más emocionales (propios, además, de interacciones cotidianas). Cuando lleva a cabo esta labor, el publicista se apoya en el conocimiento compartido, pues explota la información que todos experimentamos, como sensaciones y emociones (cf. Clark 1996, 106), desde las más primarias (positivas, neutras o negativas) hasta otras derivadas (Ekman/Davidson 1994, 46).

En segundo lugar, el emisor publicitario intenta evocar interacciones cotidianas, como una prolongación de las situaciones en las que habitualmente se desenvuelven las destinatarias de los tuits, para conseguir su adhesión emocional. A ello va a contribuir el medio seleccionado, es decir, la red social de *microblogging* Twitter. La función social de Twitter reside en el establecimiento y mantenimiento de relaciones tanto personales como profesionales (Coesemans/De Cock 2017, 40). A través de esta red se establece un tipo de comunicación fática cuya intención es crear vínculos y desencadenar efectos tales como sentimientos de conexión, sociabilidad o pertenencia a un grupo (Menna 2012; Yus Ramos 2018, 161). Como parte del conocimiento compartido entre el emisor y las destinatarias de este tipo de comunicación, está la consideración del medio que sirve de soporte publicitario como un espacio de interacción en el que, aunque sin la copresencia de los interlocutores, se busca la colaboración y la creación de un «ambiente de afiliación» (Zappavigna 2012) que iría más allá de la simple conexión. Se configuran así comunidades de usuarios cuyas interacciones requieren, a su vez, activar un conocimiento compartido, según demuestran algunos mecanismos como los retuits y *hashtags*.

A pesar de la naturaleza asíncrona del tipo de comunicación que instaura Twitter (pues los tuits pueden ser leídos en momentos distintos al de su producción), el publicista pretende evocar interacciones cotidianas, por lo que se ponen en escena una especie de intercambios conversacionales (Honeycutt/Hearring 2009; Zappavigna 2017, 202). Por ello, el conocimiento compartido acerca de las características de dichos intercambios, de su estructura o de las normas sociales por las que se rigen, va a determinar la selección de las estrategias lingüísticas empleadas. Anticipamos que se recurre a fórmulas que evocan el ambiente familiar; o a actos de habla con una función social, como manifestación de cortesía estratégica, normativa o ritual. Por ejemplo, en el corpus analizado son muy frecuentes las felicitaciones como fórmulas de apertura y cierre del tuit (*feliz viernes*), actuando a modo de saludos de apertura y cierre conversacionales (véase el apartado 4.1).

A partir de la función de retuit, Twitter permite construir lo que Boyd, Golden y Lotan (2010, 1) denominan una «ecología conversacional»: se establece una interacción pública que da lugar a que se perciba que existe un conocimiento compartido entre las voces que participan. Asimismo, el *#hashtag*, que permite seguir el tema del tuit (cf. Menna 2012; Page 2012; Mancera Rueda/Pano Alamán 2015), establecer conversaciones, e incluso participar en otras ajenas, promueve un ambiente de afiliación «en referencia a que los usuarios se unan temporalmente a una comunidad compartiendo sus puntos de vista sobre un tema que evoluciona en el tiempo» (Mancera Rueda/Pano Alamán 2013, 65). Se destaca, así, el papel de la experiencia compartida en las redes sociales para incrementar la solidaridad o fomentar el ambiente de afiliación (cf. Zappavigna 2012, 91; Ortner 2015, 314).

En tercer lugar, estamos ante un tipo de discurso persuasivo basado en «estereotipos sociales», es decir, en conjuntos de representaciones que comparten y valoran positivamente los miembros de una determinada cultura (cf. Escandell-Vidal 2015, 118).

Las manifestaciones lingüísticas permiten evocar rasgos estereotípicos del grupo social del que forman parte las destinatarias, potenciales consumidoras de productos de cosmética. En términos de Clark (cf. 1996, 102), podemos considerar ese público objetivo al que se dirige como una *comunidad cultural* construida en torno a prácticas o experiencias comunes, cuyos integrantes comparten creencias, asunciones, hechos culturales, normas de comportamiento, valores o habilidades. Podemos hablar incluso de subgrupos dentro de una comunidad más amplia, que comparten un conocimiento *especializado* (cf. Clark 2015, 329). Por ello, el publicista tiene muy presente qué forma parte del conocimiento compartido *comunitario* del *target* seleccionado, en función de su edad, sexo, aficiones, roles, procedencia, ideología, nivel educacional o maneras de expresión. Como podremos comprobar a través de los actos de habla revisados (en especial, los cumplidos, pero también las felicitaciones y los agradecimientos) (véase el apartado 4), el publicista concede especial atención a que estos evoquen la reivindicación de derechos, el empoderamiento de la mujer, el interés por la diversidad, así como acontecimientos sociales en torno al grupo o movimientos que contribuyen a la reivindicación de su identidad. Pero también se hace eco de otros valores que se han generalizado fuera de la comunidad cultural a la que pertenece este subgrupo: preocupación por la sostenibilidad, el bienestar, etc. E incluso puede reflejar aquellos que traspasan las fronteras de una comunidad cultural: pensemos que, a pesar de que la manera de formular estos actos de habla puede ser diversa en las diferentes lenguas y culturas, se busca la configuración de comunidades internacionales que compartan ciertas actitudes, algo que permiten las redes sociales. En definitiva, el publicista despliega lo que se considera información *inside* y *outside*[2] (cf. Clark 1996, 101), pues forma parte de la comunidad cultural dentro de la que se encuentra el subgrupo al que, a su vez, puede o no pertenecer.

Como hemos anticipado, el emisor publicitario intenta modificar o debilitar algunas representaciones mentales preexistentes sobre su discurso. En el caso concreto de los anuncios de cosmética, no solo sigue articulando sus textos en torno a estereotipos femeninos consolidados, sino que —lo que es más importante aún— incardina sus esfuerzos a alternar estos con otros, pero también a enmascararlos o sustituirlos. Por ejemplo, a pesar de seguir fundamentando sus textos en valores como la belleza física (lo que es objeto de crítica), manifestaciones lingüísticas como los actos de habla expresivos valorativos (cumplidos, elogios, halagos) ponen de manifiesto que esta no se vincula de forma exclusiva al aspecto físico, sino también a actitudes (determinación, seguridad, independencia, capacidad de decisión) y valores morales (responsabilidad, compromiso, honestidad). Del mismo modo, si tenemos en cuenta los roles que se reflejan en los tuits promocionados, comprobaremos que se amplían, de alguna forma, las expectativas que se generan en torno a ellos: «Los roles sociales crean expectativas precisas con respecto a los derechos y obligaciones de los participantes dentro de las diferentes situaciones» (cf. Escandell-Vidal 2015, 76). Por ejemplo, se intenta que las expectativas hacia el rol de madre no solo se circunscriban a la preocupación por su familia, sino también a la atención a su propio bienestar (físico y emocional), lo que, en última instancia, repercutirá positivamente en su entorno familiar.

Es más, el publicista pretende incluso atribuir a la destinataria nuevos roles, como el de amiga, algo a lo que va a contribuir la naturaleza de Twitter como soporte publicitario. Esta circunstancia le permite convertirse en prosumidora a través de los mecanismos de retroalimentación comunicativa que posibilita la citada red social, puesto que tiene la opción de responder al tuit. Por ello, aunque en los tuits promocionados no existe copresencia entre los interlocutores ni relación de familiaridad, la atribución del rol de amiga contribuye a la selección de determinados recursos lingüísticos que facilitan la recreación de un entorno de proximidad y, consecuentemente, intensifican un acercamiento emocional.

---

[2] «Inside information of a community is a particular information that members of the community mutually assume is possessed by members of the community», «outside information of a community is types of information that outsiders assume is inside information for that community» (Clark 1996, 101).

Todos estos aspectos, relacionados con las representaciones en torno al medio que actúa de soporte publicitario, la situación o los participantes en la interacción, van a ser determinantes para la selección —y, sobre todo, para la formulación— de un tipo de actos expresivos cuya función social favorece la creación de espacios de interacción en los que prima la recreación de un ambiente de afiliación. El despliegue de esta estrategia se aleja, al menos en apariencia, del objetivo final del discurso publicitario: la adquisición del producto.

2.2 Actos de habla expresivos y persuasión emocional

Destacamos que un importante subconjunto de conocimiento compartido lo conforman convenciones propias de la lengua o lenguas empleadas en una comunidad (cf. Clark 1996; Clark 2006, 86; cf. Clark 2015, 329). En este sentido, el publicista se basa en el conocimiento de las estrategias pragmáticas que en dicha comunidad permiten a los interlocutores establecer relaciones sociales o manifestar emociones en sus interacciones cotidianas. Por ello, recurre al empleo de actos de habla como felicitaciones, agradecimientos y cumplidos, y, además, los formula de una manera especial en función de las particularidades del discurso publicitario y, en concreto, de la red de *microblogging* Twitter.

2.2.1 Felicitaciones, agradecimientos y cumplidos

Las *felicitaciones* son actos de habla mediante los que el hablante manifiesta alegría por algo bueno o beneficioso que le ha ocurrido al destinatario (Searle 1969, 67; Wierzbicka 1987, 229).

Son actos de convivencia social, cordiales, cuyo objetivo es el establecimiento y mantenimiento de una atmósfera cortés (Leech 1983, 104). Sirven para apoyar o reforzar la imagen positiva del interlocutor (Haverkate 1994, 82; Kerbrat-Orecchioni 2005). En este sentido, se trata de un recurso al servicio de la comunicación fática, cuya intención es crear lazos sociales más que transferir información sustancial. Este acto de habla puede tener lo que Yus Ramos (2018, 163), en su estudio sobre la comunicación en Internet, considera un efecto fático en términos de sentimientos de conexión, unión, sociabilidad o afiliación al grupo.

Incluso si el hablante no es sincero y sus sentimientos no son verdaderos, los emplea, de todos modos, con el objetivo de satisfacer una expectativa social (Isaacs/Clark 1990; Dastjerd/Nasri 2012, 97); es decir, funcionan como felicitaciones aparentes (*ostensible congratulations*). Puede tratarse de la manifestación de un tipo de cortesía normativa, derivada de una norma social de comportamiento (Albelda/Briz 2010, 238); esto es, el acto se realiza como norma de buena conducta, por lo que su incumplimiento podría perjudicar la imagen de los interlocutores. En este caso, formaría parte del conjunto de actos rituales, casi obligados, inherentes a determinadas situaciones.

El papel que la felicitación puede desempeñar en la persuasión emocional queda patente por la propia esencia de este acto de habla, cuyas condiciones de sinceridad se explicitan como: «Speaker is pleased at event» y «counts as an expression of pleasure at event» (cf. Searle 1969, 67). Por tanto, este gesto cordial, que fortalece los lazos entre los individuos y hace la vida más agradable, y que permite al hablante compartir la experiencia y los sentimientos con el destinatario (Makri-Tsilipakou 2001, 142, 286; cf. Zappavigna 2017, 202), se emplea en la publicidad no solo para mostrar los sentimientos del emisor, sino, sobre todo, para desencadenar emociones en el destinatario.

Los *agradecimientos*, que son actos reactivos que lleva a cabo el hablante basándose en una acción previa realizada por el oyente (Searle 1969, 67), tienen igualmente una importante función social (Norrick 1978, 285; Eisenstein y Bodman 1993, 64). Como las felicitaciones, son también actos convivenciales (cf. Leech 1983, 104), que permiten establecer cordialidad entre los interlocutores, contribuir al desarrollo armonioso de las relaciones sociales entre los miembros de una comunidad, reestablecer el equilibrio de la relación coste-beneficio entre hablante y oyente, o reforzar la imagen positiva del hablante (cf. Haverkate 1994, 82, 93).

Los agradecimientos permiten expresar emociones, así como generar sentimientos de afecto y solidaridad entre los interlocutores. El hablante siente algo positivo por lo que ha realizado el oyente y quiere comunicarle ese sentimiento (cf. Wierzbicka 1987, 229; cf. Eisenstein/Bodman 1993, 64). En este sentido, involucra la emoción básica de la alegría, pero también otra más compleja de gratitud (Guiraud, et al. 2011, 1036–1037; Maíz Arévalo 2017, 15). Incluso los agradecimientos insinceros requieren una simulación de buenos sentimientos hacia el oyente (Wierzbicka 1987, 215). Esto es así aunque se trate de un acto ritual en el que no resulte relevante la sinceridad. Norrick (1978, 285) señala que es generalmente el más formulaico y menos sincero de los actos expresivos. De Pablos (2011, 2411–2412), en su análisis sobre el agradecimiento en español, distingue que este puede ser considerado como norma social y como estrategia conversacional; pero, en cualquier caso, permite mantener relaciones cordiales entre los interlocutores.

Los *cumplidos* son actos valorativos que explícita o implícitamente atribuyen cualidades positivas al interlocutor (Holmes 1988, 446). Como los agradecimientos y las felicitaciones, tienen una función social que exhibe marcas de solidaridad (Wolfson 1983, 86; Herbert 1988, 23; Lewandowska-Tomaszczyc 1988, 75; Jaworski 1995, 63). En este sentido, constituyen también fórmulas de comunicación fática

(Ruhi/Dogan 2001, 351–353; Alfonzetti 2013, 568). Su función primaria es, por tanto, más afectiva y social que referencial. Estamos ante un acto de habla más integrador que distanciador (Jaworski 1995, 63), que permite crear un ambiente de amabilidad y reforzar la imagen positiva del destinatario. Por ello, se suele considerar como un vehículo de expresión de la cortesía positiva, una estrategia de afiliación tanto de la imagen del destinatario como de la del emisor. Es un *Face-Flattering Act* (FFA) (Kerbrat-Orecchioni 1996), un *Face-Enhancing Act* (Sifianou 2001, 398) —es decir, un acto de refuerzo de la imagen—.

El cumplido puede oscilar desde una valoración espontánea y desinteresada hasta una estrategia de cortesía mitigadora cuyo objetivo es reparar los daños producidos a la imagen del interlocutor. Los cumplidos pueden atenuar las críticas, favorecer el comportamiento deseado del oyente, transmitir el deseo de tener las posesiones del otro, intentar congraciarse con el interlocutor, e incluso burlarse de él (Wolfson 1983, 87–89; Brown/Levinson 1987, 103; Jaworski 1995, 76, 86). No olvidemos que el cumplido puede ser la manifestación de un acto de cortesía normativa, dentro de la categoría de los que se consideran *ceremonious, seasonal compliments* (Jucker 2009, 1613–1614), *routine, more or less automatic* (Sifianou 2001, 410), *politic or appropriate compliments* (Locher/Watts 2005, 12), o actos de cortesía valorizante ritualizada (Barros García 2011, 258).

Por tanto, los cumplidos también permiten generar ciertas emociones como fines estratégicos en las interacciones cotidianas (Ruhi 2006, 74; Kienpointner 2008, 35; Jacob/Guéguen 2014, 59). El hablante expresa admiración hacia el destinatario, que es evaluado positivamente por algo (aspecto físico, personalidad, actuación, posesiones) (Alfonzetti 2013, 555; Herbert 1988, 28).

2.2.2 Actos expresivos como macroactos de habla

Los actos de habla expresivos reseñados pueden, a pesar de sus divergencias, resultar intercambiables en determinados contextos. También se recurre a ellos no de forma aislada, sino constituyendo «speech acts set» o macroactos de habla, ya que comparten lo que Jucker y Taavisainen (2000, 68) han denominado «un espacio pragmático multidimensional» en el que pueden ser analizados en relación con otros próximos.

Por ejemplo, cumplidos y elogios pueden, en determinadas situaciones, constituir estrategias de felicitación (Elwood 2004, 358–359), desdibujándose la distinción entre actos que parecen mostrar un estrecho vínculo (Norrick 1978, 286; Herbert 1988, 24; Haverkate 1994, 91; Jaworski 1995, 78; Makri-Tsilipakou 2001, 143). De hecho, se hace referencia a la flexibilidad del cumplido para ser utilizado como dispositivo de refuerzo junto a otros actos de habla como agradecimientos, felicitaciones o saludos (Sifianou 2001, 393; cf. Alfonzetti 2013, 568). El cumplido puede preparar el terreno (cf. Lewandowska-Tomaszczyk 1988, 75) y convertirse en un movimiento de apoyo para el acto central de la felicitación, especificando e intensificando la admiración que siente el hablante (Norrick 1980, 296-297). Es más, puede constituir, de forma aislada, una felicitación implícita (es decir, aquella en la que no aparece el indicador de fuerza ilocutiva, ya que se lleva a cabo mediante otros actos de habla).

Lo mismo sucede entre cumplidos y agradecimientos (Unceta Gómez 2016, 282), pues resulta habitual que los primeros formen parte de las expresiones de gratitud (cf. Wolfson 1983, 88). Junto al indicador de fuerza ilocutiva (*gracias*) se emplean estrategias para expresar aprecio y demostrar sentimientos positivos (Elwood 2013, 4). Es más, el agradecimiento, al expresar gratitud por un hecho pasado realizado por el oyente, también puede ser un cumplido o un halago (cf. Norrick 1978, 285).

En consecuencia, la recurrencia a agradecimientos, felicitaciones y cumplidos —que conforman en los tuits promocionados macroactos de habla o *speech act set* (Murphy/Joyce 1996)— no resulta extraña, dado que comparten algunas características en tanto que actos de habla expresivos. Todos ellos manifiestan el estado psicológico especificado en la condición de sinceridad sobre un estado de cosas especificado en el contenido proposicional (Searle 1969, 15).

Este tipo de actos de habla forman parte del conocimiento compartido entre el emisor publicitario y las destinatarias de los tuits promocionados. Dada su función social, como fórmulas de un lenguaje evaluativo cuyo objetivo es el intercambio interpersonal de sentimientos (Zappavigna 2015), pueden convertirse en las estrategias idóneas para recrear el ambiente de afiliación. Se trata, pues, de un ambiente propicio para facilitar la persuasión en una cultura, como la española, que muestra una clara orientación hacia la denominada cortesía positiva o valorizadora y la solidaridad. Precisamente, la pertenencia a una comunidad cultural, o a un subgrupo dentro de esta, va a determinar la formulación de los diversos actos de habla.

3 Metodología y corpus de análisis

Para esbozar las diferentes fórmulas bajo las que se presentan los actos expresivos analizados, hemos seleccionado 325 tuits del corpus *Twitterling* en los que se registran agradecimientos, felicitaciones y cumplidos.

El corpus se ha configurado con tuits promocionados en las cuentas de 18 marcas de cosmética femenina destinadas a mujeres adultas (aunque algunas de estas marcas tienen líneas dirigidas a las jóvenes y al consumidor masculino), que abarcan desde diciembre de 2018 hasta marzo de 2020. Se pretendía que hubiera tuits de, al menos, un año completo, puesto que, como hemos podido comprobar, los actos de habla expresivos son especialmente representativos en determinadas coyunturas.

La recogida se ha llevado a cabo a partir de las cuentas de las propias marcas, que permiten acceso público a sus tuits promocionados. También, para la localización de algunas tendencias, se ha recurrido a la opción de «búsqueda avanzada» que permite Twitter para recopilar tuits pasados.

El análisis cualitativo de los tuits seleccionados ha contado con el apoyo de un análisis cuantitativo que nos ha permitido: a) cuantificar los tipos de actos de habla expresivos (agradecimientos, felicitaciones) y valorativos (cumplidos, elogios, autohalagos), así como sus formas de expresión; b) constatar si estos se presentan como actos simples, múltiples, o como macroactos de habla.

4 Análisis y resultados

De los 325 tuits seleccionados, incluimos 146 en la categoría de felicitaciones, 131 en la de cumplidos y 48 en la de agradecimientos, lo que pone de manifiesto la preferencia por los dos primeros tipos de actos expresivos —algo que, como comprobaremos a continuación, está justificado por las características de cada uno de ellos—.

4.1 Felicitaciones

Aunque las fórmulas para llevar a cabo una felicitación son diversas[3] en las diferentes lenguas, en nuestro corpus constatamos una preferencia exclusiva por las que denominamos *felicitaciones explícitas*, es decir, aquellas que se realizan de forma directa mediante el indicador de fuerza ilocutiva correspondiente: expresiones formularias como *feliz, felicidades* o *enhorabuena*.

---

[3] «1. Illocutionary force indicating device (IFID); 2. Expressions of happiness (a. Expressions of personal happiness; b. Statements assessing the situation positively); 3. Request for information (a. Specific questions; b. General request for information); 4. Expression of validation (a. Statements indicating the situation was warranted; b. Praise; c. Statements of prior certainly)» (Elwood 2004, 358–359).

(1) LIERAC ESPAÑA @LIERAC_ESP . 14 feb. 2019
¡Enamórate con #Lierac! Y celebra el amor con nuestros tratamientos ¡Feliz #SanValentin! #MiPoderLierac
FELIZ SAN VALENTÍN
LABORATOIRES LIERAC PARIS

Como en el ejemplo (1), estas felicitaciones se producen, casi de forma exclusiva, en coyunturas determinadas, como celebraciones que forman parte del conocimiento compartido comunitario del emisor publicitario y las destinatarias del tuit (Día de la Madre, Día del Padre, Año Nuevo, Navidad, San Valentín, Día Internacional de la Mujer...). En este sentido, resulta determinante el conocimiento vinculado a la comunidad cultural.

No obstante, la búsqueda de nuevas estrategias de persuasión impulsa la creación no solo de nuevas acuñaciones, sino incluso la instauración de nuevas efemérides, creadas por la propia marca (*Feliz primavera, Feliz día del beso*...).

En cualquier caso, la felicitación permite mostrar alegría no por algo bueno o beneficioso que le haya sucedido a la destinataria, sino por un acontecimiento especial que le puede afectar positivamente. La felicitación es una categoría amplia que abarca situaciones que no solo son producto de una actividad humana, como, por ejemplo, cumplir años; también se puede referir a situaciones en cuya realización el interlocutor ha participado activa o pasivamente (Haverkate 1994, 92).

Por otra parte, estas fórmulas con función fática, que permiten establecer y mantener relaciones sociales entre los interlocutores (véase el apartado 2.2.1), cumplen un papel importante a la hora de recrear interacciones cotidianas en los tuits. Como anticipábamos, a pesar de la naturaleza asíncrona de esta comunicación publicitaria en Twitter, asistimos a una especie de intercambios conversacionales. Por ello, estas fórmulas rutinarias pueden convertirse en estrategias de apertura y cierre del intercambio conversacional que se simula establecer con las destinatarias, quienes, a su vez, tienen la posibilidad de responder. Como apuntábamos también (véase el apartado 2.2.2), las fronteras entre los actos de habla expresivos pueden desdibujarse: en este sentido, las felicitaciones pueden desempeñar el papel propio de otros actos de habla, como los saludos y las despedidas. Lo habitual es que actúen como mecanismos de apertura (2) del tuit, aunque también se registran ejemplos de cierre (3).

(2) Biotherm_es @ Biotherm_es. 5 ene. 2020
¡Feliz viernes! Recuerda que seguimos con descuentos ¡No te quedes sin ellos! #BiothermLovers #ExperienceBiotherm

(3) L'OCCITANE @L'OCCITANE_ES . 24 mar. 2019
Lo sabemos, mañana es #lunes, ¡pero no dejaremos que esto nos quite el #sueño!

¿Cómo? Esta #noche vaporizaremos sobre la almohada la #BrumaAlmohadaRelajante; sus delicadas notas ayudarán a crear un ambiente fresco y relajado... ¡Felices sueños!

Interpretamos también estos ejemplos como manifestación de *buenos deseos*. De hecho, la expresión de buenos deseos es una forma especial de felicitación. Es un acto de habla cortés valorizador que refuerza la imagen de afiliación de los interlocutores y actúa como marcador de solidaridad entre ellos (Barros García 2011, 509). Los integrantes de un grupo social reafirman «su pertenencia a la misma comunidad discursiva y su adhesión al mismo sistema de valores éticos y de códigos de conducta» (Dumitrescu 2004, 267). Estas autoras destacan la relación entre deseos y saludos, puesto que las expresiones de buenos deseos pueden funcionar como aperturas o precierres conversacionales.

Aunque algo más minoritaria, otra de las fórmulas para realizar la felicitación es la utilización del verbo performativo *desear*, propio de la expresión de buenos deseos.

(4) LIERAC ESPAÑA @LIERAC_ES .31 dic. 2019
Termina el 2019 para darle paso al 2020, en el blog de hoy, te dejamos un resumen de los lanzamientos #Lierac de este año, ¡ya estamos preparados para dar la bienvenida a más con el nuevo año! #MiPoderLierac
LIERAC TE DESEA FELIZ 2020

También se recurre, aunque en menor medida, a *enhorabuena*, forma reservada solo para aquellos tuits promocionados en los que se felicita directamente a un interlocutor (que bien puede ser un grupo) por algo bueno o beneficioso que le ha sucedido. Entre el emisor publicitario y el destinatario de la felicitación se activa un conocimiento compartido más restringido, local o personal (Clark 2015, 329), es decir, vinculado a un único intercambio comunicativo o a una experiencia personal con el interlocutor. Lo interesante es que el representante de la marca hace pública en su cuenta de Twitter promocionada esa felicitación particular, dirigida a un colectivo o a un personaje (anónimo o conocido), porque, en última instancia, pretende que constituya un estereotipo con el que se identifiquen las destinatarias del tuit. Por ello, ha de hacer explícita la información que les permita a las destinatarias interpretar esa interacción particular: el objeto de la felicitación (una acción ejemplar o simplemente positiva) y a quién va dirigida.

(5) Germaine DeCapuccini @Germaine_Esp. 3 dic. 2019
Estamos encantados de anunciar que Tamara, CEO de Perle d'Eau, ha ganado junto a su equipo el reconocimiento "Salón de Belleza del Año 2020 entregado por #sspvjj. ¡Enhorabuena de parte de todo el equipo de Germaine!

Por otra parte, a la hora de analizar las felicitaciones es relevante tener en cuenta si estas se presentan como actos *simples*, *múltiples* o *macroactos* de habla —es decir, si están formadas, respectivamente, por un único *acto central* de felicitación, por varios, e incluso por la concurrencia con otros actos expresivos que actúan como *movimientos de apoyo* (Blum-Kulka/House/Kasper 1989)—.

De los 146 tuits que incluimos en la categoría de este tipo de acto de habla expresivo, el *acto central* de felicitación es *simple* en el 43,15% de los casos.

(6) Germaine DeCapuccini @Germaine_Esp . 16 feb. 2019
¡Feliz Sábado!
Nos encantan los zumos de naranja para las mañanas, pero…
¿Sabes que la #VitaminaC tiene multitud de beneficios para tu #piel?
#timeexpert #livingcoral #beauty #Febrero #PonteGuapa

Pero también, en un 16,43% de los ejemplos, convergen diversos actos centrales de felicitación: bien se reduplica el mismo (7), o bien se alternan diversas fórmulas (8). En este sentido, podemos hablar de actos *múltiples*, que suelen estar dispuestos de manera contigua (7), en el inicio y cierre del tuit (8), e incluso en el texto del tuit y en el de la imagen que se inserta en él (9).

(7) Shiseido España @Shiseido_Es . 1 ene. 2020
AKEMASHITE OMEDETO GOZAIMAS! ¡FELIZ AÑO NUEVO!
Shiseido te desea un año nuevo cargado de fortaleza, salud y belleza.

(8) ¡Feliz 2020! Este año cumplirás todos tus propósitos! #Lierac#MipoderLierac
LIERAC TE DESEA FELIZ 2020

(9) L'Oréal Paris España ✓ @lorealparis_es · 19 de març de 2019
Porque tu padre también lo vale, ¡no olvides felicitarlo!

#FelizDiaDelPadre

Constatamos que a veces se produce una elipsis del indicador de fuerza ilocutiva de felicitación, lo que sucede cuando se trata de un *#hashtag*, dadas las limitaciones que presenta esta forma. No obstante, podemos considerarlo como reduplicación del acto de felicitación en ejemplos como (10):

> (10) LIERAC ESPAÑA @LIERAC_ESP . 8 mar. 2019
> En #Lierac queremos rendir un homenaje a todas las mujeres ¡Feliz Día Internacional de la Mujer!
> #MiPoderLierac #SM #DíaDeLaMujer
> FELIZ DÍA DE LA MUJER
> 8 de marzo

Hablamos de *macroactos* de felicitación (que registramos en el 40,41% de los tuits) cuando convergen, junto al indicador de fuerza ilocutiva, distintos actos expresivos como cumplidos o agradecimientos:

En el ejemplo (11), el tuit es un macroacto de felicitación como determina el contexto, ya que se produce en una coyuntura especial: la celebración del Día de la Madre. Por ello, esos otros actos expresivos pueden considerarse movimientos de apoyo, modificadores externos del acto central de felicitación.

Respecto al agradecimiento («Gracias por inspirarnos»), se convierte, a su vez, en una especie de cumplido, corroborando que los límites entre los actos expresivos analizados a veces se diluyen. De hecho, el objeto del agradecimiento es valorativo, elogioso («por inspirarnos»). Es más, en el texto de la imagen que se inserta en el tuit, aparece un cumplido («nos inspiráis a todas»).

La reduplicación del acto central de felicitación en los actos múltiples o la recurrencia a cumplidos, elogios o agradecimientos como movimientos de apoyo constituyen mecanismos de intensificación, que permiten enfatizarlo y reforzarlo. Pero también se recurre a otros procedimientos propios de este discurso multimodal (emoticonos e imágenes) con la misma finalidad.

(12)  **Lancôme España**
@LancomeNews

💕 ¡Feliz Día de la Madre! 💕
¿Recuerdas cuál fue el primer producto de belleza que te compró?
bit.ly/2vobjZa
#lancomespain #diadelamadre #mamalancome

Además, son habituales las mayúsculas, como fórmulas de transcripción del acento enfático, o la reduplicación de los signos de exclamación de la oración, puesto que en los tuits se emplean recursos propios de la interacción oral cara a cara. Precisamente, una de las características de las redes sociales es su hibricidad, ya que insertan rasgos de comunicación oral (mayoritariamente, de registro informal) en una forma escrita (Maíz Arévalo/García Gómez 2013), dando lugar a lo que se ha descrito como un «discurso escrito interactivo» (Ferrara/Brunner/Whittemore 1991, 8). No podemos dejar de lado tampoco los procedimientos de modificación interna del acto central de felicitación, como ejemplifica el cuantificador *muchas*. Todos estos recursos permiten recrear el clima de entusiasmo que se genera por algo bueno o beneficioso que le ha ocurrido a la destinataria o por una celebración determinada.

4.2 Agradecimientos

Aunque los procedimientos para realizar un agradecimiento son diversos en español,[4] *gracias* es la forma mayoritaria en los tuits analizados. Como anticipába-

---

[4] Sobre el estudio de los agradecimientos en español, véanse entre otros, el estudio de De Pablos-Ortega (2011) o el análisis contrastivo de los agradecimientos en español y chino (Yu Liu 2015, 133–171).

mos (véase el apartado 2.2.2), se ha señalado que es generalmente el acto más formulaico de los actos expresivos. Registramos también, aunque no sea lo habitual, algunos casos en los que se recurre al verbo performativo *agradecer*.

> (13) Natura Bissé @naturabisse_es . 3 may. 2019
> Tres generaciones de la familia fundadora celebrando los 40 años de la marca en el primer spa #NaturaBisse del mundo. ¡Gracias a todos por acompañarnos un día tan especial! #NaturaBisse40

> (14) Skeyndor @Skeyndor . 9 abr. 2019
> Ayer presentamos nuestras novedades corporales para la temporada. ¡Gracias por compartir con nosotros un gran día en Skeyndor Academy!

Por otra parte, el agradecimiento puede realizarse en diferentes situaciones: para aceptar o rechazar ofrecimientos e invitaciones, por recibir bienes (materiales o inmateriales), como reacción a la realización de acciones o como un ritual de saludo (De Pablos-Ortega 2011; Yu Liu 2015, 159–169).

Lo habitual en el corpus de análisis es que se agradezca a un interlocutor (individual o colectivo, anónimo o conocido) por la acción que ha llevado a cabo. Se trata de acciones que presuponen un comportamiento ejemplar, digno de ser admirado por la comunidad de usuarias a las que, en última instancia, va destinado el tuit, como se hace explícito en el objeto del agradecimiento («por todo lo que están haciendo en estos momentos», «por contribuir a la lucha para salvar nuestros océanos», «por vuestra colaboración», «por acompañarnos», «por vuestra atención y complicidad»).

En algunos casos, las lectoras de los tuits sí son las destinatarias directas de los agradecimientos, pero en otros no, algo que queda patente al hacer referencia explícita a dichos destinatarios mediante un sintagma preposicional o un vocativo (que, en ocasiones, se presenta bajo la forma de *#hashtag*): «muchas gracias a todos los farmacéuticos», «a todo el personal sanitario», «gracias papá». En cualquier caso, el emisor publicitario está intentando generar representaciones en la mente de las destinatarias, en función de un conocimiento compartido en tanto que integrantes de una determinada comunidad cultural: un conocimiento del que forman parte comportamientos éticos, acontecimientos puntuales, efemérides... Por ejemplo, así se observa en los agradecimientos por la extraordinaria labor realizada por los sanitarios ante la pandemia de la COVID-19 (15), o por el trabajo del voluntariado en acciones de sostenibilidad medioambiental (16):

> (15) LIERAC ESPAÑA @LIERAC_ESP . 13 mar. 2020
> Desde Lierac queremos agradecer a todo el personal sanitario su entrega y dedicación en estos días tan difíciles [...]

(16) Biotherm_es @Biorherm_ 18 jun. 2019
Así fue nuestra limpieza de playas el Día Mundial de los Océanos. Gracias al equipo de Biotherm y a todos los voluntarios por venir y contribuir a la lucha por salvar nuestros mares y océanos. Porque solo depende de nosotros. [...]

El objeto del agradecimiento suele hacerse explícito en las interacciones cotidianas en las que existe copresencia de los interlocutores, aunque podría interpretarse por el contexto, puesto que el emisor lleva a cabo este acto de habla basándose en una acción previa realizada por el oyente. Por ello, resulta mucho más necesario en los tuits promocionados, en general, y en los tuits destinados a grupos más restringidos, en particular. Entre el emisor de la marca y el destinatario del agradecimiento (un individuo, grupo o colectivo) se activa un conocimiento más restringido —es decir, local o personal, y no comunitario, vinculado a una experiencia compartida entre ambos—. El conocimiento compartido personal (basado en experiencias perceptivas y en acciones conjuntas) distingue a los amigos de los extraños, frente al conocimiento compartido comunitario, que define comunidades culturales (Clark 1996, 114–115). Una vez más, como sucedía con las felicitaciones, si la marca hace públicos en su cuenta este tipo de tuits es porque, de alguna manera, están relacionados con la actividad que lleva a cabo o patrocina.

(17) Lancôme España @LancomeNews · 12 de des. de 2019
❤️¡Happiness is Here!❤️ El pasado 3 de diciembre vivimos momentos mágicos en la cena de Navidad de Lancôme 2019 en el Casino de Madrid. Podéis descubrir más en nuestro Instagram: beautyexpertlancome ✨ Muchas gracias a todos los que vinisteis a celebrar la felicidad con nosotros ✨

La conveniencia de incluir estos actos de agradecimiento que no van destinados directamente a las destinatarias del tuit promocionado reside en su naturaleza de estrategias cordiales, con una función social fática, que permiten acrecentar el sentido de comunidad entre las usuarias y la marca. Se quiere potenciar la recreación de un clima de afiliación.

De los 48 tuits registrados que se articulan en torno a un agradecimiento, en el 93,75% se formulan mayoritariamente como actos simples —es decir, con un único acto central de felicitación—, aunque también se registran actos múltiples (6,25%).

(18) Mary Kay España @marykayespana. 27 ene. 2020
¡Gracias a todas por participar!

(19) LIERAC ESPAÑA @LIERAC_ESP. 22 mar. 2020
¡Muchas gracias! Ahora y siempre (CORAZÓN ROJO)
Muchas gracias a todos los farmacéuticos que nos cuidan y aconsejan cuando más lo necesitamos.

A su vez, el agradecimiento converge con otros actos, como felicitaciones y cumplidos. Sin embargo, no hablamos, en esta ocasión, de macroactos de agradecimiento, puesto que hemos constatado que el agradecimiento se convierte más bien en un movimiento de apoyo del acto central de felicitación. Es más, constituye incluso una especie de cumplido. Como hemos podido observar a través de los ejemplos propuestos, el objeto del agradecimiento suele ser elogioso.

(20) LIERAC ESPAÑA @LIERAC_ESP . 19 mar.
Y tú, ¿por qué le das las gracias en este día tan especial? Os leemos en comentarios (♥) #FelizDíaDelPadre #Lierac #MiPoderLierac
LABORATOIRES LIERAC PARIS
Gracias, Papá, porque sé que existiendo tú, la vida es un lugar seguro.
Por enseñarme a aceptar las adversidades y a valorar los buenos momentos.
Y mostrarme que la vida es un reto, un desafío y un regalo...

(21) Maybelline NY España @Maybelline_es .6 may. 2018
Gracias por inspirarnos, #MaybellineMums.
¡Feliz #DíaDeLaMadre!
No existen tutoriales para ser madre. Cada una es diferente

Al formular el agradecimiento se recurre a las mismas estrategias de intensificación que para realizar la felicitación. Estas estrategias permiten recrear el clima emocional de entusiasmo o alegría: los emoticonos, el empleo de mayúsculas como fórmulas de transcripción del acento enfático propio de las interacciones orales, la reduplicación de los signos de exclamación de la oración o procedimientos de modificación interna del acto central de agradecimiento como la utilización del adverbio *muchas* (intensificado incluso: *muchísimas*).

4.3 Cumplidos

En los anuncios destinados a la mujer, los actos valorativos —como el elogio de las cualidades, habilidades, personalidad o pertenencias del interlocutor— adquieren un papel relevante y se convierten en extraordinarias estrategias al servicio de la persuasión emocional, como correlato de lo que parece suceder en las interacciones cotidianas (Hernández Toribio 2016, 160–161).

Estos actos pueden presentarse bajo la forma de cumplidos *directos* o *explícitos* e *indirectos o implícitos* (Holmes 1995, 117; Jaworski 1995, 64; Boyle 2000, 18; Maíz-Arévalo 2012).

Los cumplidos *directos* o *explícitos* son aquellos en los que se hace referencia explícitamente a los aspectos valorados, por lo que no necesitan de un proceso inferencial para su interpretación. No obstante, aunque puedan ser reconocidos fuera de contexto, este procedimiento permite interpretarlos como actos valorativos y no, por ejemplo, en sentido irónico o humorístico.

(22) L'Oréal Paris España @lorealparis_es .22 oct. 2019
Hoy empezamos el día rompiendo barreras. ¿Os podéis imaginar quién nos acompaña? #No hay barreras #PorqueTuLoVales

También se recurre a los que denominamos *cumplidos encubiertos* (Hernández Toribio 2016, 8–9), que consideramos como un tipo de cumplidos indirectos. En ellos, además de hacerse explícita una valoración, el verdadero cumplido se activa a partir de algunas fórmulas que permiten presuponerlo. En el ejemplo (23), la utilización del lexema *sublimar* ('engrandecer, exaltar, ensalzar, elevar a un grado superior', RAE) induce a presuponer que la destinataria ya poseía un estado positivo previo digno de admiración que la marca va a contribuir a potenciar.

(23) Shiseido España @Shiseido_ES . 24 sept. 2019
Future Solution LX Legendary Enmei Ultimate Luminance Serum: el paso de tu rutina de tratamiento para sublimar tu belleza única con el espíritu de Japón.

Muy habituales también son los elogios. Como se ha puesto de manifiesto en la bibliografía (Jucker 2009, 1612, cf. Lewandowska-Tomaszczyk 1988, 74), si los cumplidos son estrategias de alabanza dirigidas directamente a un interlocutor, a un tú (aunque se manifiesten mediante fórmulas directas o indirectas), los elogios se realizan a terceras personas. No obstante, el tuit se dirige a grupos que incluyen desde la totalidad de las mujeres hasta subgrupos más restringidos, pero igualmente amplios.

(24) Alqvimia @alqvimia . 4 may. 2019
Una #madre se merece todo. (♥)
Hasta el 7 de mayo tenemos un 15% de descuento en #Productos, #Tratamientos y #Rituales a base de Rosa Búlgara. Encuentra el regalo perfecto en nuestra tienda online

(25) Alqvimia @alqvimia . 11 oct. 2019
10 años de investigación para elaborar el NUEVO lanzamiento de ALQVIMIA, Sensuality Aceite íntimo. @idililizcanMnos cuenta los secretos de esta mezcla magistral para despertar el #empoderamiento de la #mujer en el #WomenEvolutionBCN de @WOMENBCN >

El elogio puede realizarse a personajes conocidos que la marca convierte en estereotipos con los que se pretende que las destinatarias se sientan, en última instancia, identificadas.

> (26) Lancôme España @LancomeNews . 21 oct. 2019
> Ya es oficial...¡Amanda Seyfried es nuestra embajadora! Estamos deseando comenzar este viaje tan maravilloso junto a una mujer talentosa, positiva y llena de luz, una auténtica mujer Lancôme.

En boca de personajes conocidos se formulan *autohalagos* mediante los que reivindican no solo su imagen (dentro de una actividad de *autoimagen* como personas comprometidas), sino también la del colectivo al que representan. Por ello, cada vez es más frecuente que se formulen explícitamente en primera persona del plural. Así, el eslogan «porque tú lo vales» alterna con «porque todas/todos lo valemos», acorde con un sentido de comunidad en el que se comparten experiencias y emociones.

> (27) L'Oreal Paris España @l'orealparis_es .31 ene. 2020
> Ya estamos listos para disfrutar del Desfile #MiEdadPerfecta. El primer desfile silver de la historia que homenajea a toda una generación.
> #MBFWMadrid #PORQUETODOSLOVALEMOS

> (28) Lancôme España @LancomeNews. 20 ene.
> JUNTAS SOMOS IMPARABLES

En último lugar, dejamos constancia de cumplidos *impersonales*, es decir, aquellos formulados a través de la tercera persona descriptiva y no en segunda persona apelativa, que consideramos cumplidos indirectos, recuperados a partir de un proceso inferencial. Se suelen formular mediante estructuras atributivas en las que se igualan dos elementos abstractos (belleza=actitud). Si en una conversación cotidiana, la afirmación «la edad perfecta es ahora» puede ser considerada como un cumplido que un interlocutor formula a otro con la intención de que este interprete «tienes la edad perfecta», lo mismo sucede cuando se formula en la publicidad (29), (30).

> (29) Alqvimia @alqvimia . 15 jul. 2019
> "La #belleza no es algo aislado, es una transformación integral basada en la #salud y el #bienestar, en la búsqueda del #equilibrio, la armonía y la espiritualidad que trasciende y se refleja en la belleza exterior. @idililizcano, Fundador de #Alqvimia

Esta breve muestra de los diferentes tipos de actos valorativos que se registran en los tuits (cumplidos, elogios, autohalagos) permite poner de manifiesto, posiblemente mejor que cualquiera de los actos expresivos analizados, algunas de las apreciaciones realizadas (véase el apartado 2.1). Si el publicista intenta generar un conjunto de representaciones en la mente de las destinatarias, pero también modificar o debilitar algunas ya existentes en torno a su discurso, los actos valorativos evocan, cada vez en mayor medida, los valores culturales y sociales vigentes dentro de la comunidad cultural a la que pertenecen. De ahí que cuando en los propios anuncios de cosmética, cuya razón de ser está relacionada con el aspecto físico, se sustituyen los argumentos racionales de compra por otros más emocionales, se esté enmascarando, de alguna forma, la preocupación exclusiva por la belleza física. Como hemos podido comprobar a través de los ejemplos propuestos, si se hace referencia a ella, se vincula a valores y reivindicaciones de más amplio alcance compartidos por la comunidad cultural —o algunos de los subgrupos de esta— a la que pertenecen las destinatarias.

Como en los agradecimientos y felicitaciones, los 131 tuits articulados en torno a este acto valorativo se pueden presentar como actos simples (56,48%) o múltiples (43,51%). No cuantificamos aquí aquellos que se convierten en movimientos de apoyo del acto central de felicitación (véase el apartado 4.1).

(30) L'Oreal Paris España @lorealparis_es . 22 oct. 2019
"La belleza es diversa y plural". Así comienza la presentación del nuevo AccordParfait #NoHayBarreras #PorqueTuLoVales

(31) Oriflame España @OriflameEs . 20 oct. 2016
Deja la vergüenza a un lado. Tú eres tú y nadie más. No hay nada como ser tú misma en cada momento del día. #myDestinity #beunique

La convergencia de varios actos valorativos en el tuit se convierte en un procedimiento de intensificación, junto con otros recursos como el empleo de emoticonos, dibujos o imágenes. Cabe señalar que en ocasiones estos actos se presentan bajo la forma de *#hashtag*, que, en tanto que tópico de un tuit, es indicador de su importancia para una comunidad de usuarios.

5 Conclusiones

El publicista tiene muy presente el conocimiento compartido por una comunidad cultural, así como los subgrupos que se establecen dentro de esta, ya que esta circunstancia va a ser determinante para la producción e interpretación de sus mensajes. Por ello, recurre especialmente a las estrategias pragmáticas empleadas en las interacciones cotidianas para lograr el establecimiento y mantenimiento de relaciones sociales entre los interlocutores. En este sentido, aprovecha, con un carácter instrumental, la función social fática que poseen los actos de habla expresivos analizados (felicitaciones, agradecimientos y cumplidos) y su potencial para manifestar y desencadenar emociones que permitan la recreación de un ambiente de afiliación. Precisamente, su objetivo es potenciar, en la comunidad virtual que se pretende configurar en torno a una marca, el clima emocional adecuado que facilite la persuasión —el propósito final del discurso publicitario—.

Por otra parte, para acrecentar la efectividad de las estrategias pragmáticas empleadas, el publicista tiene en cuenta no solo el conocimiento de las convenciones de la lengua y sus normas, sino también el de los valores, actitudes, reivindicaciones (o cuantos aspectos resulten relevantes para la configuración de la identidad del grupo) que forman parte del conocimiento compartido por la comunidad cultural a la que pertenecen las destinatarias. Por ello, llega incluso a intentar modificar o debilitar algunas representaciones preexistentes acerca de los valores en los que tradicionalmente se ha apoyado su discurso. De todo ello se hace eco a la hora de formular las felicitaciones, los agradecimientos y los cumplidos, cuyas manifestaciones resultan enfáticas (mediante reiteraciones del acto central, utilización de actos expresivos como movimientos de apoyo en macroactos expresivos, emoticonos, transcripción de procedimientos enfáticos propios de la comunicación oral) para generar un ambiente idóneo en el que primen emociones y sentimientos positivos.

Hemos hecho alusión constante a la necesidad de un conocimiento compartido comunitario (sobre el discurso publicitario, los participantes en la interacción, el soporte publicitario, las creencias, suposiciones o convenciones de la lengua) que permita a las destinatarias interpretar correctamente los tuits. Pero también hemos dejado patente cómo la marca incluye algunos tuits destinados a grupos más restringidos, cuya interpretación necesita activar un conocimiento local o personal (sobre todo cuando se trata de felicitaciones y agradecimientos). Esta parece ser una fórmula mediante la que hacer partícipes a las destinatarias del tuit de experiencias en las que no están involucradas directamente, atribuyéndoles el rol de amigas o confidentes de la comunidad generada en torno a la marca.

Bibliografía

Alba Juez, Laura/Mackenzie, Lachlan, *Emotions processes in discourse*, in: Alba-Juez, Laura/Mackenzie, Lachlan (edd.), *Emotions in discourse*, Amsterdam, John Benjamins, 2019, 3–26.

Alba-Juez, Laura, *Emotion and appraisal processes in language*, in: Gómez, María de los Ángeles/Mackenzie, Lachlan (edd.), *The Construction of Discourse as Verbal Interaction*, Amsterdam, John Benjamins, 2018, 227–250.

Albelda Marco, Marta/Briz Gómez, Antonio, *Aspectos pragmáticos. Cortesía y atenuantes verbales en las dos orillas a través de muestras orales*, in: Aleza, Milagros/Enguita, José María (edd.), *Lengua española en América. Normas y usos actuales*, Valencia, Universidad de Valencia, 2010, 237–260.

Alfonzetti, Giovanna, *Compliments*, in: Bublitz, Wolfram/Jucker, Andreas H./Schneider, Klaus P. (edd.), *Handbook of Pragmatics*, Berlin, Mouton de Gruyter, 2013, 555–586.

Bagué Quílez, Luis/Rodríguez Rosique, Susana, *Poemas patrocinados. Implicaciones y aplicaciones*, in: Bagué Quílez, Luis/Rodríguez Rosique, Susana (edd.), *Del tópico al eslogan*, Madrid, Visor, 2019, 99–113.

Barrajón López, Elisa/Lavale-Ortiz, Ruth, *Neologismos verbales y conocimiento compartido en el discurso publicitario*, in: Bagué Quílez, Luis/Rodríguez Rosique, Susana (edd.), *Del tópico al eslogan*, Madrid, Visor, 2019, 27–42.

Barros García, María Jesús, *La cortesía valorizadora en la conversación coloquial española. Estudio pragmalingüístico*, Granada, Editorial de la Universidad de Granada, 2011.

Bathia, Tej, *Emotions and language in advertising*, Word Englishes 38 (2019), 435–449.

Blum-Kulka, Soshana/House, Juliane/Kasper, Gabriele, *The CCSARP coding manual*, in: Blum-Kulka, Soshana/House, Juliane/Kasper, Gabriele (edd.), *Cross-cultural Pragmatics. Request and Apologies*, Norwood, Abblex Publishing Corporation, 1989, 273–294.

Boyd, Danah/Golder, Scott/Lotan, Gilad, *Tweet, Tweet, Retweet. Conversational Aspects of Retweeing on Twitter*, in: Proceedings of the 43rd Hawaii International Conference on System Sciences 43, Hawaii, IEEE Press, 2010.

Boyle, Ronald, *You've Worked with Elizabeth Taylor!' Phatic Functions and Implicit*, Applied Linguistics 21:1 (2000), 26–46.

Brown, Penelope/Brown, Levinson, *Politeness. Some Universals in Language use*, Cambridge, Cambridge University Press, 1987.

Castelló Martínez, Araceli/Del Pino Romero, Cristina/Ramos Soler, Irene, *Twitter como canal de comunicación corporative y publicitaria*, Communication & Society XXVII, 2 (2014), 21–54.

Clark, Eve, *Common ground*, in: Macwhinney, Brian/O'Grady, William (edd.), *The Handbook of Language Emergence*, Oxford, John While & Sons, Inc., Oxford, 2015, 328–353.

Clark, Herbert, *Using language*, Cambridge, Cambridge University Press, 1996.

Clark, Herbert, *Context and Common Ground*, in: Baber, Alex/Stainton, Robert (edd.), *Concise Encyclpedia of Philosophy of Language and Linguistics*, Oxford, Elsevier Ltd., 2006, 85–87.

Coesemans, Roel/De Cock, Barbara, *Self-reference by Politicians on Twitter. Strategies to Adapt to 140 Characters*, Journal of Pragmatics 116 (2017), 37–50.

Dastjerdi, Hossein Vahid/Nasri, Najmeh, *Congratulations Speech Acts Across Cultures. The Case of English, Persian, and Arabic*, Journal of Language, Culture and Translation (LCT) 1:2 (2012), 97–116.

De Pablos Ortega, Carlos, *The pragmatics of thanking reflected in the textbooks for teaching spanihs as foreing language*, Journal of Pragmatics 116 (2011), 2411–2433.

Dumitrescu, Domnita, *La expresión de buenos deseos hacia nuestro prójimo. ¿Un acto de habla cortés automático?*, in: Bravo, Diana/Briz, Antonio (edd.), *Pragmática sociocultural. Estudios sobre el discurso de cortesía en español*, Barcelona, Ariel, 2014, 265–283.

Eisenstein, Miriam/Bodman, Jean, *Expressing Gratitude in American English*, in: Kasper, Gabriele/Blum-Kulka, Soshana (edd.), *Interlanguage Pragmatics*, New York/Oxford, Oxford University Press, 1993, 64–81.

Ekman, Paul Ed/Davidson, Richard, *The nature of emotion. Fundamental questions*, Oxford, Oxford University Press, 1994.

Elwood, Kate, *Congratulations. A Cross-cultural Analysis of Responses to another's Happy News*, The Cultural Review 25 (2004), 355–386.

Elwood, Kate, *Thanks for the laughs. An exploration of humorous gratitude in the Big Bang Theory*, 2013, 1–30.

Escandell-Vidal, María Victoria, *La comunicación. Lengua, cognición y sociedad*, Madrid, Akal, 2015.

Ferrara, Kathlee/Brunner, Hans/Whittemore, Greg, *Interactive Written Discourse as an Emergent Register*, Written Communication 8: 1 (1991), 8–34.

Foolen, Adrianus P., *Word valence and its effects*, in: Lüdke, Ulrike (ed.), *Emotion in Language*, Amsterdam, John Benjamins, 2015, 241–255.

Foolen, Adrianus P, *Expressives*, in: Leon de, Staedler/Eyrich, Christoph (edd.), *The Routledge Handbook of Semantics*, London/New York, Routledge, 2016, 473–490.

Guiraud, Nadine, et al. (edd.), *The face of emotions. A logical formalization of expressive speech acts*, in: Tumer, Kagan P., et al. (edd.), *Proceedings of the 10th International Conference on Autonomous Agents and Multiagent Systems*, Richland, SC, International Foundation for Autonomous Agents and Multiagents Systems, 2011, 1031–1038.

Hamelin, Nicolas/El Moujahid, Othmane/Thaichon, Park, *Emotion and advertising effectiveness. A novel facial expression approach*, Journal of Retailing and Consumer Services 36 (2017), 103–111.

Haverkate, Henk, *La cortesía verbal. Estudio pragmalingüístico*, Madrid, Cátedra, 1994.

Herbert, Robert, *The Ethnography of English Compliments and Compliment Responses. A Contrastive Sketch*, in: Oleksy, Wieslaw (ed.), *Contrastive Pragmatics*, Amsterdam, John Benjamins, 1988, 4–35.

Hernández Toribio, María Isabel, *Hacia una tipología del uso del acto valorativo «cumplido» como estrategia publicitaria*, Révue Roumaine de Lingüistique LXI (2016), 157–175.

Holmes, Janet, *Paying Compliments. A Sex Preferential Politeness Strategy*, Journal of Pragmatics 12:4 (1988), 445–465.

Holmes, Janet, *Women, men and politeness*, London/New York, Longman, 1995.

Honeycutt, Courtneay/Herring, Susan, *Beyond Microblogging. Conversation and Collaboration via Twitter*, in: Procedings of the Forty-Second Hawai'I International Conference on System Sciences (HICSS-42), Los Alamitos, IEEEE Press, 2009.

Isaacs, Ellen/Clark, Herbert, *Ostensible invitations*, Language in Society 9 (1990), 493–509.

Jacob, Celine/Guéguen, Nicolas, *The effect of compliments on customer's compliance with a food server's suggestion*, International Journal of Hospitality Management, 5:1 (2014), 59–61.

Jaworski, Adam, *This is not an empty compliment! Polish compliments and the expression of solidarity*, International Journal of Applied Linguistics 5:1 (1995), 63–94.

Jucker, Andreas, *Speech act research between armchair, field and laboratory. The case of compliments*, Journal of Pragmatics 41 (2009), 1611–1635.

Jucker, Andreas/Taavitsainen, Irma, *Diachronic Speech Act Analysis. Insults from Flytingn to Flaming*, Journal of Historical Pragmatics 1:1 (2000), 67–95.

Kerbrat-Orecchioni, Catherine, *Le discours en interaction*, Paris, Armand Colin, 2005.

Kerbrat-Orecchioni, Catherine, *La conversation*, Paris, Seuil, 1996.

Kienpointner, Manfred, *Cortesía, emociones y argumentación*, in: Briz, Antonio, et al. (edd.), *Cortesía y conversación. De lo oral a lo escrito*, Valencia, Universidad de Valencia–Programa EDICE, 2008, 25–52.

Leech, Geoffrey, *Principles of Pragmatics*, London, Longman, 1983.

Lewandowska-Tomaszczyk, Bárbara, *Praising and complimenting*, in: Oleksy, Wieslaw (ed.), *Contrastive Pragmatics*, Amsterdam, John Benjamins, 1989, 73–100.

Locher, Miriam/Watts, Richard J., *Politeness Theory and Relational Work*, Journal of Politeness Research. Language, Behaviour, Culture 1:1 (2005), 9–33.

Maíz Arévalo, Carmen, *Expressive Speech Acts in Educational-e-chats*, Pragmática Sociocultural 5:2 (2017), 151–178.

Maíz Arévalo, Carmen, *Was that a Compliment? Implicit Compliments in English and Spanish*, Journal of Pragmatics 44:8 (2012), 980–996.

Maíz Arévalo, Carmen/García-Gómez, Antonio, *You Look Terrific! Social Evaluation and Relationships in Online Compliments*, Discourse Studies 15: 6 (2013), 735–760.

Makri-Tsilipakou, Maria, *Congratulation and Bravo!*, in: Bayraktaroglu, Arin/Sifianou, Maria (edd.), *Linguistic Politeness Across Boundaries. The Case of Greek and Turkish*, Amsterdam/Philadelphia, Johns Benjamins Publishing Company, 2001, 137–176.

Mancera Rueda, Ana/Pano Alamán, Ana, *Nuevas dinámicas discursivas en la comunicación política en Twitter*, Círculo de Lingüística Aplicada a la Comunicación 56 (2013), 53–80.

Mancera Rueda, Ana/Pano Alamán, Ana, *Valores sintáctico-discursivos de las etiquetas en Twitter*, Círculo de Lingüística Aplicada a la Comunicación 64 (2015), 58–83.

Mancera Rueda, Ana, *Saber y ganar seguidores en Twitter. Estrategias publicitarias basadas en el conocimiento compartido*, in: Bagué Quílez, Luis/Rodríguez Rosique, Susana (edd.), *Del tópico al eslogan*, Madrid, Visor, 2019, 67–80.

Menna, Laura, *Nuevas formas de significación en red. El uso de las #etiquetas en el 15 M*, Estudios de Lingüística del español 34 (2012), 1–61.

Murphy, Beth/Neu, Joyce, *Mi grade's too low. The speech act set of complaining*, in: Gass, Susan/Neu, Joyce, *Speech Acts Across Cultures. Challenges to Communication in a Second Language*, Berlin, Mouton de Gruyter, 1996, 191–216.

Norrick, Neal, *Expressive Illocutionary Acts*, Journal of Pragmatics 2:3 (1978), 277–291.

Norrick, Neal, *The Speech Act of Complimenting*, in Hovdhangen, Einar (ed.), *The Nordic Language and Modern Linguistics*, Oslo, Universitettsforloget, 1980.

Ortner, Heike, 2015, *Mediated emotions*, in Lüdtke, Ulrike (ed.), *Emotion in language*, Amsterdam/Philadelphia, 305–324.

Page, Ruth, *The linguistic of Self-branding and Micro-celebrity in Twitter. The role of hashtags*, Discourse and communication 6, 2 (2012), 181–202.

Persson, Gustav, *Love, affiliation and emotional recognition #Kämpamalmo. The Social Role of Emotional Language in Twitter Discourse*, Social Media+Society (2017), 1–11.

Poels, Karolien/Dewitte, Siegfried, *The Role of Emotions in Advertising. A Call to Action*, Journal of Advertising 48: 1 (2019), 81–90.

Ruhi, Sükriye, *Politeness in compliment response. A perspective from naturally occurring exchanges in Turkish*, Pragmatics 16:1 (2006), 43–101.

Ruhi, Sükriye/Dogan, Gürkan, *Relevance Theory and compliments as phatic communication. The case of Tuskish*, in: Bayrataroglu, Arin/Sifianou, Maria, *Linguistic Politeness Boundaries. The case of Grek and Turkish*, Amsterdam, John Benjamins, 2001, 341–390.

Schwarz-Friesel, Monika, *Language and emotion. The cognitive linguistic perspective*, in Lüdke, Ulrike (ed.), *Emotion in Language*, Amsterdam, John Benjamins, 2015, 157–173.

Scott, Kate, *The Pragmatics of Hashtag. Inference and Conversational Style on Twitter*, Journal of Pragmatics 81 (2015), 8–20.
Searle, John, *Speech Acts. An Essay in the Philosophy of Language*, Cambridge, Cambridge University Press, 1969.
Sifianou, Maria, *Oh! How appropriate! Compliments and politeness*, in Bayraktaroglu, Arin/ Sifianou, Maria (edd.), *Linguistic Politeness across Boundaries. The Case of Greek and Turkish*, Amsterdam/Philadelphia, John Benjamins, 2001, 391–430.
Unceta Gómez, Luis, *Congratulations in Latin Comedy Types and functions*, Journal of Politeness Research 12:2 (2016), 267–290.
Wierzbicka, Anna, *English speech act verbs. A semantic dictionary*, Sydney, Academic press, 1987.
Yu Liu, Tzu, *Estudio pragmalingüístico español y chino de actos de habla expresivos, disculpas y agradecimientos* (tesis doctoral), Valladolid, Publicaciones de la Universidad de Valladolid, 2015.
Yus Ramos, Francisco, *A cognitive pragmatics of the phatic Internet*, in: Alba-Juez, Laura/ Mackenzie, Lachlan (edd.), *Emotions in discourse*, Amsterdam, John Benjamins, 2018, 161–187.
Wolfson, Nessa, *An empirically based analysis of complimenting in American English*, in: Wolfson, Nessa/Judd, Elliot (edd.), *Sociolinguistics and language acquisition*, Rowley, MA, Newbury House, 1983, 82–95.
Zappavigna, Michelle, *Discourse of Twitter and Social Media. How We Use Language to Create Affiliation on the Web*, London, Continuum, 2012.
Zappavigna, Michelle, *Searchable talk: the linguistic funcions of hashtags*, Social Semiotics 25:3 (2015), 274–291.
Zappavigna, Michelle, *Twitter*, in: Hoffmann, Christian/Bublitz, Wolfram (edd.), *Pragmatics of Social Media*, Berlin/Boston, De Gruyter Mouton, 2017, 201–224.

Antoni Vicent Martínez Pérez
Pensar de + infinitivo: una perífrasis narrativo-aspectual en catalán antiguo

Abstract: This paper studies the construction *pensar de* + infinitive in Old Catalan, an ephemeral structure documented in historiographic works that acquired periphrastic values linked to narration and which, moreover, has scarcely been researched in the Romance languages. The objectives that we intend to address in this study are, firstly, to explain the process of this construction formation according to the postulates of Goldberg's Cognitive Construction Grammar (CCG) (1995; 2006). Secondly, to describe the process of grammaticalization that it experienced until it became a narrative-aspectual periphrasis, through the methodology based on linguistic corpora —Corpus Textual Informatitzat del Català Antic (CICA) and the Corpus Informatizat de la Gramàtica del Català Antic (CIGCA)— and the role played by the pragmatic context and the invited inferences in the semantic change (Traugott/Dasher 2002). Thirdly, to detail the characteristics of this periphrasis in Catalan and to document it in Spanish, French, Galician, and Occitan. Finally, to clarify the reasons why the construction began a process of grammatical obsolescence (Rudnicka 2008) since the 14th century onwards, which led this periphrasis to the extinction.

Keywords: diachronic cognitive semantics, semantic change, grammaticalization, inference, verbal periphrasis, narrative-aspectual marker, cognitive construction grammar (CCG), corpus linguistics, grammatical obsolescence

---

Este estudio se ha llevado a cabo en l'Institut Superior d'Investigació Cooperativa IVITRA [ISIC-IVITRA] (Programa per a la Constitució i Acreditació d'Instituts Superiors d'Investigació Cooperativa d'Excel·lència de la Generalitat Valenciana, Ref. ISIC/012/042), y en el marco de los proyectos, redes y grupos de investigación siguientes: «Variación y cambio lingüístico en catalán. Una aproximación diacrónica según la Lingüística de Corpus» (MICINUN, Ref. PGC2018-099399-B-100371); (IEC, Ref. PRO2018-S04-MARTINES); del Grup d'Investigació VIGROB-125 de la UA; la Xarxa de recerca en innovació en docència universitària «Lingüística de Corpus i Mediterrània intercultural: investigació educativa per a l'aplicació de la Lingüística de Corpus en entorns multilingües diacrònics. Aplicacions del Metacorpus CIMTAC» (Institut de Ciències de l'Educació de la UA, Ref. 4581-2018); i el Grup d'Investigació en Tecnologia Educativa en Història de la Cultura, Diacronia lingüística i Traducció (Universidad de Alicante, Ref. GITE-09009-UA]).

https://doi.org/10.1515/9783110711172-006

1 Introducción

Uno de los motivos que desvelan el interés por el estudio del verbo *pensar* en catalán es el hecho de que ha sido poco investigado en los estudios de semántica diacrónica, especialmente en catalán. Es un verbo que tiene una historia interesante: a pesar de que en la lengua antigua era un verbo periférico, penetró en catalán por la vía semiculta con un valor traslativo de 'pesar mentalmente' o 'sopesar' y se abrió en el espacio semántico hasta devenir en la actualidad el verbo por excelencia para expresar procesos cognitivos. Es más, en la lengua antigua llegó a formar construcciones que algunos lingüistas han intentado explicar —con más o menos acierto—, entre las cuales destaca *pensar de* + infinitivo: «E puys senyaren ab les espaes a la host que *pensassen d'entrar*, e cridaren: —Via dins! via dins! que tot és nostre!. D'on los crestians foren molt alegres» (*Crònica* de B. Desclot, 134, 21). La particularidad de esta construcción de infinitivo radica en el hecho que se documenta durante un periodo efímero en catalán antiguo en textos historiográficos y que, al parecer, llegó a desplegar valores perifrásticos aspectuales ligados a la narración de acontecimientos.

Este trabajo pretende lograr varios objetivos: *a)* describir cómo se comportó el verbo *pensar* de manera construccional; *b)* explicar el origen de la construcción *pensar de* + infinitivo; *c)* estudiar cómo llegó a desplegar un valor perifrástico y; *d)* exponer los motivos de su desaparición. Partimos de dos hipótesis. La primera es que, formalmente, *pensar de* + infinitivo se origina gracias a una sucesión de cambios construccionales, de manera que pasa de ser una construcción poco esquemática y saturada a una construcción muy fijada, tanto por la tipología textual en que aparece como por los verbos que selecciona. La segunda es que, semánticamente, la construcción llegó a tomar un valor perifrástico narrativo-aspectual gracias a la acción de la metonimia y de las inferencias asociadas o invitadas vinculadas al contexto conversacional.

Hemos partido de la metodología basada en corpus lingüísticos para averiguar el significado primitivo de esta construcción entre los siglos XIII y XVI. Hemos analizado más de 200 concordancias del Corpus Textual Informatitzat del Català Antic (CICA), del Corpus Informatitzat de la Gramàtica del Català Antic (CIGCA) y del Corpus Informatitzat de la Gramàtica del Català Modern (GIGCMod). También nos fundamentamos en la *Teoría del Cambio Semántico a partir de Inferencias Asociadas (Invited Inferencing Theory of Semantic Change, IITSC)* (Traugott/Dasher 2002; Narrog 2012), que propone que el cambio semántico se pone en marcha gracias al contexto pragmático y al papel que desarrollan las inferencias asociadas o invitadas. Para averiguar los motivos que han podido causar la desaparición de la construcción nos hemos basado en el estudio de Rudnicka (2018) sobre la *obsolescencia gramatical*, un proceso gradual mediante el cual una construcción disminuye su uso hasta que se vuelve improductiva. El marco teórico que acabamos de exponer ya ha sido desarrollado en lengua catalana por otros lingüistas que han abordado el estudio de la semántica diacrónica, como Antolí Martínez (2017), Martines y Montserrat (2014), Martines (2015), Montserrat (2014) o Sentí Pons y Antolí Martínez (2014).

De entrada, explicaremos el posible proceso de formación de la construcción (§2) y más adelante expondremos el proceso de cambio semántico que ha experimentado hasta desembocar en una perífrasis narrativo-aspectual (§3). En este punto procuraremos describirla para ver sus principales características y, finalmente, ilustraremos las causas que han propiciado su desaparición (§4).

2 *Pensar de* + infinitivo: estado de la cuestión

La construcción (Goldberg 1995; 2006) *pensar de* seguido de infinitivo desarrollaba dos núcleos de significado: por una parte, tomaba el valor pleno y léxico de [PENSAR] para expresar diferentes conceptos relacionados con procesos cognitivos, que son los valores prototípicos de este verbo;[1] y, por otra parte, la construcción, bastante saturada en contextos narrativos y con verbos de acción, inició un proceso de gramaticalización hacia valores aspectuales.

Los datos de corpus constatan que *pensar de* seguido de infinitivo experimentó a lo largo del tiempo una serie de cambios construccionales que afectan la frecuencia, la forma y la función de la construcción. De entrada, observamos en el Diagrama 1 que era una construcción poco habitual o rara[2] en catalán, al menos en la lengua escrita: si atendemos a la frecuencia, se documentan pocas apariciones ya desde los orígenes, incluso cuando alcanza su punto máximo de productividad con 156 resultados durante la segunda mitad del siglo XIV. Después de este hito, parece que la construcción se vuelve obsolescente —cosa que intentaremos esclarecer más adelante (§3)— y presenta un uso residual hasta el momento de su desaparición al final del siglo XV, ya que no se hallan casos durante el siglo XVI.

---

[1] En este estudio nos centramos en la construcción que despliega valores perifrásticos aspectuales y dejamos para otro trabajo la construcción *pensar de* + infinitivo, en que *pensar* actúa como un verbo con significado pleno y léxico.
[2] Sobre la nomenclatura y las características de las construcciones, cf. Tabla 1. Clasificación de las construcciones (§3).

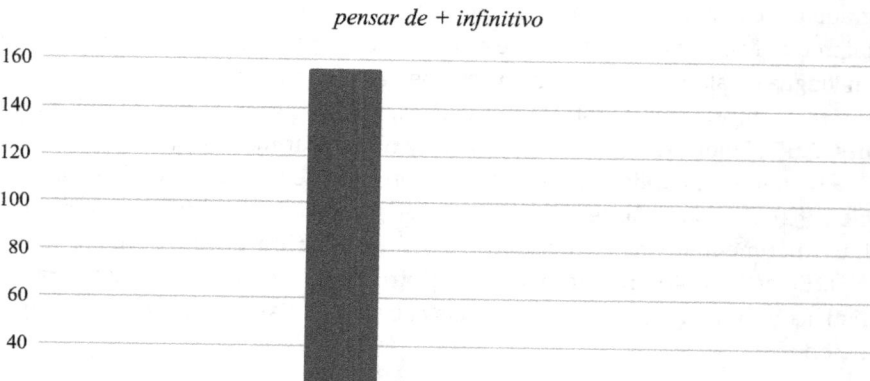

Diagrama 1: Construcción *pensar de* + infinitivo en diacronía (XIIIb–XVIa).

Otro hecho que muestra la peculiaridad de esta construcción es su distribución desequilibrada entre tipologías textuales. Aunque aparece en todo tipo de textos —a excepción de obras gramaticales y lexicográficas—, destacan aquellas obras en prosa, literarias o no, que están vinculadas con la narración. Las obras historiográficas se sitúan al frente, concretamente tres de las cuatro grandes crónicas medievales: las crónicas de Jaume I, Bernat Desclot y Ramon Muntaner; y las siguen las obras en prosa de ficción y las obras religiosas y morales, aunque estas últimas en cantidad bastante inferior. Salvo estas tres, el resto de tipologías textuales no superan la decena de casos en total.

A pesar de que no nos centramos en la construcción con el verbo con significado pleno, anotaremos que *pensar de* + infinitivo con el valor 'tener en la mente' o 'creer', significados prototípicos de este verbo, aparece en textos diversos, incluso en poesía (Alemany 2008):

(1) absent d'una tan plasent vista - no li graesc que de terra no vista lo meu cos nu, qui de plaer no *pensa de perdre* pus que lo imaginar los meus desigs no poder-se complir (A. March, *Poesies*, 13, 34).

(2) (puix al vestir plaentment lo trobà, al despullar tal pensa trob aquell). Sol en *pensar de fer*-hi aparell per a jaquir tan singular amic, si creu, no sap que li sia enemic, puix gran delit (A. March, *Poesies*, 122, 40).

En cuanto a las obras en prosa, sean o no de ficción, la construcción también toma estos significados originales que acabamos de mencionar —'formar ideas',

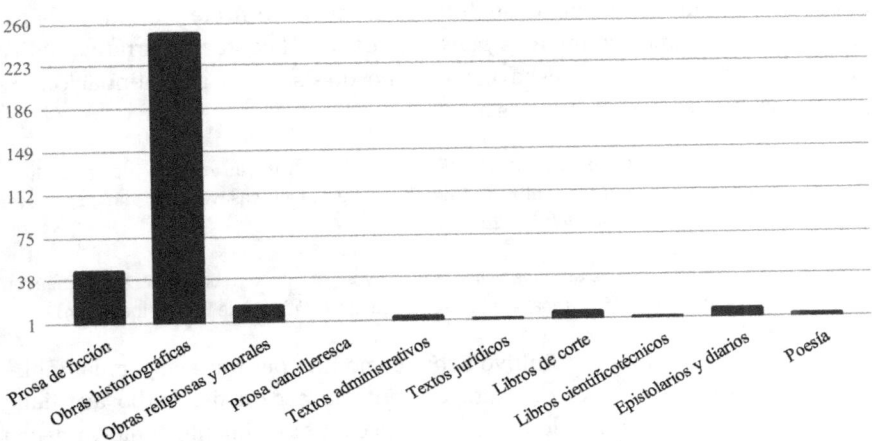

Diagrama 2: Tipología textual de *pensar de* + infinitivo en diacronía (XIIIa–XVb).

'sopesar', etc.—, en caso de que *a)* el verbo que acompaña *pensar* es estativo o; *b)* los fragmentos en que aparece la construcción no son narrativos o no reproducen una sucesión de hechos en el transcurso de la narración:

(3) Per què, quant ó ac comensat, mantenent él se *pensà d'aver grans cures del segle*, enayxí que per pensa e per esperansa era retengut en lo segle. (*Vides de Sants Rossellonesos*, 209, 1). Verbo estativo eventual.

(4) Per tal deya Sènecha: Numquam multis, sed quibus placeas cogites, e vol dir que jamés no *penses de plaure* a molts, mas a pochs, car aquells són los millors, com diga lo Salvador, Mathei ·xx· (F. Eiximenis, *Dotzè del Cristià* 180, 23). Verbo estativo de agradabilidad.

(5) E en aquest instant de temps que la gent se ajustava, la reyna *hagué pensat de fer son poder de créxer* e aumentar la crestiandat, car era molt bona crestiana e dotada de moltes virtuts (J. Martorell, *Tirant lo Blanch*, 1362, 33). Locución formada por el verbo de apoyo *fer* y *créixer* con el sentido de «Augmentar, fer-se més gran una cosa immaterial» (S. V. créixer, DCVB) y, además, el contexto no narra una sucesión de hechos.

(6) don Juan, mon senyor, voldria que abans que entràs en los vuyt mesos entràsem en Barcelona. *Avíem pensat de tenir lo chic* en alguna tore prop de ciutat, ý avem sabut que pertot y à de la negra verola. (*Epistolari d'Hipòlita Roís de Liori (I)*, 19, 26). Verbo estativo resultativo.

En los textos en prosa vinculados con la narración o aquellos contextos en que *pensar* va acompañado de un verbo de acción, la construcción toma dos valores diferentes. En un caso, toma el sentido de 'disposición firme para hacer la acción' —la acción que acompaña a *pensar*— cuando el contexto narrativo indica que la acción todavía no se ha hecho, sino que se hará a continuación. Se puede parafrasear por 'disponerse a':

(7) anant ab él en Guillem Rosaló de Malorches, qui li daya: «*Pensau de cridar* altes vaus viafores amunt e aval!», e ·l desús dit Bernat no sasava de cridar lo viafores (*Llibre reial mallorquí del XIV*, 299, 1).

(8) E cascú *pens de confessar* e *de penetenciar* de sos peccats, e trebal-se per nostre Senyor, que Él soferí molt gran trebayl per nós, tro a la mort (*Crònica* de B. Desclot, 102, 4).

Por otro lado, *pensar de* + infinitivo actúa como una perífrasis aspectual ingresiva o inceptiva cuando el contexto presenta la acción del verbo auxiliado como empezada, o bien puede presentar la acción globalmente como ya hecha o acabada y, por lo tanto, tomar un valor aspectual perfectivo. Es posible que el matiz entre el significado ingresivo o perfectivo no quede claro, como en los ejemplos siguientes, en que la construcción se puede parafrasear sin el verbo auxiliar o por 'empezar a':

(9) E quan los dits saliners veeren venir lo dit comanador ab los altres hòmens *pensaren de fugir* per les muntayes, e éls encalçaren-los tro sus a Miravet, e aquí reculiren-se e pregaren a aquells de la villa que ·ls degessen tenir a dret (*Pergamins, processos i cartes reials 2*, 72, 55).

(10) E com fo en un gran loch, el veé roses e dix: «Madona santa Maria, jo us solia fer garlanda de roses e d' herbes verts, e ara no us ne faç; mas si us plau diré cinquanta avemaries per [la] garlanda, axí com la us solia fer.» E axí devalà de la bístia e aguinoylà ·s e *pensà de dir* les saluts de madona santa Maria (*Miracles de la Verge Maria*, 160, 18).

En este trabajo nos centraremos en estos dos últimos casos, es decir, cuando la construcción tiene valores que van desde la 'disposición firme para hacer una acción' hasta 'la realización efectiva de esa acción'. En última instancia, *pensar de* + infinitivo fue una construcción efímera, en el sentido de que solo muestra signos de vitalidad durante un periodo concreto y en unos textos determinados: en la época de publicación de las crónicas mencionadas anteriormente.[3] ¿Cuál es

---

3 Para la elaboración de los diagramas hemos usado las estadísticas del CICA. La datación de las obras o de las copias corresponden a las introducidas en el corpus: *Crònica* de B. Desclot, fecha de la copia: XIIIb/XIV; *Crònica* de R. Muntaner, fecha de la copia: 1352; *Crònica* de Jaume I: fecha de la copia 1343.

la explicación de esta reavivación?, ¿responde a un aumento de uso de la construcción entre los hablantes o hay que atribuirlo a otras causas? y, finalmente, ¿qué motivos justifican su desaparición a partir del siglo XV? Para intentar responder estas cuestiones, explicaremos, antes que nada, los significados que tomaba la construcción por medio de los textos en que aparece.

2.1 Formación de la construcción

La forma *pensar de* puede ir seguida de un SN o un SV y constituye una construcción relativamente poco esquemática y poco saturada. Gracias a la información de Coromines (1980) y a las aportaciones de Martines (1999), planteamos la hipótesis de que, inicialmente, *pensar de* iba seguido de un SN o bien acompañado de un infinitivo con valor adjetival que acotaba el significado de la construcción, de forma que esta última facilita la aparición de *pensar de* + SVinf,[4] que pronto se satura en contextos narrativos y adopta un valor perifrástico. Veámoslo a continuación.

Coromines (1980, 468) hace ver que el sintagma *pensar de* era bastante usado durante la Edad Media: tomaba un significado equivalente a 'tener cuidado de' o 'ocuparse de' y se solía saturar prototípicamente con SN animados. Así pues, se puede aplicar a plantas, sobre todo las que dan frutos (11); a los animales, especialmente al ganado (12); y también a las personas en general y a los enfermos en particular (13). Aporta estos ejemplos en el DECat:

> (11) C<u>ant ell viu lo pinell nat,/son ortolà ha apeylat/e diu-li. —Per amor de mi,/tu *pensa* bé *d'aquest* pauc *pi* (R. Llull, Set Savis, v. 475).
>
> (12) B. de Peratallada *pensava dels cavalls* (Crònica de R. Muntaner, fets de 1283, §89).
>
> (13) Una dona havia los pits tan secs, que a penes podia parlar ni alenar; un foll metge *pensava de aquella dona*, e donave-li a menjar coses fredes i humides (R. Llull, *Llibre de Meravelles*, NCl. II, 75).

Como acabamos de ver, cuando la construcción se satura con uno de estos SN nucleares la interpretación es clara: (11) significa 'cuidar [la planta, el árbol] para que no [deje de dar fruto, muera]'; (12) quiere decir 'cuidar de [el enfermo] para

---

4 En las lenguas románicas se documenta una construcción de infinitivo similar a esta que se satura con verbos como *morir* o *desmayarse* y que toma un valor de inminencia parafraseable por 'estar a punto de': [Vilanova] *pensà caure* en terra sinó per lo dit patge, que el sostingué ('Vilanova estuvo a punto de caerse, pero el paje lo sostuvo') [Perot de Vilanova (XVIb): *Memòries de Perot de Vilanova*, 79, 23], la cual trataremos en trabajos posteriores.

que [recupere la salud, no muera]'; y (13) 'tener cuidado del animal', es decir, 'alimentarlo', 'darle de comer'. Fuera de estos tres casos de SN prototípicos, cuando el SN es periférico es necesaria la información dada por el contexto (14) o la aparición de un complemento (15) y (16) para interpretar el significado correctamente, puesto que de otra manera la interpretación podría ser ambigua.

> (14) et que pensàs de endressar sa terra, qui en les ffronteres del rey de Ffrança fossen; et que faés fer galeas et totes coses aparallar que en deffensament de son regne fossen; et que *pensàs de les altres fronteres* (*Crònica* de R. Muntaner, 63, 3).

> (15) Bels fils! *pensats de la terra <u>a governar</u>*, e amats vostre poble e siats-lur misericordiós, e amats e hondrats los barons e·ls cavalers, e tenits-los en car e donats-lur del vostre, e tenits la terra en justeÿa e en dretura, e féts tot vostre poder que gitets tots los sarraÿns del regne de València (*Crònica* de B. Desclot, 35, 23).

> (16) Ab tant lo rey, cant hac endressat a Leyda so que hi avia a fer, anà-sse·n en Aragó e *pensà de sos cavalers e de sa gent <u>a aparelar</u>*. E·l bisbe de Barcelona tornà-se·n a Querol, e aquí trobà En Guilem de Moncada ab gran res de cavalers (*Crònica* de B. Desclot, 90, 16).

La información que aporta el contexto en el ejemplo (14) y atendiendo al carácter bélico que presenta la *Crònica* de R. Muntaner, no hay duda de que *pensar les altres fronteres* quiere decir 'defender las fronteras ante un peligro', 'preparar las fronteras para un posible ataque'. En los casos (15) y (16), en cambio, el significado de la construcción se precisa por medio de un complemento adjetivado con un infinitivo de acción que aporta un valor de obligación, necesidad o conveniencia. Este complemento, que deriva de la estructura AD + INF latina, actúa como un modificador en que el infinitivo toma la función de adjetivo. El trabajo de Martines (1999) se hace eco de otros trabajos que estudian esta construcción en diacronía: Diez (1973, 217–223) en el paso del latín a las lenguas románicas y Bastardas (1979) en la historia del catalán. De entrada, sabemos que esta estructura podía ir precedida por *a)* un verbo auxiliar —*havere* (o *tenere*), *essere* y *facere*, en catalán *haver a* + INF —posteriormente *haver de* + INF—, *ésser a* + INF y *fer a* + INF respectivamente—; *b)* un adjetivo; o *c)* un sustantivo. En este último caso de SN + AD + INF, Diez (1973, 221) expresa que en las lenguas románicas «la préposition exprime la même idée de nécessité ou de possibilité qu'avec *esse ad*, et ici aussi l'espagnol emploie *de* au lieu de *à*» y Martines (1999, 234) demuestra que ha sido bastante productiva en catalán prácticamente desde textos tempranos como los *Usatges* (siglo XII) hasta la actualidad, en que el sintagma *a* + INF (latín AD + INF) ligado a un sustantivo toma un valor próximo al de un participio de futuro pasivo. Así es la interpretación de las oraciones (15) y (16) (con la estructura [pensar de SN a Vinf]):

(15) *pensats de la terra <u>a governar</u>* 'ocuparos de la tierra que hay que gobernar';

(16) *pensà de sos cavalers e de sa gent <u>a aparelar</u>* 'se ocupó de/se dispuso a preparar a sus caballeros y a su gente'.

Por todo lo que se ha dicho, parece congruente afirmar que esta construcción hecha con un infinitivo de acción es, en último término, la que facilita la aparición de *pensar de* + infinitivo. El verbo *pensar* cuando acompaña un SN mantiene el significado original de 'cuidar' o 'ocuparse' de este SN; pero cuando hace referencia a un verbo, toma el valor de 'ocuparse de un SV'; por tanto, 'intentar hacer una acción', 'ocuparse de llevarla a cabo'. El VFaraudo lo define como «ocupar-se, curar de, portar a cap l'acció del verb» y el DCVB «Preocupar-se, tenir esment d'algú, d'alguna cosa, de fer quelcom; cast. *cuidar*. a) ant. Amb complement infinitiu introduït amb una de les preposicions de o en. [...] Giraren les testes los moros e fugiren, e éls pensaren de dar en éls, Jaume I, Cròn. 60.» Consiguientemente, adopta el significado de 'hacer la acción', en que se señala el valor inceptivo o perfectivo de la acción: bien en proceso de inicio o ya iniciada, o bien delimitada globalmente como acción ya hecha.

Coromines, que se hace eco de esta construcción de infinitivo, la explica en el DECat y aporta dos ejemplos ilustrativos (1980, 468): escribe que *pensar* «sense arribar a ser un expletiu, sovint s'usava per a subratllar l'empreniment d'una nova acció: en haver dit el que feia D. de la Figuera, ‹e axí *pensaven* de cavalcar; e faeren axí cada dia› (Muntaner, 69.12)». En este ejemplo de la *Crònica* de R. Muntaner la acción se presenta en el inicio —'empezaron a cabalgar', 'se dispusieron a cabalgar'— y seguidamente pone otro: «Leva e fe ço que yo t'he manat e — n'hauràs mèrit de —l'alta casa d'Aragó. E *pensà* de senyar, e beneyr mi e ma muller e mos infans, e anà-sse'n» en que la acción de santiguarse aparece ya como acabada —«senyà i beneí la meua família i se n'anà». De la definición que propone el autor, lo que más curiosidad despierta es cómo él y otros lingüistas que han examinado esta construcción en las lenguas románicas no han sabido explicar con claridad qué papel representa *pensar*: mientras que Coromines dice que no es del todo expletivo, Jensen lo interpreta como una fórmula pleonástica en occitano:

> «There are instances where the modal auxiliary + infinitive periphrasis seems to add no specific nuances over and above what could have been expressed through a finite verb form [...] In the following passage, *pe(n)sar de* 'to think about' + a substantival infinitive is a pleonastic formula denoting true action rather than mere mental preparation: *le baro pessec de montar, e pres ab si .x. companhos* (G. de la Barre v. 4686) 'the baron mounted his horse and took ten companions with him'» (Jensen 1986, 231).

Yllera (1980, 186–188), que estudia esta perífrasis en castellano, parte de esta idea ya mencionada por Coromines de que *pensar* contiene previamente el significado de 'intentar, cuidar de, ocuparse en' y que, acompañado de otro infinitivo, facilitó la aparición de la perífrasis inceptiva 'disponerse a' o 'empezar a', que se dio principalmente en textos épicos entre los siglos XIII y mitad del XV. Lo ejemplifica con concordancias del *Cantar del Mío Cid*:

> (17) Otro dia mañana *piensan de cabalgar* Cid 2870; Salidos son de Valençia e *piensan de andar* Cid 1821; mucho avién fecho, *pienssanse de tornar* Cid 1680; yas espiden e *piensan de cabalgari* Cid 1444; etc.

La autora diferencia, por lo tanto, dos significados: «De indicar disposición para la acción pasó a indicar la acción inminente y la acción apenas comenzada. Aparece en general con la preposición *de*, en algún caso *a*. [...] Como en francés, es un giro característico de la épica y lo verso primitivo». En pocas palabras, la hipótesis de Yllera nos permite confirmar que: *a)* es una construcción que se despliega, como mínimo, en castellano, en francés y en occitano; y que siguió la misma evolución semántica, al parecer, que en catalán; y *b)* que va asociada a los textos épicos, en el caso catalán a los textos historiográficos, concretamente las crónicas medievales.

En los próximos puntos explicaremos estos dos significados en catalán y analizaremos cómo se satura la construcción y el valor aspectual que adopta cuando se satura en contextos narrativos.

2.2 Valores de la perífrasis

Como ya se ha dicho, la construcción *pensar de* seguido de infinitivo puede aparecer en un mismo texto con estos dos significados:

> (18) molt era pagat d'açò que dit li havia, et que axí era ver de totes coses amb ell avia dit et que *pensàs de anar* en la sua terra et donàs consell en les altres ffronteres (*Crònica* de R. Muntaner, 25, 24).

> (19) e lo senyor rey *pensà de preÿcar* et dix moltes bones paraules per aquells qui avien anar et per aquells qui havien a romanir (*Crònica* de R. Muntaner, 95, 19).

En el primer ejemplo (18) observamos que la acción de ir a su tierra todavía no se ha producido, sino que hay una disposición sólida a ir: 'que [él] se dispusiera a ir a su tierra y diera consejo'. En este caso, *pensar* actúa como un verbo pleno e indica que el agente tiene un compromiso firme de realizar la acción marcada por el verbo en infinitivo: [pensar$_{SV}$ de Vinf]. En (19), en cambio, ya no hay una 'disposición a hacer la acción', sencillamente porque la acción de predicar ya se presenta como hecha: 'el rey predicó y dijo muy buenas palabras'. Ahora *pensar* funciona como un verbo auxiliar que presenta la acción del verbo en infinitivo como ya comenzada o en proceso: [pensar$_{SVasp}$ de Vinf].

El cambio semántico de 'disponerse a hacer una acción' a 'hacer la acción' lo explicamos gracias a la Teoría del Cambio Semántico a partir de Inferencias Asociadas (*Invited Inference Theory of Semantic Change*, IITSC, según Traugott/Dasher 2002). Esta teoría se fundamenta en la perspectiva basada en el uso del lenguaje, puesto que establece que el cambio semántico se produce gracias a la interacción entre los participantes, en el cual el contexto pragmático tiene un papel importante en la codificación de significados nuevos. Este acercamiento al cambio semántico en la gramaticalización parte del hecho de que las inferencias que surgen en contextos específicos se reanalizan como parte del significado convencional asociado a una construcción. Así mismo, el cambio semántico solo se produce cuando estas inferencias —llamadas asociadas o invitadas porque pueden ser sugeridas o inducidas por el contexto— se generalizan.

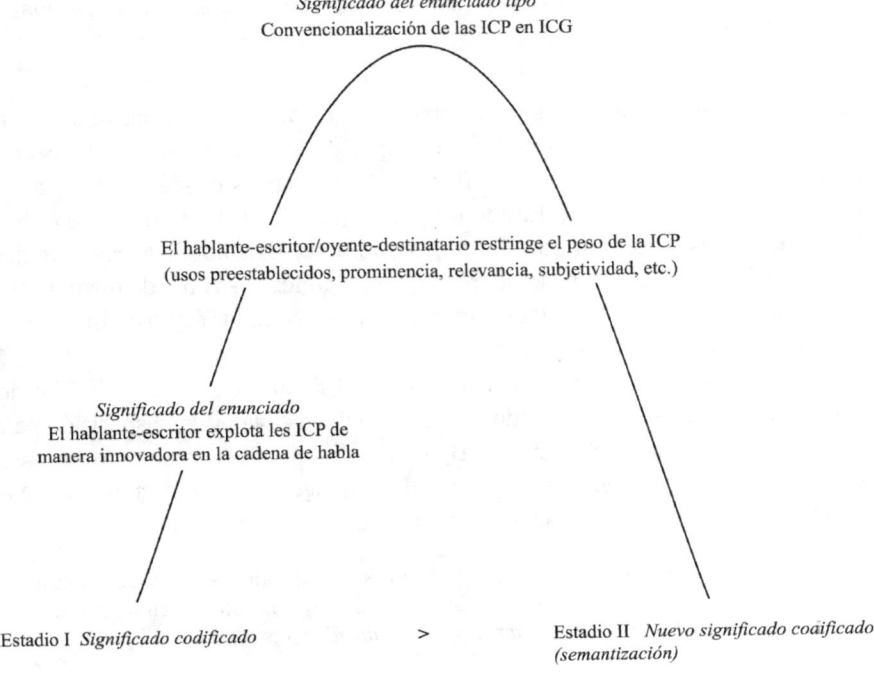

Figura 1: Modelo de la *Teoría del Cambio Semántico a partir de Inferencias Asociadas (IITSC)* (Traugott/Dasher 2002, 38).

Como se observa en la Figura 1 el cambio semántico se sintetiza en dos grandes estadios. El hablante-escritor (H/E) explota de manera innovadora implicaturas conversacionales particularizadas (ICP) —motivado por los diferentes mecanismos que causan el cambio semántico: metáfora, metonimia, subjetivación, intersubjetivación— de un significado codificado y el oyente-lector (O/L) puede interpretar lo que se quiere decir. Estas implicaturas particularizadas pueden convertirse en implicaturas conversacionales generalizadas (ICG) cuando se extienden en una comunidad concreta y se dispersan en otros contextos lingüísticos. Finalmente, cuando el significado original ya no es dominante o desaparece, la ICG se semantiza, es decir, el nuevo significado queda codificado (Traugott/Dasher 2002, 34–35). En definitiva, el cambio semántico no es fruto de un proceso repentino, sino que se compone por pequeños estadios:

	Estadio 1	Estadio 2	Estadio 3	Estadio 4
Forma	f	f	f	f
Significado	'p'	'p' (+> 'q')	'p', 'q'	'q'

Figura 2: Estadios del cambio semántico (Enfield 2003, 29; Martines/Montserrat 2014, 198; Traugott 2012a, 550).

Esta figura muestra las etapas del cambio semántico: una construcción que presenta un único significado (Estadio 1) es capaz de generar otros con el paso del tiempo a causa de las implicaturas (Estadio 2), los cuales pueden resultar autónomos y convivir con el significado originario (Estadio 3) hasta que este último desaparece y es sustituido por el significado nuevo (Estadio 4). A pesar de que este ciclo concluye con el paso de 'p' > 'q', en algunos casos puede quedar interrumpido en alguno de los estadios intermedios. Intentamos explicar ahora estas fases con *pensar de* + infinitivo.

En un primer momento, como *pensar* tiene el significado léxico de 'cuidar de' o 'ocuparse de', cuando va seguido de un verbo toma el valor de 'disposición para hacer la acción'. Esta acción indicada por el verbo principal no se produce en el momento en que se enuncia —es potencial y, en algunos casos, inminente— y el contexto posterior de confirmación muestra si finalmente se acontece:

(20) E nós acostam-nos als hòmens de peu qui estaven denant los cavallers, e dixem-los: «Via, barons, *pensats d'anar* en nom de Nostre Seyor Déus!» e anch per aquesta paraula nengú no·s moch, e sí la hoïren tots (*Llibre dels fets*, 99, 11).

(21) E vench a nós lo maestre d' Uclés e Don Pero Goçman e Don Alfonso Garcia e dixeren-nos «Seyor, *pensats de cavalgar e de moure*, que veus los moros que vénen». E dixem

nós: «*maestre, no ·ns cuytem, e lexats-los cavalgar* e ·l pla en guisa que ·ns puscam nós metre entre ells e la vila e, per bé que fugen, sí n' haurem nós les azembles e aquels de peu que les toquen» (*Llibre dels fets*, 327, 1).

(22) Axí matex de avarícia: quan lo diable conselle a algú que face usura per ço que sie rich e que pugue sostenir honors, ben mengar, ben beure, bona cavalcadura, vexella d' argent e tu penses que tals coses no ·t serien profitoses a l' ànima llavors l' àngel parle en tu e te aconsole. Item de peccat de luxúria: quan tu *penses de haver plaer* ab alguna dona, o la dona ab l' om lo dimoni te tempte; ve l' àngel del cel axí com la àguila trespuntant, dient-te «No faces, traÿdor, tal cosa, que en gran perill te mets, que t'acoltellaran menut, si és sabut, e la dona degollada, e puix ireu a infern». «*O llas! E per tan petit plaer e tan sútzeu yo me dapnaré? Cert, no u faré*» (Sant Vicent Ferrer, IV, 74, 15).

(23) Pare senyor, jo us fas moltes gràcies d'açò que vós m' avets dit; et pus que axí és, jo me·n tornaré en Castella e *pensaré de endressar* totes les fronteres qui són envés la terra del rey de Granada, e senyalladament Còrdova, Úbeda, et Jaén, et Baesa et la frontera de Sibília (*Crònica* de R. Muntaner, 14, 5).

En los dos fragmentos de la *Crònica* de Jaume I, *El llibre dels fets*, la construcción aparece en imperativo dentro de un diálogo en discurso directo y la acción, a pesar de que ha sido ordenada y oída, no se llega a producir. Este hecho se explica porque el modo imperativo tiene como referencia temporal un momento posterior al de la enunciación, y, por lo tanto, la acción se tendría que producir después de emitir el enunciado. El contexto (20) pretende dejar claro que el incumplimiento de la orden ha sido voluntario («e sí la hoïren tots») y en (21), es el rey quien recomienda no llevarla a cabo. El fragmento de sant Vicent Ferrer (22) es una reproducción de un discurso oral —un sermón— en que plantea una situación pecaminosa que hay que evitar hacer: ante el peligro que supone pecar de lujuria, es mejor no llegar a mantener relaciones sexuales ilegítimas e ir al infierno. El ejemplo (23) no tiene contexto posterior de confirmación sencillamente porque la acción de preparar las fronteras todavía no se ha producido, como indica el hecho que *pensar* está conjugado en futuro. Excepto estos casos en que la acción es solo potencial, lo más habitual es que *pensar de* + infinitivo aparezca en contextos que sí se acaban produciendo:

(24) E ·ls hòmens de la ciutat trameseren cascun jorn missatge al rey que *pensàs de pendre* la ciutat, que éls la li retrien; e ·l rey no la volc pendre tro que ·ls ·XV· jorns foren passats. E adoncs les portes li foren obertes e liuraren-li la ciutat e ·l castel e totes les forses de laÿns (*Crònica* de B. Desclot, IV.38, 13).

(25) E ·l rey manà que tuit reculissen lurs cavals e lurs cors, e que se ·n *pensassen d'anar*. Quant lo rey ho hac manat, aytantost fo feyt: tuyt reculiren los cavals, e lurs armes (*Crònica* de B. Desclot, 94, 2).

(26) E, quan foren tornats en València, *pensaren de venir* a nós, a Exàtiva. E, quan foren venguts, vench ardit que janets passaren per la val d'Albayda (*Llibre dels fets*, 397, 7).

(27) En veritat —dix o rey de Ffrança—, aquí hac gran valor et gran ardiment et gran cortesia. Et *pensem de cavalcar*. Et cavalcaren, et vengren al camp (*Crònica* de R. Muntaner, 184, 28).

(28) Com véu que Tirant no parlava ni dehïa res e que ab la manyopa no li fehïa prou de mal, *penssà de llançar* la manyopa de la mà e prestament ho féu (*Tirant lo Blanch*, 327, 34).

Mientras que el ejemplo (24) indica que la acción no se hizo inmediatamente, sino según la voluntad del rey; en (25), (26) y (27) los contextos de confirmación aparecen seguidamente después de la construcción. Como veremos en los estadios siguientes, la saturación de estos contextos específicos en que la acción del verbo principal se acaba produciendo favorecerá la aparición de inferencias asociadas y la generalización de las ICP, puesto que, si el contexto posterior confirma que el acontecimiento se ha llevado a cabo, se debilita el valor de 'disposición' y se focaliza la acción como completada. El ejemplo (28) es bastante ilustrativo, porque el trascurso entre 'disponerse a lanzar la manopla' y 'lanzarla' es casi inmediato. Finalmente, hay casos sin un contexto de confirmación posterior porque el contexto no da pie a ninguna otra interpretación:

(29) Guillem Rosalló, siutadà de Malorques, dién-li dient [sic] an aquel Bernat: «Crida, *pensa de cridar* viafores!» e asò per moltes vagades li dix (*Un llibre reial mallorquí del s. XIV*, 297, 17).

(30) E puys ayats lart ffus mesclat ab holi| e, si us volets, hi podets metre un poc de vi. E puys *pensats de ffer* escudelles. E ab aquest menjar podets dar hous ffrits e fformatges axí matex (*Potatges*, 171, 1).

En estos dos ejemplos el uso del imperativo imposibilita cualquier otra lectura que no sea 'disponerse a hacer la acción'. Además, puede aparecer la forma verbal simple «cridà» seguido de la construcción (29), con un valor equivalente.

En suma, el infinitivo que selecciona la construcción es culminativo: realizaciones y, en menor medida, logros. En cuanto a la clasificación semántica, los verbos prototípicos que acompañan *pensar* son verbos de movimiento: *anar, venir, cavalcar, moure*. . .; seguidos de verbos relacionados con acciones bélicas: *prendre la ciutat* (23) y; en último lugar, otros verbos o locuciones verbales que no se pueden clasificar bajo una misma categoría: *haver plaer* 'mantener relaciones sexuales' (22), *llançar* (27), *cridar* (28) o *fer escudelles* (29). Predomina el discurso reportado, el estilo directo y el uso del imperativo; a pesar de que la construcción también puede aparecer en indicativo y en subjuntivo. El verbo *pensar* aparece indistintamente en presente, pasado o futuro.

En un segundo estadio, observamos que la construcción puede resultar ambigua en ciertos contextos, puesto que admite el significado de 'disposición para la acción' y el de 'hacer la acción', en que el evento se presenta como realizado. Esta doble lectura se explica si entendemos que los cambios semánticos siempre se originan por polisemia: los significados nuevos aparecen en contextos concretos o restringidos derivados del significado original. Los contextos que se generan en este segundo estadio se han denominado *contextos puente* y es un concepto extensamente explicado (Enfield 2003; Martines/Montserrat 2014; Traugott 2006; 2012b). En pocas palabras: los contextos puente son aquellos en que el O/L pueden interpretar bien el significado original de la construcción o bien el significado nuevo derivado del contexto pragmático, porque este receptor puede anular la inferencia asociada o bien la puede anular con mucha dificultad. En definitiva, estos contextos específicos son los que activan el cambio semántico. En el momento en que la construcción se interpreta con el nuevo significado —el derivado, el gramaticalizado—, hablamos de un reanálisis semántico —esto es, la convencionalización del significado pragmático en significado codificado— que puede convivir todavía con el significado codificado inicial o desplazarlo (Martines/Montserrat 2014, 197; Traugott 2017). Siguiendo el esquema de Enfield (2003, 29) de los estadios del cambio semántico representado en la Figura 2, en el segundo estadio 'q' resulta funcionalmente equivalente a 'p'; por lo tanto: «the bridging context therefore ‹masks› the difference between pragmatic and semantic interpretation, enabling but not necesarily giving rise to, a new semanticized 'q'; 'p' is left to persist or disappear» (Traugott 2012a, 550). Observemos los ejemplos siguientes:

(31) E com ell hac ordonada la sua anada, *pensà de ixir a carrera*, ell e ·ls senyors inffants, al rey de Castella; *et vengren-se·n al regne de València*, et volgren saber les viandes con eren ordonades (*Crònica* de R. Muntaner, 18, 25).

(32) Et axí lo rey Robert *pensà de fer* son aparellament per passar en Sicília. [c.257] E lo senyor inffant En Fferrando, fill del senyor rey de Mallorcha, sabé que son cunyat, lo rey Robert *havia fet son apparallament* de passar en Sicília; apparallà·s et ab bona companya anà-sse·n en Sicília, de què lo senyor rey Ffrederich hac gran plaer con lo veé, per ço con no l' havia depuys vist que passà en Romania per ell (*Crònica* de R. Muntaner, 527, 15).

(33) E con foren en Sicília aquests ·II· richs hòmens, lo senyor rey hordonà que En Bernat de Sarrià estegués ab sa companya en Palerm, et En Dalmau de Castellnou que fos capità de Calàbria. Et anà-sse·n a Rèjoll, et *pensà de garrejar* en Calàbria, axí con aquell qui era ·I· dels bons cavallers del món (*Crònica* de R. Muntaner, 140, 10).

(34) Puys entrà-sse·n en Aragon et vench a Saragoça, hon li fo feta la major festa que hanc negunes gents poguessen fer a lur senyor. E com lo senyor rey fo a Saragoça, tothom

pensà d'atendre a Saragoça. Et leixar-vos hé estar lo senyor rey, et tornar-vos hé a parlar de l' almirayl (*Crònica* de R. Muntaner, 320, 18).

En estos contextos, la inferencia 'si tengo la disposición firme para hacer una acción, es muy probable que la haga a continuación' es difícil de cancelar porque la construcción se ha saturado parcialmente: aunque *pensar* todavía selecciona verbos de acción culminativos, solo se conjuga en pasado de indicativo, que es el modo verbal que se suele utilizar para la expresión de hechos reales, y se ha especializado en fragmentos narrativos de textos historiográficos. Los elementos de reanudación subrayados en (31) y (32), que remiten a la acción principal de la construcción, se podrían ubicar tanto en el plano potencial —'disposición para hacer la acción'— como en el plano actual —'acción ya iniciada o concluida'. El contexto confirma que la acción se llegó a producir en algún momento del pasado, sin llegar a especificar si tuvo lugar durante el momento de la enunciación o con posterioridad. Ciertamente, la frecuente aparición de la construcción en contextos en que la acción del verbo principal se acaba produciendo favorece la lectura perifrástica. El hecho de que en los ejemplos (33) y (34) no haya un contexto de confirmación posterior y que la construcción sea más restrictiva en la selección de elementos que la conforman, impide saber con certeza cuál de las dos interpretaciones debía ser la original, a pesar de que ambas lecturas son posibles y válidas.

En un tercer estadio, las implicaturas conversacionales particularizadas se generalizan y el significado que emergía del contexto pragmático se semantiza y se vuelve ahora significado codificado: en este punto *pensar de* + infinitivo toma un valor perifrástico ingresivo o perfectivo, el cual convive con el significado originario:

(35) E quan los dits saliners veeren venir lo dit comanador ab los altres hòmens *pensaren de fugir* per les muntayes, *e éls encalçaren-los tro sus a Miravet*, e aquí reculiren-se e pregaren a aquells de la villa que·ls degessen tenir a dret (*Pergamins, processos i cartes reials 2*, 72, 55).

(36) E puys senyaren ab les espases a la host que *pensassen d'entrar, e cridaren*: —Via dins! via dins! que tot és nostre!. D'on los crestians foren molt alegres (*Crònica* de B. Desclot, 134, 21).

En este estadio se verifica el proceso de gramaticalización que ha experimentado *pensar*: se ha debilitado el significado léxico de 'disposición a hacer la acción' a un significado gramatical, que indica que la acción del verbo principal —que mantiene las propiedades sintacticosemánticas— se ha empezado a producir o que se ha producido completamente. Esta perífrasis es equivalente y coetánea de la perífrasis narrativo-aspectual *anar + infinitiu* (Pérez Saldanya 2013; Segura-

Llopes 2012) igual que la contemporánea *coger y + infinitivo* —aunque también se documenta con *ir* y *tomar*— (García Fernández 2006, 98):

(37) a. Juan cogió y cargó el camión.
b. Juan coge y prepara cocido todos los lunes.

El *Diccionario de perífrasis verbales* dice que esta perífrasis «permite marcar el carácter télico del evento descrito por el segundo verbo, de tal modo que obliga a interpretarlo como realizado por completo» (García Fernández 2006, 98). En efecto, en (35) los salineros «pensaren de fugir», es decir, 'arrancaron a huir' o 'huyeron' y fueron perseguidos hasta Miravet, la acción de huir ya no es una simple disposición potencial porque precisamente *pensar* es el elemento que remarca que la acción se llega a efectuar y, además, lo confirma la persecución subsiguiente. En el ejemplo (36) el contexto posterior también corrobora que la acción anterior ha acontecido, sumado a la acción gramaticalizada del verbo auxiliar. En este caso, las acciones van concatenadas: primero, la hueste «pensà d'entrar» —'entraron'— y una vez dentro, gritaron.

En cuanto a las propiedades de la perífrasis, ahora se muestra relativamente más fijada y saturada que en la primera fase porque restringe los elementos que la conforman. Como apuntábamos en el estadio anterior, la construcción se especializa en fragmentos narrativos de textos historiográficos, sobre todo en aquellos que tienen una función épica: la *Crònica* de R. Muntaner, la *Crònica* de B. Desclot y el *Llibre dels fets* recogen el 72,5% de los casos totales de aparición de la construcción. En cuanto al tiempo verbal, se conjuga en pretérito perfecto simple de indicativo, aspecto que hace referencia a situaciones acabadas, anteriores en un momento de referencia y vinculadas en el momento del acto de habla. Además, el verbo auxiliar selecciona infinitivos de acción télicos pertenecientes a campos semánticos diversos. En primer lugar, la construcción opta por verbos de movimiento: *fugir, entrar, venir, eixir a carrera* 'ir hacia alguien y en dirección contraria a la que él lleva, para juntarse con él antes de que llegue al lugar donde estaban' (S. V. eixir, DCVB), *cavalcar, brocar, vogar, caminar, muntar, saltar, recórrer*. En segundo lugar, acciones relacionadas con escenas bélicas: *rebel·lar-se, armar, estòrcer, ferir, treure els trabucs, prendre les armes, desplegar l'oriflama, toldre punys, ordenar la pau*. Finalmente, otros verbos que no se pueden ubicar bajo una categoría determinada, como *predicar, tractar, recollir* o *descobrir*. Mientras que los ejemplos (35) y (36) han servido para mostrar cuál era el valor de la construcción, los fragmentos de la *Crònica* de R. Muntaner son magníficos para ilustrar la función que ejerce:

(38) Et con lo príncep veé açò, mogut de fellonia, ell, son cors, muntà primer en les galeas. Et con los comtes, barons, cavallers et ciutadans et totes altres gents veeren lo príncep

en les galeas, moguts de vergonya, tots *pensaren de muntar* en les dites galeas, cascuns ab lurs armes et ben apparallats. Què us diré? ·XXXVIII· galeas armaren, et molts lenys et moltes barques. Et con foren armades, *pensaren de vogar* envers l'almirayl. E l'almirayl fó semblant que fugís, et *pensà ·s de tirar* fora, en tal manera que ·ls tengués en loch que una no ·n pogués escapar. Et con veé que·ls tenia en bona mar, *pensà de girar* envers ells; et aquells, qui·ls *veeren girar*, tantost perderen la vigoria ab què encalçaven, et levaren rems (*Crònica* de R. Muntaner, 230, 13).

(39) Sí que tantost con de la cavalleria hac sus, trameseren al rey de Ffrança missatges ab gran alegre, que ·l pas tenien sens tot embarch, et que ·l camí era en tal guisa adobat que les carretes ne podien passar; e así que *pensàs de venir*, ell et tota la host. Et d'açò hac lo rey de Ffrança gran plaer, et tantost *pensà de desplegar* l'aurifflama et tota la host *pensà de muntar*. Què us diré? Vejats què és poder: que dins ·IIII· dies hi faeren tal camín que les carretes carregades hi muntaren (*Crònica* de R. Muntaner, 254, 10).

(40) E así con ells començaren a córrer, lo via_fora se moch per la encontrada, et lo magaduch guardà et víu los turchs, que tots los podien veure; que ·ls turchs eren en lo pla, et la ciutat de la Tira està alt. Et manà a ·N Corberan d'Elet qui era manescalch de la host, que y anàs ab aquella companya qui seguir-lo volgués; e la companya près-se a les armes et *pensà ·s de cuytar*. Et En Corberan d'Elet entrò ab ·CC· hòmens a cavayl et ·M· de peu, va entre ells ferir, sí que tantost los mès en veençó, e ·n matà ben ·DCC· hòmens a cavayl et molts de peu; et agra-los tots morts, mas la muntanya era prés, et *pensaren de lexar* los cavalls, e a peu *pensaren de fugir* per la muntanya. Et En Corberan d'Elet era molt bon cavaller, et, per massa volentat, *pensà* axí mateix *d'avallar* del cavall, e *pensà de muntar* a peu per la muntanya. Et los turchs, qui veeren que ·ls muntaven darrera, *pensaren* ab les segetes *de trer*, et, per desastre, una segeta va ferir En Corberan, qui s' ach desarmat lo cap per calor, per lo polç (*Crònica* de R. Muntaner, 421, 8).

Estos contextos demuestran que la perífrasis tenía un valor narrativo-aspectual, es decir, que se usaba en secuencias narrativas en prosa o en textos que presentan características de la lengua oral para dar vitalidad a la historia. De hecho, uno de los atractivos de la épica narrativa medieval es precisamente el estilo dinámico con que se relatan los hechos: la perífrasis ayuda a hacer avanzar los acontecimientos que se narran y a mantener el O/L cautivo con la sucesión de la historia. Este hecho explica que la construcción aparezca repentinamente durante el siglo XIV en textos historiográficos, principalmente las crónicas, y no en textos poéticos o epistolares posteriores; al fin y al cabo, muchas de estas obras recrean el habla oral porque estaban destinadas a ser leídas en voz alta, como la *Crònica* de Muntaner, obra en que se registran la mayoría de los casos.

Veamos (38), a modo de ejemplo, cómo la perífrasis da vivacidad al relato y hace avanzar la sucesión de acciones. En el capítulo 113 de la crónica, Ramon Muntaner se dispone a narrar la batalla naval que se produjo en el golfo de Nápoles el 5 de junio de 1284 durante la Guerra de Sicilia. La armada guiada por Roger de Llúria ha llegado a la costa napolitana y el príncipe Carlos II decide hacerle frente. Mientras que la compañía catalana está dispuesta a iniciar la batalla, el otro bando se resiste hasta que el príncipe angevino «muntà primer en les galeas. Et con los comtes, barons, cavallers et ciutadans et totes altres gents veeren lo príncep en les galeas, moguts de vergonya, tots *pensaren de muntar* en les dites galeas». Es decir, el séquito del príncipe subió después de que lo hiciera él. Muntaner continúa narrando la ingeniosa estrategia del militar Llúria: «Et con foren armades, *pensaren de vogar* envers l'almirayl. E l'almirayl fó semblant que fugís, et *pensà·s de tirar fora*, en tal manera que·ls tengués en loch que una no·n pogués escapar.» En otras palabras, las naves angevinas bogaron («pensaren de bogar») hacia el almirante Llúria y él simuló una escapada a Castellamare, pero en realidad, él se apartó («pensà's de tirar fora») para que las otras naves no pudieran escapar. Finalmente, cuando el almirante vio que ya estaban apartados de la costa: «*pensà de girar* envers ells; et aquells, qui·ls veeren girar, tantost perderen la vigoria ab què encalçaven», o sea, giró las naves de cara a los enemigos para empezar la batalla.

Con un mismo valor narrativo-aspectual encontramos *anar + infinitiu*, una perífrasis estudiada por Pérez Saldanya (2013) y Segura (2012), que es la precursora del pretérito perfecto perifrástico en catalán. Esta construcción se origina con la gramaticalización de las inferencias discursivas que genera el verbo: «els contextos on la destinació [del verb *anar*] és implícita, la idea de moviment s'afebleix progressivament i, per contra, es fixen, i fins i tot es potencien, els valors d'intencionalitat i de posterioritat associats al moviment» (Pérez Saldanya 2013, 266). A la postre, el resultado de la gramaticalización ha sido el mismo para las dos construcciones, las cuales han constituido «una perífrasi narrativo-aspectual utilitzada com a marcador de cohesió discursiva per emfasitzar la subseqüència però també la intencionalitat i el caràcter focal de l'esdeveniment denotat per l'infinitiu» (Pérez Saldanya 2013, 270). En definitiva, es una construcción que presenta casi las mismas características que nuestra perífrasis: se manifiesta en géneros narrativos ligados a la secuenciación de acontecimientos, en pretérito perfecto simple y con verbos de movimientos o de carácter violento o afectivo.

2.3 La perífrasis en las lenguas vecinas

Saldanya afirma que este uso particular del verbo *anar* no es excepcional y que era compartido en otras lenguas como el francés, el castellano o el inglés, incluso en la actualidad. Nuestra construcción tampoco constituía un caso único y afloraba en varias lenguas románicas, como hemos visto ya en otros apartados (§2.1); sin embargo, es difícil documentarla porque, como hemos expuesto anteriormente, muchas obras lingüísticas no la contemplan o bien no la recogen con el valor que tratamos en este trabajo. En el caso del italiano, por ejemplo, que cuenta con magníficas obras que estudian la lengua histórica con profundidad, no la mencionan. Por contra, los resultados de corpus sí que aportan muchos ejemplos de la construcción y habría que estudiar si corresponden con nuestra perífrasis inceptiva.

En cuanto al castellano, Yllera (1980, 186–188) recogía ejemplos de la perífrasis extraídos del *Cantar del Mío Cid*.[5] Sin embargo, el CORDE y el CDH amplían nuestra perspectiva y demuestran que era una construcción viva, ya que la documenta en otros textos narrativos, cronísticos o historiográficos. Como muestra:

(41) a. *Vida de Santo Domingo de Silos* (1236): «Quando fue peonciello que se podié mandar, mandólo ir el padre las ovejas guardar; obedeció el fijo, ca non querié pecar, ixo con su ganado, *pensólo de guiar*. Guiava so ganado como faz buen pastor»;
b. *Libro de Apolonio* (1240): «Non quiso Apolonio en la vylla quedar, tenìa que la tardança podìa en mal finar; triste & desmarrido *pensó de naueyar*, fasta que fue en Tiro él non sse dio bagar.»;
c. *Estoria de Espanna que fizo el muy noble rey don Alfonsso, fijo del rey don Fernando et de la reyna donna Beatriz* (1270): «luego que lo sopo Gumildo el falso Obispo daquel logar que fuera siempre conseiero de toda aquella nemjga; crebrol el coraçon. & *penso de foyr*. & fuesse pora Paulo a la cibdad de Nems.»;
d. *Poema de Alfonso Onceno* (1348): «Guisóse el almirante e el rey *pensó de andar*: la flota falló delante en los puertos»;
e. *Sumas de la historia troyana de Leomarte* (c. 1350): «posieron mano a esas armas que tenjan & *pensaron de pelear*»;
f. *Gran crónica de España, III.* (1376 – a 1391): «que los moros por aquello se apercebiessen, penssaron de caualgar quanto pudieron enta los moros».

En referencia al francés, los diccionarios históricos recogen la perífrasis tempranamente y diferenciada de la construcción seguida de SN, como el FEW (2003, 194): «Afr. *penser de* (+ inf.), se mettre à, tâcher de» (Wace-13. jh., Bartsch; MonGuill 5350; AntA; Courtois; Ilvonen; YengRag), *pensez de* (+verbe) «périphrase équivalant à l'impératif de l'infinitif substantifié» (12.jh.-1485, MonGuill 1014; Aspremont 1042; Courtois 263; Elie 194; AdenBueve 227; Mist 27763)». Además, se testimonian muchos ejemplos en textos épicos y en *romans*:

«A l'isir de la vile pense de chevauchier, *Floovant A* 942.] Au perron fisent les bons destriers garder, Et li baron penserent de monter, *RCambr.* 312. L'anfes Jordains .. Parmi l'estor panse d'esperonner, *Jourd. Bl.* 4036. Contre Auberi pensent del chevauchier, *Mitt.* 38, 22. [Et Li marchis pense d'esperonner, *Mon. Guill.* 5350. dans Guillaumes pense bien de l'errer, Pour Loëy des paiens delivrer, *eb.* 5150. Mesire Gavains de l'errer Pensa, *Veng. Rag.* 4973» (Tobler/Lommatzsch 1925, 672).

---

5 Cf. §2.1, ejemplo (17).

Sobre el gallego, el DDGM recoge en varias obras el significado de 'cuidar de', generalmente seguido de SN. Sin embargo, el glosario de *La traducción gallega de la Crónica General y de la Crónica de Castilla* (Lorenzo 1997) es el único que recoge el valor de 'disposición para la acción' y 'empezar a' de la construcción *pensar de*, que parece que también era una construcción frecuente:

> «CSM 63.77 ‹que de vossas chagas *pensedes*›, 198.27 ‹e os outros mal chagados de que ben *penssar* mandassen›, etc.; Pero da Ponte (1162, 1628) ‹sabedes filhar/eno paaço senpr'un tal logar/en que an todos mui ben a *penssar* de uos› (3); Cr. 1344 ‹esteverõ hi todo o dya dando cevada e *penssando* de si› (III, 424); Miragres ‹nõ chores, mais *pensa* de me tirar daqui agina ca viuo soo› (p. 9); Cr. Troyana ‹*pensade* de me ascoytar› (I, 105.25), ‹maestres que os *penssassen* das chagas› (I, 272.32); F. Lopes Cr. D. Pedro ‹e *pensarom* d'Af. Madeira e guareceo› (p. 121.52). Cfr. Magne Demanda Graal III, s.v.; Machado Gloss. S. Bernardo, 144; C. Michaëlis Gloss. CA p. 65). En cast. desde el Cid (cfr. Pidal Cid p. 793). Más ejs. en Morais y E. Rodríguez».

En cuanto al occitano, Jensen (1986, 231) documentaba la perífrasis en el *roman* de *Guillaume de la Barre* (cf. §2.1). El *Rn* (1844, 495:a) sitúa la perífrasis indistintamente con ejemplos de *pensar de* + SN bajo la acepción genérica de 'cuidar', del mismo modo que hemos visto en las obras lexicográficas en gallego, y añade un pasaje del Blandín de Cornualles: «Guiloth *pensa de cavalcar* apertamen senza tardar, e intra s'en per lo desert cum bon cavalier e apert.» (2001, v. 607). A pesar de que las obras gramaticales occitanas no recogen la construcción perifrástica como tal, el hecho de que aparezca a menudo en castellano, catalán, gallego o francés hace pensar que debía de ser también una construcción frecuente en esta lengua.

3 ¿Era *pensar de* + infinitivo una construcción obsolescente?

Los estudios que han tratado la gramaticalización o el cambio sintáctico se han centrado más en explicar la emergencia de nuevas construcciones que la desaparición de estas estructuras. Es más, los trabajos que han abordado estos fenómenos lo hacen de manera anecdótica o aislada. La aportación de Rudnicka (2018) arroja luz sobre esta cuestión: cómo y por qué los elementos de una gramática pueden llegar a desaparecer. Según la autora, la hipótesis principal es que las construcciones pueden extinguirse porque experimentan un proceso denominado *obsolescencia gramatical*:

«*Grammatical obsolescence* describes a situation in which a previously popular and productive construction is, often gradually, losing its productivity and popularity over time until the construction disappears or there are only residues or fossilised forms left. The function of the obsolescent construction may discontinue or continue to be (fully or partially) expressed by alternative means» (Rudnicka 2018, 4).

Esta definición parte del hecho de que la obsolescencia es un proceso activo en que una construcción productiva se vuelve obsoleta a lo largo del tiempo. En las construcciones que sufren este fenómeno, llamadas *construcciones obsolescentes* (Diagrama 3), se observan dos rasgos: hay una correlación negativa entre el tiempo (t) y frecuencia de uso (f) y, además, no suelen fluctuar mucha durante el proceso. Hay que establecer, además, las diferencias entre otras dos construcciones que están relacionadas. Tanto las *construcciones raras* como las *construcciones obsoletas* se identifican porque presentan una frecuencia de uso baja y a menudo estable a través del tiempo. Aun así, lo que las diferencia es la pérdida de aceptabilidad: las construcciones raras se perciben como aceptables en la comunidad lingüística mientras que las construcciones obsoletas ya no se perciben como tales (Rudnicka 2018, 10).

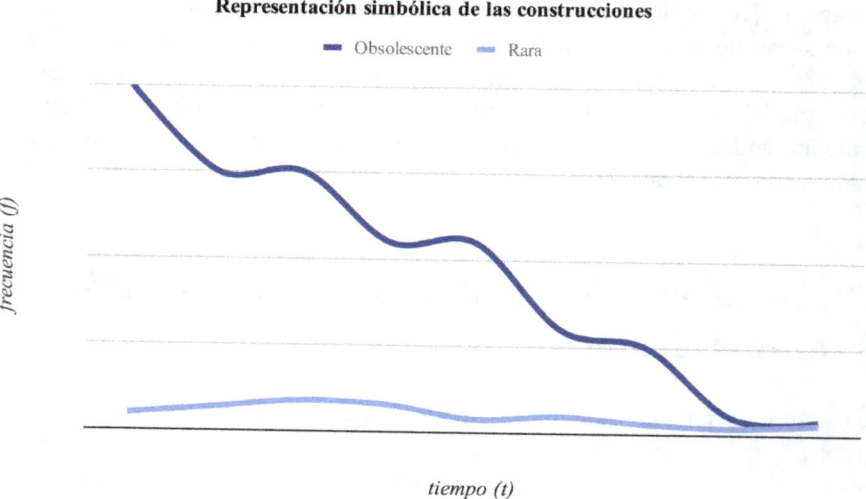

Diagrama 3: Representación simbólica de una construcción obsolescente (en azul oscuro) y de una construcción rara (en azul claro). En la construcción obsolescente la frecuencia de uso (eje f) disminuye con el tiempo (eje t), mientras que en la construcción rara la frecuencia de uso es siempre baja (eje f) y muestra poca variación con el tiempo (eje t) (Rudnicka 2018, 7–8).

La tabla siguiente muestra las principales similitudes y diferencias entre los tres tipos de construcciones que acabamos de exponer:

Tabla 1: Clasificación de las construcciones. Adaptada de Rudnicka (2018, 24).

Adjetivo	Significado	Correlación negativa entre tiempo y frecuencia de uso	Falta de aceptabilidad por parte de los hablantes	Frecuencia baja en las últimas décadas del período investigado
obsolescente	En proceso de abandonar la posición central de la gramática	Sí, es una condición necesaria	No, definitivamente no	Sí, tendría que ser así
obsoleta	Perdida, olvidada, fuera de la parte central de la gramática	No, no necesariamente	Sí, es una condición necesaria	Sí, tendría que ser así
rara	Estado de ser infrecuente, baja frecuencia de uso	No, no necesariamente	No, definitivamente no	Sí, tendría que ser así

En el momento en que una construcción determinada desaparece de la lengua, se diferencian dos subtipos de obsolescencia: la primera es cuando la construcción desaparece y no hay ninguna que la reemplace y la segunda cuando se sustituye la construcción por otra equivalente. Estos casos más «puros», como afirma la autora (2018, 17), son extraños, puesto que lo más habitual es la obsolescencia a causa de la carencia de necesidad comunicativa —obsolescencia funcional— o la falta de necesidad formal —obsolescencia de la forma. Los cambios construccionales que ha experimentado la construcción y que han quedado reflejados en los datos de corpus nos hacen pensar en la posibilidad de que la perífrasis *pensar de* + infinitivo experimentara un proceso de obsolescencia gramatical. Intentamos demostrarlo a continuación.

En el Diagrama 1 constatamos que hay una correlación negativa entre el tiempo (t) y la frecuencia (f) desde la segunda mitad del siglo XIV, que es cuando la construcción atestigua la época de mayor uso, hasta el siglo XVI. Además, hay que tener en cuenta que, a partir del siglo XV, *pensar de* + infinitivo aparece casi de manera exclusiva con el significado de 'disponerse a hacer la acción' y más adelante con el valor intencional 'tener la intención de hacer la acción'. En cuanto al subtipo de obsolescencia, no parece que la frecuencia de uso de la construcción disminuya a favor de otra construcción que le gane terreno, como es el caso de *anar + infinitiu*, perífrasis que acabó sustituida por el pasado simple (Segura-Llopes 2012, 144). En el caso de *pensar de* + infinitivo narrativo-aspectual, el proceso de cambio semántico se detiene en el tercer estadio y no concluye con la sustitución del significado 'p' > 'q'; de hecho, la construcción perifrástica solo convive con el original hasta que desaparece en las postrimerías del siglo XIV. Por lo tanto, la perífrasis cumple la condición necesaria para que sea considerada una construcción obsoleta a causa de la carencia de necesidad comunicativa —queda obsoleta la función, pero no la forma— y aparentemente no hay ninguna otra construcción que la reemplace.

Parece que la causa de obsolescencia de la construcción —o al menos es un indicio de este proceso— es la fragmentación distribucional: «it refers to a situation in which almost all of the instances of a given construction seem to be concentrated in one particular genre instead of being more or less equally distributed around different genres, registers and kinds of text» (Rudnicka 2018, 29). Si consultamos el Diagrama 2, comprobaremos que la construcción se da casi de manera exclusiva en textos historiográficos, concretamente los textos en que se concentra el número más grande de casos son las crónicas. En las otras lenguas en que aparece la perífrasis también hemos observado el mismo fenómeno: la construcción aparece en textos épicos o historiográficos y narrativos en que hay una secuenciación de acontecimientos. La dificultad es, pues, averiguar si esta perífrasis ha nacido bajo el abrigo de los textos épicos o historiográficos o si, al contrario, era una construcción que abrazaba otras tipologías textuales y se ha reducido hasta estos textos determinados, puesto que, si la construcción se ha generado exclusivamente en este tipo de textos, entonces no se podría hablar de obsolescencia gramatical:

> «the fact that a construction is predominantly present in one or two particular genres is not enough to treat it as obsolescent, since, as Leech et al. (2009, 81) say, the construction has to be ‹increasingly restricted to certain genres›. Thus, the restriction has to be a result of a recent diachronic process. [...] If a construction was ‹born› in a certain genre and it simply sticks to it, this should not be treated as a symptom of obsolescence» (Rudnicka 2018, 29).

La limitación de los estudios de corpus diacrónicos no nos permite llegar a una conclusión definitiva sobre esta cuestión, porque el corpus no dispone de suficientes documentos escritos en catalán anteriores al siglo XIII ni es posible acceder a documentos orales en la lengua antigua. En cambio, tenemos que considerar diferentes aspectos que nos hacen pensar que la construcción sí que experimentó una fragmentación distribucional. Por un lado, el hecho de que la construcción aparezca residualmente en otras tipologías textuales con el valor de 'disponerse para hacer la acción' podría indicar que tiempo antes la construcción no era exclusiva de los textos épicos o historiográficos, sino que tenía mayor uso en otras tipologías textuales. Esta suposición descansa en el hecho de que los textos escritos suelen reproducir construcciones consolidadas en la comunidad lingüística y no es extraño encontrar en textos formales o importantes —como lo debían de ser las crónicas—, arcaísmos o construcciones ya en desuso. Por otro lado, la hipótesis más probable es que la construcción era propia y viva de la lengua oral, por eso se encuentran tan pocos ejemplos en la lengua escrita. Los casos en que aparece son textos narrativos, como los *romans* franceses y occitanos, o eran obras destinadas a ser leídas en voz alta, como la *Crònica* de R. Muntaner o el *Cantar del Mío Cid* en castellano. Además, esta teoría se sostiene porque este tipo de perífrasis narrativo-aspectuales se han documentado también en textos que reproducen el habla oral, como la perífrasis análoga *anar + infinitiu* (Segura-Llopes 2012, 113) en los sermones de sant Vicent Ferrer:

(42) E p[a]rà-li taula e donà-li carn; e ell portava realgar ab si, e quan tingué la carn davant, *va-la salbuscar* damunt, damunt del realgar, e mengà e morí (*Sermons de St. Vicent I*, 232; 1445–1449).

(43) Dient: –Senyor, prech-vos que per mèrit de la vostra sancta Passió e per consolació de aquests cristians e conversió de infels, que vullats destroir les rodes. E veus que tantost vingueren àngels e ab spases *varen-les tallar* a vista de tots, e axí com donaven lo colp, veus que allà sortia hun raor e matava hun hom e llà altre, etc. (*Sermons de St. Vicent II*, 140; 1445–1449).

Aunque no podemos afirmar con rotundidad que *pensar de* + infinitivo era una construcción que experimentó obsolescencia gramatical, los datos dejan entrever que es muy probable que sufriera este proceso porque presenta síntomas claros: hay una correlación negativa entre tiempo y frecuencia, muestra una distribución desigual por tipologías textuales y responde a una obsolescencia funcional: una vez que han desaparecido las obras que pueden contener esta construcción, porque son textos que contienen o recrean características de la lengua oral, desaparece también la construcción.

4 Conclusiones

a) *Pensar de* + infinitivo era una construcción transitoria con valor perifrástico narrativo-aspectual que apareció en catalán y en otras lenguas románicas —castellano, francés, gallego y occitano— en textos épicos e historiográficos ligados con secuencias narrativas, con la función de dar vitalidad a la sucesión de hechos que se relataban. En el caso del catalán, esta perífrasis se concentra en las crónicas medievales de R. Muntaner, B. Desclot y Jaime I.

b) En cuanto al plano formal, partimos de la hipótesis de que la perífrasis se origina en la construcción pensar de + SN con el valor de 'cuidar de SN' o 'ocuparse de SN', que cuando acompañaba sustantivos periféricos, es decir, aquellos que no hacen referencia a personas, animales o plantas, necesitaba un complemento que lo modificara. Este complemento, derivado de la construcción AD+INF latina, facilitó el paso a *pensar de* + Vinf con el significado 'ocuparse de (hacer) una acción'. Esquemáticamente: *pensar de* + SN (prototípico) > *pensar de* + SN (periférico) > *pensar de* + SN + AD INF > *pensar de* + Vinf.

c) En cuanto al plano semántico, el verbo *pensar* reporta un proceso de gramaticalización que comporta la saturación de la construcción de infinitivo: pasa de ser un verbo de cognición con significado léxico a marcador narrativo-aspectual. El despliegue de este nuevo valor lo explicamos por la Teoría del Cambio Semántico a partir de Inferencias Asociadas (*IITSC*) y el papel central que tiene el contexto pragmático en la generación de nuevos significados. La construcción 'ocuparse de/disponerse a hacer una acción' se rutiniza en contextos en que esta acción, representada por un infinitivo télico de acción, se acaba produciendo; de forma que se diluye la potencialidad del acontecimiento y se remarca el evento como iniciado o ya hecho.

d) Los cambios construccionales que experimenta la construcción, referentes a la disminución de frecuencia, la distribución irregular entre tipologías textuales y el cambio de función, permiten intuir que la perífrasis inició un proceso de obsolescencia gramatical a partir del siglo XV por motivos funcionales, concretamente por una fragmentación distribucional. Como la perífrasis narrativo-aspectual está firmemente ligada a la lengua oral, esta construcción desaparece de la lengua escrita tan pronto como se dejan de producir textos en los que es representativa, es decir, obras épicas e historiográficas.

Bibliografía

Alemany, Rafael (ed.), *Diccionari del lèxic de les poesies d'Ausiàs March*, Paiporta, Denes, 2008.

Antolí Martínez, Jordi Manuel, *Els verbs de percepció en català antic. Els verbs veure, sentir, oir i entendre en els segles XIII–XVI*, Alacant/Barcelona, IIFV/PAM, 2017.

Bastardas, Joan, *Sobre la construcció medieval «per sarraïns a preïcar»*, in: Jorba, Manuel (ed.), *Estudis de llengua i literatura catalana oferts a R. Aramon i Serra en el seu setantè aniversari*, vol. 1, Barcelona, Curial, 1979, 39–58.

CDH = Instituto de Investigación Rafael Lapesa de la Real Academia Española, *Corpus del Nuevo diccionario histórico (CDH)*, 2013, <http://web.frl.es/CNDHE> (último acceso: 24.02.2020).

CICA = Torruella, Joan (dir.), *Corpus Informatitzat del Català Antic* (CICA) <http://www.cica.cat> (último acceso: 24.02.2020).

CIGCA = Martines, Josep/Martines, Vicent (dirs.), *Corpus Informatitzat de la Gramàtica del Català Antic*, Alacant, ISIC-IVITRA (Universitat d'Alacant).

CIGCMod = Martines, Josep/Martines, Vicent (dirs.), *Corpus Informatitzat de la Gramàtica del Català Modern*, Alacant, ISIC-IVITRA (Universitat d'Alacant).

CORDE = Real Academia Española, Banco de datos (CORDE), *Corpus diacrónico del español*, <http://www.rae.es> (último acceso: 24.02.2020).

DCVB = Alcover, Antoni Maria/Moll, Francesc de Borja, *Diccionari català-valencià-balear*, Palma de Mallorca, Moll, 1978, <https://dcvb.iec.cat/> (último acceso: 24.02.2020).

DDGM = González Seoane, Ernesto (ed.), *Dicionario de dicionarios do galego medieval*, Vigo, Grupo TALG/Instituto da Lingua Galega, 2006–2018, <http://sli.uvigo.gal/DDGM/index.php> (último acceso: 24.02.2020).

DECat = Coromines, Joan, *Diccionari etimològic i complementari de la llengua catalana*, vol. 6, Barcelona, Curial/La Caixa, 1980–2001.

Diez, Frédéric, *Grammaire des langues romanes*, vol. 3, París, A. Frank, 1876 (Gênes/Marseille, Slatkine/Laffitte, 1973).

Enfield, Nick, *Linguistics epidemiology. Semantics and grammar of language contact in mainland Southeast Asia*, London/New York, RoutledgeCurzon, 2003.

FEW = Wartburg, Walther von, *Französisches Etymologisches Wörterbuch*, Bonn, Fritz Klopp, 1928.

Galano, Sabrina (ed.), *Blandin de Cornoalha*, Alacant, Biblioteca Virtual Joan Lluís Vives, 2001, <http://www.cervantesvirtual.com/obra/blandin-de-cornoalha> (último acceso: 24.02.2020).

García Fernández, Luis (ed.), *Diccionario de perífrasis verbales*, Madrid, Gredos, 2006.

Goldberg, Adele, *Constructions. A construction grammar approach to argument structure*, Chicago, Chicago University Press, 1995.

Goldberg, Adele, *Constructions at work. The nature of generalization in language*, Oxford, Oxford University Press, 2006.

Jensen, Frede, *The syntax of Medieval Occitan*, Tübingen, Niemeyer, 1986.

Lorenzo, Ramón, *La traducción gallega de la Crónica General y de la Crónica de Castilla*, vol. 2, Orense, Instituto de Estudios Orensanos Padre Feijóo, 1997.

Martines, Josep, *Sobre una construcció sintàctica catalana una mica controvertida, «ser + de + infinitiu». «E si de dos mals lo menor ‹és de elegir›, qual serà l'altre, si la mort per menor elegexes» (Joan Roís de Corella)*, in: Martines Peres, Vicent (ed.), *Estudis sobre Joan Roís de Corella*, Alcoi, Marfil, 1999, 211–263.

Martines, Josep, *Diacronia i neologia. Canvi semàntic, subjectivació i representació del pensament. El català esmar, des de «taxar» fins a «inferir» i «imaginar» i més enllà*, Caplletra. Revista internacional de filologia 59 (2015), 221–248.

Martines, Josep/Montserrat, Sandra, *Subjectivació i inferència en l'evolució semàntica i en l'inici de la gramaticalització de jaquir (ss. XI–XII)*, Caplletra. Revista de Filologia 56 (2014), 185–211.

Montserrat, Sandra, *Dar/donar i fer+substantiu psicològic en català antic (ss. XIII–XVI). Una aproximació basada en la gramàtica de construccions*, Anuari de filologia. Estudis de

lingüística 4 (2014), 157–183, <http://hdl.handle.net/10045/45712> (último acceso: 24.02.2020).
Narrog, Heiko, *Modality, subjectivity, and semantic change. A cross-linguistic perspective*, Oxford, Oxford University Press, 2012.
Pérez Saldanya, Manuel, *Del llatí al català. Morfosintaxi verbal històrica*, València, Publicacions de la Universitat de València, 2013.
Rn = Raynouard, François Juste Marie, *Lexique roman ou Dictionnaire de la langue des troubadours comparée avec les autres langues de l'Europe latine*, vol. 4, Paris, Chez Silvestre Libraire, 1844.
Rudnicka, Karolina, *The statistics of obsolescence. Purpose subordinators in Late Modern English*, Freiburg, Albert-Ludwigs Universität, 2018.
Segura-Llopes, Carles, *El passat perifràstic en català antic. Una revisió a partir d'estudi de corpus*, eHumanista/IVITRA 2 (2012), 118–147, <http://hdl.handle.net/10045/34300> (último acceso: 24.02.2020).
Sentí Pons, Andreu/Antolí Martínez, Jordi Manuel, *La inferència en l'aflorament de valors evidencials en català antic*, Caplletra. Revista de Filologia 56 (2014), 157–183.
Tobler, Adolf/Lommatzsch, Erhard, *Altfranzösisches Wörterbuch*, Berlin, Weidmann, 1925.
Traugott, Elizabeth Closs/Dasher, Richard, *Regularity in Semantic Change*, Cambridge, Cambridge University Press, 2002.
Traugott, Elizabeth Closs, *Semantic Change. Bleaching, Strengthening, Narrowing, Extension*, in: Keith, Brown (ed.), *Encyclopedia of Language & Linguistics (Second Edition)*, Boston, Elsevier, 2006, 124–131.
Traugott, Elizabeth Closs, *Pragmatics and language change*, in: Allan, Keith/Jaszczolt, Kasia (edd.), *The Cambridge Handbook of Pragmatics*, Cambridge, Cambridge University Press, 2012, 549–565 (=2012a).
Traugott, Elizabeth Closs, *The status of onset contexts in analysis of micro-changes*, in: Kytö, Merja (ed.), *English Corpus Linguistics. Crossing Paths*, The Netherlands, Brill/Rodopi, 2012, 221–255 (=2012b).
Traugott, Elizabeth Closs, *Semantic Change*, in: *Oxford Research Encyclopedia of Linguistics*, Oxford, Oxford University Press, 2017.
VFaraudo = Faraudo i de Saint-Germain, Lluís, *Vocabulari de la Llengua Catalana Medieval*, Barcelona, Institut d'Estudis Catalans, 2009, <http://www.iec.cat/faraudo/> (último acceso: 24.02.2020).
Yllera, Alicia, *Sintaxis histórica del verbo español. Las perífrasis medievales*, Zaragoza, Universidad de Zaragoza, Departamento de Filología Francesa, 1980.

Adolf Piquer Vidal
Léxico, estilo y emotividad pragmática

Abstract: The choice of words is related to the stylistic value of discourse. The relationship between words and emotions is studied here. From the neurorhetorics, we analyze the relationship of political rhetoric and advertising with the effects on receptors' mind. The use of expressions seeking emotional adhesion serves to raise, from a pragmatic dimension, the perlocutive effects behind lexical choices in Spanish.

Keywords: stylistic, pragmatics, emotional discourse, neurorhetoric, lexical issues, identity, ideology

1 Marco teórico

Las actuales teorías retóricas se han centrado fundamentalmente en el valor de lo emocional como elemento esencial en el proceso de convencer a un auditorio. De hecho, la neuroretórica (Jack 2013; Arenas-Dolz 2013; Arenas-Dolz 2016) incide en una serie de elementos soslayados por los estudios argumentativos tradicionales, mayormente centrados en la lógica. Las teorías de la argumentación tenían como centro de su atención prioritaria el *logos* discursivo (Perelman/Olbrechts-Tyteca 1989). Con Ascombre y Ducrot (1994) se puso de relieve la relación de la argumentación con la voluntad de que el interlocutor admita una conclusión. Según los teóricos franceses, en el discurso argumentativo podrían quedar implícitos parte de los argumentos o la conclusión, de modo que el receptor fuese quien practicara los procesos inferenciales.

Ya Plantin (1998) considera una dimensión interaccional y otra emocional en la que se contemplan los mecanismos para conseguir la adhesión del auditorio. De este modo, *logos* y *pathos* se tendrían que considerar en una retórica que incluya las emociones. Así, la neuroretórica aplicada a la publicidad y el discurso político pasa a contemplar el efecto emocional que el discurso produce en el cerebro humano (Jack/Appelbaum 2013, 15–16). La empatía viene, de ese modo, a considerarse un elemento fundamental a la hora de diseñar un discurso.

Este artículo es fruto de la investigación derivada del Proyecto del Ministerio de Ciencia, Innovación y Universidades (FFI2017-85227-R) titulado «La construcción discursiva del conflicto: territorialidad, imagen de la enfermedad e identidades de género en la literatura y en la comunicación social».

Básicamente podemos entender hasta qué punto hay elementos biológicos (endorfinas y oxitocina) que entran en funcionamiento en la mente humana al percibir un estímulo externo como puedan ser determinadas palabras. Si los principios del racionalismo habían explicado que la argumentación tenía una base racional esencial, los estudios de António Damásio (1994; 1998) dejaron en entredicho que la lógica argumentativa tuviese un valor tan decisivo, por encima de lo emotivo. Brown y Levinson (1987, 101) apuntaron la importancia de la emoción ligada al acercamiento entre interlocutores. De hecho, las reacciones diversas que se pueden dar en un cerebro a partir de determinadas expresiones sitúan la subjetividad individual —con la corroboración experimental de las magnetoencefalografías (Kei 2013), la Estimulación Magnética Transcraneana, el MRI basado en la resonancia magnética (Armony/Eun Han 2013, 139)— en el epicentro del análisis de la comunicación (Gardhouse/Anderson 2013). De ahí la importancia que asume el *pathos* retórico en la actualidad, fundamentalmente en los estudios aplicados a política y publicidad. Se tiene en consideración la emoción porque, a menudo, las opciones léxicas de quien diseña un discurso tienen una voluntad emotiva.

Así, nos encontramos con diversos elementos que juegan de una manera decisiva en este proceso. Son aquellos en los que los mensajes se construyen con la intención de afectar más a las vísceras (en realidad a la zona central del cerebro) para atraer las simpatías del receptor. A nuestro parecer, ello se vincula a lo cognitivo, a las relaciones personales, sociales, afectivas que puedan haber condicionado el desarrollo mental del receptor.

Planteado de este modo, el proceso de despertar emociones en el marco de un discurso argumentativo está sujeto a buscar nexos de subjetividad (Finegan 1995; Fuentes Rodríguez 2012) entre los dos extremos de la comunicación. Ciertamente, el debate sobre la argumentación se debería centrar en una la consideración de un orador virtuoso —en el sentido en el que el *ethos* se liga a las cualidades del emisor, entre las que se supone *areté* (virtud)— y que demanda del equilibrio y una aparente objetividad del orador. Esa mesura es, realmente, un elemento que se diluye con frecuencia en el discurso político.

Ante esa postura del orador al que se presume un determinado equilibrio, y del que nosotros podemos intuir que es esencialmente una apariencia, una actitud, a menudo marcada por un *ethos* diseñado por el emisor (Chauraudeau/Maingueneau 2002) con la intención de producir efectos en el receptor, la pregunta que nos asalta es si la argumentación es esencialmente lógica o más bien patética. Ese punto de encuentro entre *ethos*, *pathos* y *logos* está subrogado a una serie de factores que entran en juego en la comunicación actual. Christian Plantin ha destacado el predominio del segundo (Plantin 2011). Es decir, lo emocional prevalecería en el receptor. Así, la actitud del político tiende a generar simpatías y antipatías que condicionan la percepción de su ecuanimidad y de su lógica por parte del receptor.

Nuestra hipótesis se basa en que con cierta frecuencia se generan emociones a partir de determinadas elecciones léxicas. Por una parte, existe la certeza científica de que determinadas expresiones activan zonas del cerebro de manera diferente. Johana Kissler (2013, 304) asume la dificultad que representa la detección de emociones en el cerebro humano a partir del lenguaje. El estímulo producido por una unidad léxica dista del que produce un ruido, la música o una imagen. Ahora bien, las muestras de palabras marcadas por una polaridad (positivo-negativo) nos dan indicios en las representaciones y reacciones que se alcanzan a descubrir en las respuestas fisiológicas tales como la tensión muscular o determinadas reacciones glandulares (Damásio 1998; Duranti 2008, 492; Kissler 2103, 307).

Así, la activación de la amígdala izquierda durante la lectura de palabras agradables y de la zona prefrontal central cuando se reciben estímulos negativos (Kissler 2013, 313–314) podría servir como indicador de esa polaridad. La autora añade otros datos de investigadores sobre la rapidez de reacción del cerebro humano que nos llevan a pensar que el lenguaje emocional estimula con mayor velocidad las alertas cerebrales, en contraste a como lo haría un lenguaje más neutro. La conclusión, sin embargo, marca las distancias entre el uso del lenguaje emocional en el laboratorio y la fiabilidad de la experiencia en otros contextos (Kissler 2013, 323).

Su planteamiento se cierra con preguntas cruciales para su aplicación pragmática: el cómo y el cuándo se activan determinadas zonas del cerebro en el proceso de decodificación del mensaje para darle significado emocional. Esto nos llevaría a cuestionarnos si es predecible saber los pasos de recepción, decodificación y reacción. En caso afirmativo, intuimos que se podría elaborar un discurso al gusto del individuo. Ciertamente, podríamos llegar a amoldarlo a una persona, pero difícilmente a una amplia gama de la sociedad.

Otro de los interrogantes que se abren cuando se aborda el estudio del diseño discursivo es cómo se procesa la relación emisor-receptor en el contexto si atendemos al examen de las reacciones de ambos cerebros de manera simultánea; si este tipo de reacciones se repite ante situaciones similares en la totalidad de individuos. En lo emocional tenemos la certeza de que las respuestas ante los mismos estímulos pueden ser muy diferentes en función del receptor.

La pragmática nos ofrece la posibilidad de revisar el estudio de las relaciones que se producen en el contexto, dadas las situaciones que emergen y se desarrollan en él (Leff 2002, 61). Es decir, de algún modo la importancia del acto de habla, en función de las circunstancias, podría condicionar las emociones que percibe el receptor. A ello se suma la complejidad de los mensajes elaborados con una combinación de códigos como multimodalidad (Jewitt et al. 2016), por encima del diseño verbal del discurso, que obliga a replantear la cuestión del discurso político y publicitario en función de elementos que acompañan al lenguaje verbal. Más allá de la proxémica o la expresión kinésica, otros elementos entran en juego: la inclusión de imágenes, sonidos, la indumentaria... forman parte de una reflexión que abarca el territorio de la comunicación en general. No obstante, nos centraremos en las opciones de estilo y las elecciones léxicas en el discurso como motores de las emociones.

A partir del uso léxico nos planteamos revisar el efecto que pueden producir algunas expresiones en el receptor, incluso establecer las emociones diferentes que se generen según el tipo de afecto que una a los interlocutores.

No se trata únicamente de estudiar el léxico usado, desprovisto de un contexto comunicativo, sino de analizar su funcionamiento efectivo sobre actos de habla concretos en los que priman los elementos situacionales y emocionales, sin olvidar el papel que pudieran ejercer aspectos complementarios de corte cultural, histórico, geográfico, etc. Así, la elección de términos encaminada a producir determinado tipo de efecto en el receptor nos sitúa delante de la necesidad de pararnos a pensar hasta qué punto el diseño discursivo busca el efecto de unidades léxicas cargadas de valores emocionales.

2 Lexicalización y relexicalización

La elección de palabras en la configuración del discurso nos invita a considerar determinados vocablos que aparecen en los medios de comunicación con cierta asiduidad y conllevan, a su vez, valores emocionales. En el lenguaje político reciente se nos presenta el término «Brexit». Si atendemos al proceso de lexicalización del término nos tenemos que retrotraer a su formación compuesta desde el inglés, siguiendo el proceso señalado por Brinton y Traugott (2005, 48) de fusión de dos términos *(British/exit)*. Su paso al español se produce de una manera rápida, puesto que los medios de comunicación lo difundieron a partir del momento en que se planteó la salida de Gran Bretaña de la Unión Europea. El referéndum de salida se celebró bajo el mandato del Primer Ministro David Cameron en 2016. El resultado inesperado de la consulta, triunfo de la opción por la salida de la UE, llevó a que la palabra calara de manera inmediata en los media.

Los rendimientos pragmáticos que se obtienen del término en cuanto a su recepción en el resto de Europa, curiosamente, vienen acompañados de un valor disfórico en su concepción. Los economistas no tardaron en hablar de los «devastadores efectos» que esta decisión política podría conllevar (Malfeito Gaviro 2017, 56).

Durante los últimos tres años, los medios de comunicación de la Unión Europea han insistido en darle ese valor negativo. Así, recientemente podemos leer «Un Brexit sin acuerdo hundiría el precio de la vivienda» (*El Pais* 03.09.2019) «La economía británica se contrae por los efectos del Brexit» (*Cinco días* 09.08.2019). Más allá del término, en la actualidad se han introducido matizadores para calibrar el grado de perjuicio para la economía a partir de la categorización del Brexit como «duro» o como «negociado»/«blando». La valoración de la expresión, según los parámetros sociocognitivos del continente europeo, se decanta hacia una visión negativa a la que han contribuido de manera decisiva los medios de comunicación (Fairclough 1998, 143) y las instituciones europeas.

La idea de lexicalizar o relexicalizar las palabras a partir del diseño discursivo se produce con cierta asiduidad en la intervención de instituciones en la vida pública (Mc Leod 1991, 40; Wilce 2009, 88). Un ejemplo en el que la dicotomía de los valores disfóricos/eufóricos se planteó de una manera muy evidente se dio en 2012–2013 durante los primeros meses de gobierno del presidente Mariano Rajoy en España. El uso de dos términos diferentes para el mismo referente evidenciaba la posibilidad de orientar emocionalmente el discurso en un sentido o en otro. Así, desde el ejecutivo se utilizó la expresión «ajustes» para referirse a las medidas de orden económico que se adoptaron para paliar la crisis: reforma laboral, reducción en el poder adquisitivo de las pensiones, disminución de las tasas de reposición en la función pública... Sin embargo, la oleada de protestas ciudadanas canalizadas a través del discurso de los partidos en la oposición usaba el término «recortes».

Si analizamos los vocablos, el segundo tiene un evidente origen metafórico en el que se incide en el concepto traumático, que deriva de la acción de cortar con unas tijeras siguiendo un dibujo. La iconografía que representó esto en las manifestaciones ciudadanas (las tijeras tachadas imitando una señal de tráfico de prohibición) reflejaba de una manera muy efectiva el sentido de indignación y enfado de los ciudadanos. Sin embargo, la expresión «ajustes», emanada desde el diseño discursivo institucional, se centraba más en los aspectos técnicos de la economía al tiempo que adquiría cierta intención eufemística con la que se evitaba disimular estilísticamente la retirada de derechos y de percepciones económicas a los administrados.

La tendencia a la lexicalización con intenciones de eufemismo es otra de las características con las que las instituciones suelen edulcorar expresiones que, de otro modo, pudieran enfadar o indignar a los votantes (Rodríguez González 1988). Durante las primeras décadas de este siglo se puso de moda la expresión «flexiseguridad». Arrancaba de los equipos de ideas de los gobiernos europeos a finales de los años noventa. El concepto, usado sobre la concepción del trabajo temporal con determinadas garantías, se puso en circulación en los

Países Bajos y se consolidó en Dinamarca en 1999, para llegar a su aplicación en el marco europeo a partir de 2006 con la publicación de un *Libro verde. Modernizar el derecho laboral para afrontar los retos del Siglo XXI* del Consejo Europeo.

Esta forma de abordar la liberalización del mercado laboral, como extensión de las políticas neoliberales que se estaban llevando a cabo en todo el mundo desarrollado, venía a construirse a la manera de un eufemismo en el que el componente 'seguridad' introducía un valor aparentemente positivo en el trabajo cuando, realmente, lo que se pretendía era la flexibilidad de las plantillas de trabajadores. De ahí que a posteriori se pusieran en funcionamiento reformas laborales que facilitaran el despido de los empleados en las empresas. Es decir, con el término «seguridad» se intentaba dar una pátina positiva a una serie de decisiones inciertas para el futuro de los trabajadores.

La lexicalización y relexicalización procedente de procesos gramaticales tales como la sufijación son frecuentes en el uso de expresiones con intención emocional. Así, simplemente con la aplicación del sufijo «-ista», podríamos hacer una revisión de una intención categorizadora. Dos de ellos, los usados en un debate parlamentario por Joan Tardà, llamando «fascista» a Albert Rivera, y del mismo Albert Rivera a Joan Tardà, aplicándole la categoría de «golpista», podrían servirnos.[1]

En la misma línea categorizadora encontramos la expresión «constitucionalista» aplicada a un grupo de fuerzas políticas a las que se supone el respeto y defensa por la constitución española de 1978. La «Carta de un estudiante catalán a los constitucionalistas» (*El Español* 03.10.2019) muestra esa utilización del término. El uso habitual del sustantivo «constitucionalista», que se aplicaba a los expertos y estudiosos de la constitución (*DRAE*), se ha desplazado como tal a partir del adjetivo, que se redimensiona desde la nominalización aplicada a los 'partidarios del modelo constitucional'. Es decir, se produce una relexicalización (Partington 1996, McCarthy 1998, 113–114; de Santiago Guervós 2015) con la finalidad de etiquetar al grupo sociopolítico. A ello cabe añadir que determinados discursos políticos, asumiendo el valor positivo del término, incluyen o excluyen del constitucionalismo a sus rivales según el interés que tengan en destacar sus afinidades o diferencias con otros partidos.

Esta dimensión sociocognitiva del término usado comporta cargas de tipo emocional relativas a los 'partidarios del orden establecido' o 'partidarios de la ley' que, a su vez, sitúa en las antípodas a aquellos que fueran críticos o contrarios a la Constitución. La etiqueta, por lo tanto, se asume con un criterio exclusivo. Ello se opone a lo que desde otro ángulo político se calificó como «Régimen

---

[1] Ver <https://www.youtube.com/watch?v=lk23gK6Rl04> (último acceso: 09.10.2019).

del 78» con la intención de caracterizarlo como 'evolución natural del Estado Franquista'. Así empezó a cuajar el término entre determinados grupos sociales ligados a la izquierda antisistema entre 2013 y 2015.[2]

En un sentido negativo, el término «populista», que ha sido revisado por J. de Santiago (2015) en un artículo sobre el uso de la palabra en la prensa, se podría considerar como un equivalente de uso a 'demagogo' (Charaudeau 2009), quizás porque la palabra de origen griego tenga mayor carga peyorativa y se considere un insulto, mientras que el término «populista», a pesar de ese carácter negativo asignado, atenúa la interpretación como insulto.

Por lo tanto, nos encontramos con dos vías de relexicalización, la del uso atenuador de un categorizador por otro que tiene connotaciones de insulto («populista» por demagogo) y, por otro lado, la del término relexicalizado que remarca la voluntad perlocutiva de ofender al interlocutor («fascista» por 'autoritario/ultraconservador'; «golpista» por 'independentista').

Se ha señalado en múltiples ocasiones que la categorización podía derivar en la presentación de sesgos ideológicos (Van Dijk 2000), un caso sería la xenofobia (Portolés 1998, 134). Según Portolés este tipo de adjetivos conducen a la construcción de tópicos por connotación. Evidentemente la connotación depende de un contexto comunicativo concreto y de la cooperación del receptor.

Pongamos como ejemplo el uso de términos que un partido de reciente aparición en España ha usado para la inmigración: invasión.[3] Habrá mayor cooperación del receptor con sesgos ideológicos de nacionalismo excluyente hacia la xenofobia si escucha de un dirigente político la expresión «invasores» por 'inmigrantes'. El valor disfórico de este elemento, que conlleva valores cognitivos como 'ocupación total de un territorio por personas originarias de otro', a menudo 'violencia', 'pérdida de derechos de los aborígenes a favor de los extranjeros' supone que las connotaciones de la palabra actúen con éxito en aquellos receptores propensos a equiparar la inmigración con esos componentes apuntados anteriormente, total o parcialmente. La sustitución del término «inmigrante» por el de «invasor» no escapa a la voluntad de posicionarse en contra de la inmigración. La sustitución léxica, con voluntad de relexicalizar el término «invasor» y trasladarlo a otros referentes, pero con las mismas connotaciones semánticas relativas a la ocupación del territorio y a una violencia exógena, indica las pretensiones perlocutivas que acarrea: prevenir, odiar al inmigrante porque se apropia de la patria, al tiempo que incita a todas aquellas personas que se adhieran

---

[2] En <https://www.burbuja.info/inmobiliaria/threads/es-el-regimen-de-1978-una-continuacion-del-estado-franquista.390971/> (último acceso: 09.10.2019).
[3] En <https://www.youtube.com/watch?v=UQsI32ZD8zE> (último acceso: 10.08/2019).

emocionalmente a la equivalencia entre «invasor» para el referente 'inmigrante' a votar al partido que diseña este tipo de discurso.

En este caso se ha producido un cambio intencionado de la aplicabilidad del término (invasor), que ha cambiado de un referente A a otro tipo de referente (K) con la intención de equipararlos. De este modo, el emisor pretende que sus oyentes acepten la perspectiva que propone (Macagno/Walton 2010, 27): los inmigrantes son invasores porque, al parecer del grupo social, cercenan los derechos de los habitantes de la patria.

El lenguaje publicitario tampoco queda exento de la presencia de léxico diseñado con la finalidad de construir un eslogan que incite a la adhesión emocional. Es el caso de la expresión *Mediterráneamente* que popularizó una conocida marca de cerveza. La sufijación de carácter adverbial conlleva una carga significativa puesto que remite a 'a la manera del Mediterráneo'. Es decir, se pretende resaltar que el producto forma parte de un conjunto de elementos que caracterizan la vida mediterránea, sobre todo desde una perspectiva lúdica y veraniega.

Así, el juego multimodal de carácter metafórico (Forceville/Urios Aparisi 2009) sirve para construir una serie de referencias en las que la cerveza es un producto añadido a ese ambiente costero, festivo y estival que se nos ofrece a través de las imágenes mediante una *narratio* visual que fue cambiando en las diversas campañas veraniegas. Asistimos al diseño de un *framing* (Dhavan et al. 2009, 85) resultado de la construcción de un mensaje en el que se produce la idealización de un espacio, un tiempo y unos personajes alrededor de la presencia del producto anunciado.

Todo aquello que sucede (amor, sexo, baile, comidas, bromas...) cuenta con la presencia de la cerveza. Es precisamente el *frame* del que partimos, el que sugestiona de manera positiva y pone en marcha unos mecanismos neuronales que invitan al receptor al consumo de la bebida mediante un argumento hedonista.

3 Aplicabilidad

A lo largo de estas páginas intentamos mostrar cómo funcionan determinados argumentos de adhesión emocional a través de expresiones lexicalizadas en el discurso político y publicitario. Se trata, a menudo, de categorizadores que han experimentado un proceso de nominalización o relexicalización y se han aplicado a un referente distinto al designado habitualmente por un vocablo. En algunos casos esto puede suponer un estado embrionario de un cambio lexicosemántico, más cuando los medios de comunicación pueden comenzar a usar la palabra con una nueva orientación.

Si volvemos sobre alguno de los ejemplos citados antes nos daremos cuenta del cambio de aplicación del léxico con la voluntad de despertar adhesiones emocionales. Así, la expresión «golpista» para designar a los políticos que pretendieron la independencia de Cataluña en octubre de 2017 se sustenta en una definición de quien 'es partidario o practica un golpe de Estado' (*DRAE*). A partir de ahí, el *Diccionario Panhispánico de Dudas* (2005) define el golpe de Estado como: «Calco de la expresión francesa *coup d'État*, 'usurpación violenta del gobierno de un país'». Como vemos, la equiparación de la declaración unilateral de independencia con un Golpe de Estado invita a la inferencia de que cualquier quebrantamiento de la ley por parte de una institución (La Generalitat de Cataluña en este caso) sea susceptible de catalogarse de este modo. Queda al margen el sentido de la 'usurpación violenta', que hubiese acarreado un asalto tumultuoso o por las armas.

Del mismo modo, la expresión «fascista», que hacía referencia a los partidarios de Benito Mussolini, llegó ya en la Guerra Civil Española a acuñarse como un término que definía a los activistas armados contra régimen de la Segunda República y se hacía extensivo a todo el ejército sublevado entre los que se encontraba el falangismo, que imitaba al movimiento italiano. El uso metonímico del término se difundió rápidamente para designar a los sublevados, entre los que se encontraban los fascistas italianos como fuerza extranjera de apoyo a la rebelión militar de 1936.

Volvamos sobre las acusaciones entre Rivera y Tardá. El 12 de diciembre de 2018 estos dos contrincantes políticos llevaron a la tribuna del parlamento español el uso de las dos expresiones citadas para acusarse mutuamente. Su intervención, con estos mecanismos de encapsulación usados a manera de conclusión sobre las características del rival político, son núcleos conceptuales en los que el significado de origen se ha desplazado.

El término «fascista» o «golpista» aplicado en este contexto partiría de una aparente inadecuación entre el referente verbal y la realidad (Durandin/Meler 1995, 32). Podríamos, por lo tanto, tachar de falaz este argumento. Pero aquí tendremos en cuenta los aspectos situacionales que concurren al acto comunicativo, según lo apuntado por Charaudeau y Maingueneau (2002). Se trata de un escenario en el que, desde la tribuna del parlamento, los oradores cuentan con dos receptores: sus compañeros de grupo político y los espectadores de televisión. Por lo tanto, se establecen dos categorías de destinatarios: el insultado y el público que contempla el debate (Piquer/Vellón 2013, 249). En esa segunda instancia, precisamente, es donde se juega el vínculo emocional.

El poco valor lógico del insulto, sin embargo, despierta nuestra atención cuando observamos que ese grupo social que se identifica con quien insulta, porque se adhiere emocionalmente, asume el valor patético de la unidad léxica que categoriza despectivamente al rival. ¿Es realmente el insultado el destinatario último del insulto en un acto público que, se sabe, trascenderá a los medios de comunicación, o lo es alguien más allá de la aparente recepción (el espectador televisivo)? Nos encontramos, en esta escenografía, ante unas fórmulas ritualizadas (Igualada 2003, 993) que remiten a un *framing* en el que el telespectador puede observar este episodio como un espectáculo.

Si consideramos que estas dos expresiones se usaron con la voluntad de herir verbalmente, y que el insulto se puede considerar un fenómeno de cognición colectiva (Colin Rodea 2003, 175), tendríamos que pararnos a pensar el sentido que tiene en un contexto comunicativo donde la convención que se debería imponer es la de un género deliberativo. El criterio colectivo de «fascista» o de «golpista» se vincula a su uso por determinados grupos sociales como forma de expresión en la que se busca una adhesión emocional de los miembros del grupo al que pertenece el emisor. La voluntad de configurar un estilo rudo contra el contrincante político refuerza la imagen del orador que se atreve, rompiendo la cortesía parlamentaria, a expresar lo que muchos de sus seguidores pudieran pensar desde sus casas.

Así, lo emocional entra a ser importante en el juego argumentativo. Tanto la palabra «fascista» como «golpista» son marcadamente disfóricas. Ese valor negativo, como ya habíamos apuntado anteriormente, genera una alerta en el cerebro de quien lo percibe. Detengámonos, pues, en el sentido que tiene la emoción ligada al lenguaje.

Sabemos que el uso de estas expresiones estimula un marco cognitivo. Favorece un proceso inferencial que no está estrictamente ligado a la relación lexicosemántica expresada por el diccionario, sino que introduce un sesgo orientativo de carácter ideológico que apela a una categorización de carácter grupal. De igual modo la expresión «fascista» o «golpista» refieren un contexto histórico que lleva a la connotación de 'intransigencia y totalitarismo' en el primer caso, 'quebrantamiento de la legalidad vigente' en el segundo. En el punto en que se produce un funcionamiento por analogía entre la intolerancia del fascismo y la alteración del orden del golpismo surge la nominalización con carácter hiperbólico, con la intención de influir sobre el enfoque referencial de los receptores.

El receptor ya sabe que el señor Rivera no es un fascista y que el señor Tardà no es un golpista en su más estricto sentido, pero la categoría definitoria a través de un vocablo con tal nivel de polaridad supone un estímulo en el cerebro del oyente o espectador a partir del uso terminológico que realiza el emisor. Se podría entender como una manipulación. Lo es si atendemos a que genera una alerta por estimulación, que no suelen propiciar las denominadas palabras neutras o llanas (Kissler 2103, 307). La estimulación se da, como decimos, por el poder simbólico de la elección léxica.

Para reforzar el presente estudio nos hemos guiado de un proceso empírico consistente en la realización de una encuesta con emoticonos a varios grupos de personas, estudiantes de cuarto grado de Ciencias Humanas y Sociales y a dos grupos de estudiantes de postgrado, concretamente de un máster (un total de 84 personas). El significado de los emoticonos tenía que ver con la emoción que experimentaban los receptores ante la proyección de determinadas imágenes. Fundamentalmente valoramos el vídeo referido anteriormente en el que se cruzan los insultos. Nuestro interés se centraba en establecer una relación entre las palabras «fascista» y «golpista» con la orientación ideológica del encuestado.

Para determinar el espectro ideológico de éste incluíamos una pregunta final: a qué partido político no votaría nunca de entre 10. Dábamos la posibilidad de marcar hasta dos de ellos. Además, pedíamos la valoración de determinadas imágenes en las que aparecían atletas españoles recogiendo trofeos, significados líderes del independentismo catalán y otras figuras públicas que respaldan el proceso. Los encuestados tenían que rodear un emoticono de entre seis: enfado, risa, sorpresa, indiferencia, tristeza y alegría. La marca se realizaba sobre un emoticono a partir de las imágenes que observaban.

49 de los encuestados respondieron con una risa a la imagen en la que Joan Tardà llamaba «fascista» a Rivera. 26 manifestaron alegría, el resto (9) indiferencia. En el sentido contrario, 15 contestaron con un emoticono de enfado cuando Rivera llamó «golpista» a Tardà, 12 con sorpresa, 45 con indiferencia, 7 con un emoticono de tristeza y 5 con el emoticono de alegría.

Si tenemos en cuenta que, entre el total de encuestados, 78 señalaron que nunca votarían a partidos como Vox, PP y C'S, (tres a Podemos o Compromís, uno al PNV, dos al PACMA y Podemos) interpretamos que la orientación ideológica tenía mucho que ver con las emociones que suscitaron las palabras de los políticos en los receptores. Eso refuerza nuestra idea de que el insulto, en su función de ataque dialéctico, cuenta con la aceptación o adhesión emocional de un grupo próximo a quien lo emite. Es decir, no se observa como una manifestación descortés, puesto que el género discursivo de carácter deliberativo permite el cruce de acusaciones, las invectivas e incluso el insulto desde un punto de vista de la convención social.

Que Joan Tardà llamara «fascista» a Albert Rivera aparecía a los ojos del público de izquierdas como una categorización divertida porque situaba en el espectro de la extrema derecha al líder de un partido político autodenominado liberal. En realidad, la perspectiva de los votantes de izquierdas sobre el político liberal lo ubica en el espectro de la derecha y, por ende, la calificación «fascista» lo aproxima al resto de partidos de una orientación opuesta al sesgo ideológico del encuestado que reía ante el insulto. En conclusión, podríamos decir que algunos de los espectadores sintieron determinado placer al oír la expresión con valor perlocutivo de ataque.

4 Valoraciones

El uso del insulto o de la descalificación se podría catalogar de falaz, puesto que desde la lógica se desmiente la pertinencia de la expresión a la verdad. Ahora bien, más que una falacia de tipo *ad odium*, entendemos que hay una visión subjetiva predominante (Walton 1992, 96; Kienpointner 2008, 263; Plantin 2011, 75). Ese sentido emocional es el que lleva a la descortesía en opinión de Kienpointner. Por esa misma razón, desde la subjetividad del receptor (Beaver/Clark 2009) que se adhiere emocionalmente al insulto no se contempla este como una falacia, sino como conclusión del argumento.

Por lo tanto, nos tendríamos que distanciar a la hora de categorizar determinados usos léxicos como falacias, puesto que —más allá de que lo pudieran ser desde un punto de vista lógico argumentativo por la no equivalencia entre el término usado y el referente— se consideran argumentos válidos por un grupo que los percibe como un recurso de tipo estilístico. Llamar «fascista» a un miembro de un partido de derecha es aceptado, por parte de un votante de izquierdas, como una hipérbole. Ese mismo valor hiperbólico es el que se entiende cuando se atribuye al inmigrante la cualidad de «invasor». Por lo tanto, desde una perspectiva ultranacionalista se considera que el recurso estilístico da una dimensión emocional (miedo) que no tendría otra elección léxica.

Lo cierto, evidentemente, es que el proceso de *elocutio* retórica se apoya en las expresiones reseñadas en función de su eficacia perlocutiva. Como hemos demostrado empíricamente, a través de las encuestas anónimas realizadas, hay una reacción emocional ante determinados usos léxicos según la adscripción ideológica del receptor. A pesar de ser conscientes del uso de determinado léxico con voluntad de ataque, la adhesión emocional entre un grupo de receptores y el emisor se ha conseguido con efectividad.

Cabría, a modo de conclusión, establecer los criterios o los fundamentos sobre los cuales descansa esa adhesión. Ese componente irracional nos lleva, de nuevo, a establecer que el influjo mayor del *pathos* al del *logos* se debería justificar de manera científica. Las neurociencias lo han intentado explicar. Un elemento que llama la atención en esta relación empática es el estudio de las denominadas neuronas espejo. Si el fundamento en el que descansan las teorías de las neuronas espejo es la capacidad que tienen estas, a través de los procesos de sinapsis, de entender otras mentes (Gallese/Goldman 1998), nos daremos cuenta de la empatía que produce el uso de determinado tipo de léxico. Cuando comprendemos los estados mentales de los demás a través de esa relación especular que permite reproducir lo que piensan los otros y ponemos en funcionamiento los elementos precursores del lenguaje llegamos al punto en que lo oído sirve de estímulo relacional con lo sentido. Así, los elementos léxicos conocidos previamente pueden causar una motivación positiva o negativa (Stiff 1994,175) en función de la percepción individual acumulada por experiencias vividas, educación u otros elementos de configuración del cerebro en cuanto a la percepción del mundo (Damasio 2011).

La capacidad de reproducir el lenguaje aprehendido se basa en la imitación. Cuando un orador hace una elección estilística (Schilling 2013) como la del léxico con valor hiperbólico opta por un elemento identitario. Esa identidad, obviamente, tiene conexiones grupales que remiten a la sociocognición. De este modo establecemos una relación entre la identidad, manifiesta en elementos de tipo lingüístico con expresiones similares para situaciones similares, partiendo de la idea de que emisor y receptor conocen los vínculos emocionales de un lexema. Así lo muestran, por ejemplo, los estudios de Jonathan Clifton (2015, 192–194) aplicados a la relación entre expresiones, conciencia grupal de los mujaidines argelinos, y su diferenciación con el resto de musulmanes.

Aquí las neuronas espejo ejercen una labor de identificación, puesto que una de sus funciones es la construcción de formas mentales. Es decir, las neuronas espejo se encargan de determinar el valor de una expresión léxica en un determinado contexto comunicativo. El procesamiento es tan subjetivo que depende de lo vivido, percibido, practicado en situaciones similares por el individuo (Gruber 2013). Por lo tanto, la consideración individual sobre el término usado según el contexto nos lleva a una reacción emocional diferente según el tipo de receptor del que se trate. Así, los individuos que se identifican ideológicamente con Albert Rivera observan como una ofensa que se le tilde de «fascista», cosa celebrada con adhesión emocional por los antagonistas políticos de este.

Del mismo modo, la furia que desprende Albert Rivera al usar el término «golpista» aplicado a los miembros de ERC produce adhesión entre sus seguidores. Entendemos que se viene a reconocer la autoridad del enunciador (Adam/Bonhome 2007, 98) puesto que la actividad sociodiscursiva depende del grupo social y de sus funcionamientos internos. Es decir, la identificación de Albert Rivera como líder que acuña el uso léxico mediante la categorización aplicada al rival lleva a que sus seguidores políticos asuman ese elemento categorizador por imitación a lo que su líder ha hecho.

En definitiva, aquello que pretendemos mostrar a través de lo expuesto con anterioridad es que existen una serie de procesos de lexicalización y de relexicalización que responden a un diseño discursivo. En la fase de la *elocutio* retórica se aplica un diseño estilístico con funciones perlocutivas. De ahí que las elecciones estilísticas deriven en apelaciones a la emoción. Eso, entre otras cosas, explica fenómenos políticos que han sido estudiados recientemente. Así, autores como Jennifer Sclafani (2018) hacen un estudio del discurso político de Donald Trump en el que, a nuestro parecer, la identidad política es el núcleo duro de lo emocional, aquello que mueve a un determinado tipo de personas en Norteamérica a identificarse con las palabras de su presidente electo en 2016.

Si hacemos una baremación de la retórica de Trump en su campaña electoral, especialmente en los debates, entenderemos que algunos sesgos ideológicos del léxico usado sirvieron de elemento motivador de su electorado. El uso del término «políticos» simplemente, a causa de las connotaciones negativas que el vocablo comporta en muchas de las sociedades occidentales, propiciaba que un sector social asociara este valor disfórico con los contrincantes del candidato.

En la política española reciente asistimos a un fenómeno de relexicalización curioso que consiguió adhesiones emocionales entre la juventud en el período comprendido entre 2012 y 2016. Se trata de la palabra «casta» para designar a los políticos tradicionales. La percepción de los «indignados» sobre ella era la de un grupo social que dominaba el poder según el modelo de las castas poderosas en sociedades fuertemente estratificadas (la India tradicional, por ejemplo, o América Latina). Eso hizo que esa misma indignación con los poderosos acogiera el término con una serie de valores semánticos (Sánchez-Cuenca 2014). Su uso social se disparó a través de los medios de comunicación y llegó a formar parte del léxico común de buena parte de la gente disconforme con la situación sociopolítica española del momento.

La importancia de la empatía que generan determinados usos léxicos se erige, por lo tanto, en un factor trascendental en la comunicación, puesto que condiciona las adhesiones emocionales. A mayor número de adhesiones emocionales se puede conseguir una mayor efectividad persuasiva. La estilística, por lo tanto, es un factor determinante a la hora de conseguir ese efecto. Ahora bien, debemos tener en cuenta que las opciones léxicas no son otra cosa que una mínima parte de un proceso retórico más complejo, aunque contribuyen poderosamente a la construcción del *pathos*.

Bibliografía

Adam, Jean Michel/Bonhomme, Marc, *L'argumentation publicitaire. Rhétorique de l'éloge et de la persuasion*, Paris, Armand Colin, 2007.
Anscombre, Jean-Claude/Ducrot, Oswald, *La argumentación en la lengua*, Madrid, Gredos, 1994.

Arenas-Dolz, Francisco, *Cognición y retórica. Bases biológicas del significado y la comprensión*, Pensamiento 72–273 (2016), 997–1018.
Arenas-Dolz, Francisco, *¿Qué es la neurorretórica?*, Daímon. Revista Internacional de Filosofía 58 (2013), 69–80.
Armony, Jorge/Han, Jung Eun, *PET and fMRI. Basic Principles ans Applications in Affective Neuroscience*, in: Armony, Jorge/Vuilleumier, Patrik (edd.), *The Cambridge Handbook of Affective Neuroscience*, Cambridge, Cambridge Univesity Press, 133–153.
Beaver, David I./Clark, Brady, *Sense and Sensititity. How Focus Determines Meaning*, Singapur, Wiley-Blackwell, 2009.
Brinton, Laurel J./Traugott, Elizabeth C., *Lexicalization and Language Change*, Cambridge, Cambridge University Press, 2005.
Charaudeau, Patrick, *Reflexiones para el análisis del discurso populista*, Discurso & Sociedad 3 (2) 2009, 253–279.
Charaudeau, Patrick/Maingueneau, Dominic, *Dictionnaire d'analyse du discours*, Paris, Seuil, 2002.
Clifton, Jonathan, *Using identities-in-talk as a Perspective Strategy*, in: Săftoiu, Răzvan/Neagu, Maria-Ionela/Măda, Stanca (edd.), *Persuasive Games in Political and Professional Dialogue*, Amsterdam, John Benjamins Publishing, 2015, 179–200.
Colin Rodea, Marisela, *El insulto. Estudio pragmático-textual y representación lexicogràfica* (tesis doctoral), Universitat Pompeu Fabra, Barcelona, 2003, <https://www.tdx.cat/handle/10803/7493#page=124> (último acceso: 27. 11.2019).
Damásio, António, *Descartes' Error. Emotion, Reason, and the Human Brain*, New York, Avon, 1994.
Damásio, António, *The feeling of what happens. Body, emotion and the making of consciousness*, New York, Vintage, 1998.
Damásio, António, *Self Comes to Mind: Constructing the Conscious Brain*, London, William Heinemann, 2011.
De Santiago Guervós, Javier (2015), *La relexicalización en el discurso político actual. El ejemplo de populismo a través de la prensa española*, Boletín de la RAE xcv·c.cccxii (2015), 471–500.
Dhavan, V. Shah/MacLeod, Douglas M./Gotlieb, Melissa R./Lee, Nam-Jim, *Frame and Agenda Setting*, in: Nabi, Robin L./Oliver, Mary Beth (edd.), *The SAGE Handbook of Media Processes and Effects*, Thousand Oaks-California, SAGE Publications, 2009, 83–98.
Durandin, Guy/Meler Ortí, Ferran, *La información, la desinformación y la realidad*, Barcelona, Paidós, 1995.
Duranti, Alessandro, *Further Reflections on Reading Other Minds*, Anthropological Quarterly 81:2 (2008), 467–297.
Fairclough, Norman, *Political Discourse in the Media. An Analytical Framework*, in: Bell, Allan/Peter Garret (edd.), *Approaches to Media Discourse*, Oxford, Blackwell, 1998, 142–162.
Finegan, Edward, *Subjectivity and subjectivisation. An introduction*, in: Stein, Dieter/Wright, Susan (edd.), *Subjectivity and subjectivisation*, Cambridge, Cambridge U.P., 1995, 16–30.
Forceville, Charles J./Urios-Aparisi, Eduardo (edd.), *Multimodal Metaphor*, Berlin/New York, Mouton de Gruyter, 2009.
Fuentes Rodríguez, Catalina, *Subjetividad, argumentación y (des) cortesía*, Círculo de Lingüística Aplicada a la Comunicación 49 (2012), 49–92, <http://www.ucm.es/info/circulo/no49/fabregas.pdf> (último acceso: 27. 11.2019).

Gallese, Vittorio/Goldman, Alvin, *Mirror neurons and the simulation theory of mind-reading*, Trends in Cognitive Sciences 2 (1998), 493–501.

Gardhouse, Katerine/Anderson, Adam K., *Objective and Subjective Measurements in Affective Science*, in: Armony, Jorge/Vuilleumier, Patrik (edd.), *The Cambridge Handbook of Affective Neuroscience*, Cambridge, Cambridge Univesity Press, 57–81.

Gruber, David, *The Neuroscience of Rethoric. Identification, Mirror Neurons, and Making The Many Appear*, in: Jack, Jordynn (ed.), *Neurorethorics*, New York, Routledge, 2013, 37–52.

Igualada, Dolores Anunciación, *Rituales. El discurso de investidura*, in: Girón, José Luis, et al., (edd.), *Estudios ofrecidos a José Jesús de Bustos Tovar*, Madrid, Universidad Complutense-Instituto de Estudios Almerienses, 2003, 991–1002.

Jack, Jordynn (ed.), *Neurorhetorics*, New York, Routledge, 2013.

Jack, Jordynn/Appelbaum, L. Gregory, «*This is Your Brain on Rhetoric*». *Research Directions for Neurorhetorics*, in: Jack, Jordynn (ed.), *Neurorhetorics*, New York, Routledge, 2013, 9–36.

James B. Stiff, *Persuasive communication*, New York, Guilford Press, 1994.

Jewitt, Carey/Bezemer, Jeff/O'Halloran, Kay, *Introducing multimodality*, London, Routledge, 2016.

Kienpointner, Manfred (2008), *Impoliteness and emotional arguments*, Journal of Politeness Research 4 (2008), 243–265.

Kissler, Johanna, *Love Letters and Hate Mail. Cerebral Processing of Emotional Language Content*, in: Armony, Jorge/Vuilleumier, Patrik (edd.), *The Cambridge Handbook of Human Affective Neuroscience*, Cambridge, Cambridge University Press, 2013, 304–328.

Leff, Michael, *The relation between Dialectic and Rhetoric in a Classical and a Modern Perspective*, in: *Dialectic and Rhetoric. The Warp and Woof of Argumentation Analysis*, Dordrecht, Kluwer Academic Publishers, 2002, 53–64.

Lo Cascio, Vicenzo, *Gramática de la argumentación*, Madrid, Alianza Universidad, 1991.

Lochard, Guy/Soulages, Jean Claude, *La communication télévisuelle*, Paris, Armand Colin, 1998.

Lutz, Catherine, *Engendered Emotion. Gender, Power and Rhetorics of Emotional Control in American Discourse*, in: Lutz, Catherine/Abu-Lughod, Lila (edd.), *Language and the Politics of Emotion*, Cambridge, Cambridge University Press, 1990, 69–91.

Macagno, Fabrizio/Walton, Douglas, *The Argumentative Uses of Emotive Language*, Revista Iberoamericana de Argumentación 1 (2010), 1–33.

Malfeito Gaviro, Jorge, *Brexit. efectos económicos en un escenario incierto*, La Albolafia: Revista de Humanidades y Cultura 12 (2017), 55–74.

McCarthy, Michael, *Spoken Language and Applied Linguistics*, Cambridge, Cambridge University Press, 1998.

McLeod, James R., *Ritual and Rhetoric in Presidential Politics*, Central Issues in Anthropology 9:1 (1991), 29–42.

Partington, Alan, «*An all-American Villain*». *A Corpus Based Study of of Relexicalization in Newspaper Headlines*, Textus online only 9:1 (1996), 1000–1019.

Perelman, Chain/Olbrecht-Tyteca, Lucie, *Tratado de argumentación. La nueva retórica*, Madrid, Gredos, 1989.

Piquer Vidal, Adolf/Vellón Lahoz, Javier, *Política económica y comunicación. Estrategias informativas en las ruedas de prensa del Ejecutivo español*, Cultura, lenguaje y representación 13 (2014), 245–265.

Plantin, Christian, *Argumentación*, Barcelona, Ariel, 1998.

Plantin, Christian, *Les bonnes raisons des émotions*, Bern, Peter Lang Publishing Group, 2011.

Portolés, José, *Nombres, adjetivos y xenofobia*, Discurso, 21/22 (1998), 133–149.

Rodríguez González, Félix, *Eufemismo y propaganda política*, Revista alicantina de estudios ingleses 1 (1988), 153–170.
Sánchez-Cuenca, Ignacio, *La impotencia democrática. Sobre la crisis política de España*, Madrid, Los Libros de la Catarata, 2014.
Schilling, Natalie, *Investigating stylistic variation*, in: Chambers, Jack K./Trudgill, Peter/Schilling-Estes, Natalie (edd.), *The handbook of language variation and change*, Mallen, Willey-Blachwell, 2013, 325–349.
Sclafani, Jennifer, *Talking Donald Trump. A Sociolinguistic Study of Style, Metadiscourse, and Political Identity*, New York, Routledge, 2018.
Van Dijk, Teun, *Ideology. A multidisciplinary approach*, London, SAGE, 2000.
Walton, Douglas, *Commitment, Types of Dialogue and Fallacies*, Informal Logic 14 (1992), 93–103.
Wilce, James M., *Language and Emotion*, Cambridge, Cambridge University Press, 2009.

José Portolés Lázaro
El marcador del discurso *claro*: evidencia, razonamiento e identidad discursiva

Abstract: The discourse marker *claro* is the most widely used marker in colloquial conversations in Spanish. Such frequent use can be explained by analyzing its processing meaning. *Claro* conveys two main processing instructions: an argumentative instruction, and another related to discourse identity. First, whoever uses *claro* signals as evident what s/he communicates. In doing so, s/he shows her/his interlocutor that, if required (*epistemic vigilance*), s/he can justify it with reasons. Second, the meaning of *claro* determines that this certainty is not only recognized by the speaker, but also, in an imprecise way, by someone else (*extended discourse identity*). The speaker usually marks with *claro* what s/he shares with certainty with her/his interlocutor(s), thus creating a group discourse identity. In this way, the speaker and her/his interlocutor constitute or form part of a group that shares as evident a conclusion marked with *claro*, together with its reasons, either explicit or possible. This discourse behaviour favours good social relations.

Keywords: discourse identity, discourse marker, epistemic vigilance, intragroup communication, procedural meaning

1 Introducción

En Martín Zorraquino y Portolés Lázaro (1999, §63.6.2.2-4) se presentaron, dentro de los marcadores epistémicos conversacionales, las siguientes unidades como marcadores de evidencia: en un primer grupo, *en efecto* y *efectivamente*, que no admiten la combinación con *que*; en un segundo grupo, *desde luego*, *por supuesto*, *evidentemente*, *naturalmente*, *claro* o *sin duda*, que permiten combinación con *que*. Todos ellos marcan un elemento (dicho o inferido) como evidente, es decir, constituyen marcadores de actitud proposicional o modalización hacia lo comunicado.[1] Poseen, pues, un significado de procesamiento, ya que

---

[1] Sánchez (2013) diferencia distintos motivos en la certeza comunicada por adverbios evidenciales como *naturalmente*, *evidentemente*, *obviamente*, *indudablemente*, *incuestionablemente* e *indiscutiblemente*. De acuerdo con el estudio de Maldonado (2010), la evidencia de *claro* procede de la percepción: se ve o se escucha algo sin obstáculos.

https://doi.org/10.1515/9783110711172-008

prescriben cómo se ha de comprender un elemento con significado conceptual (Portolés[2] 2001). Así, en:

(1) a. —Adolfo, ¿puedes ponerte en contacto con Juan Alberto Belloch? Le cuentas todo y a ver qué conclusiones sacáis.
—Sí, claro. (en *El País Domingo*, 23.06.1996, 4)
b. M*b*: oye↓ Luis/y ahora me estoy acordando yo de una cosa↑/digo que antiguamente la gente cocinaba en la lumbre§
H*c*: §°claro°§
M*b*: §no habría otra cosa↓/¿y cuando era verano↑ encendían la lumbre [también?] (ISD, Braojos de la Sierra (Comunidad de Madrid), 2017).

Con *claro* no solo se comprende, como hubiera sucedido únicamente con el adverbio afirmativo *sí*, que en (1a) Adolfo acepta ponerse en contacto con Belloch (significado conceptual) o que Luis confirma que antes se cocinaba en la lumbre (significado conceptual) (1b), sino que, por su significado de procesamiento, como explicaba Catalina Fuentes (1993, 100), se interpreta como «un elemento más tajante que *sí*, con énfasis e insistencia»; dicho con otras palabras, se comprenden como evidentes la aceptación en (1a) o la confirmación en (1b).

La noción de evidencia que se emplea en estas páginas es la de modalidad epistémica —esto es, «seguridad sin dudas»— y no la de acceso a la información. En los datos que se han manejado para el presente estudio no se ha reflejado que con *claro* se comunique cómo ha sido el acceso a una fuente de información. Se trata más bien de una manifestación de la conciencia del hablante sobre la seguridad de lo que dice. Ciertamente, puede suceder que, para que un hablante considere evidente aquello que comunica, tenga buenas pruebas de ello (en inglés, *evidences*), pero a esta conclusión se llega por nuestra confianza en la racionalidad humana, no necesariamente por el significado de procesamiento de *claro*.[2]

Los otros marcadores de evidencia o certeza también pueden aparecer en una respuesta: *sí*, {*desde luego*/*por supuesto*/*evidentemente*/*naturalmente*/*sin duda*}; no obstante, la frecuencia del uso de *claro* en las conversaciones coloquiales es mucho mayor. Si se comparan, por ejemplo, distintas partículas de este tipo en el corpus Val.Es.Co impreso (Briz/Grupo Val.Es.Co. 2002), *desde luego* se documenta

---

[2] Otros autores —por ejemplo, Gras (2002), Santamaría (2009), Maldonado (2010) o González (2014)— vinculan las dos nociones de evidencia (certeza y prueba) en sus explicaciones de *claro*; siguen, de este modo, una posición teórica cercana a la de Nuyts (2001). Martín Zorraquino (2019, 902), por su parte, duda del carácter «evidencial» de los marcadores de evidencia —esto es, de que comuniquen un modo de acceso a la información— y se limita a encontrar en ellos contenidos propios de la modalidad epistémica. Esta es también la postura que se toma en el presente estudio.

diez veces; *evidentemente*, tres veces; *naturalmente*, dos veces; *por supuesto*, una; *sin duda*, ninguna, y *claro*, en unas doscientas cincuenta ocasiones, sin contar los usos de *claro que*.[3] El presente artículo busca iluminar el porqué de esta realidad. Eso sí, lo hace solo parcialmente, pues deja para otra publicación los condicionamientos puramente gramaticales en el uso de *claro*, dado que su gramática difiere de la de los demás marcadores de evidencia (Portolés en prensa).

En cuanto a los datos analizados, pertenecen a textos escritos, a transcripciones de conversaciones sin acceso al audio (Briz/Grupo Val.Es.Co. 2002) y a audios de conversaciones que se transcriben para el presente estudio. Todos los ejemplos son del español europeo, pues, pese a que en América el uso de *claro* es muy similar —la descripción de Freites (2006) a partir de un corpus de Mérida (Venezuela) en comparación con la del presente estudio es prueba de ello—, no siempre es idéntica. Los textos escritos proceden de distintas fuentes (libros, prensa e internet). Avisan de los fenómenos que se pueden encontrar en las conversaciones; por lo demás, se comprenden con facilidad con una contextualización pobre, como la propia de la lectura de una publicación académica, y, por ello, se utilizan como ejemplos en esta exposición. Por su parte, las transcripciones publicadas —pongamos por caso, el corpus Val.Es.Co impreso (Briz/Grupo Val.Es.Co. 2002)— tienen el valor de elaborarse a partir de conversaciones reales —es decir, sin pasar por la conciencia de un escritor— y de ser accesibles tanto al investigador como a sus lectores; no obstante, se trata de ejemplos únicamente leídos por quien no tiene acceso a los audios y, en consecuencia, interpretados por lectores (el investigador y ustedes, lectores de este artículo) a partir de una contextualización pobre (la ficha técnica y un conocimiento de la situación y sus participantes muy limitado).[4] Por último, los audios proceden de grabaciones de conversaciones coloquiales de hablantes españoles en las que se documenta *claro*. Se registraron entre 2014 y 2019 por estudiantes de los últimos cursos de la Universidad Autónoma de Madrid. Cada grabación dura aproximadamente cinco minutos y en total suman más de once horas. Los ejemplos que se toman de estos audios se citan con las iniciales de la persona que llevó a cabo la grabación, el lugar de la grabación y el año.[5] La transcripción de los

---

3 El presente estudio se centra en *claro* y no se detiene en otras formas como *claro está* o *claro que*. Todas ellas tienen diferente gramática y distinto significado de procesamiento.
4 Sobre los condicionantes de la escritura en el estudio de los marcadores del discurso, Portolés (2019).
5 Estas iniciales corresponden a Carolina Cañoto Getino (CCG), Daniela Cao Ávila (DCA), Carmen Delgado-Iribarren (CDI), Celia Faba Durán (CFD), Marta Gil Ortiz (MGO), Sara González Garrote (SGT), María Romero Manzanera (MRM), Sara Santurde Camiña (SSC), Marina Serrano Figueras (MSF), Paloma Serrano García (PSG), Carlos Servera Enseñat (CSV), Iván Sigueiro

ejemplos es nuestra y utiliza los signos transcripción de Val.Es.Co (Briz/Grupo Val.Es.Co. 2002). Para contextualizar su lectura, se nombra a cada interviniente según su sexo (M[ujer]/H[ombre]), su edad *a* (<25), *b* (25-55), *c* (>55) y, en caso de coincidencia en ambos criterios, se añade un numeral cardinal para diferenciar a los participantes del mismo sexo e idéntica franja etaria (1, 2). En estas últimas conversaciones, la contextualización para el investigador es más rica que con las transcripciones ajenas, meramente leídas, y, en consecuencia, la posibilidad de una interpretación acertada de lo que en su momento se quiso comunicar con *claro* es mayor; con todo, por el soporte propio de las publicaciones científicas (escrito y sin audios), quienes lean el presente artículo dependen, en cualquier caso, de la selección, transcripción e interpretación que el investigador ha hecho de los datos. En definitiva, la presente investigación constituye un estudio cualitativo apoyado en datos externos a la propia introspección del autor.

La exposición de los resultados obtenidos comienza con el análisis de la instrucción de evidencia o certeza (§2), a la que se añade la propuesta de una instrucción de identidad extendida (§3). Estas dos instrucciones de procesamiento traerían dos beneficios comunicativos que justifican, aunque sea parcialmente, su uso: la presentación de lo dicho como fruto de un razonamiento y la formación de identidades grupales (§4). Una conclusión (§5), en la que se concretan las aportaciones del presente análisis de *claro*, cierra el artículo.

2 La instrucción de evidencia

Claro tiene usos dialogales, como los que acabamos de ver en (1), y monologales:

(2) Después me preguntó cuántos idiomas sabía:
—Inglés, francés y, claro, español— contesté (Javier Reverte, *El sueño de África* (1996), Barcelona, Debolsillo, 2003, 385).

En los dialogales lo evidente se interpreta a partir de lo dicho por el interlocutor, en los monologales lo marcado expresamente como evidente se encuentra en lo dicho por el mismo hablante; así, en (1a) Adolfo presenta su aceptación de la petición de su interlocutor como evidente y Luis confirma la suposición de su interlocutora (1b) —ambos son usos dialogales—; por su parte, en (2) el escritor Javier Reverte presenta como evidente algo que él mismo ha dicho: (es evidente que yo hablo) *español*. Pese a que en la conversación coloquial

---

Díaz (ISD), Carmen Torrijos Caruda (CTC), Ana Tudela Martínez (ATM), Elena Usunáriz Sánchez (EUS) y Eva Varas Álvarez (EVA).

son más frecuentes los usos dialogales que los monologales, ninguno de los dos es extraño. En el corpus impreso de Val.Es.Co (Briz/Grupo Val.Es.Co. 2002), por ejemplo, se pueden interpretar 147 ocurrencias como dialogales y 97 como monologales.[6]

En el estudio de *claro* se pueden diferenciar estos dos usos (dialogal y monologal) como dos acepciones distintas o vincular los dos por compartir ambos un significado básico. Este último consiste en un acercamiento monosémico (Pons 2011) y constituye la hipótesis de partida del presente estudio.[7] Se trata de aplicar la navaja de Occam modificada o navaja de Grice y no multiplicar los significados más de lo necesario (Portolés 2004a, 163–164). Ello no niega que existan diferencias debidas a su posición en la interacción o a modulaciones en su prosodia y que estas diferencias puedan ser sistematizables y merecedoras de estudio; de hecho, la misma distinción entre usos dialogales y monologales, y sus diferentes interpretaciones, representan buen ejemplo de ello.

Para concretar este significado básico que compartirían los distintos usos del marcador del discurso *claro*,[8] es útil la especificación de distintas instrucciones de procesamiento. Este método de análisis permite hallar similitudes y diferencias entre marcadores con un significado próximo en una misma lengua o en distintas lenguas y, sobre todo, fuerza a desarrollar hipótesis falsables que busquen predecir su uso (Portolés ²2001; Portolés 2004b; Murillo 2010; Portolés/Sainz/Murillo en prensa). Dentro de las instrucciones de procesamiento que se han propuesto en distintos estudios sobre marcadores, se encuentran las de conexión, las argumentativas, las de foco y alternativa, las escalares, las estructuradoras de la información, las de reformulación, las polifónicas y las del modo de acceso a la información (evidencialidad). La instrucción de evidencia o certeza de *claro* constituye un tipo de instrucción argumentativa; de ahí que en Portolés (²2001) se clasificara este marcador como reforzador de la argumentación. Se marca como evidente aquello que se podría justificar como cierto con

---

[6] Pese a lo que se pudiera pensar, no siempre es sencillo dirimir si un *claro* al inicio de una intervención responde al turno anterior o afecta a lo que le sigue, más todavía en una transcripción sin audio.

[7] Salvador Pons (en línea, S.V.), en su entrada *claro* del *Diccionario de partículas discursivas del español* (DPDE), diferencia entre un *claro* 1 y un *claro* 2. *Claro* 1 aparece independiente o en posición inicial de intervención como respuesta a la intervención de otro interlocutor (preguntas o peticiones); *claro* 2, en las posiciones interiores del discurso. Esta distinción es la más útil en una obra de consulta dedicada al público general, como es el DPDE.

[8] El presente estudio se limita a la partícula *claro*. Maldonado (2010) amplía su interés a otras categorías gramaticales como el adjetivo (*un día claro*), el sustantivo (*el claro del bosque*) o el adverbio adjetival (*habla claro*). En Portolés (en prensa) se valora este tipo de propuestas.

razones o aquello para lo que no se encuentran razones contrarias. Detengámonos en este punto.

Recientemente, Hugo Mercier y Dan Sperber (2017) han defendido una explicación evolutiva del razonamiento. En su opinión, las personas generalmente alcanzan conclusiones por intuiciones y, posteriormente, las justifican con razones. Estas razones acostumbran a ser sesgadas y descuidadas (*biased* y *lazy*). La ventaja evolutiva en su uso se halla en que, al presentar una conclusión como razonada, aunque sea de un modo tendencioso y no bien justificado, las personas se exponen a la vigilancia epistémica (*epistemic vigilance*) de sus congéneres.

La vigilancia epistémica consiste en ciertas capacidades biológicas y culturales para advertir informaciones falsas o erróneas (Sperber et al. 2010; Mercier/Sperber 2017). Aunque, dentro de la Teoría de la Pertinencia o Relevancia, un enunciado que se comunica intencionalmente presupone su pertinencia óptima (Sperber/Wilson ^{2}1995), esto no significa que el receptor lo admita sin más como verdadero. Obtener una información veraz y pertinente es un beneficio para el receptor y ello solo sucede por la vigilancia —mejor que desconfianza— hacia quien comunica y a lo que se comunica. Gracias a esta capacidad, el receptor de un mensaje comprende su intención comunicativa sin necesariamente aceptar la información que transmite. Se puede asumir el razonamiento de su emisor, pero también se pueden solicitar nuevas razones o rechazar las aportadas y, así, llegar a conclusiones distintas. En definitiva, los seres humanos, más que sopesar sus propias razones para llegar a las conclusiones acertadas —lo que sería un razonamiento con base intelectual—, evalúan las razones que los demás aportan —razonamiento con base social. De acuerdo con Mercier y Sperber, este modo de actuar goza de beneficios evolutivos: las conclusiones que se obtienen en comunidad son mejores que las meramente individuales.

Los datos que proporciona el estudio de los marcadores del discurso y, en concreto, del marcador *claro*, coinciden, al menos parcialmente, con la teoría de Mercier y Sperber.[9] Es sencillo advertir que muchos de ellos poseen alguna instrucción argumentativa y este hecho sería congruente con su propuesta. Los hablantes indican con frecuencia conclusiones y argumentos. La gramática tradicional ya percibió esta realidad y categorizó buena parte de las relaciones interoracionales con términos argumentativos (v.gr. causal, consecutivo, condicional o adversativo). Asimismo, y ya en relación con el asunto que nos ocupa, el

---

[9] Figueras (2019) presenta un riguroso estudio de los marcadores *por lo visto* y *se ve que* a partir de la teoría del razonamiento de Mercier y Sperber, teoría que explica con detalle y claridad. Como se comprobará más adelante (§4–5), las conclusiones del análisis de *claro* que se presentan en estas páginas solo son parcialmente consecuentes con los principios de esta teoría.

habitual uso de *claro* en la conversación se correspondería con el razonamiento descuidado propio de las interacciones humanas. Los hablantes marcan con *claro* como evidentes conclusiones sin ninguna justificación en buena parte de las ocasiones; no obstante, al hacerlo las exponen a la vigilancia epistémica de sus interlocutores. Con el uso de *claro* el hablante muestra a su interlocutor que, si lo solicita, puede aducir razones para defender esta certeza. Ciertamente, este requerimiento es extraño y lo es porque, como se verá, los hablantes generalmente muestran como evidente con *claro* aquello que también lo es para sus interlocutores.

En un análisis atento de los datos se comprueba que aquello marcado como evidente no es simplemente una información proposicional, sino el conjunto de la información proposicional (explicatura de primer nivel, en términos de Sperber/Wilson ^{2}1995) y el acto de habla (explicatura de segundo nivel). Lo habitual es que este acto de habla sea algún tipo de aserción, como en (1–2), de ahí que los marcadores de evidencia se hayan presentado como marcadores de refuerzo de la aserción (Barrenechea 1979, 52–53 o Martín Zorraquino 2015); así y todo, también se documenta *claro* en otros tipos actos de habla, como la pregunta (3a) o el consejo (3b) (se ha corregido la ortografía de los ejemplos).

(3) a. [*Hablando de unas botas de montaña*] Quisiera saber para qué uso específico son cada una de ellas; en qué terreno y condiciones son más adecuadas las rígidas, y dónde no, y claro, por qué.
(<https://www.nevasport.com/phorum/read.php?10,284781> último acceso: 21.07.2019)
b. Yo compré ese mismo libro en Amazon y me tardó aproximadamente 4–5 días, pero claro cómpralo en Amazon Inglaterra. (<https://marc.info/?l=php-general-es&m=108305179020601&w=2> último acceso: 21.07.2019)

En (3a) lo evidente es que se pregunte por qué las botas rígidas de montaña son más adecuadas que otro tipo de botas y en (3b) que se aconseje que se compre un libro en un comercio electrónico en Gran Bretaña y no en España.

Claro permite dos tipos de justificaciones: algo es evidente porque no hay obstáculos en contra y algo es evidente porque existen razones a favor. Un ejemplo de la primera interpretación sería:

(4) — ¿Puedo fumar un cigarrillo? Doña Fernanda no me deja.
— Claro —le dijo (Gustavo Martín Garzo, *Los amores imprudentes* (2005), Barcelona, Debolsillo, 2006, 321).

Doña Fernanda había encontrado alguna razón para prohibir fumar, quien responde *claro* no encuentra ninguna (se podría haber añadido *¿por qué no?*). Se trata de una evidencia por falta de obstáculos, como sucede cuando se ve «claro» porque no hay nada que dificulte la visión o la audición (Maldonado 2010). Este uso puede tener como efecto de sentido una interpretación de cortesía negativa: doña Fernanda impedía llevar a cabo una acción —limitaba la libertad de quien quería fumar— mientras que quien responde ahora la autoriza (Brown y Levinson 1987).

La otra posibilidad es que algo sea evidente porque existen razones a favor, aunque no se digan. En el siguiente intercambio dos amigas se están poniendo de acuerdo para disfrazarse en carnaval. M2*a* le ha propuesto a M1*a* un disfraz de yin y yang:

> (5) M1*a*: pero las zapas↑ o sea ¿yo blancas↑ tú negras?
> M2*a*: sí
> M1*a*: y el resto/¿tú blanco y yo negro? §
> M2*a*: §claro (CSE, Cantoblanco (Madrid), 2019)

No habría duda alguna (*claro*) de que, para disfrazarse, una de las chicas debe llevar no solo las zapatillas (*zapas*) blancas y la otra negras, sino también que el resto de la ropa debe ser de estos colores. En este caso M2*a*, que ya se había disfrazado en otro carnaval anterior del mismo modo, podría haber justificado de distintas maneras su respuesta con *claro*.

Analicemos un uso particular para iluminar mejor la existencia de razones (expresas o tácitas) que justifican la conclusión evidente. En ocasiones *claro* se encuentra precedido por la interjección *¡ah!* En estos casos, el hablante comunica que la conclusión evidente no pertenecía a sus expectativas (*¡ah!*) y se alcanza bien por una información ajena que recibe del interlocutor (razones previamente desconocidas), bien por la propia deducción a partir de indicios.[10] Así, dos profesoras conversan sobre un pequeño bombo de bingo que han comprado para actividades de clase y ha resultado defectuoso:

> (6) a. M*c*: ¿y no se puede devolver?
> M*b*: ¿es que sabes qué pasa? es que las bolitas veníaaan/[en un- un- enganchaditas]
> M*c*: [¡aaah! vale vale↓ claro] (MGO, Madrid, 2019)

M*c* admite que, si las bolitas se han separado unas de otras (razón que ella desconocía), sea evidente la conclusión de que no se pueda devolver el juego. Por su parte, en (6b) una joven recuerda de pronto que su amigo estuvo de Erasmus en Milán a partir de lo que él mismo acaba de decir: el muchacho sabe lo que cuesta un alquiler en esta ciudad italiana.

---

[10] Freites (2006, 71) nombra este uso de *claro* «comentario evaluador»; Edeso (2009, 162-166) denomina este uso de *ah* «introductor de ocurrencias repentinas»; Boyero (2002, 189) no utiliza un término especial para nombrar estos usos («cuando uno acaba de darse cuenta de algo»).

(6) b. *Ha*: pues en Milán yo he estado pagando quinientos↓ y aquí igual //
Ma: ¡AH CLARO tú estuviste en Milán!
(CCG, Madrid, 2019)

En definitiva, la conclusión evidente que se comunica con *¡ah claro!* se debe a unas razones que o se desconocían (6a) o no se recordaban (6b), y que se han advertido en ese mismo momento. Este uso particular muestra que *claro* marca una evidencia razonable, en el sentido de que se apoya en razones o, si se solicitan, se pudiera apoyar en ellas. Lo especial de (6) es que las razones no eran accesibles en un primer momento.

Las razones que justifican la evidencia con *claro* pueden estar expresas; así, en (6a) se explica que no se puede devolver el bingo (la conclusión), porque se han separado las bolitas (razón), pero también pueden no estarlo, en (1a), por ejemplo, no se justifica por qué Adolfo acepta la petición de llamar a Belloch. Esta ausencia de justicación expresa se da tanto en usos dialogales (1) como monologales (2). Volvamos a:

(2) Después me preguntó cuántos idiomas sabía:
—Inglés, francés y, claro, español— contesté (Javier Reverte, *El sueño de África* (1996), Barcelona, Debolsillo, 2003, 385).

La razón de que Javier Reverte sepa español ('el hecho de que sea español') tampoco está expresa. El interlocutor del periodista puede suponer a partir del contexto alguna jusficación, pero esta, de hecho, no se dice.

Existen diferentes dinámicas discursivas en la relación entre razones expresas y conclusión. Así, en usos monologales no es extraño que la razón para lo evidente preceda al miembro del discurso que se marca con *claro*.

(7) Pero el problema ha desaparecido, porque aquí no hay ya ni cerveza y, claro, no hay borrachos (Javier Reverte, *Los caminos perdidos de África* (2002), Barcelona, Debolsillo, 2004, 408).

En (7) se muestra como cierto (*claro*) que no puede haber borrachos (conclusión evidente), en un lugar donde no hay alcohol (razón). Se trata de un uso monologal habitual.[11] Con todo, ello no indica que *claro* sea un conector consecutivo del tipo de *por tanto* o *en consecuencia*. La interpretación consecutiva de *claro* constituye un efecto de sentido de un operador de evidencia. Una prueba es que este *claro*

---

[11] Luis Santos (2004, S.V.) lo destaca: «esta proposición [*no aprobó*] expresa el efecto presuposicionalmente esperable del hecho aducido en el primer miembro de la coordinación *Se pasaba el día de juerga y, claro, no aprobó*». También Fuentes (1993) distingue un valor causa-consecuencia para *claro*.

con sentido consecutivo se documenta acompañado con un conector adverbial consecutivo previo, generalmente *entonces*:

(8) M*b*: y tú no tienes problemas een en- faltar [estos días]
    H*a*: [si Daniela] los exámenes los tiene een- en mayo
    M*b*: ¡ah bueno↓ entonces <u>claro</u>! (DCA, Madrid, 2019)

El uso de dos conectores consecutivos seguidos *entonces por tanto* sería extraño por redundante y no lo es en (8) el uso de *entonces claro*: el hecho previamente desconocido (*ah*) de que Daniela tenga los exámenes en mayo (razón) tiene como consecuencia (*entonces*) una conclusión evidente (*claro*): no hay problema en faltar unos días de clase en un mes distinto al de los exámenes. Es decir, en (7) la interpretación de *claro* como consecuencia se debe a un enriquecimiento pragmático contextual; por su parte, en (8) la interpretación consecutiva está convencionalmente marcada por el significado de procesamiento de *entonces*. No se siente redundante *entonces claro* porque *entonces*, como conector que es, comunica expresamente una relación consecutiva que en (7) tan solo se infiere.

No obstante, como advierte González (2004, 249), el hecho de que *claro* se encuentre precedido de una razón que apoya la certeza no es la única dinámica discursiva posible. En (9) la justificación se sitúa después de *claro*.

(9) a. P. ¿Ha conocido a Aznar?
       R. No
       P. ¿Le gustaría conocerlo?
       R. Sí, <u>claro</u>, me gusta conocer a gente importante (en *El País*, 19.01.1997, 52).
    b. Llegó agosto y me fui con la familia a San Sebastián, y con los niños, <u>claro</u>, donde yo iba iban ellos (Javier Marías, *Berta Isla* (2017), Barcelona, Debolsillo, 2019, 323).
    c. Ella hacía cenas y comidas. Yo hago cenas y comidas. Las mías peores, <u>claro</u>, porque ella sabía cocinar (Manuel Vilas, *Ordesa*, Barcelona, Alfaguara, 2018, 296).
    d. M*c*: CLAro pues es que está pagando la hermana porque tiene- //es que no pagaban el agua↓/me diga no pagaban el gas↓/y entonces los recibos del gas↑/porque ya tenían casi quinientos y pico euros- NO casi- //casi cuatrocientos y pico euros que ya tenían de- de- de- de atraso↓/y me mandaron las cartas del gas a mí aquí
       M*a*: <u>claro</u>↓ tú eres la dueña (EVA, Madrid, 2015)

En (9a) la conclusión evidente es que al entrevistado le gustaría conocer al presidente Aznar (*claro*) y *me gusta conocer a gente importante* es la razón situada después; en (9b) la conclusión evidente es que fue a San Sebastián con los niños y la razón es *donde yo iba iban ellos*; en (9c) lo evidente es que sus cenas y comidas eran peores que las de su esposa y la razón es *ella sabía cocinar*, y, por último en (9d) la conclusión evidente, que a la señora mayor le manden los recibos del gas de la casa que tiene alquilada (*claro*), se apoya con la razón de que ella es la dueña del piso (*tú eres la dueña*).¹²

En otras ocasiones, la aparición de *claro* crea un marco (Ferrari/Borreguero Zuloaga 2015, 61–64) que encuadra como evidente la interpretación de un fragmento del discurso que lo sigue. No se trata solo de indicar una razón o una conclusión como evidentes, sino de enmarcar todo el proceso argumentativo; dicho de otro modo, existe la certeza (*claro*) de que ante tales razones se tiene que producir necesariamente tal conclusión:

(10) a. llamée al- all administrador↑ digo *oye*↑ digo *es que*↓/claro↓ como la declaración de la renta//PONgo que pierdo dinero↑/pues me ha- me han llamado de Hacienda↑ diciendo que- que ¿cómo es que pierdo dinero?// (Corpus Val.Es.Co. 2.0, conversación 27, intervención 37)
   b. H*b*: lo que pasa es que claro↓ aquí te están hablando→ del veintitrées↓/bueno/ vale/aquí del veinticuatro↓/aquí te hablan del veintitrés veinticuatro↓//y aquí te van haciendo otras de la constitucióoon/y al setenta de la jurisdicción contenciosaaa/aquí al treinta y SEEEIS↓/y entonces ya no sabes dónde estás↓ (PSG, Guadalajara, 2018)
   c. M*a*: claro↓/y como mi padre y mi hermana no creo que vayan↑ yo tengo seis entradas↓ (ATM, Madrid, 2019)

En (10a) lo evidente es que, si se indica en la declaración de la renta que se ha perdido dinero (razón), el Ministerio de Hacienda lo compruebe (conclusión); en (10b) lo evidente es que, si en un temario de oposiciones, cada vez hablan de un apartado distinto de una ley (razón), al final se despiste el lector (conclusión), y en (10c), que si su familia (padre y hermana) no aprovecha las entradas regaladas por el Ayuntamiento para un espectáculo en el barrio (razón), la joven pueda ofrecer seis a sus amigos (conclusión).

Este alcance amplio de *claro* también se comprende cuando se documenta después del discurso al que afecta. Lo habitual es que, en estos casos, se sitúe una vez dicho un modificador desrealizante, esto es, un modificador que disminuye o invierte la fuerza argumentativa de un argumento previo (Ducrot 1995), o de una reserva argumentativa, es decir, un condicionante (exceptivo o requisitivo) que se ha de cumplir para que se dé la conclusión (Montolío Durán 2007). De nuevo, lo evidente es el conjunto de aquello que se asegura (lo aseverado más su limitación —modificador desrealizante o reserva—).

---

12 Sánchez (2013, 255) constata estas dos dinámicas discursivas —con la conclusión precedida o seguida por la razón— en adverbios evidenciales.

(11) a. Ellos nos lo agradecerán. Cuando pase el tiempo, claro (en *El País*, 1.02.2006, 13).
   b. Internet permite escribir personalmente a quien quieras —que esté conectado a la red, claro (Daniel Cassany, *Tras las líneas*, Barcelona, Anagrama, 2006, 189).
   c. Debías venirte por aquí; cualquier día te voy a buscar, si me lo permites, claro... (Ignacio Aldecoa, *Cuentos*, Madrid, Magisterio Español, 1976, 221).

Lo evidente en (11a) es que se agradezca algo que, en principio molesta, eso sí, cuando pase el tiempo; en (11b) con internet se puede escribir a quien quieras que, evidentemente, esté conectado y, para que alguien vaya a buscar a otra persona, se precisa de su permiso (11c). Se trata de un uso sobrevenido del marcador *claro*, ya que su aparición se debe a la modificación de una planificación discursiva previa. Con este uso se busca invalidar las posibles objeciones del interlocutor que el emisor advierte una vez iniciada la enunciación del mensaje. Sería, pues, prueba de la consciencia del hablante de la vigilancia epistémica del interlocutor.

Asimismo, en otras dinámicas discursivas, la evidencia que se marca con *claro* puede trocarse en razón para una conclusión que sigue. Este hecho se percibe con especial claridad cuando la evidencia (*claro*) adquiere una interpretación irónica (Boyero 2002, 204). Esto es, alguien marca como evidente lo que el interlocutor acaba de proferir y, a partir de esta evidencia —ahora razón—, se presenta una conclusión que es imposible que el locutor asuma. Ello trae consigo una interpretación irónica de lo que se ha marcado como evidente: no se comparte aquello que acaba de decir el interlocutor y se ha marcado con *claro*. Como sucede con otras interpretaciones irónicas, la de *claro* se facilita con otros recursos lingüísticos, gestuales o de conocimiento del mundo (Haverkate 1985; Ruiz Gurillo/Padilla García 2009).

(12) a. Cecilia: [...] Oye, Julio, ¿y no podríamos cometer el asesinato y luego dejar que mi Enrique descubra al culpable? Eso sería estupendo para su carrera, ¿no te parece?
   Julio: Sí, claro, y nosotros... ¡al patíbulo! (Eduardo Mendoza, *Una comedia ligera*, Barcelona, Seix Barral, 1996, 12).
   b. A: a mí [Corcuera me cae muy bien]
   S: [sí/claro/y te pone una ley] que pegan una patá a la puerta↑ y te entran en casa de una patá (Briz/Grupo Val.Es.Co. 2002, 187, líneas 797-799)

En (12a) sería extraño que una persona quisiera ir al patíbulo; de este modo, si la consecuencia es imposible (que alguien desee ser ejecutado), el antecedente que se presenta como evidente también lo es (que no se alberguen dudas de la bondad de cometer un crimen); por su parte, en (12b) a S no le parece bien una ley que permita a un policía entrar en casa sin mandato judicial (*de una patada*) y ello fuerza a pensar que, contrariamente a su interlocutor, no le agrada el ministro del Interior Corcuera.

En suma, aquello marcado como evidente con *claro* puede carecer de razones expresas (2 y 5); si se dicen, estas pueden situarse previamente a la conclusión evidente (7-8) o pueden seguirla (9); asimismo, lo evidente puede ser el conjunto de una relación argumentativa (razón-conclusión en (10) o en (11) conclusión-modificador desrealizante/reserva), y, por último, aquello que es evidente, y que generalmente constituye una conclusión que se apoya en razones, puede pasar a ser una razón para otra conclusión, en el caso particular de (12) una razón que se interpreta de un modo irónico.

3 La instrucción de identidad extendida

En su estudio sobre la persona verbal Émile Benveniste (1966, 234-236) defendió que «nous» no es un «je» cuantificado o multiplicado, sino un «je» dilatado o amplificado más allá de la persona estricta, a un tiempo incrementado y de contornos vagos. Ello explica que haya, por ejemplo, usos de plurales de humildad del tipo: *Como acabamos de exponer*, cuando, en realidad, quien acaba de decir algo es una única persona. La hipótesis que se va a defender es que otra instrucción del significado de procesamiento de *claro* presenta algo evidente no solo para el locutor sino para una identidad extendida y de contornos vagos a partir de la identidad del locutor. Esta identidad se irá ajustando en mayor o menor medida de acuerdo con el contexto —verbal y no verbal— de la interacción.

Se trata de una identidad discursiva. Ya en la década de 1960, Harvey Sacks (1992) defendió en sus clases que, en la conversación, la identidad de los participantes es variable y puede cambiar de turno a turno, por lo que propuso el concepto de identidad discursiva,[13] es decir, una identidad que acontece en la propia interacción y que no es independiente de ella misma. Es la misma interacción la que muestra una identidad discursiva en concreto y esta puede ir variando.[14]

---

[13] Posteriormente, las escuelas de Etnometodología y Análisis de la conversación (Schegloff 1991; Antaki/Widdicombe 1998) han desarrollado este concepto.

[14] Fuentes (1993, 106) considera que la interpretación de *claro* que aquí se denomina como de «identidad discursiva extendida» consiste en «un elemento que sirve de comentario a lo que se va a decir o se ha dicho, y convoca los presupuestos de toda la comunidad lingüística, que, según el hablante, coincide con su evaluación, porque es algo lógico para todos». Y posteriormente afirma: «muestra claramente la actitud expresiva y reafirmativa del hablante. Al mismo tiempo convoca la voz de la comunidad o de otros, que presupone también enunciadores de lo dicho, a los que se une» (Fuentes 2009, S.V.). Martín Zorraquino (2014, 71), por su parte, mantiene que *claro* «recalca la evidencia del conjunto proposicional al que remite, estableciendo una conexión entre los elementos que integran su contenido —y lo que puede deducirse de

Lo habitual es que esta identidad compartida se busque con el interlocutor (1–11) (identidad inclusiva), pero no siempre es así:

(13) a. —¿Pero los futbolistas fuman?
—Claro.
—Anda, no me fastidies, yo creía que los futbolistas no fumaban, como los médicos (en *El País Semanal*, 07.06.1998, 64).

En (13b) A explica a B cómo se sitúan los japoneses en las escaleras mecánicas del metro de Tokio.

b. H*a*: [se ponen a la izquierda↓]/se ponen a la izquierda
M*a*: ¿se ponen a la izquierda? ¡andaaaa!§
H*b*: §claro↓/es que ahí se conduce por la izquierda (EUS, Madrid, 2019)

Y en (13c) se habla de cambiar una bombilla antigua por otra más moderna:

c. H*c*: ¿pero es del mismo tamañoo deee todo?§
M*c*: §claro↓/el tamaño dice que es estándar (MSF, San Sebastián de los Reyes (Comunidad de Madrid), 2019)

En (13a) quien pregunta si los futbolistas fuman espera una respuesta negativa, que no fumen, y obtiene, con *claro*, una respuesta contraria a lo esperado. En este caso se interpreta que la respuesta es evidente y que no lo es solo para quien la da, sino que lo es para algún otro indeterminado (¿quienes conocen las interioridades del mundo del fútbol?) y, en buena parte de los casos y con distintos matices —sorpresa («¡pero no lo sabías!»), reproche («¡pero cómo no lo sabes!») o disculpa («ah, ¿es que no lo sabes? Te lo tenía que haber contado»)—, que también debiera haberlo sido para quien ha preguntado. Algo semejante sucede en (13b): todos aquellos que sepan que en Japón, como en Gran Bretaña, se conduce por el lado izquierdo de la calzada encontrarán evidente que los japoneses se sitúen en las escaleras mecánicas también al lado izquierdo. Por último, en (13c) A no pertenece al grupo de individuos que sabe que el tamaño de ese tipo de bombillas es estándar. Así pues, en (13) la identidad de quien utiliza *claro* no se extiende, como es habitual, a su interlocutor, sino a otras personas.[15] En suma,

---

ellos— y algún tipo de hecho, situación o circunstancia que los justifican o los explican y que pueden recuperarse a través del contexto o del conocimiento que comparten los hablantes (que se inscribe a menudo en el saber general sobre las cosas)». Creemos que el concepto de identidad discursiva explica de un modo más sencillo el conjunto de los datos recogidos.

15 En el español europeo, con una prosodia determinada, estos usos de (13) y otros similares se pueden comprender como un reproche. Se interpreta en tales ocasiones que quien replica *claro* considera incómoda la duda de su interlocutor sobre algo que tanto él mismo como otros consideran evidente. Freites (2006, 277) aprecia que este uso es extraño al español de Mérida (Venezuela).

se pueden diferenciar usos excluyentes de *claro* (13) y usos incluyentes (1–12); en los primeros, aquello que es evidente para el hablante no lo es para su interlocutor, en los segundos, el hablante comparte lo que presenta como evidente con su interlocutor. Este último constituye el uso más habitual.

Por otro lado, el concepto de identidad extendida se acerca de algún modo al de intersubjetividad de Jan Nuyts (2001; 2012; 2014; 2015) o al de Traugott (2010; 2012).[16] La subjetivización de Nuyts tiene relación con el evaluador (*assessor*) de las expresiones modales. Las personas evalúan con expresiones modales aquello que comunican. Cuando este evaluador es único, la evaluación modal es «subjetiva», es decir, se presenta como estrictamente personal (v.gr. *Creo que vendrá*); cuando la evaluación se comparte con un grupo mayor de personas, incluido habitualmente el oyente, la evaluación modal es «intersubjetiva» (v.gr. *Es posible que venga*); puede haber también evaluaciones neutras, esto es, aquellas en las que no se marca si la evaluación es personal («subjetiva») o compartida («intersubjetiva»), los adverbios epistémicos serían un ejemplo (v.gr. *Posiblemente venga*).

Así pues, la teoría de la (inter)subjetividad de Nuyts atiende principalmente a la sintaxis de expresiones modales con moción de persona gramatical. Las expresiones modales en primera persona serían subjetivas y aquellas impersonales intersubjetivas. Los adverbios epistémicos los presenta «en principio» como neutros (Nuyts 2014, 20). Si nuestro análisis de *claro* es acertado, reflejaría que algunas unidades no flexivas también pueden comunicar por su significado de procesamiento esta dimensión semántica de la (inter)subjetividad. En concreto, *claro* comunica una certeza que no se corresponde únicamente al hablante (subjetividad) sino a más personas, entre ellas, por lo general (los ejemplos de 13 son poco frecuentes), al interlocutor. Se puede denominar a la identidad que incorpora al interlocutor «identidad inclusiva».

Desafortunadamente, aquí terminan los parecidos. Nuyts (2001, 396), en la aplicación del concepto de intersubjetividad, llega a conclusiones que se distancian del uso de *claro*. Mantiene, por ejemplo, que la intersubjetividad es más frecuente en el discurso escrito que en el oral. En un artículo científico, pongamos por caso, buena parte del estado de la cuestión es compartido por más investigadores que aquel que firma la publicación. Del mismo modo, asegura que la dimensión semántica de la (inter)subjetividad no es una categoría comunicativa sino conceptual (Nuyts 2014; 2015). En definitiva, el concepto de intersubjetivi-

---

[16] Los conceptos de intersubjetividad de ambos autores difieren. Maldonado (2018) denomina con perspicacia el de Nuyts como «intersubjetividad-objetivizante» y el de Traugott como «intersubjetividad interlocutiva».

dad, tal como lo desarrolla Nuyts, no se ajusta por completo a los usos de *claro*: estos son principalmente orales e interaccionales.[17]

Más próxima al uso de *claro*, se encuentra la (inter)subjetividad de Traugott (2010; 2012). *Claro*, por un lado, comunica la certeza del hablante hacia lo que comunica, se correspondería con la subjetividad de Traugott; por otro lado, en la mayor parte de sus usos, convoca al interlocutor para compartir la identidad extendida del hablante (identidad inclusiva); así pues, se acercaría a fenómenos de intersubjetividad de Traugott en los que se manifiesta la atención del hablante hacia la imagen del interlocutor y a la búsqueda de un acuerdo. En el siguiente apartado, se va a perfilar esta relación entre ambos participantes en la interacción.

4 Sobre la frecuencia de uso de *claro* en la conversación

Dado el significado básico de *claro*, falta encontrar motivos que justifiquen su frecuencia en la conversación. Después del análisis de cualquier corpus conversacional, un hecho parece indudable: lo que se marca en las conversaciones con *claro* es en muchas ocasiones tan evidente para el emisor como para el receptor del mensaje. No se trata de persuadir a nadie de algo que no crea previamente.

(14) a. S: = porque... como tenga que IR yo solo/a un sitio queé está unpoco lejos y tal↑ ya no voy
J: claro... [es mejor ir con gente] (Briz/Grupo Val.Es.Co. 2002, 157, líneas: 573–575)
b. G: sí↓ ellos mismos se contra[dicen aparte]
E: [se contradicen] pero mogollón de veces/y CLARO tú ves una contradicción↑ y si vas un poco picardillaa/pues discutes↓ estás *que no/que tal/que tal/y por aquí y por allá*... (Briz/Grupo Val.Es.Co. 2002, 118, líneas: 1531–1535)
c. C: § se fue a una reunión d'estas↑/no compró ningún libro↑/y mira qué carterita/ [(RISAS=)]
P: [(RISAS)]
C: = más bonita/dice [((he sido→))=]
P: [esta ((gratis))]
C: = gratis/claro/lo que daban de regalo§ (Briz/Grupo Val.Es.Co. 2002, 191, líneas 22–27)

---

[17] En González (2014) no se comparte esta última consideración, pues se recurre a la intersubjetividad de Nuyts en el análisis de *clar/claro*.

d. L: [sí y a lo mejor en un] momento de[terminado↑ pues puedes enrollarte con él=]
E: [síi/a lo mejor/claro]
L: = pero no necesariamente [ese día (( ))] (Briz/Grupo Val.Es.Co. 2002, 95, líneas 559-562)
e. M*b*: pero para prepárarmelo me han cobrado veinte euros →
M*a*: pero está bueno↑/está rico ↑
M*b*: está bueno
Hc: pero te trae más cuenta
M*b*: claro/mucha más cuenta↑ y lo voy a aprovechar todo (MRM, Getafe (Comunidad de Madrid), 2019)

En estos ejemplos, el segundo participante confirma con *claro* aquello que acaba de proferir su interlocutor —(15a) *es mejor ir con gente*, (15b) *ellos mismos se contradicen*, (15c) *gratis*, (15d) *a lo mejor*, (15e) *trae más cuenta* [comprar el jamón serrano ya deshuesado, fileteado y envasado al vacío].

Numerosos autores (Martín Zorraquino y Portolés 1999; Gras 2002; Freites 2006; Landone 2009, 313-315; Porroche 2009, 152; Santamaría 2009; Cuenca y Marín 2012; Martín Zorraquino 2014; Briz 2016, 114) han explicado estos usos u otros semejantes como parte de una estrategia de cortesía positiva (Brown/Levinson 1987). Se halaga la imagen positiva del interlocutor, compartiendo lo que acaba de decir y reforzádolo como argumento (aquello que ha dicho no solo es cierto sino también libre de cualquier duda —evidente—). No obstante, como ya se ha visto, es también habitual que *claro* aparezca en una posición interior de una intervención (usos monologales) (2, 3, 7, 10, 11, 15) y que, en tal caso, no se confirme algo dicho por otro participante en la interacción. En estos usos es difícil interpretar cortesía positiva hacia el interlocutor, pues no se presenta como evidente nada que este haya dicho.[18] La siguiente conversación transcurre en una cocina (como se puede comprobar al final del fragmento). Una hija narra a su padre los problemas que ha encontrado para obtener un certificado. Salvo el primer *claro*, que es dialogal (responde a algo que ha dicho su padre), el resto son monologales y no afectan a la imagen social del padre.

(15) a. M*a*: claroo↓ no no↑ había termina(d)o- había termina(d)o de hacer el papel↓// bueno↓/espérate↓/porque llego allí/y le pregunto a la- a la mujer de la secretaría/*quiero el certificado tal tal tal*↓/y me da una hoja↑ como de recibito de estos

---

[18] Tampoco es sencillo ver en los usos monologales de *claro* una marca de información nueva (González 2014). En (15), por ejemplo, se marca con *claro* lo previsible o lo consabido: si a alguien le dan un impreso en una secretaría, comienza a rellenarlo; si lo hace, se forma cola; si en 2016 se había de abonar una cantidad en una universidad española, había que ingresarla en una sucursal del Banco de Santander.

de banco ¿no? //y luego me da otra↑ de- de rellenar con los- mis datos/<u>claro</u>↓ yo me he puesto a rellenar↓/<u>claro</u>↓ se me empezaba a hacer cola↑//¿no?§
H*b*: §sí
M*a*: y <u>claro</u>↓ yo ya me he puesto a escribir/me he puesto a rellenarlo más o menos intuyendo/*pues más o menos es esto esto y esto*//vale↓/bueno↓/pues se lo doy a la mujer y le digo/*toma* y me dice/*no no lo tienes que pagar*//*cuando lo pagues*↑/*me devuelves las dos cosas*↓//<u>claro</u>↓ es del Santander↓ porque las cosas de la universidad las lleva el Santander//yyy- total que me bajo hasta el Santander↑//que hay en la facultad↑/y cuando llego↑ ya me iba a tocar↑ resulta que te pone dos carteles↓/ uno que pone eeeh→/¿qué ponía? ¡ah! poníaaa que solo pago en efectivo↓/¿¡ya vas a abrir las patatas!? (CFD, Leganés (Comunidad de Madrid), 2016)

Al menos dos teorías de psicología social proporcionan ideas útiles para explicar la frecuencia de uso en las conversaciones de *claro* en casos como (15):[19] El Modelo de Expansión del Yo (*Self-expansion Model*) de Arthur Aron[20] y la Teoría de la Acomodación en la Comunicación (*Communication Accommodation Theory*) [TAC] de Howard Giles.[21] Las dos estudian la interacción humana, si bien la segunda se centra en la interacción comunicativa, y ambas presentan una serie de conceptos pertinentes. El Modelo de Expansión del Yo se basa en el principio de que, en una relación de cercanía (*closeness*) entre personas, cada individuo incluye al otro en uno mismo, esto es, existe en distintos grados el solapamiento (*overlap*) de las representaciones cognitivas de uno mismo y el otro; un ejemplo extremo sería el amor romántico, pero, en todo caso, en otras situaciones se pueden reconocer distintos grados de inclusión del otro en uno mismo. De acuerdo con los estudiosos de esta escuela, los seres humanos buscan este tipo de expansión, porque les genera beneficios. A partir de este estudio de las relaciones humanas de cercanía, es útil considerar que en bastantes de los usos del marcador *claro* se refleja una expansión de la identidad propia del locutor en otros, esto es, se les ofrece (en una reacción dialogal) (14) o se requiere (en un uso monologal) (15) compartir como evidente aquello que se comunica.

Por su parte, la Teoría de la Acomodación en la Comunicación se centra en la interacción comunicativa.[22] Mantiene que muy pocas interacciones carecen de aspectos intergrupales; con otras palabras, lo habitual es que cada vez que

---

[19] Spencer-Oatey (2007) propone relacionar el concepto de imagen social (*face*) de Goffman con las teorías de identidad de la psicología social.
[20] Aron et al. 1991; Aron/Aron/Smollan 1992; Aron/Fraley 1999; Aron/Aron/Norman 2001; Aron et al. 2004.
[21] Para una presentación actualizada de esta corriente, Gasiorek/Giles/Soliz (2015), Giles (2016).
[22] Para la relación entre el Análisis de la Conversación y la Teoría de la Acomodación en la Comunicación, Gallois/Weatherall/Giles (2016).

intervienen los hablantes se muestren como miembros de un grupo (Gallois et al. 2016, 195). Si se tiene en cuenta la relación con el interlocutor, cada participante en una interacción verbal se presenta: bien como miembro del mismo grupo de aquel con quien interactúa (en una relación intragrupal) o bien perteneciente a un grupo diferente (relación intergrupal). La mayor parte de los usos de *claro* conversacionales favorecen la constitución de una relación intragrupal (identidad inclusiva inclusiva). De este modo, cuanto menos discutible sea lo marcado con *claro* —recuérdese (14) y la constante búsqueda de apoyo de la hija en su padre (15)—, mejor se conseguirá la adhesión del receptor del mensaje y la impresión de que la comunicación es intragrupal.

El uso de *claro* como continuador conversacional también es coherente con esta hipótesis. Con los continuadores un participante en la conversación muestra que sigue lo que dice su interlocutor y renuncia al turno de palabra. La posibilidad de utilizar *claro* como una evidencia por ausencia de razones en contra ha favorecido un uso próximo al de ciertas vocalizaciones paralingüísticas como continuador conversacional (v.gr. *mhm*) (Boyero 2002, 175; Gras 2002; Pons 2003; Cortés/Camacho 2005, 182; Freites 2006, 275; Lopes 2013). En (16a) las tres participantes se van apoyando en sus opiniones sobre la diferencia entre quién paga ahora el convite de las bodas (los novios) y quién lo pagaba antes (los padres); en (16b) una madre aconseja a su hijo cómo estudiar un temario de oposiciones.

(16) a. M*b*1: eso por ejemplo↑ ya no se hace↓/lo de invitar a tantos amigos de los padres↑/eso ya no se hace↓ la gente ha comprendidoo↑//que eso no pueDE SER↓§
M*b*2: § º(claro)º §
M*b*1: § que es que eso no es así →
M*b*2: pero porque ha cambiado el concepto↑/ahora ya no son los padres↑ los que pagan la boda §
M*b*1: §claro§
M*b*2: § son los novios los que pagan la boda§
M*b*1: § los que se pagan [su propia boda]
Mc: [con lo cual] como pagaban la boda↑/estaban en su derecho de invitar también a quienes ellos [quisieran]
M*b*1: [claro]/claro
M*b*2: claro
M*b*1: sí ///(CTC, Cuenca, 2017)
b. Mc: hombre↓/lo que puedes hacer a lo mejor ahí↑ que te están mezclando uno con [otro=]
H*b*: [claro]
Mc: =*PUES artículos que modifican*/por ejemplo↑/*esto*↓ lo de [las competencias=]
H*b*: [claro]
Mc: = y pones *este este este este*§

H*b*:   § claro§
M*c*:   § ¿sabes?/que es lo que te están poniendo ahí//[te están poniendo-]
H*b*: [claro]/no/pero esto por ejemplooo↑ las definiciones/[o se-]
M*c*:   [ya/no]/pero como yo creo que en el test/lo que te van a pon[er=] (PSG, Guadalajara, 2018)

Asimismo, son frecuentes los usos de *claro* en polílogos en los que dos participantes se coligan para apoyarse conjuntamente frente a otro(s) participante(s) (Schegloff 1995; Bruxelles/Kerbrat-Orecchioni 2004). En el siguiente ejemplo, dos adultos, padre y tío, tratan de explicarle a una joven cómo consumir un tipo de embutido:

(17) a. H*c*1: si no te gusta↑ lo cueces y ya está
    H*c*2: claro
    M*a*: ah↓ vale (SSC, Madrid, 2019)

En (17b) unos padres se coligan para aconsejar a sus hijos que se cuiden la dentadura.

   b. M*c*: = que os cuid- [que os cuidéis los dientes]
    H*c*: [claaaro/claaro]
    M*c*: = que os cuidéis los dientes (CDI, Madrid, 2018)

En (17c) una joven (M*a*) y un adulto (H*b*) se apoyan mutuamente con *claro* para mostrarle a la madre de la joven (M*b*) que, al tiempo que requería su ayuda para liberar la pata de un perro (Willy), les impedía con su cuerpo poder hacerlo.

   c. M*b*: no↓ claroo↓/si yo lo que quería era↑ que me sujetarais a los perros y a wiLLY para que no se moviera↑ para poderle↑//despacito sacar la pata [porque no]
    H*b*:   [¿pero tú no te] has da(d)o cuenta/ de que estabas diciendo//*ayudarme ayudarme*//pero no dejabas a nadie que te ayudase↑ porque estabas ocupando tú to(do) el espacio?§
    M*a*:   § CLARO↓///[que]
    H*b*: [si no] sabíamos [ni lo que pasaba]
    M*b*:   [a ver]
    M*a*: mamá↓ es verdad
    M*b*: porque LE ESTABA SUJETANDO YO↓§
    H*b*:   § claaro peroo→§
    M*b*:   § y cuando estaba Habana↑ no me podía mover de ahí↓/porque LE ESTABA/A-ESPACHURRANDO AL PERRO→
    H*b*: pero que ta-tampoco decías↑/qué había que hacer ni qué [pasaba=]
    M*a*:   [ya]
    H*b*: = y es que estabas tú [tapando↑]
    M*b*:   [(TOSES)]

>
> M*a*:   [claro]
> M*b*: (TOSES)
> M*a*: to- to(d)as hemos venido corriendo yyy-/te pones a chillar↓/y nosotras así/en plan/¿qué qué qué [hay que hacer?] (SGG, Villaluenga de la Sagra (Toledo), 2016)

En estos casos, los participantes coligados forman una identidad grupal frente a un tercero: la de los dos adultos gallegos que saben preparar embutidos (17a) frente a la joven madrileña que lo desconoce, la de los padres mayores que sufren problemas con la dentadura y ven que su hijo, que la descuida, puede padecerlos en el futuro (17b), o la de aquellos que deseaban ayudar a otra persona, pero esta dificultaba el hacerlo (17c).

En definitiva, estas estrategias en el uso de *claro* se podrían justificar de acuerdo con la Teoría de la Acomodación en la Comunicación como casos de acomodación convergente de participantes que buscan constituir una identidad grupal. Para Giles y sus discípulos, si lo logran incrementan su atractivo como hablantes, la mutua inteligibilidad, facilitan el acuerdo o aumentan la solidaridad entre ellos; asimismo, este comportamiento crea un sentimiento de afiliación, es decir, una disminución de la distancia social. Todo ello explicaría también la menor presencia de *claro* en el discurso escrito y su práctica inexistencia en los discursos escritos formales.

5 Conclusión

Claro es el marcador de evidencia más utilizado en las conversaciones coloquiales. Además de por razones gramaticales (Portolés en prensa), este hecho se puede explicar por su significado de procesamiento. *Claro* marca como evidente algo comunicado: una conclusión que se puede justificar bien por razones, bien por la ausencia de impedimentos. Asimismo, su significado prescribe que esta certeza no solo la halla el hablante, sino también de un modo difuso alguien más (identidad discursiva extendida). Estas dos instrucciones facilitan crear una identidad grupal: la de aquellos que comparten algo como evidente.

En las estrategias discursivas habituales quien emplea *claro* busca formar grupo con su interlocutor (identidad inclusiva). Por lo general, este no constituye el oponente al que el proponente (el hablante) intenta persuadir de sus tesis. El hablante presenta como evidentes con *claro* conclusiones indiscutibles e, incluso, las toma de las propias palabras de su interlocutor. El razonamiento —sesgado y descuidado, como exponen Mercier y Sperber (2017)— que lleva a cabo busca, pues, cooperar con el interlocutor compartiendo razones y conclusión. Esta interpretación, que engloba tanto a los usos dialogales como a los monologales, no es incompatible con la estrategia de cortesía positiva que entraña buena parte de sus usos dialogales y que se ha propuesto en estudios previos.

Por otra parte, volviendo a la teoría evolutiva del razonamiento de Mercier y Sperber (2017), el uso frecuente del marcador de evidencia *claro* no concuerda con una de sus hipótesis principales. En opinión de estos autores, el razonamiento es esencialmente persuasivo. Se razona para convencer a los demás y de ello se obtienenen beneficios individuales (Mercier/Sperber 2017). El análisis del uso de *claro* en la conversación coloquial que se acaba de exponer no conduce a esta conclusión. El emisor muestra como evidentes conclusiones y razones que, en la mayor parte de los casos, comparte con su(s) interlocutor(es). No se trata tanto de convencerlos de algo que no creían (persuasión) como de formar un grupo con creencias comunes, con frecuencia frente a otras personas o a otros grupos. Si es así, el razonamiento no solo es beneficioso por mejorar para cada uno de los participantes las conclusiones obtenidas en la interacción conversacional —rechazar las equivocadas y alcanzar las acertadas— (propuesta de Mercier/Sperber), sino también por favorecer la identidad grupal de quienes en la conversación diaria comprueban cómo sus interlocutores comparten en la mayor parte de los casos sus mismas razones. Si esta interpretación de los hechos es acertada, la exposición verbal de los razonamientos constituiría no solo una adaptación de la especie con beneficios individuales (argumentación y persuasión), sino también colectivos (consolidación de una identidad grupal).

Bibliografía

Antaki, Charles/Widdicombe, Sue (edd.), *Identities in Talk*, London, Sage, 1998.

Aron, Arthur, et al., *Close Relationships as including Other in the Self*, Journal of Personality and Social Psychology 60:2 (1991), 241–253.

Aron, Arthur/Aron, Elaine N./Smollan, Danny, *Inclusion of Other in Self Scale and the Structure of Interpersonal Closeness*, Journal of Personality and Social Psychology 63:4 (1992), 595–612.

Aron, Arthur/Fraley, Barbara, *Relationship closeness as including other in the self. Cognitive underpinnings and measures*, Social Cognition 17:2 (1999), 140–160.

Aron, Arthur/Aron, Elaine N./Norman, Christina, *Self-expansion Model of Motivation and Cognition in Close Relationship and Beyond*, in: Fletcher, Garth J. O./Clark, Margaret S. (edd.), *Blackwell Handbook of Social Psychology. Interpersonal Processes*, Oxford, Blackwell, 2001, 478–501.

Aron, Arthur, et al., *Including others in the self*, European Review of Social Psychology 15 (2004), 101–132.

Barrenechea, Ana María, *Operadores pragmáticos de actitud oracional. Los adverbios en -mente y otros signos*, in: Barrenechea, Ana María, et al. (edd.), *Estudios lingüísticos y dialectológicos*, Buenos Aires, Hachette, 1979, 39–59.

Benveniste, Émile, *Structure des relations de personne dans le verbe*, in: Benveniste, Émile, *Problèmes de linguistique générale*, vol. 1, Paris, Gallimard, 1966, 225–236.

Boyero Rodríguez, María José, *Los marcadores conversacionales que intervienen en el desarrollo del diálogo*, Salamanca, Publicaciones de la Universidad Pontificia de Salamanca, 2002.

Briz, Antonio, *Evidencialidad, significados pragmáticos y partículas discursivas en español. Sobre la intensificación tácticamente evidencial*, in: González Ruiz, Ramón/Izquierdo Alegría, Dámaso/Loureda Llamas, Óscar (edd.), *La evidencialidad en español. Teoría y descripción*, Madrid/Frankfurt, Iberoamericana, 2016, 103–127.

Briz, Antonio/Grupo Val.Es.Co., *Corpus de conversaciones coloquiales*, Madrid, Arco/Libros, 2002.

Brown, Penelope/Levinson, Stephen C., *Politeness. Some universals in language use*, Cambridge, Cambridge University Press, 1987.

Bruxelles, Sylvie/Kerbrat-Orecchioni, Catherine, *Coalitions y polylogues*, Journal of Pragmatics 36 (2004), 75–113.

Cortés, Luis/Camacho, María Matilde, *Unidades de segmentación y marcadores del discurso*, Madrid, Arco/Libros, 2005.

Cuenca, Maria-Josep/Marín, Maria-Josep, *Discourse markers and modality in spoken Catalan. The case of «(és) clar»*, Journal of Pragmatics 44 (2012), 211–225.

Ducrot, Oswald, *Les modificateurs déréalisants*, Journal of Pragmatics 24–1/2 (1995), 145–165.

Edeso Natalías, Verónica, *Contribución al estudio de la interjección*, Berna, Peter Lang, 2009.

Ferrari, Angela/Borreguero Zuloaga, Margarita, *La interfaz lengua-texto. Un modelo de estructura informativa*, Madrid, Biblioteca Nueva, 2015.

Figueras Bates, Carolina, *Razonamiento y vigilancia epistémica. Una explicación relevantista de los evidenciales* por lo visto *y* se ve que, Pragmática Sociocultural/Sociocultural Pragmatics 7:1 (2019), 71–108.

Freites Barros, Francisco, *El marcador discursivo* claro. *Funcionamiento pragmático, metadiscursivo y organizador de la estructura temática*, Verba 33 (2006), 261–279.

Fuentes Rodríguez, Catalina, *«Claro». Modalización y conexión*, in: Fuentes Rodríguez, Catalina (ed.), *Estudios sobre el enunciado oral*, Sociolingüística andaluza, 8, Sevilla, Universidad de Sevilla, 1993, 99–126.

Fuentes Rodríguez, Catalina, *Diccionario de conectores y operadores del español*, Madrid, Arco/Libros, 2009.

Gallois, Cindy/Weatherall, Ann/Giles, Howard, *CAT and Talk in Action*, in: Giles, Howard (ed.), *Communication accommodation theory. Negotiating personal relationships and social identities across contexts*, Cambridge, Cambridge University Press, 2016, 105–122.

Gallois, Cindy, et al., *Communication Accommodation Theory. Integrations and New Framework Developments*, in: Giles, Howard (ed.), *Communication accommodation theory. Negotiating personal relationships and social identities across contexts*, Cambridge, Cambridge University Press, 2016, 192–210.

Gasiorek, Jessica/Giles, Howard/Soliz, Jordan (2015) *Accommodating New Vistas*, Language & Communication 41 (2015), 1–5.

Giles, Howard (ed.), *Communication accommodation theory. Negotiating personal relationships and social identities across contexts*, Cambridge, Cambridge University Press, 2016.

González, Montserrat, *Pragmatic markers in oral narrative*, Amsterdam, John Benjamins, 2004.

González, Montserrat, *Evidentiality, intersubjectivity and salience in Spanish and Catalan markers «claro/clar» and «la verdad/veritat»*, Intercultural Pragmatics 11:3 (2014), 409–434.

Gras Manzano, Pedro, *Diferencias lingüístico-discursivas en el uso de los marcadores* claro *y* por supuesto, Interlingüística 13:2 (2002), 309–320.

Haverkate, Henk, *La ironía verbal. Un análisis pragmalingüístico*, Revista Española de Lingüística 15-2, 1985, 343–391.

Landone, Elena, *Los marcadores del discurso y cortesía verbal en español*, Berna, Peter Lang, 2009.

Lopes, Ana Cristina Macário, *Contributos para o estudo do marcador discursivo* claro *em Português europeu*, Revista Galega de Filoloxía 14 (2013), 71–83.

Maldonado Soto, Ricardo, Claro. *De objeto perceptible a refuerzo pragmático*, in: Rodríguez Espiñeira, María José (ed.), *Adjetivos en discurso. Emociones, certezas, posibilidades y evidencias*, Santiago de Compostela, Universidade de Santiago de Compostela, 2010, 61–107.

Maldonado, Ricardo, *Certezas atenuadas*, RILCE 34:3 (2018), 1129–1153.

Martín Zorraquino, María Antonia, *Aspectos de la gramática y de la pragmática de las partículas de modalidad en español actual*, in: Aliaga Jiménez, José Luis, et al. (edd.), *María Antonia Martín Zorraquino. Artículos escogidos (1976–2013)*, Zaragoza, Institución Fernando el Católico, 2014, 58–85.

Martín Zorraquino, María Antonia, *De nuevo sobre los signos adverbiales de modalidad epistémica que refuerzan la aserción en español actual. Propiedades sintácticas y semánticas, y comportamiento discursivo*, in: Engwall, Gunnel/Fant, Lars (edd.), *Festival Romanistica. Contribuciones lingüísticas – Contributions linguistiques – Contributi linguistici – Contribuições linguísticas*, Estocolmo, Stockholm University Press, 2015, 37–63.

Martín Zorraquino, María Antonia, *Reflexiones sobre la evidencialidad en español actual*, in: Briz, Antonio, et al. (edd.), *Estudios lingüísticos en homenaje a Emilio Ridruejo*, vol. 2, Valencia, Universitat de València, 2019, 895–905.

Martín Zorraquino, María Antonia/Portolés Lázaro, José, *Los marcadores del discurso*, in: Bosque, Ignacio/Demonte, Violeta (edd.), *Gramática descriptiva de la lengua española*, vol. 3, Madrid, Espasa-Calpe, 1999, 4051–4213.

Mercier, Hugo/Sperber, Dan, *The enigma of reason. A new theory of human understanding*, Cambridge (Mass.), Harvard University Press, 2017.

Montolío Durán, Estrella, *Advising without committing. The use of argumentative reservation in texts written by consultants*, in: Garzone, Giuliana/Sarangi, Srikant (edd.), *Discourse, ideology and specialized communication*, Berna, Peter Lang, 2007, 251–275.

Murillo, Silvia, *Los marcadores del discurso y su semántica*, in: Loureda Lamas, Óscar/Acín-Villa, Esperanza (edd.), *Los estudios sobre marcadores del discurso en español, hoy*, Madrid, Arco/Libros, 2010, 241–280.

Nuyts, Jan, *Subjectivity as an evidential dimension in epistemic modal expressions*, Journal of Pragmatics 33:3 (2001), 383–400.

Nuyts, Jan, *Notions of (inter)subjectivity*, English Text Construction 5:1 (2012), 53–76.

Nuyts, Jan, *Subjectivity in modality, and beyond*, in: Zuczkowski, Andrzej, et al. (edd.), *Communicating Certainty and Uncertainty in Medical, Supportive and Scientific Contexts*, Amsterdam, John Benjamins, 2014, 13–30.

Nuyts, Jan, *Subjectivity. Between discourse and conceptualization*, Journal of Pragmatics 86 (2015), 106–110.
Pons Bordería, Salvador, *From agreement to stressing and hedging. Spanish bueno and claro*, in: Held, Gudrun (ed.), *Partikeln und Höflichkeit*, Berna, Peter Lang, 2003, 219–236.
Pons Bordería, Salvador, *«Claro». Una palabra sobre los apellidos de la sintaxis*, in: Bustos Tovar, José Jesús, et al. (edd.), *Sintaxis y análisis del discurso hablado en español. Homenaje a Antonio Narbona*, vol. 1, Sevilla, Servicio de Publicaciones de la Universidad de Sevilla, 2011, 375–389.
Pons Bordería, Salvador, *Claro*, in Briz, Antonio/Pons, Salvador/Portolés, José (edd.), *Diccionario de partículas discursivas del español*, <www.dpde.es> (último acceso: 22.07.2019).
Porroche Ballesteros, Margarita, *Aspectos de gramática del español coloquial para profesores de español como L2*, Madrid, Arco/Libros, 2009.
Portolés, José, *Marcadores del discurso*, Barcelona, Ariel, ²2001.
Portolés, José, *Pragmática para hispanistas*, Madrid, Síntesis, 2004 (=2004a).
Portolés, José, *Consideraciones metodológicas para el estudio del significado de los marcadores del discurso*, in: Narvaja de Arnoux, Elvira/García Negroni, María Marta (edd.), *Homenaje a Oswald Ducrot*, Buenos Aires, Eudeba, 2004, 315–336 (=2004b).
Portolés, José, *¡Atención, se escriben! Algunas consideraciones sobre la relación entre la escritura y el estudio de los marcadores en el discurso*, in: Rudka, Martha/Loureda Lamas, Óscar/Parodi, Giovanni (edd.), *Marcadores del discurso y lingüística contrastiva en las lenguas románicas*, Madrid/Frankfurt, Iberoamericana, 2019.
Portolés, José, *Los marcadores del discurso claro y desde luego. Contraste de su gramática y su semántica*, en prensa.
Portolés, José/Sainz, Eugenia/Murillo, Silvia, *Partículas e instrucciones de procesamiento*, in: Escandell-Vidal, María Victoria/Ahern, Aoife/Amenós, José (edd.), *Pragmática*, Madrid, Akal, en prensa.
Ruiz Gurillo, Leonor/Padilla García, Xose A. (edd.), *Dime cómo ironizas y te diré quién eres. Una aproximación pragmática a la ironía*, Frankfurt, Peter Lang, 2009.
Sacks, Harvey, *Lectures on conversation*, editadas por Gail Jefferson con introducción de Emanuel Schegloff, Oxford, Blackwell, 1992.
Sánchez Jiménez, Santiago U., *La evolución de algunos adverbios evidenciales. Evidentemente, incuestionablemente, indiscutiblemente, indudablemente, naturalmente, obviamente*, in: Garcés Gómez, María Pilar (ed.), *Los adverbios con función discursiva. Procesos de formación y evolución*, Madrid/Frankfurt, Iberoamericana, 2013, 239–273.
Santamaría Pérez, Isabel, *Los evidenciales*, in: Ruiz Gurillo, Leonor/Padilla, Xose A. (edd.), *Dime cómo ironizas y te diré quién eres. Una aproximación pragmática a la ironía*, Frankfurt, Peter Lang, 2009, 267–292.
Santos, Luis, *Diccionario de partículas*, Salamanca, Luso-Española de Ediciones, 2004.
Schegloff, Emanuel A., *Reflections on talk and social structure*, in: Boden, Deirdre/Zimmerman, Dan H. (edd.), *Talk and social structure. Studies in Ethnomethodology and Conversation Analysis*, Oxford, Polity Press, 1991, 44–70.
Schegloff, Emanuel A. *Parties and Talking Together. Two Ways in Wich Numbers Are Significant for Talk-in-interaction*, in: ten Have, Paul/Psathas, Georges (edd.), *Situated order. Studies in the Social Organization of Talk and Embodied Activities*, Boston, University Press of America, 1995, 31–42.

Spencer-Oatey, Helen, *Theories of identity and the analysis of face*, Journal of Pragmatics 39 (2007), 639–656.
Sperber, Dan/Wilson, Deirdre, *Relevance. Communication and cognition*, New York, Wiley-Blackwell, ²1995.
Sperber, Dan, et al., *Epistemic vigilance*, Mind and Language 25:4 (2010), 359–393.
Traugott, Elizabeth Closs, *(Inter)subjectivity and (inter)subjectification. A reassessment*, in: Davidse, Kristin/Vandelanotte, Lieven/Cuyckens, Hubert (edd.), *Subjectification, Intersubjectification and Grammaticalization*, Berlin, Mouton de Gruyter, 2010, 29–71.
Traugott, Elizabeth Closs, *Intersubjectification and clause periphery*, English Text Constructions 5:1 (2012), 7–28.

Susana Rodríguez Rosique
Futuro, interrogación y configuración informativa: el valor mirativo de *será posible* y de *(no) será verdad*

Abstract: This paper analyzes the mirative sense triggered by the future structures *será posible* and *(no) será verdad* in Spanish. Specifically, it is firstly argued that whereas *será posible* represents a fixed structure with a very versatile mirative meaning, *(no) sera verdad* still exhibits contextual dependency and shows a more restrictive mirative behavior. Secondly, these structures are related to the definition of future in Spanish, as a deictic instruction of distance forward that can be projected over different levels of meaning. Furthermore, the grammaticalization strategies that *será posible* and *(no) será verdad* follow are determined, both from the contructionalization perspective and from the co-optation point of view, and the bridging context where they arise is identified. More generally, this paper outlines the role of the informational configuration in the emergence of the mirative future in Spanish.

Keywords: future, mirativity, interrogatives, informational configuration, constructionalization, discourse grammar

1 Introducción: más allá del tiempo y la creencia

Tradicionalmente, el futuro simple en español se ha considerado una forma temporal que indica posterioridad con respecto al momento de enunciación —en términos vectoriales, (0+V)—, según se observa en (1), donde el evento de *salir* se sitúa como posterior al ahora comunicativo (Bello [1847] 1970; Bull 1960; Rojo 1974; Rojo y Veiga 1999):

(1) Mañana *saldremos* a las 8.

Sin embargo, con el auge de nuevas categorías, el futuro ha dejado de estudiarse únicamente como una forma temporal. La forma sintética de futuro en español se vinculó desde muy temprano con la evidencialidad —es decir, con la

---

Este trabajo se enmarca en el Proyecto FFI2017-85441-R, financiado por el Ministerio de Economía y Competitividad del Gobierno de España.

https://doi.org/10.1515/9783110711172-009

categoría que estudia la fuente de información y el modo de acceso a la misma—.[1] Así se demuestra en el análisis que hace Bello de ejemplos como (2):

> (2) ¿Qué hora es? *Serán* las cuatro.

De acuerdo con el autor ([1847] 1970, 236), el futuro se usa aquí para expresar una deducción o conjetura del hablante a la que no se le puede prestar entera confianza. A partir de aquí, la relación del futuro con la evidencialidad ha diferido en términos de «intensidad» gramatical: algunos autores creen que el futuro constituye una estrategia de evidencialidad —esto es, aunque no es un evidencial, puede comportarse como tal en algunos contextos (Squartini 2008)—; otros creen que el futuro en español es un auténtico evidencial gramatical —es decir, su significado siempre indica que la fuente es el hablante y que el modo de acceso a la información es una inferencia (Escandell-vidal 2010; Escandell-Vidal 2014).

A pesar de la conexión que establece Bello ([1847] 1970, 237) entre esta forma verbal y la sorpresa, más reciente resulta la relación del futuro en español con la mirtividad, o con la categoría semántica universal que estudia el estatus de una proposición con respecto a la estructura general de conocimiento que posee el hablante, lo que permite establecer una diferencia entre la información que cuenta como integrada en dicha estructura y aquella que no lo está (DeLancey 1997; 2001; 2012). Desde esta perspectiva, el futuro que aparece en (3) puede entenderse como mirativo:

> (3) —A partir de ahora [...] le dices a tu hermana que me llame don Enrique siempre que haya alguien delante [...]. Y se había ido a escape a contárselo a ella, a su hermana Carmen:
> —¡Será idiota el tonto que tengo por marido!
> (F. Blanes García, *El cura de Carboneras*. Entrelíneas Editores, 2009, 95, de Google Books).

El futuro interviene, precisamente, en algunas estructuras vinculadas con la miratividad en español, como *será posible* y *(no) será verdad*, en las que, además de la forma verbal, se observa originalmente un componente de modalidad dinámica y una valoración del estatuto epistémico de la proposición, respectivamente. El objetivo principal de este trabajo es el análisis del valor mirativo que

---

[1] El estatuto de esta categoría difiere según las perspectivas. Para Aikhenvald (2004) se trata de una categoría gramatical —es, por tanto, información que ha de venir codificada en la gramática de las lenguas—; para otros, la evidencialidad emerge como una categoría semántico-discursiva (cf. Marín Arrese 2004; Squartini 2008; Boye/Harder 2009; Diewald/Smirnova 2010; Albelda 2015; González Ruiz/Izquierdo Alegría/Loureda Lamas 2016).

desencadenan las estructuras con futuro *será posible* —en (4) y (5)— y *(no) será verdad* —en (6) y (7)—:

> (4) Estoy un poco fastidiao. Acabo de recibir una invitación de boda, ya me dirán si no es para estar jodido. ¡Será posible! ¡Es que se te queda la misma cara que cuando te llega una multa! ¡Hale, a soltar pasta! (CORPES XXI).

> (5) Abelardo: Mira quién fue a hablar..., que parece un bicho de cazar.
> Olvido: ¡Será posible, este par de carcamales...! (CORPES XXI).

> (6) —Así son de ingratos los humanos —decía Hator, en su baño de miel—. Y ese ahijado tuyo no es menos humano porque tenga los ojos inservibles. Ya ves: le concedemos el don de la música, y él agradece más cualquier fruslería que le regale ese imberbe que juega con el trono de los dioses.
> —En verdad que esta actitud me rompe el alma —reconocía Ipi Celeste, a punto de llorar—. ¿Será verdad que prefiere una vulgar sortija a mi polvo de estrellas? (CORPES XXI).

> (7) Quino, sé que estás en casa... Me faltan mis vestidos, mis bolsos y mis zapatos. Eres un verdadero desastre. Además, las blusas están arrugadas. No cambiarás. Por cierto, me ha dicho el transportista que le has vendido el piso. ¡No será verdad! ¡Quino!... ¡Quino! (CORPES XXI).

Según se demostrará, mientras que *será posible* se presenta como una estructura más fijada y con un significado mirativo mucho más versátil, *(no) será verdad* exhibe todavía cierta dependencia contextual y muestra un funcionamiento mirativo más restringido. En segundo lugar, se pretende poner estas estructuras en relación con el funcionamiento general del futuro en español, como instrucción deíctica de distancia hacia delante que puede operar en distintos niveles de significado (Rodríguez Rosique 2019, 92–100): cuando se dan unas circunstancias informativas determinadas —en concreto, cuando la información que aparece en futuro ha sido previamente activada—, la distancia que invoca la forma verbal puede proyectarse sobre la enunciación y desencadenar distintos valores interpersonales o intersubjetivos (Traugott 1989; 2010), algunos de los cuales caen bajo el paraguas de la mirativity. Asimismo, se intentará determinar la estrategia de gramaticalización que han seguido estas estructuras, tanto desde la perspectiva de la construccionalización (Traugott/Trousdale 2013; Traugott 2015) como desde el punto de vista de la cooptación (Kaltenböck/Heine/Kuteva 2011; Heine/Kaltenböck/Kuteva/Long 2013); y se tratará de identificar el contexto puente —en palabras de Heine (2002)— en el que surgen. Desde una perspectiva más general, se pretende demostrar el papel de la configuración informativa en el surgimiento del futuro mirativo en español.

Para cumplir con este propósito, el trabajo se ha organizado de la siguiente manera: en el apartado 2 se repasan las claves más importantes de la miratividad, y se vincula esta categoría tanto con la configuración informativa de una situación comunicativa como con el funcionamiento del futuro en español. En el apartado 3 se analiza detenidamente el comportamiento de la estructura *será posible*, y se observa cómo ha evolucionado desde una estructura composicional hasta una marca mirativa. Asimismo, el apartado 4 aprovecha el análisis del epígrafe precedente para contrastarlo con el funcionamiento de la estructura *(no) será verdad*. Finalmente, el apartado 5 ofrece las conclusiones más relevantes del análisis: por un lado, las estructuras *será posible* y *(no) será verdad* se sitúan en el marco de gramaticalización; y, por otro, se pone de manifiesto la importancia de la interrogación en unas circunstancias informativas determinadas para la aparición del valor mirativo del futuro en español.

2 Algunas claves sobre el concepto de miratividad

DeLancey (2001) incluye la miratividad, junto a la evidencialidad y la modalidad, entre las tres especificaciones que forman parte de lo que Chafe y Nichols (1986) denominan epistemología natural. Las tres categorías son maneras de marcar cómo se desvía una proposición del ideal de conocimiento. Desde la perspectiva evidencial, la percepción directa y visual es la no marcada, mientras que las demás serían fuentes de evidencia marcadas; desde la perspectiva modal, la información no marcada es la que el hablante ofrece como segura, y las desviaciones estarían representadas por distintos grados de certidumbre; finalmente, desde la perspectiva mirativa, la información no marcada sería aquella conocida e integrada, mientras que la marcada sería la nueva e inesperada.

La miratividad surge inicialmente vinculada a la evidencialidad. Aksu-Koç y Slobin (1986) detectan que el perfecto en turco (*-mīş*) puede usarse tanto para indicar evidencialidad indirecta (inferencial o reportada) como para marcar casos de percepción directa que denotan sorpresa o falta de preparación psicológica del hablante para asumir una determinada información. Posteriormente, DeLancey (1997) vincula los datos que ofrecen Aksu-Koç y Slobin con lo que sucede en otras lenguas, y propone definir la miratividad como una categoría independiente. Como se ha comentado más arriba, la miratividad capta la tendencia natural en las lenguas a diferenciar entre la información sobre el mundo que forma parte integrada del conocimiento del hablante, y la información que no forma parte de la estructura general del conocimiento del hablante, aunque las lenguas difieren en el grado en el que este mecanismo está integrado en la gramática (DeLancey 1997, 48-49).

Aikhenvald (2012, 437) ha intentado determinar cuáles serían las nociones semánticas sobre las que se apoya la categoría mirativa, y ha enumerado las siguientes: descubrimiento; revelación o realización repentina; sorpresa; mente no preparada; contraexpectativa; e información nueva. Sin embargo, pese a esta apariencia poliédrica, la autora reconoce que el corazón de la miratividad gira en torno a la idea de sorpresa y de mente no preparada; no en vano, *mirativo* o *admirativo* viene del latín *mīror* —que significa 'sorprenderse, asombrarse'— (Aikhenvald 2012, 457). De acuerdo con Aikhenvald, todas las lenguas tienen mecanismos para expresar descubrimiento repentino, información inesperada y sorpresa concomitante, pero no necesariamente han de hacerlo a través de la gramática; por ello, al igual que hizo con la evidencialidad, distingue entre miratividad gramatical y estrategias de miratividad —es decir, extensiones de categorías no esencialmente mirativas que adquieren significados mirativos en un contexto dado—. Entre estas estrategias mirativas se encuentran el tiempo, el aspecto, el estatuto de realidad, la evidencialidad, los sistemas de marcación de persona, o las interrogativas (Aikhenvald 2012, 462-473). Asimismo, la autora señala tres caminos que pueden desembocar en la categoría mirativa: a) falta de información de primera mano > no participación del hablante y falta de control > mente no preparada; b) participación no deliberada del hablante > efecto distanciador > presentación de la información como nueva, inesperada o sorprendente; c) conciencia diferida (Aikhenvald 2012, 470.471).

Peterson (2013, 11-14) ha insistido también en la necesidad de contar con una miratividad independiente —o una categoría de la sorpresa—, y señala tres razones para ello. En primer lugar, desde la psicología, la cognición y la adquisición, la sorpresa es una de las emociones principales, junto con la alegría, la tristeza, el miedo, la furia o el asco; cognitivamente, se define como un evento mental único en una cadena de eventos, que sucede cuando un hablante se encuentra con información nueva para la que no estaba preparado; tipológicamente, desencadena una serie de reacciones, cuya expresión y reconocimiento es semejante en distintas lenguas. En segundo lugar, Peterson señala que la sorpresa es precisamente el significado primario de muchos lexemas —por ejemplo, *sorprenderse*—, como demuestra el hecho de que ese valor no pueda negarse sin caer en contradicción —(8)— y de que pueda desafiarse discursivamente —(9)—. Para el autor, este mismo significado de sorpresa se observa también en otros elementos lingüísticos, como la entonación exclamativa —(10)—, que estaría sujeta a las mismas restricciones que exhiben los elementos léxicos.

(8) #I'm surprised Alvin's here, #but I'm not surprised he's here.

(9) A: I'm amazed Alvin's here.
B: Why are you surprised? Didn't you know he was nearby?

(10) Alvin's here! (Peterson 2013, 13)

Finalmente, el tercer argumento que esgrime Peterson viene de la mano de la tipología. Desde su perspectiva, que algunas lenguas usen otras categorías para expresar miratividad no significa que su estatuto gramatical se invalide. En este sentido, el autor (2013, 16–38) diferencia entre miratividad parasitaria —donde la miratividad aparece implicada en otras categorías semánticas o gramaticales (como la evidencialidad o las marcas de control)— y miratividad no parasitaria —donde la miratividad es semántica y gramaticalmente independiente—. Asimismo, dentro de esta última distingue entre la miratividad marcada mediante elementos gramaticales, como prefijos (en nepalí), sufijos (en checheno) o auxiliares (en setswana); y la miratividad marcada mediante otras categorías lingüísticas, como verbos (*sorprenderse*, *asombrarse*), adverbios ilocutivos de sorpresa (*sorprendentemente*), patrones de entonación, etc.

Si la miratividad enlaza categorialmente con la evidencialidad en sus orígenes, su vinculación con la sorpresa la acerca bastante a la exclamación y la exclamatividad. En este sentido, Hengeveld y Olbertz (2012) han insistido en la necesidad de establecer las fronteras entre miratividad y exclamatividad. Para los autores (2012, 490), la exclamatividad, en su forma gramaticalizada, es un tipo de oración; constituye un concepto ilocutivo; y expresa la evaluación del hablante sobre un contenido proposicional presupuesto. Por el contrario, la miratividad refleja una distinción modal; no constituye un tipo de oración; y no está necesariamente ligada al hablante, sino que forma parte de las proposiciones que son asertadas y cuestionadas. Para diferenciar entre ambas categorías —miratividad y exclamatividad—, Olbertz (2009, 75–78) proporciona una serie de pruebas. Desde el punto de vista semántico, según la autora, la miratividad puede caer bajo el alcance de la negación —como demuestra el uso del perfecto en (11) en español andino ecuatoriano—, frente a lo que sucede cuando la exclamatividad interactúa con la negación, que siempre provoca resultados agramaticales —(12)—. Desde el punto de vista sintáctico, de acuerdo con Olbertz, la miratividad puede aparecer en oraciones de relativo explicativas —como refleja (13) en español andino ecuatoriano—, frente a lo que ocurre con la exclamatividad —(14)—, que nunca produce resultados viables.

(11) [Reacción de un informante a cómo rellenar un cuestionario]
¡No ha sido difícil! (Olbertz 2009, 75)

(12) *¡Qué cuidada no estás! (Olbertz 2009, 75)

(13) [El hablante está contando un tropezón repentino mientras camina por la selva]
Me agarré de un árbol, que no había sido. (Olbertz 2009, 76)

(14) *Los ángeles de Bernini, que ¡qué hermosos eran y qué tristes! (Olbertz 2009, 77)

En términos casi opuestos, para Rett (2011; Rett/Murray 2013), la exclamación en inglés se identifica con la miratividad[2] —o la codificación de «exceeded expectations»—. Desde esta perspectiva, la diferencia entre (15) y (16) sería el componente mirativo de (16). Además, la expresión de la sorpresa tal como aparece en (16) adquiere un estatuto diferente al que tendría si se describiera mediante una aserción, como la que refleja (17).

(15) John arrived on time.

(16) John arrived on time!

(17) I am surprised that John arrived on time. (Rett y Murray 2013, 455)

De acuerdo con Rett (2011; Rett/Murray 2013), la forma de expresar la sorpresa en (16) no se puede rechazar en el discurso, es decir, no se puede refutar, como demuestra (18); no se ve afectada por la negación —(19)—; y es incompatible con cualquier otro modo ilocutivo —(20)—.

(18) A: These cupcakes are vegan!
B: No, they are vegetarian vs. #No, you are not surprised/#You knew exactly how incredible it was.

(19) (Wow,) John didn't arrive on time!

(20) *Where did you arrived on time! (Rett/Murray 2013, 455)

Como consecuencia de lo anterior, Rett (2011; Rett/Murray 2013) caracteriza la miratividad como un operador ilocutivo. En concreto, para la autora, la exclamación en inglés es un acto de habla complejo, que denota una proposición y que desencadena simultáneamente un acto de aserción (por el que se propone

---

2 En realidad, detrás de esta oposición cabría rastrear también la diferencia entre exclamativas y exclamaciones (Alonso Cortés 1999; Castroviejo 2008), o lo que Bosque (2017, 7) ha denominado exclamativas primarias —aquellas en las que existe una pista léxica o sintáctica para clasificar la expresión como exclamativa— y exclamativas secundarias —aquellas expresiones en las que solo la entonación determina su condición exclamativa—, respectivamente.

añadir la proposición al conocimiento compartido) y un acto de expresión (por el que se transmite que el hablante no esperaba la proposición).[3]

En definitiva, la sorpresa permite perfilar la categoría mirativa y alejarla originalmente de la vecina evidencialidad, pero también es cierto que abre la puerta para revisar sus relaciones peligrosas con la exclamatividad y la exclamación.

2.1 Miratividad y configuración informativa

Como se colige del apartado anterior, la miratividad se puede asociar con un componente evaluativo —vinculado con la idea de sorpresa (Aikhenvald 2012; Peterson 2013) y de mente no preparada (Aksu-Koç/Slobin 1986)— y con un componente informativo —relacionado con la información nueva—. Si la relación entre la miratividad y la sorpresa puede generar problemas de frontera con respecto a otras categorías, no menos controvertida resulta su vinculación con respecto a la información nueva. En efecto, para Peterson (2013, 14–15), la información nueva es una condición necesaria pero no suficiente para definir la categoría, pues no toda la información nueva ha de estar necesariamente vinculada con la miratividad. Hengeveld y Olbertz (2012, 488), por su parte, consideran que la miratividad puede estar relacionada con información nueva para el destinatario o nueva para el hablante. Igualmente, Aikhenvald (2012, 437) propone que la miratividad puede asociarse a información nueva para el destinatario, nueva para el hablante, o nueva para el personaje principal de una historia o relato.

Desde el punto de vista de la estructura informativa, el concepto de información nueva se define siempre por oposición al de información conocida, y para establecer la diferencia entre ambos se apela indefectiblemente a la perspectiva del destinatario. La información conocida, entendida como conocimiento compartido —o *Common Ground* (Stalnaker 1978)—, es el conjunto de asunciones, creencias y conocimientos que comparten dos o más personas antes de que comience su interacción comunicativa, y que influye en la configuración lingüística de sus enunciados. Este conocimiento de fondo no es estático, sino que ha de construirse antes de cada interacción, por lo que el hablante se ve en la

---

[3] Incluso si se identifica la miratividad con la exclamación (y —cuando no existe una forma sintáctica específica— aquello que puede convertir un enunciado en una exclamación es la entonación), no sería menos controvertido que la miratividad fuese un contenido ilocutivo. En este sentido, para algunos autores (cf. Castroviejo 2010), la entonación se considera un contenido *not-at-issue* (en términos de Potts 2005), y, en concreto, una implicatura convencional.

necesidad constante de aventurar hipótesis sobre lo que el otro sabe para poder organizar su intervención (Gutiérrez Ordóñez 1997, 26). Existen dos tipos de fuentes que alimentan el conocimiento compartido (Clark 1996, 101–116): las fuentes comunitarias y las fuentes personales. El conocimiento compartido comunitario se basa en la existencia de comunidades culturales —es decir, en grupos de gente con experiencias compartidas de las que otras comunidades carecen—, que pueden ir desde la nacionalidad, la formación académica o la profesión hasta la raza, la política o el género, y que funcionan por anidamiento. El conocimiento compartido personal, por su parte, se basa en las experiencias perceptivas y en las acciones conjuntas, y se rige por el parámetro de la familiaridad.

A pesar del conocimiento de fondo que gobierna la interacción, desde una perspectiva cognitiva se asume que la mente de un individuo solo puede centrarse en un pequeño segmento de todo lo que sabe. Este proceso de restricción se lleva a cabo mediante la labor de la conciencia, que determina el alcance de aquello en lo que nos podemos centrar (Chafe 1994, 28): no puedo activar en la conciencia simultáneamente mis años de universidad; puedo evocar una anécdota, a alguna compañera, a un profesor o una idea de un tema específico de alguna asignatura.[4] La distinción entre información activada y no activada no es de naturaleza binaria, sino que constituye un continuo (Dryer 1996). En uno de los extremos de dicho continuo se encontraría la información máximamente prominente en nuestra conciencia —o foco de activación—; y, en el extremo contrario, se situaría la información no activada. Asimismo, la zona intermedia cubriría tanto la información semidesactivada —es decir, aquella que ha estado previamente activada, pero que ha perdido progresivamente su nivel de prominencia— como la información accesible. Esta última consiste en información que no ha sido activada como tal, pero que está vinculada con información activada a través de relaciones de discurso (Duque 2016): mediante un proceso de *bridging* (Clark 1977), el destinatario puede construir un puente entre la información que tiene delante y otra que haya aparecido previamente —normalmente en términos de razón, causa, consecuencia o concurrencia—.

Según se planteará en el próximo apartado, la relación entre la miratividad y el futuro en español va a estar mediatizada por el estatuto activado de la información que aparece en dicha forma verbal.

---

4 En el ámbito de la estructura de la información, la configuración informativa se ha establecido habitualmente con respecto a entidades; sin embargo, algunos autores han destacado la necesidad de extrapolar también estas etiquetas al estatuto de las proposiciones (Lambrecht 1994, 43–50).

2.2 Miratividad y futuro

Si la relación entre futuro y evidencialidad ha sido bastante explorada en las últimas décadas, la conexión entre futuro y miratividad resulta más reciente. Una de las autoras que relaciona explícitamente el futuro en español con la categoría de la sorpresa es Rivero (2014). De acuerdo con su perspectiva, un ejemplo de futuro concesivo como el que aparece en (21) se consideraría mirativo:

(21) —Juan habla muy claro.
—Hablará muy claro, pero yo no le entiendo nada. (Rivero 2014, 199).

En efecto, de acuerdo con Rivero, ejemplos como el que aparece en (21) sugieren desacuerdo, duda, sorpresa o ruptura de expectativas, por lo que se parecen a las construcciones admirativas de algunas lenguas de los Balcanes, y, por ello, pueden entrar en la categoría de la miratividad.

En este trabajo, se prefiere reservar la conexión entre futuro y miratividad para ejemplos evaluativos como el que aparecía en (3), pues se asume la distinción de Malchukov (2004, 187) entre adversatividad y miratividad: mientras que en la adversatividad existe una incompatibilidad entre dos miembros —el segundo segmento es inesperado con respecto al primero—, en la miratividad un segmento es inesperado como tal, sin que se deba suponer una incompatibilidad con otro segmento discursivo. En este sentido, si bien el futuro concesivo participa todavía en una relación entre argumentos, el futuro mirativo interviene en la relación que se establece entre una situación y la reacción del hablante hacia ella (cf. Rodríguez Rosique 2015); es decir, el futuro mirativo cumple una función evaluativa en un acto de habla expresivo (Pérez Saldanya 2002, 2638).

Squartini (2012; 2018) también se ha encargado de la vinculación entre futuro y miratividad en las lenguas románicas. En un primer trabajo (Squartini 2012), el autor relaciona el futuro concesivo que aparece en (21) con el futuro de contraste dialógico que se observa en (22), y con lo que él denomina futuro de petición de confirmación en (23) y (24):

(22) Scemo sari TU. (Squartini 2012, 2124)

(23) [Ho dimenticato le chiavi] SARÒ scemo!

(24) SARÀ carina questa bambina! (Squartini 2012, 2125).

Squartini (2012) vincula el futuro concesivo, el de contraste dialógico y el de confirmación de información con el concepto de intersubjetividad de Nuyts

(2001; 2012),[5] pues propone que el elemento unificador de estos tres contextos interaccionales en los que aparece el futuro es la referencia a una evidencia intersubjetivamente compartida (sea a través de percepción directa, cita o inferencia). A partir de aquí, el autor opone el caso del italiano al caso del francés, que no cuenta con ejemplos de futuro concesivo, pero sí con futuros mirativos que expresan la sorpresa del hablante, como (25):

(25) On aura tout vu! (Squartini 2012, 2125).

Desde su perspectiva, esta bifurcación se convierte en una pista que demuestra el estatuto evidencial —y no epistémico— del futuro en italiano, y que al mismo tiempo apunta al trasvase entre evidencialidad e intersubjetividad en italiano, por un lado, y entre epistemicidad y miratividad en francés, por otro.

En un trabajo posterior, Squartini (2018, 207) califica todos estos usos —futuro concesivo, de contraste dialógico y de petición de confirmación— como mirativos, pues, en su opinión, todos ellos pueden ser interpretados como la expresión del estatuto del hablante [SELF] como fuente evidencial primaria, que de manera «autoritaria» reafirma esta función evidencial en contextos discursivamente marcados desde el punto de vista de la relación entre hablante y destinatario. No obstante, el autor plantea una distinción entre el tipo de miratividad que exhibe el francés y el que exhiben el italiano y el español, lo que le lleva a asumir dos tipos de miratividad en las lenguas románicas: una relacionada con la expresión de la sorpresa y vinculada con el gradiente epistémico (en francés); y otra relacionada con la reafirmación del hablante como fuente evidencial primaria y vinculada con la evidencialidad (en italiano y en español). Squartini subraya, así, que el italiano parece reacio a la aparición del futuro en contextos que remiten a la mente no preparada del hablante, en términos de Aksu-Koç y Slobin (1986).

Sin embargo, el futuro evaluativo que hemos vinculado en este trabajo con la miratividad puede aparecer tanto en contextos en los que el hablante reacciona a información que él mismo suministra, pero de la que se distancia —según se

---

5 Nuyts (2001; 2012) define la (inter)subjetividad como un continuo en el que uno de los extremos (subjetividad) indica que solo el hablante tiene acceso a la información y es, por tanto, responsable de su evaluación; y el otro extremo (intersubjetividad) indica que la evidencia es conocida o accesible por un grupo más amplio y, por tanto, la responsabilidad es compartida. Si en 2001 el autor considera que la (inter)subjetividad constituye un nuevo parámetro de la evidencialidad, en 2012 le otorga el estatuto de categoría independiente, que se relaciona con el papel del evaluador frente a los otros, y que se utiliza como herramienta discursiva para negociar las respectivas posturas en la interacción conversacional.

observaba en (3), ahora repetido en (26)—, como en situaciones en las que accede por primera vez a una información que le provoca sorpresa y rechazo, según se observa en (27):

> (26) —A partir de ahora [...] le dices a tu hermana que me llame don Enrique siempre que haya alguien delante [...]. Y se había ido a escape a contárselo a ella, a su hermana Carmen:
> —¡Será idiota el tonto que tengo por marido!
> (F. Blanes García, *El cura de Carboneras*. Entrelíneas Editores, 2009, 95, de Google Books).

> (27) ¡Trae una tirita, que se ha cortado este! (Abre el cajón de la mesilla.) Yo creo que había aquí alguna... (Ve encima de la mesilla un preservativo y lo coge.) ¡Serás hijo de puta! (CORPES XXI, J. L. Alonso de Santos, *Cuadros de amor y humor, al fresco*).

Los usos evaluativos del futuro que caen bajo el paraguas de la miratividad pueden explicarse junto a otros usos discursivos si se describe esta forma verbal desde una perspectiva deíctica (Rodríguez Rosique 2019, 92-99). En efecto, la concepción del futuro en términos deícticos permite explicar de forma unitaria no solo sus usos discursivos, sino también el temporal y los epistémicos. En este sentido, puede decirse que el futuro siempre invoca una instrucción deíctica de distancia hacia delante (Fleischman 1989) que puede proyectarse sobre distintos niveles de significado (Sweetser 1990) a lo largo de un eje de subjetividad (Traugott 1989; 2010), gracias a sucesivas ampliaciones de alcance (Bybee/Perkins/Pagliuca 1994, 227; Traugott/Dasher 2002, 40). En los niveles superiores de dicho eje, el futuro puede desarrollar valores interpersonales (Pérez Saldanya 2002, 2637), que empiezan a prestar atención a la presencia del destinatario y a la relación interactiva que el hablante mantiene con él, por lo que enlazan con el concepto de intersubjetividad de Traugott (Traugott/Dasher 2002; Traugott 2010).

En efecto, en el nivel del contenido, el futuro actúa dentro de la proposición, y la instrucción deíctica de distancia hacia delante se proyecta sobre el evento, por lo que puede entenderse en términos de posterioridad. En el nivel epistémico, la distancia se proyecta sobre la proposición, por lo que el futuro puede entenderse, en términos evidenciales, como la expresión de una conjetura o inferencia —una deducción siempre es posterior a su evidencia (Traugott/König 1991; Langacker 2011; Martines 2017)—; o, en términos modales, como la expresión de un contenido probable —que está sujeto a una corroboración posterior (Pérez Saldanya 2002; De Saussure 2013)—. No obstante, para que el futuro actúe en el nivel epistémico es necesario que aparezca *dislocado* (Rojo 1978; Rojo/Veiga 1999); es decir, que se extraiga de su contexto natural de posterioridad y aparezca en uno de simultaneidad. Finalmente, en el nivel de enunciación, la instrucción deíctica de distancia hacia delante se proyecta sobre el acto de habla, y el futuro comienza a desarrollar distintas funciones interpersonales vinculadas con el concepto de intersubjetividad. De nuevo, para que el futuro opere en el nivel de enunciación, ha de producirse una circunstancia: la información que aparece en esta forma verbal ha de haber sido previamente activada.

En el caso del futuro evaluativo que enlaza con la miratividad, la información que aparece en esta forma verbal cuenta como información accesible en términos de Dryer (1996), que insta al destinatario a trazar un puente (Clark 1977) con la información anterior; de manera más específica, la información en futuro se presenta como resultado o conclusión de una información previa. Así, el enunciado *Será idiota el tonto que tengo por marido* en (26) se presenta como conclusión de la actitud arrogante de su compañero que la hablante acaba de describir; y *Serás hijo de puta* en (27) emerge como resultado del hallazgo de un preservativo. No obstante, a diferencia del futuro evidencial, que refleja un proceso inferencial por el que se alcanza una conclusión a partir de una premisa y que constituye un proceso deductivo del hablante, el futuro mirativo desempeña una labor evaluativa, por la que de una situación activada discursiva o situacionalmente se deriva, como conclusión, una evaluación.

Puesto que la información que aparece en futuro ha sido previamente activada, la distancia que invoca esta forma verbal se proyecta sobre la enunciación. En un entorno evaluativo como el que reflejan (26) y (27), la distancia hacia la enunciación se traduce en un efecto de crítica o rechazo hacia la situación; es decir, el futuro mirativo lleva a cabo una *evaluación distanciada*, lo que explica que aparezca habitualmente con cualidades negativas (RAE 2009, 1774), como *idiota* o *hijo de puta*, a diferencia de lo que ocurría en italiano.

Saber cómo funciona el futuro en español nos puede ayudar a entender el comportamiento de estructuras como *será posible* y *(no) será verdad*, y la diferencia que ambas exhiben tanto en términos construccionales como en términos semánticos; asimismo, la configuración de estas estructuras puede arrojar luz sobre los orígenes del futuro mirativo.

3 *Será posible*: de estructura composicional a marca mirativa

El análisis del comportamiento de *será posible* se ha basado en los datos obtenidos del CORPES XXI, compilado por la RAE y disponible en línea; no obstante, para determinar el origen de la estructura, se hará alusión igualmente a los datos que arroja el CORDE, también recopilado por la RAE y disponible en línea.[6]

Será posible constituye en español actual un caso de estratificación —o *layering* (Hopper 1991)—, pues está asociado sincrónicamente a dos estructuras diferentes (Rodríguez Rosique 2018). La mayoría de ejemplos analizados (187 de 304) exhiben un comportamiento composicional, que combina la interpretación temporal aportada por el futuro (*será*) y la interpretación de modalidad dinámica (Lyons 1977; Traugott/Dasher 2002) convocada por el adjetivo *posible*, por lo que la estructura denota que una situación es susceptible de poder tener lugar en el futuro:

> (28) Esta participación será posible a través de un convenio firmado ayer entre la Fundación Santa María la Real [...] y la Universidad de Valladolid (CORPES XXI).

Debido, precisamente, a esa interpretación dinámica, la estructura suele aparecer con preposiciones o locuciones que insisten en los medios que permiten que la situación ocurra, como *a través de* en (28), *con* en (29) o *gracias a* en (30):

> (29) ¡Con el nuevo almacén del agua será posible incluso llevar a cabo paradas técnicas de mayor duración! (CORPES, XXI).
>
> (30) Esa recuperación será posible [...] gracias a unas políticas macroeconómicas adecuadas [...] (CORPES XXI).

La estructura exhibe igualmente una gran variedad de sujetos, como sintagmas nominales —(28), (30), (31)—, oraciones de infinitivo —(29)—, oraciones subordinadas con *que* + subjuntivo —(32)—, pronombres —(33)—, o incluso puede recuperarse anafóricamente, como sucede en (34) con *algo importante*:

> (31) «Esta misma mañana hemos tenido una reunión. Seguimos trabajando y será posible el acuerdo», dijo (CORPES XXI).
>
> (32) Así, el profesorado puede conocer en todo momento el listado de su alumnado matriculado en las asignaturas que imparta, e incluso será posible que visualice los datos contenidos en las fichas digitales de todos aquellos estudiantes que posean la tarjeta (CORPES XXI).
>
> (33) Tanto González como Morlán han asegurado que estas actuaciones permitirán garantizar la seguridad de ciudadanos y trabajadores y restablecer cuanto antes el servicio de Cercanías, si bien no han querido precisar la fecha en que esto será posible (CORPES XXI).

---

6 La búsqueda de ejemplos en el CORPES XXI se limitó a la variedad del español de España.

(34) [...] chiqueros seis novillos encastados, cinco aplaudidos en el arrastre, destacando por su bravura «Gargantilla» y «Berenjena». Esta circunstancia nos hace esperar algo importante de la novillada y aún de la corrida. ¿Será posible? (CORPES XXI).

Cuando *será posible* se presenta como una estructura composicional que exhibe una interpretación dinámica, puede verse afectada por la interrogación, mediante la cual el hablante expresa su duda sobre si la situación aludida podrá darse en el futuro:

(35) Sin embargo, sabemos también que lo deseable es que la sociedad civil pueda gestionar todo aquello para lo que sea capaz de auto organizarse. ¿Será posible que encontremos el equilibrio y la colaboración necesaria entre el sistema público de cultura y la iniciativa cultural privada, tanto la social y sin ánimo de lucro como la empresarial? (CORPES, XXI).

No obstante, la interrogación va a jugar un papel fundamental en el proceso de cambio de *será posible*, pues es en los entornos interrogativos donde el futuro en esta estructura tiende a abandonar la esfera de lo temporal y se proyecta sobre otros niveles de significado.

3.1 La interrogación como contexto de cambio

En efecto, el futuro que aparece en (36) ya no localiza el evento como posterior al ahora comunicativo, sino que el hablante lo utiliza para especular sobre la posibilidad de una situación presente:

(36) A Gaspar se le aceleró el corazón y se le puso un nudo en el estómago. El mismo que había notado dos días antes. «¿Será posible que a mi edad todavía me pasen estas cosas?» (CORPES XXI).

Como se ha comentado más arriba, para que eso suceda, es necesario que la forma verbal esté dislocada; es decir, que haya abandonado su contexto natural de posterioridad para situarse en uno de simultaneidad (Rojo 1978; Rojo/Veiga 1999). Cuando esto sucede, la distancia invocada por el futuro ya no se interpreta en términos temporales, sino en términos epistémicos: la forma verbal apunta ahora a una inferencia del hablante, que se obtiene como posterior a la premisa que la precede (Traugott/König 1991; Langacker 2011; Martines 2017), y el futuro se comporta así como un evidencial —inferencial— (Squartini 2008; Escandell-Vidal 2010; Escandell-Vidal 2014), incluso en contextos de modalidad dubitativa (Squartini 2004, RAE 2009).

Más interesantes resultan los ejemplos que aparecen en (37) y (38). En ellos, la forma verbal ya no actúa ni en el ámbito temporal ni en el epistémico, sino que la instrucción de distancia hacia delante invocada por el futuro se proyecta aquí sobre la enunciación:

> (37) De seriedad, ni gota para un remedio. Se afanan por convertir asuntos de poca monta en cuestiones de principios. ¿Será posible que el Tripartito no tenga ocupaciones más urgentes que las selecciones deportivas? (CORPES XXI).

> (38) Frente al supermercado de Sant Andreu, la gente comenzó a arremolinarse junto a los héroes de la tragedia. Había familiares y curiosos, y mucho dolor. «¡Dios mío! ¿Será posible que hayan sido capaces de poner una bomba aquí dentro?» (CORPES XXI).

Igual que sucedía en (36), para que la forma verbal actúe sobre un nuevo nivel de significado, es necesario que se produzca una circunstancia: la información que aparece en futuro ha de haber sido previamente activada. Así, el hablante en (37) acaba de activar en su discurso cómo los partidos políticos se empeñan en tratar asuntos de poca importancia, indignos de discusión; asimismo, en (38) el hablante acaba de relatar la masacre ocasionada por la explosión de una bomba.

Las interrogaciones que aparecen en estos casos son peculiares o *marcadas* (Escandell-Vidal 1984; Escandell-Vidal 1999; Alonso 1999), pues no esperan una respuesta, sino que se utilizan para enfatizar una determinada información. En sentido general, en la medida en que son interrogaciones que no han sido lanzadas para obtener una respuesta, sino para destacar una información, podrían considerarse interrogaciones retóricas. No obstante, Escandell-Vidal (1984; 1999) prefiere reservar el término de interrogación retórica para aquellos casos que suponen una inversión de la polaridad, como sucede en (39):

> (39) ¿Quieres que piensen que somos unos maleducados?
> \> No quieres que piensen que somos unos maleducados. (Escandell-Vidal 1984, 10)

Desde esta perspectiva, ni (37) ni (38) aluden estrictamente a la interpretación contraria; es decir, el hablante en (37) no quiere dar a entender que no es posible —no puede suceder— que el tripartito no tenga ocupaciones más urgentes que las selecciones deportivas, sino que le sorprende que así sea. Mucho más claro en este sentido es el ejemplo en (38), donde el hablante no quiere expresar que no es posible —no puede suceder— que hayan puesto una bomba en un supermercado, sino la sorpresa que ello le causa.

Cabría preguntarse si la negación juega un papel determinante en la configuración de la estructura en algún estadio lingüístico. No obstante, los datos que arroja el CORDE, el Corpus Diacrónico del Español, no parecen apuntar en esa dirección. En efecto, de 532 ejemplos analizados, tan solo 3 contienen negación, y parecen más bien negaciones internas en todos los casos:

(40) cuando ya poco más ó menos entendéis la voluntad de vuestros hijos, no aguardar á que os digan ellos lo que querrían, sino proveerles vos lo que presumís que desean. Ella dice que quiere ser monja y que no se quiere casar. ¿Y creéisla vos? Esta es vuestra necedad. Es de ver á quién lo dice, y si dice otras cosas en otro lugar á otras personas, y por qué lo dice. Oído he decir á quien lo sabía que la moza que dice á sus padres que le hagan monja pide en latín que la casen. —Pues ¿no será posible que quiera ser monja?—. Otra quizá sí; pero vuestra hija no, que es vuestra hija y la paristes vos con las inclinaciones vuestras, y sabéis vos que de aquella edad la muerte y la monja os eran igualmente aborrecibles, y no os era más ver la saya blanca que la mortaja. Cual érades, tal es la que paristes; conocedla por vos (RAE, CORDE, Fray Alonso de Cabrera, *Consideraciones sobre los Evangelios de los domingos después de la Epifanía*, 1598).

(41) Ausentaos de los pueblos; id en pos de los soldados viejos a la guerra; desscad las cosas de la milicia; seguid a los valientes hombres que murieron en la guerra, que están ya holgándose y deleitándose y poseyendo muchas riquezas, que chupan la suavidad de las flores del cielo y sirven y regocijan al señor sol, que se llama tiacáuh y cuauhtleoánitl in yaumicqui. ¿No es posible que vais y os mováis a ir tras aquellos que ya gozan de las riquezas del sol? Levantaos, íos hazia el cielo a la casa del sol. ¿No será posible por ventura apartaros de las borracherías y de las carnalidades en que estáis embueltos? (CORDE, Fray Bernardino de Sahagún, *Historia general de las cosas de Nueva España*, 1576–1577).

(42) Cañizares: Señora Hortigosa, abrevie y váyase, y no se esté agora juzgando almas ajenas.
Hortigosa: Si vuesa merced hubiere menester algún pegadillo para la madre, téngolos milagrosos; y, si para mal de muelas, sé unas palabras que quitan el dolor como con la mano.
Cañizares: Abrevie, señora Hortigosa, que doña Lorenza, ni tiene madre, ni dolor de muelas; que todas las tiene sanas y enteras, que en su vida se ha sacado muela alguna.
Hortigosa: Ella se las sacará, placiendo al cielo, porque le dará muchos años de vida; y la vejez es la total destruición de la dentadura.
Cañizares: ¡Aquí de Dios! ¿Que no será posible que me deje esta vecina? ¡Hortigosa, o diablo, o vecina, o lo que eres, vete con Dios y déjame en mi casa! (CORDE, Miguel de Cervantes, *Entremés del viejo celoso [Ocho comedias y ocho entremeses nuevos nunca representados]*, 1615).

A diferencia de las interrogaciones retóricas, de alcance externo, las negaciones que aparecen en (40)–(42) ejercen dominio sobre la proposición; es decir, algún elemento hace patente la expectativa contraria, pero no implican la inversión de la polaridad (Escandell-Vidal 1999, 3956-3957).

Frente a la escasa incidencia de la negación, resulta llamativo el número de ejemplos —21 en total— que el CORDE ofrece en los que *será posible* aparece en una interrogativa con *cómo*. Aunque algunos de estos casos aluden a la manera mediante la que se puede conseguir que se produzca una situación, otras constituyen verdaderas interrogaciones usadas para mostrar sorpresa ante una situación activada, como se observa en (43):

> (43) Y si el mundo está el día de hoy como está, hirviendo en tantas maneras de delicias, de cobdicias, de vanidades, de juegos, de invenciones de trajes y de potajes y deleites sensuales, claro está que la carne es una de las más principales fuentes de donde todo esto procede, y ella es la que principalmente tiene destruído el mundo, y tan abatida la gloria y honra del Señor que lo crió.
> Y aun si quieres concebir más justa indignación contra ella, acuérdate que los vicios y pecados que della procedieron, fueron los que crucificaron á tu Dios y Señor, y los que lo azotaron, y abofetearon, y escarnescieron, y coronaron, y dieron á beber hiel y vinagre, pues está claro que si no hubiera pecados de por medio, no había por qué padescer lo que padesció. Pues siendo esto así, ¿cómo será posible que ames desordenadamente á quien así conjuró contra la muerte de tu Señor? En lo cual verás cómo mirando esto con ojos de razón, mayor maravilla es haber quien ame tanto su propria carne, recibiendo estas obras della, que haber quien la aborresca (CORDE, Fray Luis de Granada, *Adiciones al Memorial de la Vida Cristiana*, 1574).

No obstante, según revela el CORDE, *será posible* no necesita ningún elemento coadyuvante para desencadenar por sí solo este valor de sorpresa ante una situación activada cuando aparece en una interrogación, como demuestra (44):

> (44) Gayo César dixo: —Sabed, buenos señores, que yo soy Gayo César el Romano, creo que por fama me conoceredes; fuy gran amigo del mal andante Belamir el Fermoso, que oy aquí miserablemente se perdió, que muchas veces de vos le oí razonar. —¡Ay Santo Dios, dixo Albasilvio! ¿qué me dezides? ¿Belamir nuestro buen amigo se perdió? —Sí, sin falla, dixo Gayo César, y no há un ora que se fundió en el mar. —¡O Santa María Señora, dixo Filorante, y qué gran pérdida! ¡O mi buen amigo! ¿y será posible que tan poco os haya durado la vida? —Y tomóse á doler fuerte (CORDE, Fray Alonso de Cabrera, *Consideraciones sobre los Evangelios de los domingos después de la Epifanía*, 1598).

De vuelta a los ejemplos sincrónicos, las interrogaciones que aparecían en los ejemplos (37) y (38) parecen encajar mejor en la categoría de interrogaciones exclamativas (Escandell-Vidal 1984; Alonso Cortés 1999), pues contribuyen a expresar una emoción —que, en este caso, podría parafrasearse como sorpresa ante una situación negativa— y pueden aparecer, en ocasiones, transcritas con signos de exclamación, según se observa en (45):

> (45) En el pupitre de enfrente, el pelo comenzaba a brotar como un puñado de hormigas en el cogote rasurado de Andrea Iruela, la hija del carpintero.
> —¡La voy a matar, la voy a matar, voy a matarla!
> —Pero, Dolores…, ¿cómo la dejas correr en cueros por el patio con esta helada? El ángel de Dios te cogerá una pulmonía.
> —¡Será posible que tenga piojos otra vez! (CORPES XXI).

Este recorrido por el comportamiento composicional de *será posible* parece indicar que la interrogación constituye el contexto de cambio —o contexto *puente*, en palabras de Heine (2002)— para el paso de una estructura libre a una marca mirativa. En concreto, la evaluación surge cuando el hablante se pregunta sobre la posibilidad de que se produzca un evento ante la activación misma de su ocurrencia. La distancia invocada por la forma verbal se proyecta entonces sobre la enunciación, y la contribución del futuro a *será posible* pasa a entenderse como *cómo es posible que* o, mejor, como *no me puedo creer que*, lo que justifica su relación con la miratividad. Mediante estas estructuras interrogativas en las que *será posible* todavía exhibe la forma composicional, el hablante expresa su asombro o sorpresa ante una situación activada, normalmente negativa.

3.2 La marca mirativa *será posible*

La segunda lectura que ofrece *será posible* obedece a una interpretación no composicional, según se observaba en (4) y (5), repetidas ahora en (46) y (47), respectivamente, y también en (48):

> (46) Estoy un poco fastidiao. Acabo de recibir una invitación de boda, ya me dirán si no es para estar jodido. ¡Será posible! ¡Es que se te queda la misma cara que cuando te llega una multa! ¡Hale, a soltar pasta! (CORPES XXI).

> (47) Abelardo: Mira quién fue a hablar…, que parece un bicho de cazar.
> Olvido: ¡Será posible, este par de carcamales…! (CORPES XXI).

> (48) No nos ha tocado nada, pero lo importante es que haya salud.
> —¡Pues eso faltaba! Que encima de que no me toca la lotería me atropelle un camión. ¿Será posible? (CORPES XXI).

Los constituyentes funcionan ahora de forma unitaria, y la construcción desencadena un significado semejante al de una interjección. La condición de interrogación exclamativa que caracteriza al surgimiento de la estructura sigue presente ahora en la vacilación del hablante al transcribir la marca mirativa, normalmente con signos de exclamación —(46) y (47)—, pero también con signos de interrogación —(48)—.

En términos semánticos, estos ejemplos expresan distancia evaluativa hacia la situación que acaba de ser activada, que se traduce en rechazo o crítica del hablante hacia ella. A diferencia de los ejemplos composicionales con futuro mirativo del epígrafe anterior —donde el hablante mostraba sorpresa ante una situación activada normalmente negativa—, el hablante expresa aquí una evaluación distanciada, o una evaluación negativa.

En términos formales, ya no se puede rastrear una estructura composicional formada por una cópula (*será*) y un adjetivo (*posible*). Prueba de ello es la resistencia que esta estructura ofrece para asumir como sujeto sintáctico la situación desencadenante de la evaluación. Así, si se intenta incrustar *recibir una invitación de boda* como sujeto de *será posible* en (46), lo que se obtiene es un cambio de interpretación, como se refleja en (49), donde la lectura más plausible sería la epistémica —el hablante, ante un documento que no sabe bien qué es, deduce que puede ser una invitación de boda—. De hecho, la única manera de parafrasear el significado de (46) sería mediante la solución que ofrece (50), donde la cláusula introducida por *que* ya no puede interpretarse como sujeto, según demuestra tanto la cesura representada por la coma como la aparición del verbo subordinado en indicativo, sino como una causal de enunciación que justificaría la evaluación del hablante (Iglesias 2000). Y lo mismo sucede en (48), donde además habría que introducir un verbo de lengua, como demuestra (51):

(49) #¿Será posible que acabe de recibir una invitación de boda?

(50) ¡Será posible, que acabo de recibir una invitación de boda!

(51) ¡Será posible, que dices que no nos ha tocado nada pero lo importante es que haya salud!

Como se comentó en el apartado 2.3, el futuro mirativo en contextos evaluativos suele ser frecuente con términos despectivos o con características negativas, por lo que se utiliza para censurar actitudes humanas ante las que el hablante muestra rechazo. La presión de esta estructura puede haber provocado el paso de un *será posible* en estructuras interrogativas que contienen información activada, donde la distancia invocada por el futuro se relaciona con la sorpresa ante una situación activada normalmente negativa, a una marca mirativa con *será posible*, donde el hablante expresa una evaluación distanciada o negativa ante una situación activada. De hecho, podría decirse que mientras que el futuro mirativo propio de los entornos evaluativos se ha especializado en la crítica hacia las personas, la marca mirativa con *será posible* parece ser frecuente en la crítica hacia las situaciones.

No obstante, la presión entre las estructuras puede ir un paso más allá, quizás también por influencia del pensamiento analógico (Traugott 2015), y la marca mirativa con *será posible* puede salir del ámbito de la crítica hacia las situaciones para instalarse en el de la crítica hacia las personas. Eso es lo que sucede en (47), donde tanto la cesura como la ausencia de concordancia impiden entender *este par de carcamales* como el sujeto de *será posible*: la marca mirativa ha pasado aquí de expresar una crítica hacia una situación a expresar una crítica hacia las personas que intervienen en dicha situación.

4 El comportamiento mirativo de *(no) será verdad*

Para el análisis de la estructura *(no) será verdad* se vuelven a tomar como punto de partida los datos obtenidos del CORPES XXI,[7] aunque a lo largo del apartado se hará referencia también al CORDE y al *Corpus del español*, compilado por Mark Davis. De las 204 ocurrencias que arrojó la búsqueda en el CORPES, se pudieron aprovechar 196 ejemplos. De ellos, llama la atención que, frente a lo que sucedía con *será posible*, solo 9 pueden considerarse temporales, como se observa en (52):

> (52) La Moncloa asume los hechos tozudos del ritmo real de ejecución de las obras de Fomento. Así que lo del tren será verdad para bien entrado el próximo decenio, veinte años después que Andalucía (CORPES XXI).

Asimismo, a diferencia de *será posible* —donde el valor epistémico solo emergía en entornos interrogativos—, en el caso de *será verdad* el futuro puede desarrollar un valor epistémico en estructuras enunciativas cuando se encuentra dislocado, como se observa en (53). En un total de 19 ejemplos, el futuro exhibe este valor.

> (53) Antonio Barrera hizo el paseíllo mientras su padre yacía de cuerpo presente en el tanatorio sevillano de Alcalá de Guadaira. La noticia tiene su miga. Es muy serio que, en circunstancia tan adversa, un hombre haga de tripas corazón y se vista de luces para someterse al veredicto sumarísimo del toro. Será verdad que el torero está hecho de otra pasta (CORPES XXI).

---

[7] En esta ocasión no se ha limitado la búsqueda al español europeo (como se hizo con *será posible*) para contar con un número semejante de ocurrencias de las dos estructuras.

De hecho, en la estructura *será verdad*, la forma verbal puede operar incluso en el nivel de enunciación sin necesidad de que haya interrogación, como sucede en (54), donde aparece un futuro concesivo mediante el cual el hablante se distancia de su enunciado, restándole así fuerza argumentativa al segmento que precede a *pero* (Rodríguez Rosique 2015).

(54) Fina. —¿Sí? Cuenta, cuenta, que es curioso.
Compañera de celda. —La azucena es pureza, el azahar es virginidad, el laurel gloria, la rosa pasión.
Fina. —Pasión, pasión... (suspirando).
Compañera de celda. —Sí, y tiene una curiosa historia: Venus, ya sabes, la diosa del amor, se pinchó con una espina de rosa y la tiñó con su sangre, haciéndola de ese color.
Fina. —La historia es bonita, no será verdad, pero es bonita (vuelve a suspirar como si se desinflara) (CORPES XXI).

No obstante, lo más significativo de los datos que ofrece la búsqueda de *(no) será verdad* es el número de casos en los que la estructura aparece en entornos interrogativos. En concreto, de 196 ejemplos analizados, 122 constituyen interrogaciones.[8] En buena parte de ellos, mediante *será verdad* el hablante expresa una duda o se hace una pregunta que le surge como conclusión de una información anterior, según se observa en (55), (56) y (57):

(55) Son las once de la mañana de mi cumpleaños número 30. Como soy un cliché con patas, estoy tapada con la sábana, sin ropa —¿será verdad lo de Marilyn y su pijama compuesto solo por dos gotitas de Channel número 5?—, jugando con un cigarro, mientras espero que mi recién adquirido compañero de cama salga de la ducha, para ver con qué cara me mira ahora (CORPES XXI).

(56) Es una guerra muy larga y antigua. Cuando en la década de 1950 se inventó el DDT, hubo quienes dijeron ¡ahora sí se van a acabar todos los insectos del mundo! Muchos murieron, pero otros se adaptaron. Las moscas tienen dos uñas en las patas y en medio una especie de almohadilla. Las que sobrevivieron fueron las que aprendieron a caminar con esas uñas, levantando la almohadilla que es por donde penetraba el veneno...
¿Y será verdad que las cucarachas sobrevivirían a una guerra nuclear? (CORPES XXI).

(57) Es decir, hay muchos números que se pueden obtener como consecutivos y esta descomposición no es única. Los matemáticos andamos siempre a la búsqueda de patrones generales y por lo tanto, aparece la pregunta inmediata: ¿será verdad que todo número natural se puede obtener como suma de dos o más números consecutivos? (CORPES XXI).

---

[8] Estos ejemplos estarían a su vez vinculados con los 28 casos en los que *será verdad* aparece en contextos indirectos, subordinado a *no saber si*, *preguntar*, *imaginar*, *a saber si*, etc.

Aunque no necesariamente, muchos de estos ejemplos pertenecen a discursos (pseudo)científicos o a textos demostrativos, como refleja (57). En todos ellos el futuro desarrolla una función epistémica a pesar de encontrarse en la modalidad dubitativa (Squartini 2004; RAE 2009);[9] es decir, puede considerarse un evidencial inferencial en la medida en que la pregunta surge como una inferencia de la información anterior siguiendo un proceso de razonamiento.

Cuando la pregunta emerge como conclusión de una información que acaba de proporcionar otro hablante, *será verdad* se asocia a cierto valor de sospecha, pues se cuestiona el estatuto epistémico de la información recibida —esto es, se pone en tela de juicio—.[10] Así sucede en (58):

> (58) Pues a ti, malvada, te sienta de maravilla el vocabulario barriobajero con el que me insultas. ¿Será verdad que eres experta en literatura contemporánea, como afirmas? Tengo mis dudas (CORPES XXI).

Más interesante para la vinculación de *será verdad* con la miratividad son aquellos casos en los que el futuro opera en un nivel diferente, como se ve en (59) y (60):

> (59) —Así son de ingratos los humanos —decía Hator, en su baño de miel—. Y ese ahijado tuyo no es menos humano porque tenga los ojos inservibles. Ya ves: le concedemos el don de la música, y él agradece más cualquier fruslería que le regale ese imberbe que juega con el trono de los dioses.
> —En verdad que esta actitud me rompe el alma —reconocía Ipi Celeste, a punto de llorar—. ¿Será verdad que prefiere una vulgar sortija a mi polvo de estrellas? (CORPES XXI).

> (60) bueno/no te creas eeh mira/Blanca me habló de un club muy especial/le pego un toque/para que entre en el chat
> —hola compis
> —hola Blanca/oye ¿cómo era eso de Twitter que me dijiste ayer?
> —sí/el club de las chicas feas feas mira

---

9 Algunos operadores modales son incompatibles con la interrogación, para evitar el choque de modalidad (RAE 2009, 3118). Esto no sucede con el futuro epistémico (RAE 2009, 1772). Squartini (2004) considera este hecho una evidencia que demuestra el carácter esencialmente evidencial del futuro en italiano y español.

10 Cabría preguntarse si no estamos ante casos en los que el futuro se comporta como un evidencial reportativo. Si bien es cierto que tanto en (55)–(57) como en (58) se necesita una información previa de la que obtener la pregunta como conclusión —y que dicha información previa suele considerarse como asumida en el primer caso y como suministrada por otro hablante en el segundo—, parece que sigue siendo prominente cierto proceso deductivo vinculado con el valor inferencial del futuro.

—¿será verdad? (CORPES XXI).

En efecto, en estos casos, la información sobre la que interroga *será verdad* constituye el foco de activación, ha sido suministrada por otro hablante, pero sobre ella no parece existir ninguna duda. De hecho, ya no puede parafrasearse por *no saber si* o por *dudar*, como reflejan las paráfrasis de (59) en (61) y (62), respectivamente. La distancia invocada por la forma verbal se proyecta ahora sobre la enunciación; el hablante se aleja de su enunciado en un contexto en el que la información que constituye el foco de activación parece estar fuera de dudas, por lo que la expresión de la interrogación misma se interpreta como sorpresa o asombro por parte del hablante ante la información que acaba de recibir, según demuestra la paráfrasis de (59) en (63). A ello contribuye la prosodia de la estructura interrogativa, que, en vez de mostrar una entonación final ascendente, como sucedía en los casos anteriores, se parece más a la de una exclamativa; en realidad, como sucedía con *será posible*, no es de extrañar que estas estructuras aparezcan también con signos de exclamación.

(61) #No sé si es verdad que prefiere una vulgar sortija a mi polvo de estrellas.

(62) #Dudo que prefiera una vulgar sortija a mi polvo de estrellas.

(63) No me puedo creer que prefiera una vulgar sortija a mi polvo de estrellas.

Con respecto al ejemplo que aparece en (60), se trata de un caso oral recogido a partir de la transcripción del programa televisivo *Generación Web. Todo es social*. Curiosamente, mientras que en la versión transcrita que incluye el CORPES la estructura aparece sin negación, en el audio disponible en la página web del programa[11] se escucha la estructura con negación —es decir, *no será verdad*—. La alternancia no es fortuita; más bien evidencia la equivalencia que existe entre la versión con negación y sin ella. En efecto, es habitual que *será verdad* con valor mirativo vaya precedido de negación —*no será verdad*—, según se observa en (64) y (65). Como se ha comentado, la prosodia característica de la estructura permite que los signos de interrogación alternen con los de exclamación, o que asuma una entonación marcada característica incluso cuando no existen marcas gráficas, como se ve en (65).

(64) Quino, sé que estás en casa... Me faltan mis vestidos, mis bolsos y mis zapatos. Eres un verdadero desastre. Además, las blusas están arrugadas. No cambiarás. Por cierto,

---

[11] <http://www.rtve.es/alacarta/videos/generacion-web/generacion-web-todo-social/3106484/> (último acceso: 02.12.2019).

me ha dicho el transportista que le has vendido el piso. ¡No será verdad! ¡Quino!... ¡Quino! (CORPES XXI).

(65) —No será verdad lo que me han dicho —se le subieron las cejas a Rafi, miró a los demás, alegre—. Que te has puesto a hacer poesías (CORPES XXI).

La vigencia de la negación en estas estructuras plantea la duda de si la versión negativa constituye el origen de la construcción. No obstante, como sucedía con *será posible*, un vistazo al CORDE revela que no parece ser este el caso. La consulta de los datos sí que demuestra la importancia de la interrogación como contexto de cambio que explica el valor mirativo atribuible a *(no) será verdad*. Así, de 115 casos obtenidos, 35 de ellos aparecen con interrogación, pero solo dos de estos exhiben negación,[12] y no parecen significativos. Lo que sí resulta llamativo de los datos que ofrece el CORDE es la existencia de ejemplos como (66):

(66) Mercedes: ¡Lo saben todos! Hace poco en esta sala, delante de mí, de mi hijo... ¡ya ves tú!...
Teodora: (Con ansia.) Y bien... acaba. ¿Qué?
Mercedes: ¡Que confesó de plano! ¡Y con frase arrebatada juró que por tí daría vida, honor, conciencia y alma! ¡Y al llegar tú, quiso verte; y sólo a fuerza de instancias conseguí que se marchase adentro! Y estoy en ascuas por si le encuentra Severo y sus enojos estallan, Y ahora ¿qué dices?
Teodora (A pesar suyo ha seguido esta relación con una mezcla extraña de interés, asombro y terror, algo indefinible.) ¡Dios mío, será verdad tanta infamia! ¡y yo que por él sentía!... ¡Y yo que le profesaba cariño tan verdadero! (CORDE, J. Echegaray, *El gran galeoto*, 1881).

En efecto, al igual que sucedía con (59), *será verdad* en (66) no puede parafrasearse por *no sé si será verdad*, ni por *dudo que sea verdad*, sino por *no me puedo creer que sea verdad*; a la expresión de la sorpresa contribuye también la entonación exclamativa y la fórmula *Dios mío*. El ejemplo está extraído de una obra de teatro de Echegaray, ubicada en el siglo XIX, que proporciona el entorno interactivo adecuado para que una interrogación pase de indicar duda a expresar sorpresa, y para que el futuro deje de operar en el nivel epistémico —puesto

---

[12] Fuera de la estructura interrogativa, también muestran negación dos ejemplos que aparecen en el *Cid*, pero parecen recibir una interpretación temporal: «Digades al conde non lo tenga a mal,/de lo so non lievo nada, déxem' ir en paz.—/Respuso el conde: —¡Esto non será verdad!/¡Lo de antes e de agora todo·m' lo pechará,/sabrá el salido a quién vino desondrar!» (CORDE); «¡Acá torna, Bucar! Venist d'allent mar,/verte as con el Cid, el de la barba grant,/ saludarnos hemos amos e tajaremos amistad.—/Respuso Bucar al Cid: —¡Cofonda Dios tal amistad!/Espada tienes desnuda en mano e véot' aguijar,/así commo semeja, en mí la quieres ensayar;/mas si el cavallo non estropieça o comigo non caye,/non te juntarás comigo fata dentro en la mar.—/Aquí respuso mio Cid:— Esto non será verdad—» (CORDE).

al servicio de un proceso de razonamiento— y se proyecte sobre la enunciación. En esta dirección, una consulta al *Corpus del español*, de Mark Davis, ofrece datos reveladores: existen numerosos ejemplos en los que *será verdad* deja de indicar duda para expresar sorpresa, tanto con marcas de interrogación —(67)— como con marcas de exclamación —(68)—, y todos ellos están extraídos de obras de teatro o contextos interactivos del siglo XIX.

(67) Marquesa. ¡Qué insolencia, qué!...
Clara. Y anoche... no hubo tal ladrón...
Marquesa. Pues ¿qué hubo?
Luis. Una infamia.
Fernando. La vuestra.
Clara. Una iniquidad.
Marquesa. Di.
Fernando. Mi encuentro con María en el huerto fue casual.
Marquesa. ¿Con que en el huerto?
Clara. A las dos de la madrugada, allá los encontré yo, solitos.
Luis. También yo. Marquesa. ¿Será verdad? ¡Tal escándalo en mi casa! (Davis, M., *Corpus del español*, M. Tamayo y Baus, *La bola de nieve*, 1864).

(68) —Perdóneme usted, señora... pero acaba de apearse a la puerta... ¡oh, qué maravilla!
—¿Qué quieres decir? Habla pronto... ¿a quién has visto?
—Al caballero de las botas azules...
—¡Será verdad!... ¡Dios mío!... Él aquí... (Davis, Mark, *Corpus del español*, Castro, R. de, *El caballero de las botas azules*, 1861).

La negación no parece ser entonces el origen de la interpretación mirativa de *será verdad*. No obstante, puede considerarse un mecanismo de refuerzo que ha surgido posteriormente: es decir, el hablante introduce la negación para asegurarse de que el valor de duda que puede generar la estructura está bloqueado. En efecto, a diferencia de lo que se comentaba en el apartado anterior sobre la incidencia de la negación en *será posible*, la negación que aparece con *será verdad* —como se observa en (64) y (65)— es una negación externa, que implica la aserción de la proposición.[13] Así, (65) puede equivaler a la paráfrasis que aparece en (69):

(69) No será verdad lo que me han dicho > Es verdad lo que me han dicho

---

[13] A pesar del alcance externo de la negación, a diferencia de las interrogaciones retóricas (Escandell-Vidal 1999, 3985-3986), estas estructuras no funcionan como mecanismo argumentativo ni tienen como objetivo persuadir al destinatario para que confirme una proposición, sino que, como interrogativas exclamativas, expresan la reacción evaluativa del hablante hacia un contenido activado.

Si la negación externa asegura la verdad de la proposición, la distancia que invoca el futuro, al proyectarse sobre la enunciación, desencadena el efecto de sorpresa, de manera que (65) puede interpretarse como «es verdad lo que me han dicho y yo no me lo puedo creer».

(No) será verdad, por tanto, denota sorpresa del hablante ante una información que constituye el foco de activación y que normalmente acaba de ser suministrada por otro hablante.

5 Conclusiones: *será posible* y *(no) será verdad* en el camino de la gramaticalización

El análisis presentado en los apartados precedentes demuestra que tanto *será posible* como *(no) será verdad* pueden indicar sorpresa del hablante ante una información que acaba de ser activada, aunque difieren semántica y formalmente. Desde una perspectiva semántica, la marca mirativa *será posible* es compatible con distintos entornos mirativos: puede indicar sorpresa ante una información activada que el hablante acaba de recibir de otro hablante, pero también ante una información activada contextualmente o ante una conclusión que extrae en su devenir discursivo —es decir, puede estar vinculada con información meramente accesible—. Por su parte, *(no) será verdad* solo indica sorpresa cuando la información constituye el foco de activación y ha sido suministrada verbalmente por otro hablante —estaría restringida, por tanto, a entornos reportativos—.[14] Desde una perspectiva formal, *será posible* ha evolucionado hasta convertirse en una estructura fija que se comporta como una interjección: ya no puede reconocerse una cópula en futuro más un adjetivo, no permite la concordancia, y no admite la inserción de un sujeto. Por el contrario, *(no) será verdad* no ha completado el ciclo y exhibe un comportamiento más composicional: o bien aparece con sujeto o bien la información que desencadena la sorpresa puede rescatarse contextualmente —recuérdese que constituye el foco de activación—.

Será posible y *(no) será verdad* ocupan, por tanto, distintos lugares en un proceso de cambio. Desde un punto de vista general, no obstante, cabría preguntarse

---

14 *Será posible* y *(no) será verdad* comparten el hecho de que el valor mirativo emerge cuando la información que aparece en futuro ha sido previamente activada. Mientras que la intensidad y la forma de activación de la información en *(no) será verdad* está más restringida, en *será posible* es más relajada. Ambas estructuras, no obstante, son compatibles con la expresión de la sorpresa del hablante ante información que acaba de conocer, frente a lo que plantea Squartini (2018) para el futuro en italiano.

si pueden considerarse casos de gramaticalización. En términos teóricos, incluso el más fijado —la marca mirativa *será posible*— plantearía problemas, pues no supone una reducción de alcance o condensación (Lehman 2005): no actúa en el ámbito de la oración, sino que, más bien al contrario, pasa a denotar la relación del hablante con su enunciado, la situación y otros hablantes; y no entra a formar parte de categorías tradicionalmente denominadas «gramaticales». Esto ha provocado que algunos autores hayan calificado los cambios de este tipo como procesos de pragmaticalización (Aijmer 1996; Diewald 2011). Otros, sin embargo, han preferido revisar lo que se entiende por gramática.

Para Traugott y Trousdale (2013), la gramaticalización dialoga con la gramática de construcciones, y una construcción se define como una pareja de forma y significado: entre la información que proporciona la forma se encuentran la sintaxis, la morfología y la fonología; entre la información que proporciona el significado se encuentran la semántica, la pragmática e incluso la función discursiva. Las construcciones, a su vez, pueden sufrir dos tipos de cambios: cambios construccionales y construccionalización. Los cambios construccionales afectan a rasgos individuales de la construcción, ya sean formales o semánticos, como sucede con el cambio de alcance del futuro en la interrogación con *será posible* que retoma información activada, y como se observa en la interrogación con *será verdad* que opera en términos de distancia enunciativa sobre el foco de activación. La construccionalización supone la creación de una nueva pareja de forma y significado, como se ve especialmente en la marca mirativa *será posible*, y, en menor grado, en la estructura *no será verdad*.

En otro sentido, Heine, Kaltenböck y Kuteva (2011) plantean la existencia de una gramática del discurso que engloba tanto la gramática oracional como la gramática tética, y señalan canales de comunicación entre ellas. Entre las relaciones que vinculan los dos tipos de gramática, se encuentra la cooptación, o el proceso mediante el cual un determinado material ya existente en un dominio es explotado para desempeñar una nueva función en un dominio cognitivo diferente. Esto es, en realidad, lo que ha sucedido claramente con la marca mirativa *será posible*, que ha pasado de la gramática oracional a convertirse en un tético —o parentético—: no depende sintácticamente de ningún constituyente —de hecho, rechaza el sujeto—; exhibe un significado proposicionalmente no restrictivo —un tipo de valor evaluativo relacionado con la actitud del hablante, el conocimiento compartido y la relación entre el hablante y el destinatario—; admite movilidad; y surge como truncamiento de una interrogativa que marca distancia del hablante con respecto a la información que acaba de ser activada. Precisamente, la interrogación es el contexto que nos permitiría valorar también el grado de construccionalización que ha sufrido *no será verdad*.

En definitiva, este trabajo pretende haber demostrado que la aparición de la estructura interrogativa en unas circunstancias informativas determinadas puede entenderse no solo como el puente que usan *será posible* y *(no) será verdad* para pasar de la gramática oracional al discurso, sino como el escenario que permite que, una vez proyectado sobre la enunciación, el futuro en español pueda asociarse con un valor mirativo.

Bibliografía

Aijmer, Karin, *I think –an English modal particle*, in: Swan, Toril/Jansen, Olaf (edd.), *Modality in Germanic languages*, Berlin, Mouton de Gruyter, 1996, 1–47.

Aikhenvald, Alexandra, *Evidentiality*, Oxford, Oxford University Press, 2004.

Aikhenvald, Alexandra, *The essence of mirativity*, Linguistic Typology 16 (2012), 435–485.

Aksu-Koç, Ayhan/Slobin, Dan I., *A psychological account of the development and use of evidentials in Turkish*, in: Chafe, Wallace/Nichols, Johanna (edd.), *Evidentiality. The linguistic coding of epistemology*, Norwood, Ablex, 1986, 159–167.

Albelda, Marta (ed.), *Evidentiality in non-evidential languages. Are there evidentials in Spanish?*, Journal of Pragmatics 85 (2015), 135–137.

Alonso Cortés, Ángel-Alonso, *Las construcciones exclamativas. La interjección y las expresiones vocativas*, in: Bosque, Ignacio/Demonte, Violeta (edd.), *Gramática descriptiva de la lengua española*, Madrid, Espasa-Calpe, 1999, 3993–4050.

Bello, Andrés, *Gramática de la lengua castellana destinada al uso de los americanos*, Buenos Aires, Sopena, [1847] 1970.

Bosque, Ignacio, *Spanish exclamatives in perspective. A survey of properties, classes, and current theoretical issues*, in: Bosque, Ignacio (ed.), *Advances in the analysis of Spanish exclamatives*, Columbus, The Ohio State University Press, 2017, 1–52.

Boye, Kasper/Harder, Peter, *Evidentiality. Linguistic categories and grammaticalization*, Functions of Language 16:1 (2009), 9–43.

Bull, William Emerson, *Time, tense and the verb*, Berkley, University of California Press, 1960.

Bybee, Joan/Perkins, Revere/Pagliuca, William, *The evolution of Grammar. Tense, aspect, and modality in the languages of the world*, Chicago/London, The University of Chicago Press, 1994.

Castroviejo, Elena, *Deconstructing exclamations*, Catalan Journal of Linguistics 7 (2008), 41–90.

Chafe, Wallace, *Discourse, consciousness and time. The flow and displacement of conscious experience in speaking and writing*, Chicago, The University of Chicago Press, 1994.

Chafe, Wallace/Nichols, Johanna (edd.), *Evidentiality. The linguistic coding of epistemology*, Norwood, Ablex, 1986.

Clark, Herbert, *Bridging*, in: Johnson-Laird, Philip Nicholas/Wason, Peter Cathcart (edd.), *Thinking. Readings in cognitive science*, London/New York, Cambridge University Press, 1977, 411–420.

Clark, Herbert, *Using language*, Cambridge, Cambridge University Press, 1996.

CORDE = Real Academia Española, *Banco de datos CORDE. Corpus diacrónico del español*, <http://www.rae.es> (último acceso: 02.12.2019).

CORPES XXI = Real Academia Española, *Banco de datos CORPES XXI. Corpus del español del siglo XXI*, <http://www.rae.es> (último acceso: 02.12.2019).

Davis, Mark, *Corpus del español*, <https://www.corpusdelespanol.org/> (último acceso 02.12.2019).

DeLancey, Scott, *Mirativity. The grammatical marking of unexpected information*, Linguistic Typology 1:1 (1997), 33–52.

DeLancey, Scott, *The mirative and evidentiality*, Journal of Pragmatics 33 (2001), 369–382.

DeLancey, Scott, *Still mirative after all these years*, Linguistic Typology 16 (2012), 529–564.

De Saussure, Louis/Morency, Patrick, *A cognitive-pragmatic view of the French epistemic future*, Journal of French Language Studies 22 (2012), 207–223.

Diewald, Gabriele, *Pragmaticalization (defined) as grammaticalization of discourse functions*, Linguistics 49:2 (2011), 365–390.

Diewald, Gabriele/Smirnova, Elena (edd.), *Linguistic realization of evidentiality in European languages*, Berlin/New York, Mouton de Gruyter, 2010.

Dryer, Matthew S., *Forms, pragmatic presupposition, and activated propositions*, Journal of Pragmatics 26 (1996), 475–523.

Escandell-Vidal, María Victoria, *La interrogación retórica*, Dicenda 3 (1984), 9–37.

Escandell-Vidal, María Victoria, *Los enunciados interrogativos. Aspectos semánticos y pragmáticos*, in: Bosque, Ignacio/Demonte, Violeta (edd.), *Gramática descriptiva de la lengua española*, Madrid, Espasa-Calpe, 1999, 3929–3991.

Escandell-Vidal, María Victoria, *Futuro y evidencialidad*, Anuario de Lingüística Hispánica 26 (2010), 9–34.

Escandell-Vidal, María Victoria, *Evidential futures. The case of Spanish*, in: De Brabanter, Philippe/Kissine, Mikhail/Sharifzadeh, Saghie (edd.), *Future times, future tenses*, Oxford, Oxford University Press, 2010, 219–246.

González Ruiz, Ramón/Izquierdo Alegría, Dámaso/Loureda Lamas, Óscar (edd.), *La evidencialidad en español. Teoría y descripción*, Madrid/Frankfurt, Iberoamericana/Vervuert, 2016.

Heine, Bernd, *On the role of context in grammaticalization*, in: Wisher, Ilse/Diewald, Gabriele (edd.), *New reflections on grammaticalization*, Amsterdam/Philadelphia, John Benjamins, 2002, 83–101.

Heine, Bernd/Kaltenböck, Gunther/Kuteva, Tania/Long, Haiping, *An outline of discourse Grammar*, in: Bishoff, Shannon/Jeny, Carmen (edd.), *Reflections on functionalism in Linguistics*, Berlin, Mouton de Gruyter, 2013, 155–206.

Hengeveld, Kees/Olbertz, Hella, *Didn't you know? Mirativity does exist!*, Linguistic Typology 16:3 (2012), 487–503.

Hopper, Paul J., *On some principles of grammaticization*, in: Hopper, Paul J./Traugott, Elizabeth Closs (edd.), *Approaches to grammaticalization*, vol. 1, Amsterdam/Philadelphia, John Benjamins, 1991, 17–35.

Iglesias Recuero, Silvia, *Propiedades interpretativas y discursivas de la estructura ¡(Si) será bobo!*, in: Martínez Hernández, Marcos, et al. (edd.), *Cien años de investigación semántica. De Michel Bréal a la actualidad*, Madrid, Ediciones Clásicas, 2000, 529–542.

Kaltenböck, Gunther/Heine, Bernd/Kuteva, Tania, *On thetical grammar*, Studies in Language 35:4 (2011), 852–897.

Langacker, Ronald, *The English present. Temporal coincidence vs. epistemic immediacy*, in: Patard, Adeline/Brisard, Frank (edd.), *Cognitive approaches to tense, aspect and epistemic modality*, Amsterdam/Philadelphia, John Benjamins, 2011, 45–86.

Lyons, John, *Semantics*, Cambridge, Cambridge University Press, 1977.
Marín-Arrese, Juana (ed.), *Perspectives on evidentiality and modality*, Madrid, Editorial Complutense, 2004.
Martines, Josep, *Semantic change and intersubjectification. The origin of reprise evidential conditional in Old Catalan*, Catalan Journal of Linguistics 14 (2015), 79–111.
Nuyts, Jan, *Epistemic modality, language, and conceptualization*, Amsterdam/Philadelphia, John Benjamins, 2001.
Nuyts, Jan, *Qualificational meanings, illocutionary signals, and the cognitive planning of language use*, Annual Review of Cognitive Linguistics 6 (2008), 185–207.
Nuyts, Jan, *Notions of (inter)subjectivity*, English Text Construction 5:1 (2012), 53–76.
Olbertz, Hella, *Mirativity and exclamatives in functional discourse grammar. Evidence from Spanish*, Web Papers in Functional Discourse Grammar, 2009, <https://dare.uva.nl/> (último acceso: 02.12.2019).
Pérez Saldanya, Manuel, *Les relacions temporals i aspectuals*, in: Solà, Joan/Lloret, Maria Rosa/Mascaró, Joan/Pérez Saldanya, Manuel (edd.), *Gramàtica del català contemporani*, Barcelona, Empúries, 2002, 2567–2662.
Peterson, Tyler, *Rethinking mirativity. The expression and implication of surprise*, Ms. University of Toronto, 2013.
Potts, Christopher, *The logic of conventional implicatures*, Oxford, Oxford University Press, 2005.
Prince, Ellen, *Toward a new taxonomy of Given-New Information*, in: Cole, Peter (ed.), *Radical Pragmatics*, New York, Academic Press, 1981, 223–255.
Rett, Jessica, *Exclamatives, degrees and speech acts*, Linguistics and Philosophy 34 (2011), 411–442.
Rett, Jessica/Murray, Sarah, *A semantic account of mirative evidentials*, Proceedings of SALT 23 (2012), 453–472, doi: https://doi.org/10.3765/salt.v23i0.2687.
RAE = Real Academia Española, *Nueva gramática de la lengua española*, Madrid, Espasa-Calpe, 2009.
Rivero, M. Luisa, *Spanish inferential and mirative futures and conditionals. An evidential gradable modal proposal*, Lingua 151 (2014), 197–215.
Rodríguez Rosique, Susana, *Distance, evidentiality and counter-argumentation. Concessive future in Spanish*, Journal of Pragmatics 85 (2015), 181–199.
Rodríguez Rosique, Susana, *The future of necessity in Spanish. Modality, evidentiality and deictic projection at the crossroads*, in: Marín-Arrese, Juana I., et al. (edd.), *Evidentiality and modality in European languages. Discourse-pragmatic perspectives*, Berna, Peter Lang, 2017, 57–86.
Rodríguez Rosique, Susana, *From time to surprise. The case of será posible in Spanish*, in: Hancil, Sylvie/Breban, Tine/Lozano, José Vicente (edd.), *New Trends in Grammaticalization and Language Change*, Amsterdam/Philadelphia, John Benjamins, 2018, 185–205.
Rodríguez Rosique, Susana, *El futuro en español. Tiempo, conocimiento, interacción*, Berlín, Peter Lang, 2019.
Rojo, Guillermo, *La temporalidad verbal en español*, Verba 1 (1974), 68–149.
Rojo, Guillermo/Veiga, Alexandre, *El tiempo verbal. Los tiempos simples*, in: Bosque, Ignacio/Demonte, Violeta (edd.), *Gramática descriptiva de la lengua española*, Madrid, Espasa-Calpe, 1999, 2867–2934.
Squartini, Mario, *Disentangling evidentiality and epistemic modality in Romance*, Lingua 114 (2004), 873–895.

Squartini, Mario, *Lexical vs. grammatical evidentiality in French and Italian*, Linguistics 46:5 (2008), 917–947.

Squartini, Mario, *Evidentiality in interaction. The concessive use of the Italian future between grammar and discourse*, Journal of Pragmatics 44 (2012), 2116–2128.

Squartini, Mario, *Mirative extensions in Romance. Evidential or epistemic?*, in: Guentchéva, Zlatka (ed.), *Epistemic Modalities and Evidentiality in Cross-Linguistic Perspective*, Berlin/Boston, De Gruyter, 2018, 196–214.

Stalnaker, Robert C., *Assertion*, in: Cole, Peter (ed.), *Syntax and semantics 9. Pragmatics*, New York, Academic Press, 1978, 315–332

Sweetser, Eve, *From etymology to pragmatics*, Cambridge, Cambridge University Press, 1990.

Traugott, Elizabeth Closs, *On the rise of epistemic meanings in English. An example of subjectification in semantic change*, Language 65:1 (1989), 31–55.

Traugott, Elizabeth Closs, *(Inter)subjectivity and (inter)subjectification. A reassessment*, in: Davidse, Kristin/Vandelanotte, Lieven/Cuyckens, Hubert (edd.), *Subjectification, intersubjectification and grammaticalization*, Berlin/New York, De Gruyter, 2010, 29–71.

Traugott, Elizabeth Closs, *Toward a coherent account of grammatical constructionalization*, in: Barðdal, Jóhanna, et al. (edd.), *Diachronic construction grammar*, Amsterdam/Philadelphia, John Benjamins, 2015, 51–80.

Traugott, Elizabeth Closs/König, Ekkehard, *The semantics-pragmatics of grammaticalization revisited*, in: Traugott, Elizabeth Closs/Heine, Bernd (edd.), *Approaches to grammaticalization I*, Amsterdam/Philadelphia, John Benjamins, 1991, 189–218.

Traugott, Elizabeth Closs/Dasher, Richard B., *Regularity in semantic change*, Cambridge, Cambridge University Press, 2002.

Traugott, Elizabeth Closs/Trousdale, Graeme, *Constructionalization and constructional changes*, Oxford, Oxford University Press, 2013.

Vicent Salvador
La perspectiva pragmaestilística: aplicación a la concesividad en español y en catalán

Abstract: This paper aims to specify the contributions made by the application of a pragmatic perspective regarding the previous results of traditional stylistics. Its most outstanding contributions are the following: the study of the restrictions that style imposes on the so-called free variation of language and, secondly, the strengthening of the pragmatic dimension of style. Pragmastilystics is part of a linguistics of use that addresses contextual factors. The passage of pragmatic-discursive strategies and inferences to linguistic structures and the mechanisms of grammaticalization processes are also analyzed. These theoretical considerations are later applied to the study of concessiveness (concessive clauses) in Spanish and Catalan, specifically with respect to two phraseological units that are currently semi-grammaticalized as concessive connectives: the Catalan expression *només que* the Spanish one *a sabiendas de (que)*.

Keywords: pragmastylistics, style, concessivenes, grammaticalization, Catalan, Spanish, connectives

1 Estilística y pragmaestilística

La estilística, como estudio de las maneras que tienen los hablantes de modular su uso de una lengua en cada contexto, ha ocupado durante muchos años un lugar marginal en las ciencias del lenguaje. Por un lado, se la ha vinculado de manera excesiva —o incluso exclusiva— al análisis de los textos literarios, desde una perspectiva muy reticente a otorgar a esta clase de textos validez como testimonio de los usos lingüísticos. El discurso literario se consideraba, así, como una desviación que respondía a la expresión de subjetividades individuales, con carácter idiosincrático y, por lo tanto, ajeno a los estudios sistemáticos del lenguaje. Por otro lado, se ha vinculado a menudo el estilo a la *elocutio*, pero sin considerar esta como una

---

Este trabajo se ha realizado en el marco del Proyecto de Investigación del MINECO «La construcción discursiva del conflicto: territorialidad, imagen de la enfermedad e identidades de género en la literatura y en la comunicación social» (FFI2017-85227-R).

https://doi.org/10.1515/9783110711172-010

dimensión de la eficacia persuasiva en el marco de la retórica clásica, sino tal como se la entendió más tarde en muchos casos: como un mero aditamento ornamental. Finalmente, la consideración reciente del estilo —de los estilos— como variación funcional la relegaba en cierto modo, por su dependencia contextual, a la periferia de unas ciencias del lenguaje donde lo nuclear eran las estructuras del sistema de la lengua y en particular la gramática, ya que esta podía ser tratada de manera más objetivable, en cuanto que independiente del contexto, y constituir así un conocimiento *nomotético*. Por todas estas razones, la estilística ha tendido a convertirse en un objeto de estudio secundario, algo que se añade, a posteriori, a la descripción de las estructuras consolidadas que caracterizan una lengua.

En el marco de la variación lingüística, la estilística tiene una dimensión funcional en el sentido de que afecta a las maneras de *decir* (como mecanismo de comunicación del pensamiento) más que a las del mero *hablar* (estudiado a menudo desde la perspectiva de la variación en las formas). De hecho, decir implica hablar y en ambos casos se trata de ejercitar interactivamente la facultad del lenguaje (se habla con alguien y se dice algo a alguien), pero con la referencia al *decir* se incluye la construcción de los contenidos semánticos y la configuración del discurso como acción social, tareas a las que no son ajenos los mecanismos funcionales del estilo.

Desde una concepción variacionista, la estilística ha de ser vista como un componente esencial y no como un simple complemento prescindible o un apéndice para literatos. Una estilística así concebida explora los márgenes de flexibilidad de las *estructuras* lingüísticas, que no son entidades compactas sino meras abstracciones útiles con las que se recubre la variación histórica, dialectal y funcional de la lengua. Los hechos de estilo, solo observables en los textos empíricos (orales o escritos), pasan así a constituir evidencias de usos reales y se incorporan a la base observable de la que ha de dar cuenta toda descripción lingüística. Obviamente, la lengua —al menos en su consideración como estándar— impone ciertos límites a la variación, tal como los imponen los géneros y otras convenciones del contexto social, pero también ofrece un amplio muestrario de alternativas comunicativas de las que la estilística ha de dar cuenta (Payrató/Nogué 2013).

Desde una perspectiva de este tipo (Jeffries/McIntyre 2010), la estilística de base pragmática sería componente imprescindible para la descripción eficiente de una lengua, si se adopta una concepción del lenguaje como un trabajo con los signos verbales para realizar acciones sociales en unos contextos determinados. En una época de gramáticas *emergentes* y no dadas como estables y objetivas (Hopper 2012), y con la asunción epistemológica de que la lingüística no puede describir sus objetos de manera descontextualizada, la pragmática y la sociolingüística se han convertido en capítulos indispensables. Algo semejante ocurre con la estilística, que se integra en una lingüística de la variación al lado de estas dos disciplinas citadas, con la particularidad de que, mientras la pragmática y la sociolingüística se centran más en la interacción oral, la estilística, hasta épocas recientes, había preferido focalizar los textos escritos pero esa opción está sin duda modificándose (Payrató/Salvador, en prensa).

Una de las herencias de la estilística literaria del siglo pasado consiste en la insistencia en el vector *expresivo* de los hechos de estilo (expresión del yo, de la identidad del hablante, de su *Weltanschauung* y de sus emociones). Pero a ese vector, que ocupa también a disciplinas como la lingüística forense o la psicolingüística, la estilística ha añadido en los últimos tiempos otros dos, al menos: a) las opciones de variación pretendidamente *libre* que ofrece el sistema y las restricciones funcionales a las que tal variación ha de sujetarse en relación con los contextos de uso; b) la faceta retórica del estilo, que se refiere al efecto producido en los receptores, tanto en el plano cognitivo como en el emocional.

Por lo que respecta al primero de estos vectores desarrollados, es cierto que la tradición estilística ha centrado su atención muchas veces en la relevancia de las opciones electivas (el *choix*) del hablante, en especial el escritor literario, en cuanto al margen de flexibilidad de las estructuras que la lengua ofrece (sinónimos o parasinónimos, diversidad de registros, construcciones gramaticales alternativas...). Ahora bien, esta relevancia atañía principalmente al emisor, a sus intenciones expresivas o la manifestación inconsciente de sus pulsiones. La nueva estilística, en cambio, procura poner el foco en las restricciones que los contextos comunicativos establecen sobre una pretendida variación libre dentro del sistema, y en particular por lo que hace a la configuración de los géneros discursivos, como pautas convencionalizadas en una determinada sociedad que orientan a los usuarios sobre la oportunidad de unas u otras opciones. Del mismo modo que las lenguas imponen unas restricciones en la combinatoria fonológica o sintáctica, los géneros del discursos marcan unas restricciones (no explícitas pero aceptadas en el *shared knowledge* de las comunidades de habla) sobre las opciones estilísticas de los usuarios que producen o interpretan textos correspondientes a un determinado género. Y, por eso mismo, el concepto de desviación estilística por originalidad, del que se había abusado tradicionalmente, hoy no se entiende que actúe respecto a la lengua como tal, sino más bien por referencia a las normas implícitas del género de que se trate. De este modo, no solo las selecciones léxicas de registro o las opciones sintácticas equivalentes entre sí, sino también ciertos procedimientos de cohesión como son la anaforización o la conectividad textual, forman parte de repertorios que los géneros discursivos delimitan, o al menos orientan en cuanto a la adecuación de su empleo.

Si pasamos ahora al segundo de los vectores que tienden a incrementar su peso en la disciplina, la atención al componente retórico, se destaca la relevancia del *efecto* producido por los hechos de estilo, como han señalado Riffaterre o Adam. Los mecanismos de la variación estilística, tanto si se activan conscientemente por parte del enunciador como si eso no se hace de manera consciente, pueden modificar las representaciones mentales del receptor y sin duda también sus actitudes o sus reacciones emocionales. En términos retóricos, diríamos que el estilo contribuye a dibujar el *ethos* del emisor (sus rasgos identitarios como sujeto del discurso, sus creencias, su situación social y su estado de ánimo) (cf. Maingueneau 2013), pero al mismo tiempo modifica (o puede hacerlo, y ello de manera intencionada o no) las actitudes del interlocutor o de una audiencia amplia así como su representación de los hechos. Habría que añadir aquí también una referencia a la tercera pata de la retórica clásica: el *logos*. En efecto, si desde el punto de vista de la semántica veritativa las opciones estilísticas no alteran el significado de los enunciados, en cambio desde una perspectiva pragmasemántica las representaciones alternativas mediante opciones de estilo sí que modifican los significados, es decir, las representaciones sociales de la realidad, de las entidades y los procesos que aparecen en el universo discursivo.

Ciertamente, si nos situamos en el punto de mira de una lingüística basada en el uso, la dimensión retórica de la comunicación verbal no puede ser ignorada, como ha señalado entre otros Paul Hopper (2007), que ha llegado a sugerir la posibilidad de entender la lingüística como una especie de *micro-retórica* que debe tomar en consideración los factores sociales en sentido amplio y los propiamente ideológicos implicados en la variación estilística. Por supuesto, también la lingüística histórica debe tomar nota de los mecanismos de la variación estilística, que a menudo pueden contribuir a explicar el cambio lingüístico en la filogénesis de las lenguas. Frente a una concepción entificadora y estática de la gramática, los trabajos de una pragmaestilística actual ganan en protagonismo dentro de las ciencias del lenguaje: «L'estil se situa, des d'aquesta perspectiva, en el corrent d'un procés creatiu que contribueix a forjar hàbits i convencions en el marc d'unes gramàtiques emergents —amb dimensió pragmadiscursiva— cap a la gramàtica pròpiament dita». (Salvador 2017, 226).

El término *pragmaestilística* —parafraseable con plena legitimidad como *estilística pragmática*— ha obtenido una cierta difusión a partir de las propuestas de Leo Hickey (1987; 1989; 1993) y ha sido difundido en nuestro ámbito por medio, entre otros, de un monográfico de la revista *Caplletra* (Salvador/Pérez Saldanya 2000).

Una estilística que integre la dimensión pragmática (Payrató 2018) debe abordar las microestructuras lingüísticas —y en buena medida también las macroestructuras textuales— relacionándolas con los condicionantes contextuales y sociales. La pragmalingüística según Hickey es el estudio de la lengua *en uso* que se centra en las elecciones hechas entre las diferentes maneras gramaticalmente correctas de expresar «one and the same thing, which is semantically or truth-conditonally equivalent» (1989, 8). Ahora bien, esta elección ha de tener en cuenta, a diferencia de lo que hacía la estilística anterior, que los aspectos lingüísticos quedan determinados por la relación entre las elecciones efectuadas por los hablantes y la situación extralingüística, sin olvidar los factores ideológicos. Desde la pragmalingüística, el interés por este enfoque de la estilística se ha incrementado, como es el caso para la teoría de la relevancia (Escandell-Vidal 1994).

2 De las inferencias pragmáticas a las estructuras lingüísticas

Una de las ideas más esclarecedoras del funcionalismo americano, que ha desarrollado planteamientos de los procesos de gramaticalización, es la de que algunos mecanismos que en fases previas de la historia de la lengua operaban en el plano del discurso —de las estrategias discursivas— hoy se han instalado en el plano de las estructuras gramaticales, y lo que hoy son estrategias discursivas, si se demuestran comunicativamente exitosas, abocarán mañana previsiblemente a estructuras gramaticales consolidadas que facilitarán la producción y la interpretación de enunciados. Diríamos que se pasa de un funcionamiento más *líquido* a una especie de solidificación» por enfriamiento. Las estrategias comunicativamente eficaces se convierten en estructuras, de la misma manera que, en otros campos del conocimiento, se afirma que la función crea el órgano. Por supuesto, estos cambios filogenéticos son graduales, a menudo lentos y reversibles, y suelen comportar procesos que configuran construcciones gramaticales claramente estructuradas y que en muchas ocasiones generan conectores por medio de procesos de gramaticalización. La fijación, por convencionalización, de unos conectores dotados de una función unívoca facilita sin duda la identificación de los valores semánticos y pragmáticos de los enunciados donde aparecen. Como sabemos (Pérez Saldanya/Salvador 2014), la consolidación histórica de *aunque* como conjunción unívoca y prototípica de la concesividad en español (frente a alternativas con una función menos fija y a veces ambigua) fue un cambio lingüístico decisivo. Su constitución formal, por otra parte, procedía de la gramaticalización de una locución que combinaba la conjunción *que* con el adverbio *aún*, en paralelo con lo que sucedió en catalán con *encara que*.

Para ilustrar las ideas expuestas en los párrafos anteriores, veamos el ejemplo de las estructuras gramaticales condicionales, en unos enunciados bimembres que no incluyen el conector condicional pero que suscitan la inferencia pragmática de que una hipótesis de futuro solo se hará efectiva en el caso de que se den determinadas circunstancias:

(1) a. ¿Quieres la paz? Prepara la guerra
 b. Vols estar ben servit? Fes-te tu mateix el llit
 c. Para aprender, perder
 d. De perdidos, al río

Para expresar de manera más eficiente que esas posibilidades hipotéticas de futuro dependen de determinadas circunstancias, las lenguas han provisto a los hablantes de unas herramientas como las construcciones condicionales con un conector explícito, como en los siguientes ejemplos, paralelos a los de (1):

(2) a. Si quieres la paz, prepara la guerra
 b. Si vols estar ben servit, fes-te tu mateix el llit.
 c. Si pierdes aprenderás
 d. Si no tienes otra opción, échate al río

Lo mismo sucede con las relaciones *de oposición* o de contraste. Las inferencias pragmáticas (Ariel 2008) de que existe una oposición semántica son fáciles de derivar del contexto en enunciados como estos:

(3) a. Llueve mucho y los pantanos no llegan a llenarse
 b. Ya puedes ahorrar ya, que no llegarás a final de mes

Estos enunciados podrían parafrasearse como oraciones adversativas y/o concesivas, con sus correspondientes conectores canónicos que las gramáticas recogen:

(4) a. Llueve a cántaros pero los pantanos no se llenan
 a'. Aunque ha llovido a cántaros, los pantanos no están llenos
 b. Ahorras mucho pero no llegarás a final de mes
 b'. Aunque ahorres mucho no llegarás a final de mes

De una manera muy sintética, el apartado siguiente presentará un enfoque actual de la concesividad en las gramáticas de las dos lenguas que nos ocupan donde las diferencias pragmasemánticas entre las construcciones adversativas y las concesivas propias en posposición se tratarán desde una perspectiva estilística.

3 La concesividad en español y en catalán: retórica y gramática

Cuando hablamos de *concesividad* pensamos, en primer lugar, en ciertos procedimientos retóricos de gestión de la interacción verbal relacionados con la discrepancia, la persuasión discursiva y las estrategias argumentativas encaminadas a la negociación de ideas y actitudes. En suma: la *concessio* retórica, uno de los recursos verbales más útiles para la resolución de conflictos. Se trata de persuadir a los interlocutores, al juez o al auditorio público mostrando un talante dialogante que minimice el coste pragmático correspondiente. Eso supone un *do ut des* dialéctico orientado a los propósitos de persuasión. Para ello las lenguas, a lo largo de la historia de sus usos discursivos, han configurado unos instrumentos gramaticales que se han demostrado eficaces: las construcciones concesivas, de carácter bimembre y antitético, que los gramáticos suelen situar en un terreno intermedio entre la coordinación y la subordinación. Tales construcciones contienen mayoritariamente —aunque no siempre— ciertos conectores que caracterizan la relación entre sus dos miembros como oposición o contraste pragmasemántico. Unos, los más prototípicos, han ingresado en las gramáticas canónicas. Otros, en cambio, ocupan una zona de transición, un grado más o menos alto de convencionalización. Lo cierto es que esos conectores concesivos son muy numerosos y variados en distintas lenguas de nuestro entorno, como corresponde a la delicada función retórica que deben desempeñar en el discurso, y sus procesos de gramaticalización han sido históricamente largos y complejos (para el español, cf. Pérez Saldanya/Salvador 2014).

Entre las distintas aproximaciones teóricas al mecanismo de la concesividad, destacaríamos las que se centran en la *causalidad ineficiente* y las que lo hacen en la *referencia anafórica* al co(n)texto previo, con el cual se establece el contraste (Salvador 2004; Pérez Saldanya/Salvador 2014). El interés de estas explicaciones puede ilustrarse con ejemplos como los de (5) y de (6) respectivamente:

(5) a. Aunque me lo jures sobre la Biblia no te creeré
b. No he d'acceptar l'oferta per més que m'ho demanin

(6) a. Aun así, me sigue queriendo
b. Tot i això, la seva filosofía no em convenç

En efecto, los enunciados de (5) —5a en el miembro antecedente o prótasis y 5b en el consecuente o apódosis— presentan una situación que crearía en principio la expectativa de que el juramento, en un caso, o la demanda insistente en el segundo, serían causa suficiente para provocar la situación referida en el otro miembro. Pero no es así, porque la pretendida causa resulta, contra las expectativas, ineficiente. Por su parte, los enunciados de (6) introducen en sus primeros miembros, por medio de *encapsuladores* (*así*; *tot i això*), unas referencias anafóricas reasuntivas al co(n)texto anterior al cual las apódosis de ambas construcciones se oponen. Además, la existencia de esa anaforicidad puede entenderse como una huella de un dialogismo subyacente, aunque se encuentre en textos de carácter *monogestionado*. Distintos autores (Couper-Kuhlen/Thompson 2000; Martos 2006) han insistido en una concepción interactiva de la concesividad, que resulta muy acertada. A fin de cuentas, en un debate o en una conversación, la construcción concesiva expresa el acto de *conceder* algo a la otra parte para mejor persuadirle de lo fundamental. Con esa finalidad el discurso remite a una referencia anterior que puede corresponder a la intervención real de otro interlocutor en una conversación, o bien a la sospecha de que la audiencia de un discurso oratorio podría tener en mente una objeción a las palabras del orador. Y no importa si la dialéctica se establece entre dos opciones de un solo sujeto que practica una deliberación interior: los textos ensayísticos, sin ir más lejos, suelen practicar esta dinámica, como veremos en otro apartado.

Sin duda, las dos teorizaciones arrojan luz sobre el mecanismo de la concesividad: la primera, porque relaciona esas construcciones con las causales, y esa es una hipótesis que se refuerza por el hecho empírico de que muchos conectores concesivos se originaron históricamente a partir de otros con carácter causal; la segunda propuesta, porque permite observar el funcionamiento del desarrollo discursivo cuando este progresa alternando tesis y antítesis y pone de manifiesto el carácter dialógico de la construcción.

Es generalmente aceptada la consideración de que las construcciones concesivas pueden agruparse en dos tipos: condicionales concesivas, como las de (5), y concesivas propias, como las de (6), que son las que más atraerán la atención del presente trabajo, entre otros motivos porque son generalmente las que disponen de más conectores gramaticalizados o en proceso de serlo.

Por lo que corresponde a las condicionales concesivas, en inglés hay conectores que explicitan la condicionalidad (*even if*), mientras que en español y en catalán se juega con las distinciones modales (el subjuntivo es prototípico para las condicionales concesivas) y las de orden posicional (la anteposición, con valor tematizador, es prototípica para ese primer grupo y más variable para el segundo). Ambos tipos de construcción coinciden en la orientación semántica contrapuesta de sus dos miembros entre sí, en la asunción de factualidad con que se presentan los dos miembros (con formas verbales de indicativo) y también en el hecho de que el segundo tipo, el de las concesivas propias, está más próximo a la coordinación oracional que el otro. Ahora bien, en las adversativas el miembro que presenta la antítesis va pospuesto (*pero B*), y es el focalizado, mientras que en las concesivas propias el foco se pone en el otro miembro (*a pesar de...*) y este puede ir antepuesto o pospuesto al miembro que contiene la antítesis.

No podemos extendernos sobre estos complejos aspectos en el presente trabajo (cf. Pérez Saldanya/Salvador 2014 para una exposición detallada), sino que nos detendremos exclusivamente en la difícil delimitación entre las concesivas propias y las adversativas, y más concretamente en sus valores estilísticos.

En efecto, cuando se dan las dos características prototípicas en unas determinadas concesivas propias (modo indicativo y posposición), la frontera entre las concesivas y el otro gran tipo de construcciones opositivas —las adversativas— se difumina extraordinariamente, como ahora veremos. Obsérvese la escasa diferencia semántica entre los dos enunciados de (7), donde el primero consiste en una construcción concesiva propia y el segundo en una adversativa.

(7) a. Su comportamiento en la ceremonia fue realmente extraño pero está muy afectado por lo de su hijo
   b. Su comportamiento en la ceremonia fue realmente extraño, aunque está muy afectado por lo de su hijo

Como vemos, los dos enunciados focalizan el segundo miembro, introducido por un conector de distinto tipo en cada caso. Esta disposición secuencial es obligatoria en las adversativas, pero opcional en las concesivas. Por otra parte, ambos miembros de cada enunciado se asumen como reales (factuales) y sus formas verbales son de indicativo. Diríamos que la diferencia semántica es nula o muy difícil de establecer, pero desde el punto de vista de la pragmaestilística sí hay matices que los distinguen. De entrada, en (7b) es necesaria la coma que precede a *aunque* (en el discurso oral se trataría de una pausa y también de una suspensión entonacional en el final del primer miembro), mientras que en (7a) esos detalles formales no son necesarios. Se puede constatar, en realidad, que en ejemplos de construcciones como la de (7b), los corpus escritos muestran constantemente la aparición de esa coma. En cuanto a la interpretación pragmaestilística de ese fenómeno, podemos entender que el enunciador de (7b) experimenta una especie de deliberación interna sobre si lo acontecido con el hijo puede explicar el comportamiento del padre. En ambos enunciados se contraargumenta al contenido de la primera proposición en este sentido, pero la concesiva lo hace con menos fuerza, puesto que se expresa con menor convicción, como la reflexión dubitativa sobre una hipótesis verosímil (ver: Pérez Saldanya/Salvador 2014, 3768).

4 El extrarradio de la gramática: análisis de dos conectores concesivos en proceso de gramaticalización

Además de los conectores recogidos en las gramáticas —y por tanto ya aceptados como piezas estructurales de la lengua— existen otras expresiones que no se han llegado a gramaticalizar pero que actúan como marcadores de ese valor pragmasemántico en el seno de construcciones reconocibles por los hablantes como expresiones de concesividad (ver, para el catalán: Salvador 2010; y para el español: Pérez Saldanya/Salvador 2014). A título meramente ilustrativo del fenómeno, se pueden ver unos pocos ejemplos en catalán y en español:

(8) a. Así me maten no voy a asistir a ese espectáculo
   a'. Ni que em matin aniré a l'espectacle
   b. No lo entiendo, y eso que lo he leído tres veces
   b'. No m'ha agradat la pel·lícula, i això que tenia ganes d'anar al cinema
   Para ser un abogado tan famoso, hoy no se ha lucido demasiado
   c'. Sent com és un advocat famós, avui no li ha lluït elpèl
   d. Con lo listo que es y no ha sabido solucionar el acertijo
   d'. Tan llest com és i no ha pogut resoldre l'endevinalla

En este apartado se tratará de comentar tan solo dos casos concretos de expresiones convencionales que se encuentran semigramaticalizadas actualmente como conectores concesivos. Una es la expresión catalana *només que*, susceptible de ser analizada como locución conjuntiva con carácter concesivo/restrictivo, que ya ha sido estudiada recientemente en otro lugar, a partir de una obra ensayística de Joan Fuster y de traducciones del texto a otras lenguas (Salvador 2017). El otro caso es la locución conjuntiva *a sabiendas de (que)*, la cual, como aquí se propugna, puede interpretarse como conector concesivo. El comentario del segundo conector es un avance de un estudio en marcha que requerirá sin duda analizar más documentación (la utilizada en esta ocasión ha consistido en ejemplos tomados del CORDE).

4.1 Només que

En el ensayo de Joan Fuster *Diccionari per a ociosos*, aparecen unas cuantas ocurrencias de la expresión *només que*, precedida de signos de puntuación que indican pausa (en los cuatro casos se trata concretamente de punto y seguido):

(9) a. També els bitllets són «diner»: l'avar no posa això en qüestió. Només que són uns «diners» desproveïts de consistència material (*sub voce* «Avarícia»)
   b. Tot això és de veres. Només que nosaltres no acabem de comprendre que aquestes caracteritzacions hagin de ser estimades com a censurables (s. v. «Mediterrani»)
   c. Ser nacionalista, avui, també és un anacronisme. Només que, en el fons, hi ha «pobles» que *encara* no poden ser res més que això. (s. v. «Nacionalisme»)
   d. Era una constatació d'absoluta simplicitat. Només que Baudelaire, poeta, i poeta cristià —catòlic cent per cent—, la desvirtuava tot d'una en referir-la a la concepció del pecat original (s. v. «Sexe»)

Sus traductores a las otras lenguas —español, italiano, francés e inglés— han tendido a calcarlo (*solo que*, *solo che*, *sauf que*, *the only thing is*), con unas pocas excepciones (*it is merely that*, *il fatto è che* y, en una sola ocasión, la adversativa inglesa *but*). Su grado de gramaticalización en catalán parece relativamente alto, mayor que en otras de las lenguas meta consideradas aquí. El valor del conector, que en el original siempre aparece en posposición con carácter remático, se asemeja mucho al de las concesivas propias que se han comentado en el apartado anterior, y está por tanto próximo a la adversatividad. Realmente en todos los ejemplos de (9) podría conmutarse por *encara que*, el equivalente catalán del *aunque* español Más en concreto, tiene un carácter restrictivo, de comentario que matiza o modula lo afirmado previamente, de tal manera que el ensayista consigue con su uso producir el efecto estilístico de un flujo de pensamiento deliberativo que se autoenmienda parcialmente, y con ello proyecta sobre el texto un *ethos* de persona antidogmática que reexamina sus aseveraciones en la línea de lo que podríamos llamar un escepticismo constructivo.

4.2 A sabiendas de (que)

El caso de a *sabiendas de (que)* es una muestra clara de los procesos de gramaticalización de las concesivas que hemos venido comentando. En realidad, la locución adverbial *a sabiendas*, que procede del gerundivo latino del verbo *sapere* (SAPIENDUS), es un cultismo muy antiguo en español, que aparece sobre todo en las tradiciones discursivas (Kabatek 2008) del ámbito jurídico, administrativo y eclesiástico. El Diccionario de la RAE la define así, con dos acepciones bastante próximas semánticamente:
1. *loc. adv.* De un modo cierto, a ciencia segura.
2. *loc. adv.* Con conocimiento y deliberación.

Su uso en castellano debe de ser muy antiguo. La primera aparición recogida en el CORDE es de un texto legal anónimo de 1208: «aquel que demandare el portadgo en tal manera, si se metiere a sabiendas en culpa pusiemos pena de cien maravedís...» El contenido semántico de la locución corresponde mayoritariamente a la segunda acepción del DRAE, ya que el hecho de realizar un acto «con conocimiento y deliberación» es un factor decisivo para considerar punible esa acción. Cuando se habla de un incesto o de hacer circular una moneda falsa, supuestos que son frecuentes en esas tradiciones discursivas medievales, las disposiciones legales insisten en diferenciar si dicho acto se ha hecho a propósito y con conciencia de su carácter ilícito, o bien ha sido un acto inadvertido por ignorancia de las circunstancias o de su contenido transgresor. Como dice el refrán valenciano citado y glosado en alguna ocasión por Joan Fuster, «qui no en sap més, amb sa mare es gita i no peca». Ciertamente, un incesto sin conocimiento de la relación que une a la pareja que realiza el acto sexual, no es delito ni pecado. El Edipo de Sófocles es un ejemplo mitológico —y psicoanalítico— del incesto inadvertido que el héroe de la tragedia comete con su madre, Yocasta. La ignorancia de las leyes no exime de su cumplimiento, pero la ignorancia de circunstancias relevantes —el parentesco con la otra persona o la falsedad de una moneda—, sí que eximen de culpa.

Con el tiempo, la locución muda su categoría adverbial al ir seguida de la preposición *de*, lo que la convierte en una locución con función preposicional (*a sabiendas de mi*) o bien conjuntiva (*a sabiendas de que*, seguida de una proposición subordinada). A pesar de estas transformaciones, la locución no pierde su contenido semántico de 'constancia de un conocimiento previo de la situación' sin más, pero algunas veces adquiere un sentido negativo, unas connotaciones de transgresión o mala fe, como observamos en otro ejemplo del CORDE, datado en 1435, donde la locución se acompaña del adverbio *maliciosamente*: «poniendo les muchas demandas maliçiosa mente e *a sabiendas de* cosas que nunca vendieron nin conpraron...». Resulta curioso y muy revelador de esta asociación de ideas constatar que en 1961 la Editorial Jurídica de Chile publicara un opúsculo de Felipe Amunátegui Stewart con el título siguiente: «*Maliciosamente*» y «*a sabiendas*» *en el Código penal chileno*. La frecuente concurrencia de ambos adverbios en el discurso jurídico queda así subrayada.

Pero será en el tránsito al siglo XX cuando la locución conjuntiva (si va seguida de proposición subordinada precedida por la completiva *que*) o bien prepositiva (si va seguida por un substantivo que resulta de la nominalización semántica de una proposición) asume un valor de conector concesivo. Este valor lo recoge incidentalmente la RAE en la *Nueva gramática de la lengua española*, § 47.14 d, e. En una perspectiva diacrónica, uno de los primeros ejemplos recogidos por el CORDE al que se puede atribuir ese valor pragmasemántico procede del ecuatoriano Juan Montalvo (varios de los ejemplos de esa época corresponden a autores hispanoamericanos) con fecha de 1880–1882: «Vergüenza es, y lástima, que, personas de bien quizá en su patria, se despeñen así tan ciegamente en la iniquidad, a sabiendas de su falta de razón». En las décadas siguientes, el valor concesivo de la locución aparece a menudo subrayado explícitamente por la partícula focal —o, si se prefiere, un *operador escalar de informatividad* (Kay 1990)—, el adverbio *aun*, que, como hemos visto, ya operó históricamente en la constitución de la conjunción *aunque*. Uno de los ejemplos que cita el CORDE es de Ortega y Gasset (Artículos de 1917–1933): «En lo anterior era mi propósito enunciar las causas inmediatas —aun a sabiendas de que constituyen una insuficiente explicación— de por qué hace un siglo se contrajo y angostó el ánimo de los filósofos y por qué, en cambio, hoy vuelve a dilatarse».

El proceso de transformación en concesiva de *a sabiendas de (que)* —que prosigue hasta hoy mismo, como puede comprobarse a partir del CREA—, es fácilmente explicable desde la teorización de la concesividad como *causalidad ineficiente*, arriba comentada. La explicación parece convincente si atendemos a los siguientes aspectos del proceso: a) la locución incide en el aspecto consciente y deliberado de una acción; b) con cierta frecuencia, sobre todo en el discurso jurídico y religioso, se le asocia con una idea de malicia o mala voluntad; c) la utilización del operador escalar *aun* enfatiza ese rasgo negativo; d) en consecuencia, su uso tiende a convertirse en el de un conector de construcciones concesivas propias. En definitiva, la locución marca la relevancia de un factor clave —la focalización de la consciencia respecto a una circunstancia o un acontecimiento. Esa conciencia puede ser la causa o la condición necesaria o de la acción descrita en el otro miembro de la concesiva.

Así, pues, la causa presentada puede ser efectiva. De hecho ese valor no se ha perdido hoy, como vemos en un ejemplo de la página web de la RAE (<https://www.rae.es/noticias/el-lazarillo-en-el-club-de-lectura-de-la-bcrae> último acceso: 18.11.2019) donde se reseña una actividad cultural dirigida por el entonces (2014) secretario de la Academia, Darío Villanueva, y se dice lo siguiente sobre el sentido irónico del *Lazarillo*: «Lázaro hace su relato *a sabiendas* de que la inteligencia del lector captará la ironía subyacente...» Es evidente, al menos si nos situamos en el contexto, que Lázaro no confiere a su relato un tono irónico *a pesar de* su convicción de que el lector captará el sentido sino, bien al contrario, porque cree que el lector lo interpretará así. Este uso causal de la locución (que, dicho sea de paso, no tiene que ser atribuido al propio Villanueva sino al anónimo reportador de la sesión, pero eso es algo secundario) es, como acabamos de ver, todavía vigente. Ahora bien, a falta de un estudio estadístico bien documentado, parece que la opción de la concesividad es hoy la predominante. Seguramente la frecuencia con que la proposición introducida por la locución a *sabiendas de (que)* se asocia a un valor contrargumentativo, donde lo que podría ser causa es considerado más bien como un obstáculo a superar, y por tanto se pone al servicio de una contrargumentación, es más habitual. Y ello con independencia de que el miembro introducido por este conector pueda ser temático, como en este ejemplo del CORDE datado de 1997, tomado de un texto del peruano Alan Fairlie: «A sabiendas de la inviabilidad de tal postura, se argumentó que el país mantendría su estructura arancelaria...».

Las cuestiones de si el cambio de valor pragmasemántico se inició en un momento o en otro de la historia del español y si tuvo o no su origen en el español americano habrán de dilucidarse con más detenimiento y a partir de una documentación más extensa. Sin embargo, el hecho indiscutible es que esa locución antigua ha devenido hoy en un conector generalmente concesivo puro, con un grado de gramaticalización tan alto al menos como para ser reconocido fácilmente con ese valor, y dotado de movilidad posicional, es decir, con independencia de que encabece el primero o el segundo miembro de la construcción concesiva.

5 Conclusión

Hemos visto, a lo largo de estas páginas, qué es lo que aporta la perspectiva pragmaestilística a la estilística de etapas anteriores. Ese nuevo enfoque aproxima esta disciplina a la pragmática y a la sociolingüística en la medida que atiende al uso y al contexto. El presente trabajo ha intentado demostrar que la dimensión estilística es relevante en cualquier tipo de discurso social, no solo en la escritura literaria (aunque también en esta), y que su estudio no es meramente complementario respecto al núcleo duro de la lingüística, sino que aporta el descubrimiento de matices nuevos, de mecanismos pragmáticos sutiles que son importantes, e incluso imprescindibles, para describir distintos hechos: los cambios lingüísticos, la configuración del *ethos* del hablante, la expresividad de los usos verbales, sus virtuales efectos cognitivos y actitudinales a través de la modificación de representaciones, y otros fenómenos propios de los usos de la lengua. El ejercicio, por parte de algunos lingüistas, de esta nueva mirada introduce sin duda una mayor complejidad en la tarea descriptiva de los datos y en la explicación de su funcionamiento pero, como decía Fillmore a sus discípulos —seguramente pensando en las prácticas de los generativistas ortodoxos—, el lingüista no debería precipitarse en recurrir a la formalización sin refinar previamente el análisis de los datos empíricos de una manera paciente. A fin de cuentas, la complejidad es hoy un concepto clave en muchos campos del saber.

La aplicación de la perspectiva pragmaestilística a casos particulares, por otra parte, se ha centrado en los valores concesivos de ciertas construcciones y de los conectores que contribuyen a percibir sus valores pragmasemánticos en lenguas como el español y el catalán. Para ello, este estudio se ha limitado a dos casos de procesos de gramaticalización hacia la categoría de conectores, y lo ha hecho desde la concepción de la gramática como algo no objetualizado sino emergente. En el seno de este marco teórico, precisamente, es donde la estilística de base pragmática puede contribuir hoy a incrementar el conocimiento que persiguen las ciencias del lenguaje.

Bibliografía

Ariel, Mira, *Pragmatics and grammar*, Cambridge, Cambridge University Press, 2008.
Couper-Kuhlen, Elisabeth/Thompson, Sandra, *Concessive patterns in conversation*, in: Couper-Kuhlen, Elizabeth/Kortman, Bernd (edd.), *Cause, concession, contrast. Cognitive and discourse perspectives*, Berlin, De Gruyter, 2000, 381–410.
Escandell-Vidal, M. Victoria, *La noción de estilo en la teoría de la relevancia*, in: E. Dehennin/H. Haverkate, Henk (ed.), *Lingüística y estilística de textos*, Amsterdam, Rodopi, 1994, 55–64.
Fuster, Joan, *Diccionari per a ociosos*, Barcelona, Barcelona, Edicions 62, 2009 [1964].
Hickey, Leo, *Curso de pragmaestilística*, Madrid, Coloquio, 1987.
Hickey, Leo, *Stylistics, Pragmatics and Pragmastylistics*, Revue belge de philologie et d'histoire 71:3 (1993), 573–586.
Hickey, Leo (ed.), *The pragmatics of style*, London, Routledge, 1989.
Hopper, Paul J., *Linguistics and Micro Rhetoric.A Twenty-First Century Encounter*, Journal of English Linguistics 35:3 (2007), 236–252.
Hopper, Paul J., *Emergent grammar*, in: Gee, James Paul (ed.), The *Routledge Handbook of Discourse Analysis*, 2012, 310–314.
Jeffries, Lesley/McIntyre, Dan (2010), *Stylistics*, Cambridge, Cambridge University Press.
Kabatek, Johannes (ed.), *Sintaxis histórica del español y cambio lingüístico. Nuevas perspectivas desde las Tradiciones Discursivas*, Madrid, Iberoamericana Vervuert, 2008.
Kay, Paul, *Even*, Linguistics and Philosophy 13 (1990), 59–111.
Maingueneau, Dominique, *L'èthos, un articulateur*, Contextes. Revue de sociologie de la littérature 13 (2013).
Payrató, Lluís/Salvador, Vicent, *El estilo*, in: Loureda Lamas, Óscar/Schrott, Angela (edd.), *Manual de lingüística del texto*, Berlin, De Gruyter, en prensa.
Payrató, Lluís, *Introducción a la pragmática. Una perspectiva sobre el lenguaje en acción*, Madrid, Síntesis, 2018.
Payrató, Lluís/Nogué, Neus (edd.), *Estil i estils. Teoria i aplicacions de l'estilística*, Barcelona, AEAU/Universitat de Barcelona, 2013.
Perez Saldanya, Manuel/Salvador, Vicent, *Oraciones concesivas*, in: Company, Concepción (ed.), *Sintaxis histórica de la lengua española*, vol. 3, *Preposiciones, adverbios y conjunciones. Relaciones interoracionales*, México, FCE/UNAM, 2014, 3699–3839.
Real Academia Española, *Nueva gramática de la lengua española, Sintaxis II*, Madrid, Espasa Libros, 2009.
Salvador, Vicent, *Les construccions condicionals i les concessives*, in: Solà, Joan, et al. (edd.), *Gramàtica del català contemporani*, vol. 3: *Sintaxi*, Barcelona, Empúries, 2002, 2977–3025.
Salvador, Vicent, *Entre la retòrica i la gramàtica. Estructures de la concessivitat en català català*, in: *Actes del XIVè Col·loqui Internacional de Llengua i Literatura Catalanes*, Barcelona, Publicacions de l'Abadia de Montserrat, 2010, 17–42.
Salvador, Vicent, *Alguns marcadors d'oposició en Diccionari per a ociosos de Joan Fuster i en les seves traduccions*, Zeitschrift für Katalanistik 30 (2017), 225–244.
Salvador, Vicent/Pérez Saldanya, Manuel (edd.), *Monogràfic sobre pragmaestilística*, Caplletra 29 (2000).

Francisco Javier Vellón Lahoz

Factores sociolectales y discursivos del cambio lingüístico: diacronía de las cláusulas de relativo

Abstract: The article analyzes the incidence of the sociolectal and discursive factors of linguistic change, specifically in various phenomena related to the relative clauses heades by preposition. The study focuses on the beginning and diffusion of the variant with article *en/con el que* versus the form without article *en/con que* between the eighteenth and twentieth centuries; in *al cual* versus *a quien* in the relative clauses with human antecedent in the Golden Age; and in the variant *al que* versus *a quien* and *al cual* with human antecedents in the nineteenth and twentieth centuries. The research follows a variationist methodology based on a corpus of ego-douments. The results show examples of the origin and diffusion of the grammatical changes in the diachronic axis from the categories contributed by the sociolinguistics.

Keywords: historical sociolinguistics, variationist analysis, relative clauses, immediacy texts, change from below/above, Spanish

1 Introducción

El grupo de investigación de Sociolingüística de la Universidad Jaume I ha orientado sus trabajos, en los últimos años, al estudio de diversos fenómenos diacrónicos del español desde una metodología variacionista (vid. infra §2 y §4).

En el volumen conjunto (Blas Arroyo et al. 2019) se recogen las principales aportaciones centradas en la evolución de las perífrasis modales, la presencia/ausencia de la conjunción *que* en las subordinadas completivas y diversos aspectos relacionados con las cláusulas de relativo, algunos de los cuales serán tratados en estas páginas.

El criterio general de las investigaciones, siguiendo el modelo variacionista, cuyos detalles más concretos se detallarán más tarde (§2 y §4), se fundamenta en

---

Nota: El trabajo se inscribe en el proyecto de investigación Dimensiones estructurales, sociales e idiolectales del cambio lingüístico: nuevas aportaciones desde la sociolingüística histórica al estudio del español (FFI2017-86194-P) financiado por el Ministerio de Economía, Industria y Competitividad y cuyos detalles pueden encontrarse en la siguiente dirección electrónica: http://sociolinguisticawe.wixsite.com/sociolinguisticauji

https://doi.org/10.1515/9783110711172-011

el análisis de qué factores favorecen la expansión de una estructura lingüística o, por el contrario, cuáles son los que garantizan el vigor de una forma respecto a la innovadora. Los factores seleccionados son de dos tipos. Por una parte, los estructurales, es decir, de índole lingüística, en función de las particularidades del fenómeno estudiado, cuya elección responde tanto a las aportaciones de la bibliografía sobre el tema como a las hipótesis relacionadas con las investigaciones propias. Por la otra, los extralingüísticos, de procedencia sociolectal y discursiva, que son los habituales en la sociolingüística (Labov 2001; Tagliamonte 2006; Poplack/Dion 2009): el estatus social, edad y sexo del hablante, su origen dialectal, el grado de relación entre los interlocutores, vinculado, a su vez, con el tipo de texto y con la esfera temática, personal/distante, del discurso.

Otra cuestión relevante de estas investigaciones es que se plantean sobre un corpus de inmediatez comunicativa (Oesterreicher 2004), del que se dará más información en el apartado 3, compuesto sobre todo por cartas, diarios y memorias personales. Se trata de textos próximos al polo de la oralidad, propuestos por estudios de sociolingüística (Poplack/Malvar 2007; Elpass 2012) para tratar de manera adecuada los fenómenos de variación y cambio lingüístico en épocas en las que no existe otro tipo de testimonio cercano al habla.

En el caso concreto de este artículo, se exponen los resultados de una investigación centrada en dos de los principales cambios vinculados con las cláusulas de relativo con antecedente expreso.

1. La aparición y extensión del relativo precedido de artículo (*el que*). Nuestros trabajos sobre esta cuestión capital en la evolución de las estructuras de relativo (Blas Arroyo y Vellón 2017; Vellón y Moya 2017; Blas Arroyo y Vellón 2018; Vellón 2019) se han dirigido a las cláusulas oblicuas introducidas por un preposición monosilábica, concretamente por las dos más productivas en cuanto al número de ocurrencias, *en* y *con*.

En este sentido, se analizaron los contextos variables que favorecieron la irrupción ya evidente de las formas innovadoras en el siglo XVIII —*en el que/con el que* (1)— y su extensión en las centurias posteriores hasta convertirse en las variantes dominantes frente a las tradicionales (*en que/con que*; *en el cual/con el cual* (2))

(1) a. Querida Clotilde, he recibido la tuya *en la que* dices que en esa [...] (Carta de Sorolla a su mujer, 1895, *Epistolario*).
 b. Yo siempre tengo presente el dinero *con el que* puedo contar (Carta de Federico Madrazo a su padre, 1837, *Epistolario*, vol. I).

(2) a. [...] porque considero el estado *en que* Vm. se alla (Carta de emigrante a su tío, 1788, *Die Korrespondenz*).
 b. Después de recibir la tuya con fecha del once y *en la cual* veo que estáis bien (Carta de Manuel Martínez a su esposa, 1939, *Solo habremos muerto*).

c. Será Dios servido de darme alguna cortedad *con que* pueda siquiera ponerme a tu vista (Carta de Francisco Valentín a su esposa, 1720, *El hilo que nos une*).
   d. Se ha publicado pues un decreto muy formal y muy largo *con el cual* se resucitan y restablecen todos los títulos honoríficos [...] (Luengo, *Diario* 1.ª Parte, 1808).

2. La diacronía de las cláusulas de relativo con antecedente humano. También en estos trabajos se ha optado por las relativas oblicuas, como estructuras en las que se observa con mayor detalle la variación de formas. En este caso, sin embargo, se trata de las introducidas por la preposición *a*, pues son las que ofrecen un mayor número de ocurrencias, lo que permite un análisis más significativo.

El estudio comprende dos periodos históricos. El primero corresponde a los Siglos de Oro, en el que se analizan los contextos de la alternancia entre la variante etimológica —*a quien* (3)— y la innovadora —*al cual* (4)—, que alcanzó un gran desarrollo durante el siglo XV y entró en decadencia en la centuria siguiente. El resto de formas —*al que* y *a que* (5)— es marginal a lo largo de los siglos XVI y XVII.

   (3) A mi señora Aldonza, *a quien* tengo en mi corazón, hubiera holgado mucho de escribir (Luisa de Carvajal a Leonor de Quirós, 1610, *Epistolario*).

   (4) El cardenal Fernés ha recebido en su casa estos días quince capitanes, *a los cuales* da entretenimiento (Carta de Hurtado de Mendoza a Carlos V, 1547, *Epistolario*).

   (5) a. Oy voy a las quentas que da Don Christóbal de Espinosa y Antonio Cuago *a los que* an de servir para adelante (1679, *Diario de Antonio Moreno*).
   b. [...] con que más largo aviso a Vuestra Merced que cierto amigo *a que* me remito para que quede capaz de todo (Carta de Felipe Moscoso a Iácomo Vicenio, 1660, *Cartas del mercader Felipe Moscoso*).

El segundo periodo abarca los siglos XIX y XX, época en la que aparece y se consolida la variante con artículo —*al que* (6)— en las relativas con antecedente expreso de carácter humano, y se produce el consecuente descenso en el uso de las otras dos formas con las que compite en esa distribución, *a quien* y *al cual* (7).

   (6) [...] le he agradecido sobremanera lo que me dice del Padre Enrique y Tomás, *a los que* con esta fecha he escrito (Sor Ángela de Cruz a la Superiora de las Esclavas, 1894, *Epistolario personal*).

   (7) a. [...] los deseos que tenía de saber el fin de su hijo José M.ª, *a quien* me encomiendo como un santo (Carta de Sor Bernardina a M.ª Josefa, 1936, *Cartas de un requeté*).
   b. [...] hemos llegado a estrecharnos las manos con los fascistas, *a los cuales* suministramos papel (Carta de Bernabé Torrado a José Costa, 1938, *Voces de la trinchera*).

El objetivo de este artículo es contestar a la pregunta siguiente: ¿qué tipo de cambio se ha producido desde la perspectiva sociolingüística? En este marco de referencia analítico, se trata de acometer el estudio de los factores extralingüísticos que, a la luz de la muestra analizada, explican la evolución de los fenómenos descritos, y exponer los resultados obtenidos en torno a los factores sociolectales y discursivos que se detallarán más tarde (§4).

A continuación se presenta una aproximación a las principales aportaciones de la sociolingüística que son relevantes para el presente estudio. En las dos siguientes secciones se informará, respectivamente, acerca del corpus sobre el que se realiza el análisis y una descripción detallada de la metodología aplicada. El apartado 5 corresponde a los resultados obtenidos en los dos fenómenos diacrónicos contemplados en este artículo. Finalmente se ofrecerá una conclusión que responda a los planteamientos iniciales tal como han sido formulados anteriormente.

2 Principios sociolingüísticos y variacionistas del cambio lingüístico

Algunos de los estudios más relevantes de la sociolingüística histórica en las últimas décadas se han servido de las aportaciones del variacionismo en su objetivo de avanzar en la comprensión de los principios sobre los que se fundamenta el cambio lingüístico. Estas aportaciones son determinantes para el modelo de análisis que se propone en estas páginas.

El modelo variacionista tiene como fin establecer cuáles son los factores —lingüísticos, sociales y discursivos— que favorecen o no la elección por parte del hablante de una determinada variante lingüística y no otra para la expresión de un mismo contenido, como sucede en los fenómenos apuntados en el apartado anterior: *en el que/en que; a quien/al cual*, etc.

El primer principio del variacionismo es el de la neutralización funcional (Sankoff 1988, 153 y ss.; Poplack/Malvar 2007, 134), según el cual más allá de las diferencias que las dos formas pueden tener en el sistema lingüístico, los hablantes hacen uso de ambas para expresar un mismo contenido referencial o funcional. Como es lógico, este principio es consustancial al cambio lingüístico pues sin esa posibilidad de alternancia no habría necesidad de que se produjera el cambio.

El segundo principio es el de responsabilidad ante los datos (*accountability*, Labov 1972, 72), definido por Tagliamonte (2012, 10) de la siguiente manera: «Accountability requires that all the relevants forms in the subsystem of gramar that you have targeted for investigation, not simply the variant of interest, are included in the analysis». Es decir, el análisis debe contemplar no solo la variante objeto de estudio, lo que daría como resultado un análisis estrictamente descriptivo, sino todas las que podrían aparecer en la misma distribución. De este modo, si, como veremos, las formas con artículo (*con el que/en el que*) son minoritarias en el siglo XVIII, ello no supone un dato relevante para el modelo variacionista —sí lo sería para el descriptivo—, sino cuáles son los contextos variables que determinan la presencia de esa variante y no la de la forma dominante (*con que/en que*).

Otro de los campos en los que la contribución del variacionismo ha sido muy fructífero para la sociolingüística histórica ha sido el de las diferentes tipologías del cambio lingüístico y los factores que las definen.

Uno de esos factores es el relacionado con la edad de los informantes. El análisis comparativo del comportamiento lingüístico de los diferentes grupos etarios puede arrojar datos para establecer los síntomas de cambio lingüístico (Labov 2001, 171). Así, si bien los hablantes heredan un modelo gramatical de, por ejemplo, el ámbito familiar, en la adolescencia y juventud puede producirse una aproximación a las formas innovadoras que puede representar un signo de la transformación que se está produciendo. Una vez transcurrido ese periodo, el sistema lingüístico tiende a estabilizarse (Baxter y Croft 2016). El resultado es que el incremento en la frecuencia de uso de las variantes novedosas por parte de cada generación favorece la expansión y solidez del cambio lingüístico. Tendremos ocasión de comprobar la pertinencia de este factor en la evolución de algunos de los fenómenos aquí tratados. Y no solo eso, sino también el sentido de esta evolución (Weinrich et al. 1968; Labov 1994) en el eje temporal, con una primera fase en la que la variante innovadora avanza muy lentamente, se acelera en la intermedia, y se ralentiza en la final, bien por la presión normativista a favor de la forma tradicional, bien porque se ha consolidado ya y ha relegado a su competidora a distribuciones restringidas. Es la denominada curva en S (Conde-Silvestre 2005, 153) que determina el sentido de los cambios lingüísticos y su dirección a lo largo del tiempo.

Junto al factor etario cobra importancia el vinculado con aspectos sociales, tanto estamentales como sexuales. Sobre este factor se cimenta la distinción entre los *cambios desde abajo* y los *cambios desde arriba* (Labov 1994, 78; Tagliamonte 2012, 58 y ss.), que tienen mucha relevancia para la valoración de los resultados obtenidos en esta investigación.

Los primeros tienen su origen en los representantes de sectores sociales alejados de las élites, quienes lideran el uso de las formas innovadoras al menos en los instantes iniciales del cambio. Los segundos, por su parte, proceden de los estamentos dominantes desde el punto de vista económico, político, religioso o cultural, en los que hay una mayor concienciación sobre lo que supone el prestigio sociolingüístico de la nueva variante.

Si, como indica Tagliamonte (2012, 59) los cambios *desde abajo* surgen de manera espontánea como un mecanismo interno del sistema, los cambios *desde arriba* se difunden a partir de modelos de habla ajenos a la comunidad, por ejemplo, en situaciones de contacto entre lenguas. Veremos ejemplos de ambas dimensiones en los fenómenos analizados en este artículo.

Como también se ofrecerán muestras de la tendencia que caracteriza en ocasiones a las élites sociales y a la reacción de índole tradicionalista y normativista frente a las formas innovadoras cuyo origen es un cambio propiciado desde los estamentos bajos y medios de la sociedad. Lo comprobaremos en la evolución seguida por las oblicuas introducidas por la variante con artículo (*el que*) a lo largo del siglo XVIII.

El eje temporal es otro de los factores relevantes en el análisis que se propone a continuación. Labov (2001) plantea la existencia de seis etapas en el proceso completo del cambio lingüístico, mientras que Nevalainen y Raumolin-Brunberg (1996) establecen una escala de cinco fases para describir en qué momento se encuentra el cambio, que va de la etapa incipiente (≤ 15% de presencia de la variante innovadora), a la completa (≤ 85%).

La mayoría de los fenómenos diacrónicos sobre los que se ha trabajado (vid. supra §1), incluido el de las cláusulas oblicuas de relativo con la forma *el que*, tiene en común su ubicación temporal. Las primeras fases del cambio, al menos las calificadas de *incipiente* y de *nuevo y vigoroso* (15–35% de la forma innovadora) se sitúan en el siglo XVIII, lo que confirma lo expuesto por Sánchez Lancis (2012) en torno a la periodización del español, que le lleva a establecer que la centuria ilustrada es la verdadera frontera entre el español clásico y el moderno, ya que se inician algunas de las transformaciones gramaticales que se consolidarán en los siglos posteriores.

3 Corpus

El presente artículo forma parte de un proyecto de sociolingüística histórica (vid. supra §1 y nota 1) para el cual se ha compilado un corpus de textos comprendidos entre los siglos XVI y XX (primera mitad del siglo), todos ellos de registros cercanos al polo de inmediatez comunicativa (vid. supra §1): epistolarios, sobre todo, y otros géneros con rasgos discursivos similares (memorias, relatos autobiográficos, relaciones, etc.), procedentes de informantes de diversa condición social y cultural.[1]

---

[1] El corpus completo puede consultarse en la página web del proyecto: http://sociolinguisticawe.wixsite.com/sociolinguisticauji.

Los detalles del corpus distribuidos por siglos se describen en la Tabla 1.

Tabla 1: Composición del corpus de textos de inmediatez comunicativa: número de palabras y número de informantes implicados en el análisis por siglos.

SIGLO	Número de palabras	Número de informantes en la investigación
XVI	2.403.472	259
XVII	2.311.382	230
XVIII	1.242.588	1345
XIX	2.609.963	819
XX	3.244.175	947

Por su parte, la descripción de los fenómenos analizados en este artículo y su distribución por siglos aparecen en la Tabla 2.

4 Metodología

La metodología que se ha seguido para el análisis de los dos fenómenos estudiados ha sido la misma, y responde a los criterios del modelo variacionista.

En primer lugar se han seleccionado del corpus las ocurrencias relacionadas con la variable objeto del análisis con la aplicación del programa de concordancias *Wordsmith v. 6.0*, para lo cual se siguió el principio de *accountability* (vid. supra §2), es decir, se tuvieron en cuenta no solo las muestras de la variable sino las del resto de formas que podían aparecer en ese mismo contexto en la misma función y con un significado similar.

A continuación, se codificaron las ocurrencias obtenidas a partir de una serie de factores lingüísticos y extralingüísticos (los que interesan en este trabajo, vid. supra §1). En los apartados siguientes se aportarán detalles sobre los que han resultado significativos. Concretamente los factores extralingüísticos han sido los siguientes:
– Sexo (Hombres y Mujeres). Este factor, como se verá, sugiere en algunos casos tendencias muy interesantes, pero cuenta con el problema de la escasez de textos escritos por mujeres, sobre todo en los siglos anteriores al XX, lo que condiciona que el análisis de regresión, que se explicará a continuación, los seleccione como significativos, al menos de manera independiente.

Tabla 2: Distribución de los fenómenos analizados por siglos: número de ocurrencias totales y número de ocurrencias de la variable estudiada con su porcentaje.

Fenómeno	Siglo XVI		Siglo XVII		Siglo XVIII		Siglo XIX		Siglo XX	
	Total (N)	Variante (N y %)	Total	Variante	Total (N)	Variante (N y %)	Total (N)	Variante (N y %)	Total (N)	Variante (N y %)
Relativas oblicuas (*en el que*)					754	127 (17%)	743	178 (24%)	637	186 (29)
Relativas oblicuas (*con el que*)					672	101 (15%)				
Relativas con antecedente humano (*al cual*)	794	281 (35%)	959	100 (10%)						
Relativas con antecedente humano (*al que*)							694	83 (12%)	824	172 (21%)

- Estamento. Más allá de la configuración de la sociedad española en cada periodo estudiado, se ha clasificado a los informantes en función de criterios relacionados con la cuestión económica, el estatus social, la profesión, la formación (la clase intelectual se ha considerado como élite), etc.: Alto/medio/bajo.
- Grado de relación entre los interlocutores: distante/íntima o familiar. Lógicamente este factor solo se aplica a las variables del género epistolar, por lo demás, el más numeroso del corpus.
- Origen dialectal del informante. Para facilitar el análisis las regiones españolas se agrupan en dos grandes áreas dialectales, habituales en los estudios de historia del español: Regiones norteñas/Regiones meridionales.
- Año. El eje temporal, reunido en periodos de décadas en cada siglo, resulta fundamental para determinar la dirección del cambio: en progreso o en recesión.
- Escritor.

Los datos obtenidos en la codificación fueron sometidos a un análisis de regresión logística para determinar qué factores —en este caso solo nos interesan los de índole extralingüística— han condicionado la variación y el cambio lingüístico de cada uno de los fenómenos objeto de estudio en cada siglo.

Para ello se utilizó el programa *Rbrul* (Johnson 2009), que permite analizar la variable objeto de estudio (*application value*) a partir de diferentes tipos de factores: continuos (el eje temporal), aleatorios (en este caso el escritor y el antecedente) y categóricos (valores codificados mediante opciones determinadas del tipo Hombre/Mujer; Distante; íntima, etc.).

El programa analiza los datos en clave probabilística (valores P.) y los ubica entre dos referencias: 0 (no favorece la variante estudiada) y 1 (la favorece). Los índices superiores a 0.50 resultan significativos para la variante y los que se muestran por debajo operan en sentido contrario. Si se seleccionan los mismos factores tomando como valor aleatorio cada uno de los factores nombrados —escritor y antecedente—, como es el caso de los análisis que se muestran a continuación, se considera que el modelo obtenido posee una gran relevancia explicativa.

5 Análisis y resultados

5.1 La variante *el que* en las relativas oblicuas con antecedente no humano (siglos XVIII–XX)

De todos los factores extralingüísticos contemplados, tan solo el eje temporal aparece seleccionado como favorecedor de la variante *en el que* —frente a *en que*— en el siglo XVIII (Blas Arroyo y Vellón 2018, 18), con los siguientes valores: +10.118 (factor aleatorio antecedente); +10.138 (factor aleatorio escritor).[2] Estos índices señalan que se produce un uso cada vez mayor de la variante innovadora a lo largo de la centuria dieciochesca, tal como se muestra en el Gráfico 1.

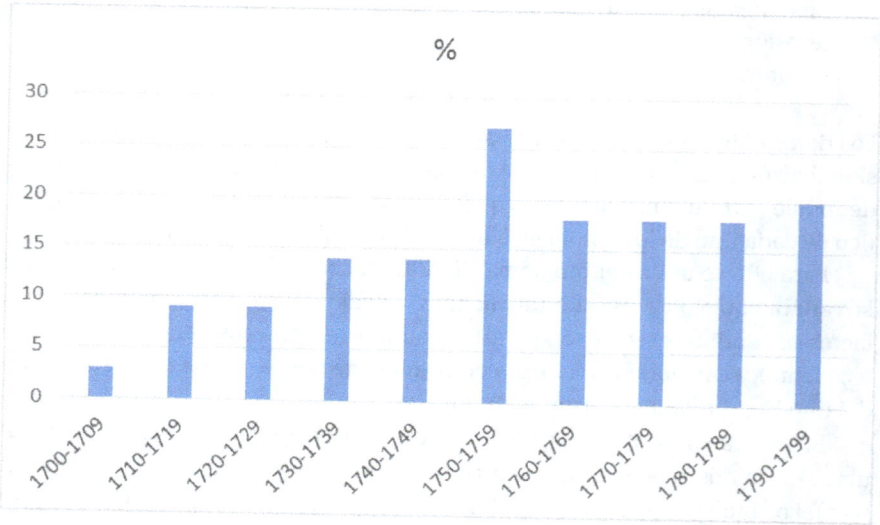

Gráfico 1: Evolución del uso de la variante *en el que* a lo largo del siglo XVIII (%).

Tras las primeras décadas, en las que se produce la fase inicial del proceso de cambio, con una frecuencia de uso que va aumentando de manera lineal, en la etapa central de la centuria se observa una brusca aceleración, con índices que duplican a los anteriores. Se trata de la curva en S, propia de los cambios brus-

---

[2] También en el caso de la forma *con el que* (Vellón 2019) se obtuvo el mismo resultado, pues el eje diacrónico apareció como significativo en el siglo XVIII, con un índice +10.394 (con factor aleatorio antecedente).

cos y enérgicos (Nevalainen/Ramoulin-Brunberg 1996, 55). A partir de ahí se desarrolla una desaceleración en la frecuencia de la variante innovadora. Girón Alconchel (2006, 1572) lo interpreta como una reacción academicista, por el influjo de los textos clásicos impulsados por la Real Academia Española, creada en esas fechas. En cualquier caso, las cifras en la segunda mitad del siglo indican que la forma *en el que* tiene una presencia en el habla muy superior a la que tenía a comienzos de la centuria, y tiende a aumentar en el último decenio.

El eje diacrónico sigue apareciendo como significativo en el siglo XIX (+10.175 con el factor antecedente y +10.177 con el factor escritor), con valores que indican el progreso en la implantación de la variante novedosa, con un ritmo ciertamente irregular, aunque ya en las dos últimas décadas se observa su avance decidido con frecuencias de uso que superan el 31%.

En la centuria posterior la evolución temporal ya no es seleccionada como factor vinculado con el desarrollo de la variante *en el que*, de la misma manera que sucederá con el resto de factores extralingüísticos (vid. infra). Son datos que apuntan hacia la consolidación del cambio lingüístico ya en el siglo XX, más allá de los factores condicionantes.

Ahora bien, más allá de la evolución diacrónica en la presencia del relativo con artículo en el habla, ¿qué otros factores extralingüísticos favorecieron su implantación en el periodo comprendido entre el siglo XVIII y el siglo XX?

En la centuria ilustrada, el programa no selecciona ningún factor de esta índole, lo que significa que las diferencias entre los grupos analizados no tienen la suficiente entidad para contar con el aval estadístico. Pese a ello, las frecuencias de uso de algunos factores sí que ofrecen datos que permiten aventurar cómo se cimentó el cambio.

Es el caso de la edad de los hablantes, tras cuyo análisis del índice de uso se observa que en todas las décadas en las que se ha dividido el siglo, salvo en una, las generaciones juveniles aparecen claramente por encima de las adultas. Lo mismo sucede en el factor sociolectal, en el que el empleo de la forma innovadora se asocia a los grupos sociales alejados de las élites: estatus bajo (21%), medio (17%), alto (12%).

La interacción entre estos dos factores ofrece datos relevantes, como se puede observar en el Gráfico 2.[3]

---

[3] Con el fin de lograr un análisis de mayor concreción y facilitar el cálculo, se han reunido los valores de los grupos sociales más cercanos entre sí: alto y medio, por una parte, frente a bajo.

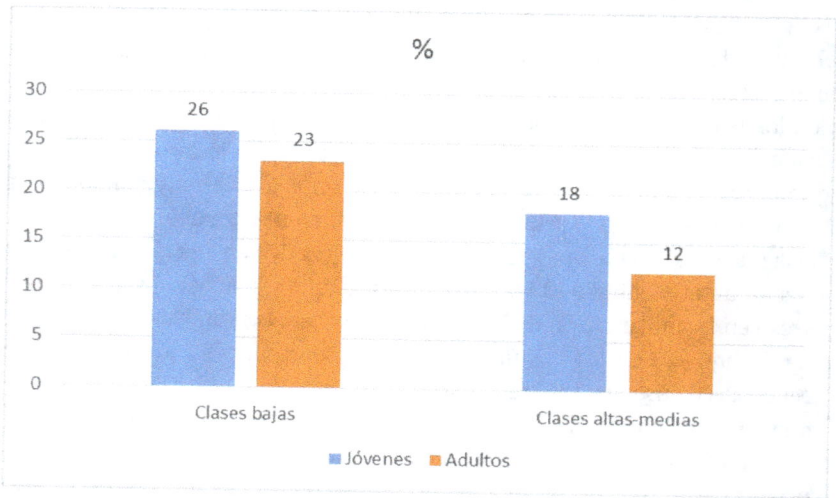

Gráfico 2: Distribución de la forma *en el que* en la interacción entre grupo social y edad de los hablantes en el siglo XVIII (%).

Resulta evidente que el cambio fue impulsado por los sectores juveniles de la sociedad, de ambos estamentos, y, sobre todo, desde los grupos menos favorecidos. Todo apunta, por tanto, hacia un cambio desde abajo (Labov 2007, 346), en una situación sociolingüística marcada por la existencia de una variante de prestigio, la etimológica *en que*, defendida desde las instancias dominantes, social y culturalmente. Ello explicaría las oscilaciones de uso de la forma innovadora (vid. supra Gráfico 1), con una reacción contraria a ella en las últimas décadas del siglo. Esta resistencia al cambio fue protagonizada, como es habitual, por los estamentos superiores (Tagliamonte 2012, 55 y ss.), y se extendió al resto de la sociedad, aunque en menor medida entre los grupos más dinámicos (clases bajas y jóvenes).

Los datos obtenidos en torno a estos dos factores en el siglo XIX certifican todo lo apuntado. Así, en el caso de la edad, si bien tampoco es seleccionado por el programa como factor significativo, los índices frecuenciales siguen la misma dirección observada en la centuria precedente: salvo en uno de los cortes temporales, en todo el resto las cohortes más jóvenes aventajan a las adultas en el uso de la forma *en el que*. Conviene precisar, además, que en ambos casos, en las dos últimas décadas, las frecuencias de uso apuntan en un mismo sentido, con un aumento considerable respecto a los valores en el comienzo de siglo: adultos, de un 23 % a un 29%; jóvenes de un 27% a un 36%. Ello indica que el cambio se extiende y consolida.

Más significativos resultan los datos obtenidos en torno al factor sociolectal, pues lo que se intuía en el análisis descriptivo del siglo anterior, aparece ahora certificado por el programa de regresión logística, que selecciona como factor favorecedor tanto a los estratos intermedios (P.57), como a los bajos (P.75), este último con un valor probabilístico muy superior.

Como en el caso del XVIII, el cruce entre estos dos factores (Gráfico 3) revela la tendencia ya apuntada: el sector más favorable a la variante novedosa se localiza en la clase subalterna, y sobre todo, entre los más jóvenes de esta clase.

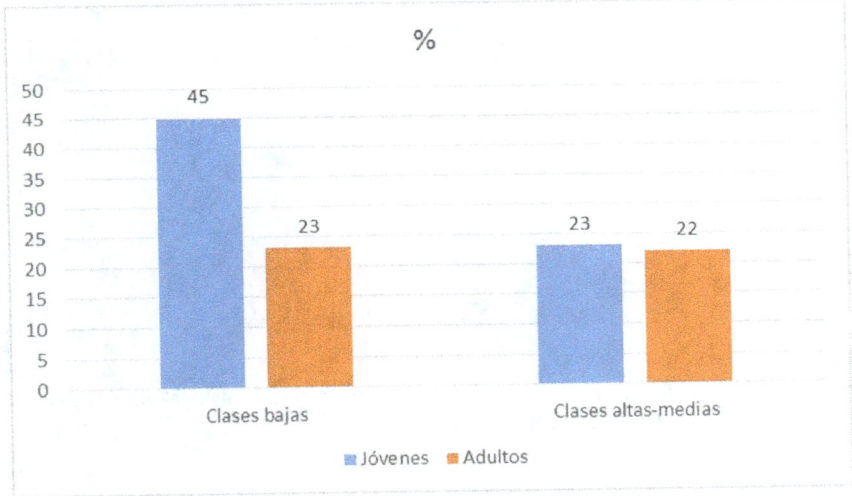

Gráfico 3: Distribución de la forma en el que en la interacción entre grupo social y edad de los hablantes en el siglo XIX (%).

Los datos de la primera mitad del siglo XX confirman que se produce una neutralización de las diferencias entre las generaciones, y una clara aproximación entre los porcentajes de uso entre los grupos sociolectales. Así, aunque las cifras más altas siguen correspondiendo a los estamentos subalternos (38%), la diferencia respecto a los intermedios (28%) y a los altos (26%) se estrecha de manera notable. Todo ello confirma que la variante innovadora se ha extendido por todo el espectro social, lo que indica, como ya se apuntó, el vigor mostrado por el cambio lingüístico, y anuncia su consolidación a lo largo de la centuria.

5.2 Las construcciones de relativo con antecedente humano (siglos XVI–XX)

El Gráfico 4 muestra la evolución desde el siglo XVI de los relativos que serán analizados en este apartado.[4]

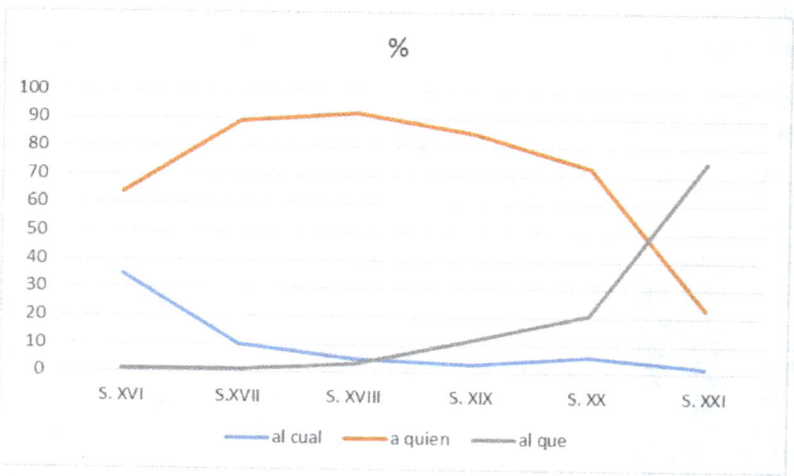

Gráfico 4: Evolución del uso de los pronombres en las construcciones de relativo con antecedente humano introducidas por la preposición *a*.

5.2.1 La alternancia *a quien/al cual* en los Siglos de Oro

La alternancia de los pronombres *quien/el cual* en las cláusulas de relativo con antecedente humano durante los Siglos de Oro ha sido analizada en algunos de nuestros trabajos (Vellón 2018; Vellón 2020) a partir de las construcciones oblicuas introducidas por la preposición *a* (vid. supra §1).

La aparición del relativo *el cual*, procedente del pronombre QUALIS en correlación con TALIS (Elvira 1985, 306–309), es un fenómeno general en el dominio

---

4 El corpus del siglo XXI está formado por textos de la variedad estándar, del género periodístico, recogidos durante un mes (del 11 de febrero al 12 de marzo de 2014) para uno de nuestros trabajos sobre las construcciones de relativo (Vellón y Moya 2017). Aporta datos de referencia para observar la dirección del cambio lingüístico. Se ha decidido centrar el estudio en las relativas oblicuas introducidas por la preposición *a* dado que son las más numerosas, lo cual ofrece más garantías en el análisis.

de las lenguas románicas (Kunstmann 1991) que se observa con nitidez a partir del siglo XIII. Existe también coincidencia en señalar su origen culto, incluso libresco, asociado a la escritura de los clérigos, en los estudios dedicados al español (Lapesa 2000, 392), al francés (Haase 1969; 64; Kunstmann 1991, 665), al italiano (Alisova 1967, 238) y al catalán (Alcover y Moll).

La evolución diacrónica transcurre de manera paralela en todas las lenguas del dominio. Así, alcanzó su máxima difusión en el siglo XV, sin perder su carácter discursivo inicial, con el desarrollo de la prosa culta, como señalan Eberenz (2004, 633) y López Ruano (2011, 83) para el español, Brunot para el caso del francés (1966, vol. I 448) y de Roberto (2009, 223 y ss.) para el italiano.

A partir de ese momento, si bien el relativo compuesto permanecerá vivo en el sistema de las diferentes lenguas, ocupará un lugar marginal respecto al resto de formas. Esa decadencia, en el caso que nos ocupa asociado a su uso en las construcciones de relativo con antecedente humano, se refleja de manera evidente en los Siglos de Oro (vid. supra Gráfico 4). ¿Cuáles fueron los factores extralingüísticos y discursivos sobre los que desarrolló la diacronía de *el cual* a lo largo de los siglos XVI y XVII?

Los resultados obtenidos tras el análisis de regresión logística de los datos del Siglo XVI revelan dos aspectos notables para la descripción sociolingüística del fenómeno.

En primer lugar, el eje temporal ha sido seleccionado como significativo, aunque en este caso con valores negativos (−0.996 con factor aleatorio escritores/−0.895 con antecedente), lo que determina que la evolución a lo largo de la centuria es desfavorable para la forma de referencia (*application value*), en este caso *al cual*.

El segundo factor que aparece avalado por los datos estadísticos del programa es el origen sociolectal del hablante, concretamente los pertenecientes a las clases subalternas, además con los valores más altos del análisis: P.68 con escritores/P.70 con antecedente.

El Gráfico 5 muestra la combinación de ambos factores a partir de los datos frecuenciales obtenidos.[5]

Los resultados revelan que, pese a que la decadencia de la variante innovadora es evidente a lo largo del siglo, este proceso es más acusado entre las élites sociales, con diferencias favorables a *al cual* por parte del resto de grupos sociales en cada uno de los periodos, que incluso se ensanchan en las etapas centrales del siglo. En los primeros momentos de la centuria los índices de frecuencia de

---

[5] En el eje temporal se ha realizado una división del siglo en cuatro periodos de 25 años cada uno para que se compruebe de un modo más claro la evolución de la variante.

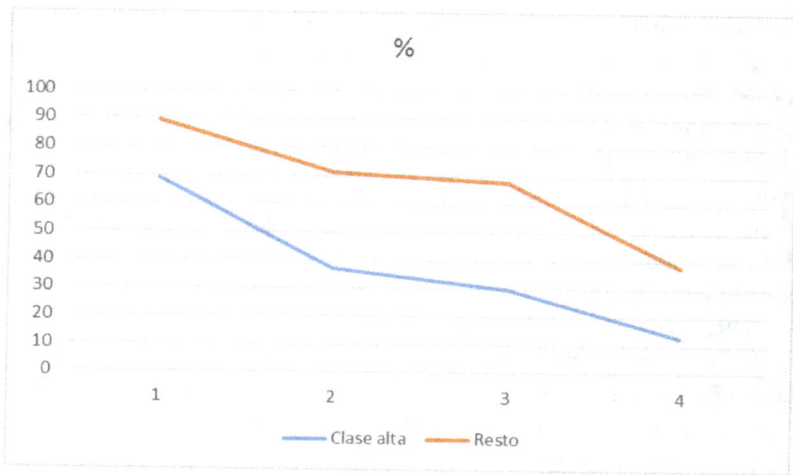

Gráfico 5: Evolución de la variante *al cual* en el siglo XVI tras la combinación de los factores eje temporal/estamento social del hablante.

uso de *al cual* están próximos entre los hablantes de cada estamento. A continuación, se produce un retraimiento hacia la variante etimológica *a quien* más acentuado entre los miembros de la élite, siempre más proclives a las formas tradicionales, sobre todo en casos como el que nos ocupa, en el que la variante innovadora ha perdido, al extenderse su uso, su antigua consideración como referencia de prestigio.

Estamos, pues, ante un fenómeno sociolingüístico singular en su diacronía, pues lo que era en su origen una construcción culta, casi reservada al discurso escrito de tema especializado —teología, filosofía, textos jurídicos, etc.—, caracterizado, en consecuencia, por el prestigio social, pasa a tener como principales valedores en su decadencia a los estamentos no dominantes de la sociedad.

Como ya se indicó, el relativo compuesto tuvo su época de esplendor en el siglo XV. Es precisamente el momento en el que, gracias a la difusión de la imprenta, se populariza la cultura libresca, ante todo la vinculada con la prosa literaria, con géneros de gran acogida como la novela de caballería, la novela sentimental, los libros de ejemplos, la literatura realista, etc. Se trata de un nuevo modelo cultural, vinculado con la lectura oral socializada (Birge 1994, 39–40), es decir, una experiencia compartida (Chartier 1994, 36).[6] Todo ello de-

---

[6] De hecho, una búsqueda a través de CORDE (Vellón 2020), nos permitió comprobar la presencia constante de la forma *al cual* en las relativas con antecedente humano en obras como el

termina una intensa transformación de las relaciones sociales y una generalización de los fenómenos lingüísticos, incluso de aquellos originados en canales de uso alejados del registro coloquial.

Los resultados obtenidos en el siglo XVII confirman la incidencia de los dos factores comentados en la diacronía de la forma *al cual* frente a la dominante *a quien*.

Así, el eje temporal presenta un valor negativo (−2.51 con escritores/-0.934 con antecedente), mientras que el sociolectal también es seleccionado como significativo y, de nuevo, con el índice probabilístico más alto de todo el procedimiento analítico, señalando a las clases no dominantes como las que mantienen el uso de la forma *al cual* en su decadencia (P.68 con escritores/P.70 con antecedente).

De este modo, nuestros trabajos sobre la evolución del pronombre compuesto en las cláusulas relativas con antecedente humano muestran que, aunque en las últimas décadas del siglo XVII esta variante es ya marginal en todos los sectores sociales, su diacronía no es similar en todos los estamentos. Entre los miembros de las élites, la tendencia hacia la forma *quien*, como variante de prestigio, acarrea un rechazo de *el cual* más extremado que en el resto de clases sociales.

5.2.2 *El que* en las relativas con antecedente humano en los siglos XIX y XX

El pronombre *el que*, en las construcciones de relativo con antecedente, comienza a tener una presencia efectiva en español en el siglo XVIII (Girón Alconchel 2006; Guzmán 2012; Blas Arroyo y Vellón 2017), si bien es en el siglo XIX cuando se manifiesta de manera nítida en el caso de las relativas con antecedente humano, frente a las otras cláusulas, introducidas por *quien* y por *el cual*, como se observa en el Gráfico 4.[7]

En el análisis de regresión aplicado a los datos del siglo XIX, no aparece seleccionado ningún factor extralingüístico como favorecedor de la variante innovadora (*application value*), *el que*. No obstante, en referencia a la muestra

---

Amadís de Gaula, en los relatos de Diego de San Pedro, Luis de Lucena, Juan de Flores, así como en obras del tipo del *Corbacho*, la *Celestina*, etc.

[7] Se ha optado por seguir el mismo criterio expuesto en la nota 6 en torno al tipo de cláusulas oblicuas seleccionadas. La variante sin artículo *a que* posee una incidencia muy limitada. Si bien este tipo de construcción es dominante en las relativas con antecedente no humano hasta bien entrado el siglo XX (vid. supra §5.1), en las que ocupan nuestra atención en este apartado el número de ocurrencias apenas es significativo: solo dos en nuestro corpus, concretamente del siglo XX.

disponible en el corpus,[8] los resultados revelan una progresión ascendente en el uso de la forma innovadora que es mucho más evidente en los últimos decenios del siglo entre los hablantes de los estamentos medios y bajos, como se aprecia en el Gráfico 6.

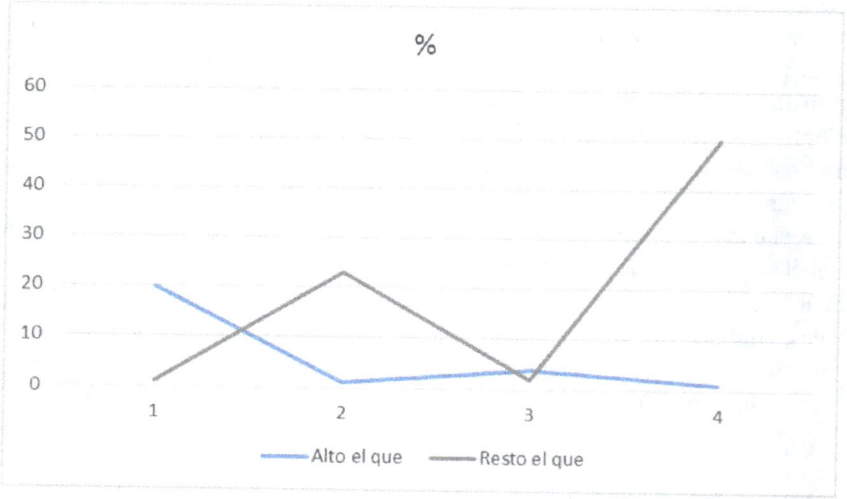

Gráfico 6: Uso de la forma *el que* en las relativas oblicuas con antecedente humano en cuatro periodos del siglo XIX, en relación al grupo social del hablante.

El análisis de los factores extralingüísticos aplicado a la muestra del siglo XX confirma la relevancia de los criterios temporal y sociolectal como favorecedores de la variante innovadora: el eje temporal aparece seleccionado como relevante en un sentido ascendente a lo largo de las seis primeras décadas (+10.202 con escritor7+10.605 con antecedente); el factor sociolectal también ofrece valores probabilísticos contemplados por el programa, de manera que los datos corroboran que *el que* evoluciona de modo más decidido entre las clases medias y bajas (P.63 con escritor/P.61 con antecedente).

Estamos, pues, de nuevo ante un ejemplo de cambio desde abajo, en el que el pronombre *quien*, aún dominante en el periodo estudiado, mantiene su condi-

---

[8] El corpus de textos del siglo XIX presenta algunas particularidades que plantean problemas para la metodología variacionista. La principal es la distribución de las muestras: mientras el primer periodo —1800–1825— y el último —1875–1900— cuentan con un número importante de ocurrencias (241 y 296 respectivamente), los intermedios presentan cifras mucho más reducidas (53 y 104), lo que condiciona la obtención de resultados significativos.

ción de variante de prestigio, lo que ralentiza el cambio en las relativas oblicuas con antecedente humano, un proceso que se acelerará ya a partir de la segunda mitad del siglo XX (vid. supra Gráfico 4), como recuerdan Alcina y Blecua (1975, 1083): «la lengua moderna, sobre todo hablada, prefiere *el que* compuesto y *quien* retrocede notablemente en su uso». Conviene recordar, no obstante, que esta evolución de la forma etimológica está sometida a factores dialectales y discursivos (Olguín 1981, 894–895; Demello 1993, 79–80; Herrera 1995, 240).

6 Conclusiones

La metodología variacionista se ha mostrado como un modelo interpretativo idóneo para el estudio del cambio lingüístico desde una perspectiva global, capaz de formular explicaciones que integran tanto a los factores lingüísticos como a los de índole social y discursiva.

En su aplicación a los fenómenos diacrónicos, y sobre todo cuando se dirige al análisis de los condicionantes extralingüísticos, la principal dificultad atañe a la propia constitución del corpus y a la documentación que se puede obtener de los informantes. Este inconveniente cobra especial relevancia cuando, como es el caso que nos ocupa, la muestra está integrada por textos cercanos al polo de inmediatez comunicativa. Si bien es cierto que este tipo de escritos facilitan la aproximación a un discurso próximo al registro de la lengua hablada en épocas en las que solo existe este testimonio directo, por otra parte puede presentar problemas en torno a algunos de los factores objeto de estudio.

Así, por ejemplo, no siempre es fácil determinar los datos identificativos del escritor —en especial la edad y profesión-estamento social—, para lo cual, en ocasiones, es necesario rastrear a través de cartas privadas indicios que permitan delimitar la caracterización del informante. Del mismo modo, como ya se anticipó, los corpus históricos de esta índole adolecen de la escasa representatividad de documentos escritos por mujeres, dado que resulta muy difícil encontrar testimonios personales de este importante sector sociolingüístico, y sobre todo del perteneciente a estamentos alejados de las clases dominantes.

A pesar de todo ello, el análisis variacionista en torno a los factores extralingüísticos —sociales y discursivos— que favorecen un proceso de cambio lingüístico en el eje diacrónico arroja resultados muy significativos en la descripción de las líneas generales que sigue la transformación de las estructuras gramaticales.

Tal es el caso de los fenómenos presentados en este artículo, referidos a los cambios sufridos en el paradigma de los pronombres relativos y su incidencia en las cláusulas con antecedente expreso. Concretamente, el caso de la aparición y desarrollo de las variantes con artículo —*el que*—, que, según señala Brucart (1999, 496), constituye uno de los «fenómenos más complejos de la gramática española».

El estudio ha mostrado, además de la relevancia del eje temporal en la fijación de la diacronía de los diferentes cambios en sentido positivo (progreso) y negativo (decadencia), la importancia que los factores sociolectales han tenido en las diferentes etapas del cambio gramatical y el tipo de cambio que se ha producido.

En todos los fenómenos estudiados, salvo en el caso de *el cual* con antecedente humano cuya diacronía difiere del resto por su origen culto vinculado a la escritura en todo el dominio románico, se ha observado el protagonismo de los sectores más dinámicos de la sociedad —por edad (juvenil) y/o por estamento social (bajo y medio)— en el comienzo y difusión de cambios gramaticales de indudable transcendencia en paradigmas como el de los pronombres relativos y en estructuras gramaticales como las cláusulas de relativo, en especial en el subgrupo de las oblicuas.

Así pues, el artículo muestra la relevancia de las categorías aportadas por la sociolingüística en la investigación en torno a los mecanismos del cambio lingüístico en su proyección histórica, sobre todo si vienen sustentadas por una metodología, la variacionista, que más allá de la mera revisión descriptiva de los hechos analizados, aporta una visión integradora capaz de analizar cada forma en relación a las otras variedades con las que compite en una misma distribución y cuáles son los factores que contribuyen a su progreso o decadencia.

Entre estas categorías la de mayor incidencia es la que explica el perfil social del cambio lingüístico, y concretamente el denominado *cambio desde abajo* (vid, supra §2), el que se desarrolla a partir de la propia dinámica del sistema lingüístico, y en cuyas primeras fases el protagonismo recae, como se dijo, en los estamentos menos establecidos de la sociedad, frente a la tendencia a las variantes tradicionales, consideradas como las de prestigio sociolingüístico, por las élites sociales.

Como también se ha observado en este trabajo, a partir de esa etapa inicial, el cambio sigue una evolución hasta su uso generalizado como forma dominante, que no está exenta de vaivenes en su proyección en el eje temporal. Según se ha mostrado, frente a las variantes innovadoras pueden darse reacciones de las clases dominantes, incluso por parte de instancias vinculadas con el referente académico ya a partir del siglo XVIII, que ralentizan el proceso de difusión y determina la consideración sociolingüística de las variantes. Pese a ello, en los fenómenos estudiados en este artículo se revela la intensidad de los cambios propiciados por las clases subalternas, fieles a la variante innovadora ante las reticencias de sociolectos elevados, lo que contribuye a su continuidad temporal hasta su adopción como forma de referencia en todo el espectro social.

Bibliografía

Alcina, Juan/Blecua, José Manuel, *Gramática española*, Barcelona, Ariel, 1975.
Alisova, Tatjana, *Studi di sintassi italiana 1. Forme du subbordinazione relativa nell'italiano antico (secoli XIII–XIV)*, Studi di Filologia Italiana 25 (1967), 225–250.
Alcover, Antoni/Moll, Francesc de Borja, *Diccionari català-valencià-balear*, <https://dcvb.iec.cat/> (último acceso: 30.05.2018).
Baxter, Gareth/Croft, William, *Modeling language change across the lifespan. Individual trajectories in community change*, Language Variation and Change 28:2 (2016), 129–173.
Birge, Evelyn, *Roman dir et contar. Reflexion sur le performance des romans médiévaux*, Oralité Médievale. Cahiers de Littérature Orale 36 (1994), 35–63.
Blas Arroyo, José Luis/Vellón, Javier, *En los albores de un cambio lingüístico: factores condicionantes y fases en la inserción del artículo en relativas oblicuas del siglo XVIII*, Zeitschrift für romanische Philologie 2/133 (2017), 492–529. DOI: 10.1515/zrp-2017-0024.
Blas Arroyo, José Luis/Vellón, Javier, *On the trail of grammaticalisation in progress: has el que become a compound relative pronoun in the history of Spanish prepositional relative clauses?*, Probus, 1/30 (2018), 1–45. DOI: 10.1515/probus-2017-0010.
Blas Arroyo, José Luis et al., *Sociolingüística histórica del español. Tras las huellas de la variación a través de textos de inmediatez comunicativa*, Madrid/Frankfurt am Main, Iberoamericana-Vervuert, 2019.
Brucart, José María, *La estructura del sintagma nominal. Las oraciones de relativo*, in: Bosque, Ignacio/Demonte, Violeta (edd.), *Gramática descriptiva de la lengua española*, vol. 1, Madrid, Espasa-Calpe, 1999, 395–522.
Brunot, Ferdinand, *Histoire de la langue française des origines à nos jours*, Paris, Armand Colin, 1966.
Chartier, Roger, *El orden de los libros. Lectores, autores, bibliotecas en Europa entre los siglos XIV–XVIII*, Barcelona, Gedisa, 1994.
Conde Silvestre, Juan C., *Sociolingüística histórica*, Madrid, Gredos, 2005.
De Roberto, Elisa, *Le proposizioni relative con antecedente in italiano antico* (tesis doctoral), Roma, Università di Roma, 2008.
Demello, George, *Pronombre relativo con antecedente humano*, Nueva Revista de Filología Hispánica 1 (1993), 75–98.
Eberenz, Rolf, *Cambios morfosintácticos en la Baja Edad Media*, in: Cano, Rafael (ed.), *Historia de la lengua española*, Barcelona, Ariel, 2004, 613–657.
Elspass, Stephan, *Between linguistic creativity and formulaic restriction. Cross-linguistic perspectives on nineteenth-century lower class writers' private letters*, in: Dossena Marina/Del Lungo, Grabriela (edd.), *Letter Writting in Late Modern Europe*, Amsterdam, Benjamins, 2012, 45–64.
Elvira, Javier, *Lingüística histórica y cambio gramatical*, Madrid, Síntesis, 1985.
Girón Alconchel, José Luis, *Las oraciones de relativo II. Evolución del relativo compuesto EL QUE, LA QUE, LO QUE*, in: Company, Concepción (ed.), *Sintaxis histórica de la lengua española. Segunda parte. La frase nominal*, vol. 2/2, México, UNAM/FCE, 2006, 1477–1590.
Guzmán, Martha, *El artículo en las relativas oblicuas [prep. + (art. definido) + «que»] en textos americanos del siglo XVIII*, Cuadernos dieciochistas 13 (2012), 175–208.
Haase, Albert, *Syntaxe française du XVIIe siècle*, Paris, Librairie Delagrave, 1969.

Herrera, Juana, *Estudio sociolingüístico de los relativos en el español de Santa Cruz de Tenerife*, Tenerife, Universidad de la Laguna Servicio de Publicaciones, 1995.

Johnson, Daniel Ezra, *Getting off the GoldVarb Standard. Introducing Rbrul for Mixed-Effects Variable Rule Analysis*, Language and Linguistic Compass 3:1 (2009), 359–383.

Labov, William, *Socilinguistic Patterns*, Philadelphia, University of Pennsylvania Press, 1972.

Kunstmann, Pierre, *Crèation et diffusion du relatif/interrogatiff lequel en ancien français. Comparison avec d'autres langues romanes*, in: Kremer, Dieter (ed.), *Actes du XVIIIe Congrès International de Linguistique et de Philologie Romanes II*, Tübingen, Max Niemeyer Verlag, 1991, 660–670.

Labov, William, *Principles of Linguistic Change*, vol. 1: *Internal Factors*, Philadelphia, Blackwell, 1994.

Labov, William, *Principles of Linguistic Change*, vol. 2: *Social Factors*, Malden/Oxford, Blackwell, 2001.

Labov William, *Transmission and Diffusion*, Language 83 (2007), 344–387.

Lapesa, Rafael, *El, la, lo como antecedente de relativo en español*, in: Cano-Aguilar, Rafael/Echenique Elizondo, Mª Teresa (edd.), *Estudios de morfosintaxis histórica del español*, Madrid, Gredos, 387–401.

López Ruano, Raquel E., *Los relativos. Usos y valores a partir de un texto del siglo XVI*, Anuario de Estudios Filológicos 34 (2011), 75–95.

Nevalainen, Tertu/Raumolin-Brunberg, Helena, *Sociolinguistics and Language History*, Amsterdam/Atlanta, Rodopi, 1996.

Olguín, Nelly, *Los pronombres relativos en el habla culta de Santiago de Chile*, Boletín de Filología de la Universidad de Chile 31 (1981), 881–905.

Oesterreicher, Wulf, *Textos entre inmediatez y distancia comunicativas. El problema de lo hablado escrito en el Siglo de Oro*, in: Cano, Rafael (ed.), *Historia de la lengua española*, Barcelona, Ariel, 2004, 729–769.

Poplack, Shana/Dion, Nathalie, *Prescription vs. praxis. The evolution of future temporal reference in French*, Language 85:3 (2009), 557–587.

Poplack, Shana/Malvar, Elisabete, *Elucidating the transition period in linguistic change. The expression of the future in Brazilian Portuguese*, Probus 19 (2007), 121–169.

Sánchez Lancis, Carlos, *Periodización y cambio gramatical. El siglo XVIII, ¿frontera temporal del español?*, in: García-Godoy, Mª Teresa (ed.), *El español del siglo XVIII. Cambios diacrónicos en el primer español moderno*, Bern, Peter Lang, 21–51.

Sankoff, David, *Sociolinguistics and syntatic variation*, in: Newmeyer, Frederick J. (ed.), *Linguistics. The Cambridge survey*, Cambridge, Cambridge University Press, 1988, 140–161.

Tagliamonte, Sali, *Analysing Socilinguistic Variation*, Cambridge, Cambridge University Press, 2006.

Tagliamonte, Sali, *Variationist Sociolinguistics. Change, Observation, Interpretation*, Malden, Wiley-Blackwell, 2012.

Vellón Lahoz, Javier, *El cual/quien en las relativas oblicuas con antecedente humano en el siglo XVII: un análisis variacionista*, Res Diachronicae, 16 (2018), 38–56.

Vellón Lahoz, Javier, *El artículo en las relativas introducidas por con en el siglo XVIII: contextos y evolución*, Revista de Filología Española, 99/2 (2019), 391–415. DOI: 10.3989/rfe.2019.015.

Vellón Lahoz, Javier, *Las cláusulas relativas oblicuas con antecedente humano en el siglo XVI: variables y contextos de uso*, BRAE, 100/321 (2020), 273–306.

Vellón Lahoz, Javier/Moya, Rosana, Pervivencia de las relativas oblicuas sin artículo. Factores y contextos condicionantes, Spanish in Context, 3/14 (2017), 464–486. DOI: 10.1075/sic.14.3.06ve.

Weinrich, Uriel, et al., *Empirical foundations for a theory of language change*, in: Lehmann, Winfrid P./Malkiel, Yakov (edd.), *Directions for Historical Linguistics*, Austin, University of Texas Press, 1968, 95–188.

Marisol Villarrubia
El conocimiento compartido y el lenguaje no verbal en las interacciones comunicativas en lengua extranjera

Abstract: In the teaching Spanish as a foreing language, one of the most common element that we can find in the classroom is the cultural diversity. In the classroom, the students interact with others of different countries and identity. For this reason, it is necessary to be aware of the linguistic levels of the student but also, about habits and social ideas in the way of interpreting the world. As we think, learning foreign languages must be based mainly on interaction and practice in real communicative contexts, trying to avoid the mechanical repetition of lexicon and grammar without an apparent objective. In the other way, learning languages has to focus on the use of language in the service of interaction and exchange. Both aspects are essential for the construction of the so-called *shared knowledge*. In this article we will analyse the knowledge shared through gestures during communication in Spanish.

Keywords: communication, interaction, shared, knowledge, gestures, cultural, language, foreign

1 Introducción

Una de las características más importantes en la enseñanza de lenguas extranjeras es la diversidad cultural en el aula. En este espacio de interacción entre estudiantes de diferentes procedencias, el profesor, además de tener en cuenta la competencia lingüística, debe ser consciente de las realidades culturales de los aprendices como un factor fundamental para desarrollar la competencia comunicativa.

Como sabemos, el aprendizaje de lenguas extranjeras, desde un punto de vista comunicativo, ha de basarse fundamentalmente en la interacción y la práctica en contextos reales evitando una enseñanza repetitiva. La gramática y el léxico son dos pilares básicos para adquirir una lengua pero han de estar al

---

Este trabajo se enmarca en el Proyecto FFI2017-85441-R, financiado por el Ministerio de Economía y Competitividad del Gobierno de España.

https://doi.org/10.1515/9783110711172-012

servicio de la interacción y el intercambio de información. Todo lo dicho, como veremos, es esencial para la construcción del llamado *conocimiento compartido*. Este conocimiento se construye a partir de los aportes y experiencias de cada sujeto, pero no depende de ninguno en particular, sino del conjunto en el que se integra socioculturalmente. Esta forma de aprender ha ido relegando poco a poco a las enseñanzas más tradicionales.

En general, los resultados académicos de un aprendizaje basado en la interacción e intercambio comunicativo son óptimos y además, potencian la aptitud positiva del estudiante. Este ha pasado de tener una conducta pasivo-receptiva a una activa-productiva: recibe una información (gramatical, sociocultural o pragmática) y la interiorizarla para usarla de manera útil. Es lo que Chomsky ya denominó *competencia* en oposición al uso o «performance», como resultado de la interiorización de unas reglas gramaticales y léxicas.

Por tanto, hay que remontarse al siglo pasado cuando este lingüista propone su teoría como reacción al estructuralismo conductista americano. Entre sus ideas destaca la importancia del conocimiento que un hablante posee de su propia lengua. Según sus propias palabras: «la teoría lingüística se centra fundamentalmente en un hablante-oyente ideal que forma parte de una comunidad lingüística completamente homogénea (y) que conoce su lengua perfectamente» (1965, 3). Sin embargo, este binomio competencia-uso chomskiano no está exento de controversias como, por ejemplo, el hecho de que el autor se refiera a un sujeto «ideal» que conoce su lengua «perfectamente», aunque los adjetivos ideal y perfecto no evidencian claramente el perfil del hablante.

Lo que es indudable es que esta competencia chomskiana, señalada por otros autores como «habilidades» o «hábitos comunicativos» (Hymes 1961) o como «habilidades y destrezas» (Katz/Fodor 1962), estaba incompleta sin una perspectiva comunicativa (Campbell/Wales 1970), aunque al principio fuera sobre el aprendizaje de la lengua nativa.

Al mismo tiempo, esta visión comunicativa del aprendizaje resulta insuficiente sin una visión multicultural que permita reconocer lo que comparten las culturas. El objetivo de esta perspectiva es la de favorecer un intercambio satisfactorio de la información.

En este proceso de enseñanza-aprendizaje descrito, la realidad extralingüística adopta un papel primordial. Estos elementos no verbales son semánticamente interpretables y poseen, al igual que los elementos verbales, reglas que los hablantes nativos conocen y usan de forma coherente para intercambiar ideas: los movimientos, los gestos, la expresión de los sentimientos (como la risa o el llanto) están integrados en la comunicación y son una fuente fundamental de información.

El principal problema con estos factores extralingüísticos es que no siempre llegan a los estudiantes en el aula y si lo hacen, no es regularmente.

Al final, el discente se enfrenta a un aprendizaje en situaciones no reales. Entonces, la interpretación que lleva a cabo es intuitiva, depende de su experiencia vital y de los conocimientos que posee a través de su lengua nativa. El problema radica en que estos factores extralingüísticos no siempre se comparten entre culturas. Cada una puede tener interpretaciones dispares de un mismo elemento, y esto provoca frecuentes malentendidos. De hecho, a medida que la cultura del discente y la que aprende se distancian, también lo hacen los componentes extralingüísticos.

Sabemos, por ejemplo, que existe un mayor o menor contacto físico según la cultura. En consecuencia, muchos elementos conversacionales no lingüísticos pueden variar. En el caso de la «proxémica» se estudian las distancias conversacionales; en el de la «cronémica» la estructuración y el uso que hacemos del tiempo, especialmente durante la comunicación.

Los movimientos, posturas, expresiones faciales y gestos forman parte de la «quinésica». Estos elementos no verbales son necesarios en muchas situaciones para comprender correctamente un mensaje y establecer un vínculo óptimo entre los hablantes.

De todos los componentes citados, en este artículo se reflexionará sobre la importancia de la quinésica en el aprendizaje de lenguas extranjeras para determinar su vínculo con el llamado «conocimiento compartido». Para establecer esta relación, será preciso revisar su significado, así como la importancia del contexto y las interacciones en la comunicación ya que ambos están estrechamente unidos a la gestualidad, los movimientos corporales y las posturas que adoptan los hablantes durante el proceso comunicativo.

2 El conocimiento compartido

En la introducción del *Plan Curricular del Instituto Cervantes*, en los «objetivos generales» podemos leer:

> «Un adecuado análisis de la lengua desde la perspectiva de la comunicación solo puede llevarse cabo si se tienen en cuenta los distintos planos o dimensiones que se ponen en juego en cualquier intercambio comunicativo, por sencillo que este sea, o en cualquier experiencia de aprendizaje, en la que se entra en contacto no solo un código nuevo sino con un modo diferente de entender el mundo. Desde la perspectiva del alumno, y del aprendiente en general de una nueva lengua, la dimensión del *uso social* viene dada por la naturaleza misma de la lengua como instrumento de comunicación y ha desempeñado, por tanto, desde los albores del *comunicativismo*, un papel central en el diseño de los programas de enseñanza y en la planificación de los objetivos del currículo *centrado en el alumno*» (2006, 73).

Como vemos, el *Plan Curricular* evidencia como cualquier experiencia de aprendizaje se relaciona no solo con «un código nuevo», sino una forma diversa de «entender el mundo». Por eso, es frecuente que se produzcan choques culturales al entrar en contacto la cultura del estudiante con la que estudia. Otras veces ocurrirá porque, desde un punto de vista afectivo, se producirán reacciones emocionales frente a ciertos estímulos por el carácter del discente, pero también por su cultura, porque, en ocasiones, el ser humano vincula e interpreta sus sentimientos a través de esta.

El saber que adquirimos primigeniamente nos ayuda a interpretar el mundo, es decir, a establecer lazos cognitivos que nos ayuden a comprender y comunicar en nuestra lengua. El conflicto surge cuando la visión previa del mundo que poseemos, a través de una experiencia vital, entra en contacto con la cultura y lengua que aprendemos, ya que el conocimiento del mundo, los aspectos socioculturales y extralingüísticos no siempre son compartidos por ambas sociedades.

Esta perspectiva se corresponde con la teoría socio-constructivista de la relación lenguaje y cognición, representada en las ideas de Vygotsky. Como sabemos, para este autor, las estructuras de conocimiento de un individuo no se producen de manera aislada. El contexto de interacción sociocultural en el que se desarrolla es imprescindible. Por tanto, el aprendizaje primero se produce en un entorno social, donde pasa a ser un fenómeno inter-psicológico, para más tarde ocupar un nivel psíquico, donde se constituye en una realidad intra-psicológica (Vygotsky 1987; Cole 1985; Rogoff 1990; Daniels 2004).

Según estas ideas, el conocimiento tiene presencia en un contexto social en el que se aprende y luego, pasa a formar parte de cada individuo. Esta transición es posible gracias al lenguaje verbal, no verbal y el resto de los elementos del canal de comunicación que funcionan como mediadores.

La conexión lingüística y extralingüística, entre el mundo externo y el propio, ha de producirse para que tenga lugar el aprendizaje. La corriente del *constructivismo social* reconoce que la función social comunicativa del lenguaje juega un papel fundamental en la construcción individual del conocimiento, no solo a través de la lengua, sino mediante otras herramientas semióticas que harían igualmente posible el aprendizaje (Gutiérrez-Rodilla 1998).

Es evidente que la comunicación humana surge a través de diferentes caminos y el verbal solo es uno más, aunque sea muy importante. Cuando hablamos, manejamos recursos lingüísticos y extralingüísticos en función de un contexto concreto y de unas necesidades comunicativas precisas. Por tanto, el mensaje se comprenderá en función de los conocimientos que compartan con sus interlocutores, ya sean verbales o no verbales.

3 El contexto

El contexto en el que se produce la comunicación y la interacción entre hablantes es uno de los factores que se relaciona directa o indirectamente con el conocimiento compartido.

El contexto —temporal, cultural y espacial— determinan los intercambios de información entre hablantes. Cuando los emisores y receptores de mensajes comparten unos presupuestos socioculturales —unas normas e ideas establecidas— serán capaces de actuar en función de las situaciones contextuales.

Las reglas utilizadas, sea cual sea el intercambio comunicativo, no son construidas de forma aleatoria. Cada vez que se produce o se interpreta un mensaje, hay un trabajo de conexión entre los hablantes, su rol sociocultural y el contexto. Aceptarlos y compartirlos ayuda a que la comunicación sea fluida.

El contexto es un concepto amplio que se refiere a todos y cada uno de los factores relacionados con la producción de enunciados verbales y no verbales en una situación, que afectan directamente a la interpretación de los mensajes.

Evidentemente el significado de un mensaje dependerá de una estructura lingüística —gramatical, sintáctica o léxica— o extralingüística —gestos, movimientos, posturas— pero también, del contexto donde la lengua adquiere sentido. Todos estos elementos acompañan indisolublemente a un mensaje, por eso, su comprensión depende directamente de ellos pero no exclusivamente, ya que el contexto afecta directa o indirectamente al significado del mensaje. Por tanto, el hablante interpretará un mensaje en una situación concreta estableciendo lazos entre lo que percibe y lo que conoce a través de su experiencia previa. Cuantos más saberes (lingüísticos y extralingüísticos) compartan los interlocutores, más fácil será la comunicación entre ambos.

Los contextos lingüístico, extralingüístico, comunicativo, pragmático, situacional y sociocultural, se agrupa según distintos criterios. Veremos algunos de ellos.

3.1 El contexto lingüístico y extralingüístico

El llamado «contexto lingüístico» es el entorno de lengua que permite que un hablante se enfrente a la interpretación de un mensaje, ya sea oral o escrito. El contexto lingüístico, según Austin y Searle y *La teoría de los actos de habla*, establece que el uso del lenguaje en la comunicación es un tipo particular de acción, una unidad básica de la comunicación lingüística, vinculada al ámbito de la pragmática. Según esta teoría, los enunciados sirven no sólo para expresar proposiciones con las que transmitir ideas sino también, para realizar acciones lingüísticas muy diversas a través de «actos locutivos» (emitir un enunciado, decir o hablar); «actos ilocutivos» (con los que transmitir intenciones realizando una función comunicativa como la de negar, rechazar, etc.) y «actos prelocutivos» (que reflejan el efecto causado en el interlocutor, como calmar, interesar, etc.).

Como se ha visto, el contexto lingüístico se vincula a acciones particulares que transmiten ideas, reflejan intenciones y reacciones que están interrelacionadas con factores sociales y culturales. Su interpretación no siempre es sencilla porque, a diferencia de las reglas que regulan la lengua verbal, las normas que se vinculan con la información no verbal no siempre son tan evidentes o están descritas.

Por otra parte, el contexto lingüístico está relacionado con el extralingüístico, a través de factores exteriores al código de la lengua pero que influyen en el proceso de la comunicación.

Este contexto extralingüístico evita la ambigüedad de palabras, frases o enunciados que se producen durante la comunicación a través de información sobre los lugares, los interlocutores, el registro, el tiempo. Quizás los más significativos sean: el «contexto histórico» o las circunstancias históricas que rodean la comunicación; el «contexto cultural» que tiene que ver con los hábitos, las costumbres, las normas sociales, el sistema económico-político y las creencias que nos permiten comprender un mensaje y sus intenciones. Por último, el «contexto social», el lugar en el que se interactúa con los individuos que componen una sociedad (los centros de trabajo, los de estudio, los vecindarios, el entorno familiar, etc.).

3.2 El contexto comunicativo

El contexto comunicativo se refiere al lugar y el tiempo exacto donde los hablantes intercambian información. Sin embargo, en un sentido más extenso, algunos estudiosos incluyen el factor cognitivo que se vincula a la información que poseemos fruto del aprendizaje y la experiencia, así como otros elementos que ya se han analizado en el contexto extralingüístico: la cultura, la sociedad, los hábitos y las costumbres, etc.

La profesora Anna Camps (1994), sobre este contexto, reconoce tres situaciones concretas que sintetizan todo lo dicho: una «situación de producción» que gira alrededor del enunciador, el destinatario y el objetivo del discurso; una «situación de recepción» donde el mensaje es interpretado a través de todas las herramientas que el destinatario posee y por último, una «situación de interacción» en la que los hablantes cooperan asumiendo diferentes roles.

En resumen, el contexto da sentido al mensaje y lo organiza a partir de normas de acuerdo a las situaciones en las que se produce la comunicación y en la que los hablantes interactúan. Cuando los hablantes comparten el conocimiento del mundo implícito en esos contextos, podrán interpretar un discurso de forma coherente y efectiva.

4 Las interacciones comunicativas

La interacción es una actividad comunicativa realizada por dos o más hablantes que comparten información a través de un intercambio de acciones verbales y no verbales. Las conversaciones personales, profesionales o académicas son interacciones donde se une el uso de la lengua y el intercambio de ideas en contextos específicos.

Es interesante distinguir, siguiendo a Erving Goffman, las interacciones que se producen a distancia de aquellas que lo hacen «cara a cara». Según Goffman, en estas últimas se produce una «influencia recíproca de un individuo sobre las acciones del otro cuando se encuentran ambos en presencia física inmediata» (Goffman 1981, 27). Por tanto, este es un espacio interaccional que posee una característica importante: el conocimiento de un sujeto es una fuente esencial de información para el otro, y así se orientan mutuamente. A veces, sucede que las partes que interactúan se interesan por adquirir información pero, cuando esa información no es completa, la resuelven infiriéndolas del contexto.

Esta noción de «enriquecimiento mutuo» propuesta por Goffman se encuentra también en la base del concepto de *aprendizaje cooperativo* que elaboran otros estudiosos (Aldrich/Shimazoe 2010; Baker/Clark 2010).

Goffman se centra en identificar y describir los procedimientos que hacen posible la interacción, que permiten que los individuos usen sus palabras, sus emociones, sus gestos y movimientos con el fin de comunicar. Su idea es, en definitiva, identificar las reglas que regulan los actos de habla cuando los actantes se están comunicando y encadenan acciones y reacciones.

En las situaciones de comunicación los hablantes deben asegurar y mantener su encuentro lo que implica, según Goffman (1974, 102), «una obligación de compromiso» que requiere centrar y mantener su atención en lo que se dice y se hace allí, como condición mínima para el funcionamiento de la interacción social. Al mismo tiempo, cada actante asume la responsabilidad de mantenerse vigilante sobre lo acaecido durante la comunicación para que el encuentro se desarrolle con fluidez.

En resumen, la interacción, como se ha visto, es un elemento importante en todo proceso comunicativo. Este factor desempeña un papel significativo en el aprendizaje de lenguas porque implica un compromiso e influencia entre los hablantes. Cuando los actantes cumplen con esa responsabilidad, el resultado final logrado entre los hablantes es una comunicación efectiva.

5 El conocimiento compartido en los procesos de interacción y comunicación

La inmersión lingüística en la que viven algunos estudiantes favorece el desarrollo de la práctica de lo aprendido. Lógicamente, el aula de lenguas extranjeras no es el único espacio para tener un contacto con el idioma objeto de estudio. El entorno sociocultural que rodea al estudiante en los programas de inmersión le ofrece una exposición constante y auténtica a una segunda lengua. Vivir y compartir experiencias dentro en una comunidad proporciona unos beneficios distintos y complementarios de los que se adquieren en la enseñanza académica.

Está comprobado que el alumno expuesto a la lengua real, mejora sus habilidades comunicativas y supera el miedo a expresarse en la lengua que está estudiando. En estos contextos reales, los discentes usan la lengua de forma práctica, ya que deben desenvolverse en distintas situaciones de la vida cotidiana. Por tanto, la lengua se convierte en una herramienta efectiva en las interacciones sociales. Este aspecto, unido a las capacidades cognitivas, hace que el aprendizaje de una lengua sea más rápido y adecuado al entorno. Como consecuencia, los estudiantes podrán participar con una mayor competencia en los espacios de interactuación social, académica y laboral.

Los estudiantes de lenguas, como los hablantes nativos, usan las habilidades y estrategias que hallan a su disposición en distintos contextos. El objetivo es llevar a cabo las actividades que suponen producir y recibir mensajes de distintos ámbitos, más generales o más específicos, a través de las actividades que consideran más convenientes para cumplir con sus objetivos comunicativos. El control que los discentes tienen de estas situaciones y de las tareas que implican, finalmente se traduce en el refuerzo de sus competencias y de una integración en la sociedad meta.

En estos procesos de comunicación e interacción oral o escrita, se atribuye una especial importancia al «conocimiento compartido», ya que los interlocutores que comparten el conocimiento del mundo, tienen más facilidad para interpretar los mensajes de forma coherente y útil.

El conocimiento del mundo, también llamando «conocimiento enciclopédico», es la información que un individuo adquiere progresivamente a través de vivencias o experiencias personales en el contexto que le rodea. Estos conocimientos se almacenan progresivamente en la memoria, nos permiten existir y desarrollarnos socioculturalmente. Como explica Lamote de Grignon, desde una perspectiva «antropológica neuroevolutiva», el *Sistema Neurológico Central* (*SNC*) elabora una información y la convierte de un mensaje concreto a una interpretación y de ahí, a un registro en la memoria:

> «La conducta se hace inteligente a medida que el SNC emplea instrumentos de recepción más precisos y métodos de procesamiento más eficaces de las aferencias que recibe; es decir, cuando la elaboración de la información se convierte de un mensaje concreto a una interpretación general, pasando, de esta manera, de un registro de existencia del objeto a su esencia. Este incremento en la eficacia operativa del SNC consigue sus niveles máximos en la especie humana mediante una facultad, que no es directamente aludida por el autor [Lamote se refiere a Piaget]: el habla, colectiva o culturalmente desarrollada. De modo que el ensayo y el error sirven no para crear inteligencia sino para conocer y adaptarnos mejor a la realidad objetal» (Lamote de Grignon 1993, 116).

La información que almacenamos en nuestra memoria se enriquece, según Lamote, a través del habla «colectiva o culturalmente desarrollada». Por tanto, el conocimiento compartido no depende solo de las contribuciones de un individuo en particular, sino que su actuación conjunta o grupal que nos permite verificar o corregir las contribuciones individuales y agregar conocimientos a lo que ya existe.

La mayor afinidad cognitiva hace que el mensaje sea más comprensible. Por eso, a mayor afinidad sociocultural, como ocurre con la semejanza entre lenguas, mayor será la capacidad de un aprendiz de comunicar con los miembros de la comunidad lingüística meta y de añadir su contribución personal. Sin embargo, el conocimiento compartido del mundo no solo permite llevar a cabo interpretaciones coherentes y mejorar el conocimiento de una lengua, sino adaptarnos y conseguir a una mejora en la relación objetal,[1] es decir, se optimiza la relación de un sujeto con su mundo.

En la didáctica para el aprendizaje de lenguas extranjeras, en relación con el conocimiento del mundo y el conocimiento compartido, surge el llamado «choque cultural». Esta especie de tropiezo con la cultura de la lengua que se

---

[1] «La teoría psicoanalítica de las relaciones objetales representa el estudio psicoanalítico de la naturaleza y el origen de las relaciones interpersonales y de las estructuras intrapsíquicas que derivan de las relaciones internalizadas del pasado, fijándolas, modificándolas y reactivándolas con otras en el contexto de las relaciones interpersonales presentes» (Ramírez 2010, 222–223).

aprende, surge cuando el conocimiento no es compartido o no existe la afinidad sociocultural por lo que la interrelación y comunicación no llega a producirse. Por eso, en la didáctica de lenguas extranjeras se trabaja para potenciar la realización de tareas previas que proporcionen un conocimiento base que permita entender e interiorizar conocimientos con el fin de evitar estos choques entre culturas.

6 La quinésica en contextos e interacciones comunicativas en el aprendizaje de lenguas extranjeras

Los gestos, movimientos y posturas corporales aparecen solos o unidos al uso de la lengua oral y en menor medida a la escrita.[2] Esta actividad no verbal forma parte de un contexto sociocultural muy específico, no siempre compartido, que por sí solo puede otorgar pleno sentido a un acto de habla o puede matizar o alterar un mensaje, de ahí su importancia comunicativa.

Ana Cesteros explica que la comunicación no verbal es:

> «[. . .] la forma de comunicación humana producida mediante la utilización de signos no lingüísticos. Se incluyen en ella, por lo tanto, todos los signos y sistemas de signos no lingüísticos que comunican o se utilizan para comunicar, esto es, los hábitos y las costumbres culturales en sentido amplio y los denominados sistemas de comunicación no verbal: paralenguaje, quinésica, proxémica y cronémica» (2010, 594).

De nuevo, se parte de la premisa en la que se ya ha hecho hincapié: El proceso de aprendizaje-enseñanza de una lengua extranjera tiene como objetivo primordial conseguir la competencia comunicativa, pero implica algo más que conocer y utilizar el sistema lingüístico de la lengua meta, por tanto, es imprescindible el conocimiento y el uso de aspectos pragmáticos, sociales, situacionales, geográficos y del sistema de comunicación no verbal.

En el llamando «enfoque basado en la acción», el estudiante adopta un papel activo y acude a los recursos no verbales, además de los lingüísticos y puramente emocionales. Esto significa que el estudiante de lenguas extranjeras utiliza todas las capacidades y conocimientos cuando se implica como agente social en la comunicación real.

---

[2] A veces, los textos escritos recurren a la descripción quinésica para dar más información al lector, por ejemplo, en novelas o en ensayos.

No tenemos intención de presentar el estudio de los componentes no verbales del discurso en relación con el aprendizaje de lenguas extranjeras, o aludir a este campo como un hecho novedoso. Es evidente que desde hace años profesores e investigadores se acercan a este ámbito desde distintos campos de estudio, por tanto, hay trabajos en los que se establecen diferentes hipótesis y propuestas para su estudio. Sin embargo, hay algunos que nos sirven para evidenciar su importancia, por ejemplo, en el caso Birdwhistell (1970). Este estudioso nos presenta estadísticas que arrojan datos sorprendentes, ya que parece que más de un sesenta por ciento del contenido de un mensaje que produce un hablante se transmite a través de distintos elementos no verbales.

Tampoco es una novedad decir que la comunicación verbal implica más de un factor. Como sabemos, está compuesta de diferentes subcategorías: La quinésica, la proxémica, cronémica, etc., pero incluso, como establece Wood (2001), la «artefactual», que se centra en la importancia de lo que el sujeto lleva puesto.

Recordemos que la quinésica, el tema que nos ocupa en este trabajo, estudia los gestos, movimientos y expresiones y el papel que estas tienen en la comunicación.

De todos los estudios sobre quinésica, nos llama la atención el trabajo de McNeill (1992). Este no solo describe el movimiento de las manos, sino que explica que es una «creación espontánea de individuos, únicos y personales» (1992, 1). Esta interpretación es interesante porque nos conduce desde el ámbito saberes compartidos de la quinésica hasta el espacio de lo personal pero, debido a su alto grado de espontaneidad, el actante utiliza dicho acto compartido y lo convierte en un acto único, propio y definitivo para sus objetivos comunicativos.

Además, McNeill hace una clasificación de los movimientos de las manos que puede ser extrapolable a otros gestos. Así, se refiere al movimiento del «compás» cuando este se vincula a los gestos que se hacen con la mano o el dedo al ritmo de las palabras; de «iconicidad» cuando los movimientos de las manos y los dedos representan objetos o movimientos específicos; con «metaforicidad» se describe, según Mcneill, los movimientos que se realizan con la mano para representar conceptos abstractos; y por último, establece los gestos por «deicticidad» porque les sirven a los hablantes para señalar a algo o alguien.

Siguiendo esta descripción tipológica de los gestos de las manos, otros investigadores como Mittelberg, Sherman y Nicoladis (2004) han orientado sus estudios sobre el uso de los gestos en la clase.

Mittelberg, por ejemplo, evidencia que los profesores usamos ciertos gestos constantemente durante la actividad docente según sean las tareas (por ejemplo, las instrucciones grupales, las explicaciones gramaticales, etc.). Este análisis práctico, de los gestos vinculados con la docencia, es muy interesante para entender el papel de la quinésica dentro y fuera de las aulas. Normalmente se aborda su interpretación gestual en la comunicación vinculada a las experiencias cotidianas fuera del contexto académico.

Si nos centramos en el conocimiento compartido, que ha sido eje que ha vertebrado este trabajo, debemos centrarnos en la relación de la quinésica con las culturas en la línea que ya se ha hecho anteriormente (Canfield 1946; Green 1968; Poyatos 1975).

En los estudios sobre la quinésica ya se ha evidenciado que hay culturas en las que los gestos son más frecuentes y también, el papel comunicativo de las mismas. Se ha demostrado que el uso de elementos quinésicos como apoyo conversacional es fundamental y determinante en las relaciones humanas. Por tanto, estas y otras líneas de investigación nos conducen al ámbito de la interacción cognitiva y social que ayuda al desarrollo de una lengua.

Desde Darwin a los autores contemporáneos que han seguido su camino, se ha demostrado que las expresiones faciales y los movimientos corporales consecuencia de las emociones son universales, porque son transmitidas genéticamente. En la perspectiva evolucionista de las emociones, inaugurada por Darwin, estas manifestaciones gestuales se corresponden con el comportamiento y las funciones cognoscitivas y perceptivas, que constituyen una ventaja en la comunicación.

Si nos centramos en el rostro y la expresión facial, como área privilegiada de la comunicación humana, Knapp dice que:

> «El rostro es rico en potencialidad comunicativa. Ocupa el lugar primordial en la comunicación de los estados emocionales, refleja actitudes interpersonales, proporciona retroalimentaciones no verbales sobre los comentarios de los demás, y algunos aseguran que, junto con el habla humana, es la principal fuente de información. Por estas razones y debido a su gran visibilidad, suele prestarse mucha atención a los mensajes expresados por el rostro de los demás» (1991, 229).

La reflexión de Michael Knapp desde una perspectiva antropológica, aúna la importancia de la comunicación con los estados emocionales y las actitudes interpersonales, como fuente primordial de información junto con la lengua verbal. Este enfoque antropológico en relación con las manifestaciones sociales y culturales de los hablantes, es crucial para entender la importancia del conocimiento compartido en las comunicaciones interpersonales.

Por último, y desde la antropología, es importante enlazar la importancia de la quinésica y el lenguaje no verbal, en general, con la neurología y el cognitivismo.

Para Paul Ekman, por ejemplo, el comportamiento no verbal nace de tres aspectos y la interpretación de cualquier estadio emocional tiene que hacerse desde estos: el primero, que tiene que ver con la neurología genéticamente trasmitidos;

un segundo, que se relaciona con las actividades comunes y básicas de los miembros de una especie, como por ejemplo, el uso de las manos para realizar la tarea de alimentarse; y finalmente, la variación de la experiencia de acuerdo con la cultura, la clase social, la familia o el individuo, resultado de las investigaciones de Knapp (1991, 48).

De lo dicho, podemos afirmar que la quinésica, como elemento no verbal de la comunicación, es fundamental para el estudiante de lenguas extranjeras, como el resto de factores extralingüísticos y lingüísticos, para establecer las interacciones comunicativas correctas.

El estudio de los gestos desde la antropología que parte del pensamiento de Ray Birdwhitell nos ayuda a vincular la quinésica con el conocimiento compartido. A través de sus teorías comprendemos que, aunque creamos que los gestos son universales, no existe realmente una expresión facial, una actitud o una postura corporal que transmita el mismo significado en todas las sociedades. Por ejemplo, los hombres sonríen o lloran pero su sonrisa o su llanto varían en función de su cultura. Cada cultura tiene nociones concretas sobre cómo, cuándo y dónde gestualizamos y por qué lo hacemos.

Del Birdwhitell aprendemos que los gestos no son universales sino son culturales pero además, que tienen un sentido consciente y que para interpretarse debe hacerse en un contexto.

Según este, al igual que el discurso puede descomponerse en sonidos, palabras y oraciones, en la quinésica existen unidades similares llamadas «kines», que son la unidad menor, un movimiento apenas perceptible. Por encima de estos, existen otros movimientos mayores y más significantes llamados «kinemas» que son los portadores de sentido cuando se los toma en conjunto. Estos kinemas son, a veces, intercambiables y se puede sustituir uno por otro sin alterar el significado.

Por tanto, las teorías de Birdwhitell confirman lo importante que es tener en cuenta que el significado del mensaje está siempre en el contexto y jamás en ningún movimiento aislado del cuerpo o gesto, como no lo está en un enunciado aislado. El significado del gesto, como el de la lengua verbal, ha de buscarse siempre dentro de un contexto y este contexto está determinado por una cultura. Los gestos y movimientos corporales, al igual que la lengua, no significan siempre lo que parecen.

Los aprendices de una lengua han de ser conscientes de que los gestos pueden ser innatos y aprendidos, aunque la mayoría de nuestro lenguaje no verbal es aprendido y el significado de los movimientos, gestos y posturas está determinado por una civilización pero también, por un uso particular del hablante y el contexto en el que tenga lugar.

7 Conclusión

La información sobre la que hemos ido reflexionando en este trabajo nos ha permitido evidenciar la importancia que tienen los factores extralingüísticos para que la comunicación sea efectiva.

El contexto comunicativo, como hemos observado, afecta a la interpretación, el significado y la adecuación de los mensajes que producen e interpretan los hablantes. Sin embargo, también hemos confirmado que el significado de un mensaje no depende únicamente de los elementos verbales, ya que al hablar utilizamos todos los recursos disponibles para comprender y que nos comprendan.

Lo dicho pone de manifiesto la existencia de factores extralingüísticos que intervienen en el proceso de comunicación verbal e influyen en los modelos de comprensión-producción de mensajes.

También hemos evidenciado que en las situaciones de comunicación e interacción el mensaje se comprenderá mejor en función del grado de conocimiento que receptor tenga del contexto sociocultural. El saber que comparte un grupo, que se construye a través de los aportes individuales, no dependerá de ningún sujeto en particular, pero será la clave para codificar y decodificar el mensaje. De hecho, en las interacciones entre dos o más hablantes dentro de esa actividad comunicativa, compartir el conocimiento de mundo favorece la comprensión y su entendimiento.

Estas reflexiones han constituido una base argumentativa para acercarnos al aprendizaje de lenguas extranjeras desde un punto de vista comunicativo, puesto que la enseñanza de lenguas extranjeras se fundamenta en la interacción y la práctica en contextos reales, en los que el conocimiento compartido juega un papel fundamental.

Por otra parte, y en conexión con el contexto de aprendizaje de lenguas desde una perspectiva comunicativa, era necesario hacer hincapié en los factores no verbales, en concreto, los elementos quinésicos adquiridos normalmente por una experiencia sociocultural.

Así, conocer los gestos, movimientos y posturas corporales permite que los hablantes obtengan una comunicación próxima a los parámetros establecidos por los interlocutores.

De todo lo dicho, lo más interesante ha sido determinar, desde una perspectiva antropológica, la importancia de la comunicación en relación con los estados emocionales y las actitudes interpersonales como factor determinante de la información tanto en la lengua verbal como en la no verbal, por tanto, de la comunicación como manifestación sociocultural propia de los humanos. Es precisamente en esa manifestación sociocultural en la que se evidencia la importancia de cooperar en el conocimiento que se alimenta de la experiencia tanto personal como grupal. El aprendizaje de lenguas extranjeras es solo un reflejo fiel de lo que ocurre en la sociedad.

Una sociedad, cualquiera que sea, independientemente de la lengua que hable, puede percibir una misma realidad. Sin embargo, eso no quiere decir que la imagen o interpretación de esa realidad coincida con la de otras culturas. Es evidente que el papel que tiene el lenguaje no verbal no se debe solo a la influencia de esa realidad en el contexto que nos rodea, sino al hecho de que ambos —realidad y contexto— nos facilitan la comunicación y el intercambio de información como resultado de nuestra propia experiencia.

En conclusión, el papel del lenguaje no verbal en el conocimiento de la realidad está estrechamente ligado con su función comunicativa, igual que el desarrollo cognitivo y conceptual sobre el conocimiento del mundo está vinculado con un constante intercambio del pensamiento humano y los estados emocionales. Los aprendices de una lengua han de ser conscientes del papel preminente de los elementos extralingüísticos, aprendidos o innatos, que están vinculados a una civilización pero también, a su uso individual y a un contexto preciso.

Bibliografía

Aldrich, Howard/Shimazoe, Junko, *Group work can be gratifying. Understanding and overcoming resistance to cooperative learning*, College Teaching 58:2 (2010), 52–57.

Arroyo Cantón, Carlos, et al., *La comunicación*, in: Averbuj, Deborah (ed.), *Lengua castellana y Literatura*, España, Oxford University Press, 2012.

Austin, John Langshaw, *Cómo hacer cosas con palabras*, Barcelona, Paidós, 1962.

Baker, Trish, et. al., *Cooperative learning-a double edged sword. A cooperative learning model for use with diverse student groups*, Intercultural Education 21:3 (2010), 257–268.

Birdwhistell, Ray, *Introduction to Kinesics. An Annotation System for Analysis of Body Motion and Gesture*, Washington, DC, Department of State, Foreign Service Institute, 1952.

Birdwhistell, Ray, *Kinesics and Context. Essays on Body Motion Communication*, Philadelphia, University of Pennsylvania Press, 1970.

Campbell, Robin/Wales, Roger, *The study of language acquisition*, in: Lyons, John (ed.), *New Horizons in linguistic*, Penguin, 1970.

Camps, Anna, *Projectes de llengua entre la teoria i la pràctica*, Articles de Didàctica de la Llengua i la Literatura 2 (1994), 7–20.

Cestero Mancera, Ana, *La comunicación no verbal y el aprendizaje de lenguas extranjeras. Vademecum para la formación de profesores*, in: Sánchez Lobato, Jesús/Santos Gargallo, Isabel (edd.), *Enseñar español como segunda lengua (L2)/lengua extranjera (LE)*, Madrid, SGEL, 2005, 593–616.

Canfield, Lincoln, *The «Rubrica» of the Hispanic Culture Pattern*, Hispania 29:4 (1946), 527–531.

Chomsky, Noam, *Aspects of the theory of syntax*, Cambridge, Mass., M.I.T. press, 1965.

Cole, Michael, *The zone of proximal development. Where culture and cognition create each other*, in: Wertsch, James (ed.), *Culture, communication, and cognition. Vygotskyan perspectives*, Cambridge, Cambridge University Press, 1985, 146–161.
Daniels, Harry, *Activity theory, discourse and Bernstein*, Educational Review 56 (2004), 121–132.
Daniels, Harry, et al., *The Cambridge companion to Vygotsky*, New York, Cambridge University Press, 2007.
Ekman, Paul, *The Face of Man. Expressions of Universal Emotions in a New Guinea Village*, Garland, New York, 1980.
Ekman, Paul, *Emotions Revealed*, New York, Henry Holt, 2004.
Goffman, Erving, *Ritual de la interacción. Ensayos sobre el comportamiento cara a cara*, Buenos Aires, Tiempo Contemporáneo, 1970.
Green, Jerald, *A Gesture Inventory for the Teaching of Spanish*, Philadelphia, Chilton Company, 1998.
Gumperz, John, et al. (edd.), *Directions in Sociolinguistics. The Ethnography of Communication*, New York, Basil Blackwell, 1972.
Gutiérrez Rodilla, Bertha, *La ciencia empieza en la palabra. Análisis e historia del lenguaje científico*, Barcelona, Ediciones Península, 1998.
Hymes, Dell, *Toward linguistic competence*, Revue de L'AILA 2 (1985), 9–23.
Hymes, Dell, *Why the linguistics needs the sociologist*, in: *Foundations in Sociolinguistics. An Ethnographic Appoach*, Philadelphia, University of Pennsylvania Press, 1985, 193–209.
Katz, Jerrold J./Fodor, Jerry A., *What's wrong with the philosophy of language*, Inquiry 5 (1962), 197–237.
Knapp, Mark, *La comunicación no verbal. El cuerpo y el entorno*, Paidós, México/Buenos Aires/Barcelona, 1991.
Kerbrat-Orecchioni, Catherine, *Les interactions verbales, I, II y III*, Paris, Armand Colin, 1994.
Lamote de Grignon, Cristóbal, *Antropología neuroevolutiva. Un estudio sobre la naturaleza humana*, Faes Farma, 1993.
Mcneill, David, *Hand and Mind. What Gestures Reveal About Thought*, Chicago, Chicago University Press, 1992.
Mittelberg, Irene, *Gesture as Mediational Practice. Embodied Cognition and Semiotic Acts in Language Teaching*, Berkeley, The Berkeley Language Center, 2004.
Plan Curricular del Instituto Cervantes. Niveles de referencia para el español, Edelsa, Alcalá de Henares, 2006.
Poyatos, Francisco, *Gesture Inventories. Fieldwork Methodology and Problems*, Semiotic 13 (1975), 199–227.
Ramírez, Natalia, *Las relaciones objetales y el desarrollo del psiquismo. Una concepción psicoanalítica*, Revista IIPSI (2010), 222–230.
Rogoff, Barbara, *Apprenticeship in thinking. Cognitive development in social context*, New York, Oxford University Press, 1990.
Searle, John, *Actos de habla*, Madrid, Cátedra, 1980.
Sherman, Jody, et al., *Gestures by Advanced Spanish-English Second-Language Learners*, Gesture 4:2 (2004), 143–156.
Vygotsky, Lev, *Pensamiento y Lenguaje*, Madrid, Paidós, 1962.
Vygotsky, Lev, *El desarrollo de los procesos psicológicos superiores*, Madrid, Austral, 1987.
Wood, Julia, *Gendered Nonverbal Communication*, in: *Gendered Lives. Communication, Gender and Culture*, Belmont, Wadsworth, 2001, 137–162.

Lista de autores

Antolí Martínez, Jordi M., Universidad de Alicante, jordi.antoli@ua.es

Cifuentes Honrubia, José Luis, Universidad de Alicante, cifu@ua.es

Escandell-Vidal, Victoria, Universidad Complutense de Madrid, victoria.escandell@ucm.es

Garcia Sebastià, Josep Vicent, Universidad de Alicante, josepv.garcia@ua.es

Hernández Toribio, María Isabel, Universidad Complutense de Madrid, ihtor@ccinf.ucm.es

Martínez Pérez, Antoni Vicent, Universidad de Alicante, toni.vmp@gmail.com

Piquer Vidal, Adolf, Universitat Jaume I, apiquer@uji.es

Portolés Lázaro, José, Universidad Autónoma de Madrid, jose.portoles@uam.es

Rodríguez Rosique, Susana, Universidad de Alicante, susana.rodriguez@ua.es

Salvador, Vicent, Universitat Jaume I, vicent.salvador@fil.uji.es

Vellón Lahoz, Francisco Javier, Universitat Jaume I, vellon@fil.uji.es

Villarrubia, Marisol, Universidad de Alicante, marisolvillarrubia@ua.es

www.ingramcontent.com/pod-product-compliance
Lightning Source LLC
Chambersburg PA
CBHW070754230426
43665CB00017B/2351